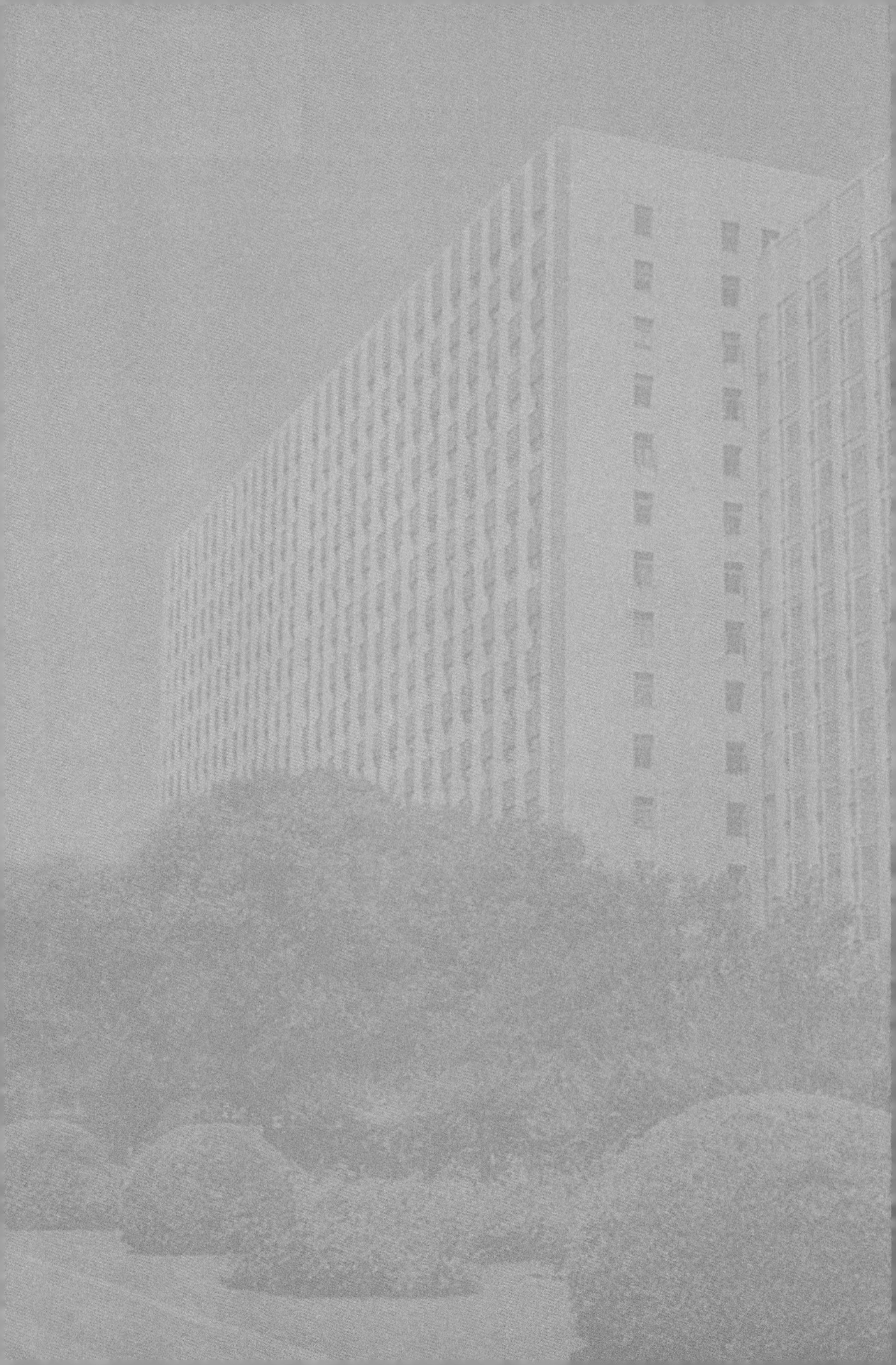

中国社会科学院文库
历史考古研究系列
The Selected Works of CASS
History and Archaeology

中国社会科学院创新工程学术出版资助项目

中国社会科学院文库·历史考古研究系列
The Selected Works of CASS · **History and Archaeology**

台美分歧研究
（1949~1958）

A Study on the Contradiction Between Taiwan Authorities
and the United States (1949-1958)

冯 琳 著

社会科学文献出版社
SOCIAL SCIENCES ACADEMIC PRESS (CHINA)

《中国社会科学院文库》
出版说明

　　《中国社会科学院文库》（全称为《中国社会科学院重点研究课题成果文库》）是中国社会科学院组织出版的系列学术丛书。组织出版《中国社会科学院文库》，是我院进一步加强课题成果管理和学术成果出版的规范化、制度化建设的重要举措。

　　建院以来，我院广大科研人员坚持以马克思主义为指导，在中国特色社会主义理论和实践的双重探索中做出了重要贡献，在推进马克思主义理论创新、为建设中国特色社会主义提供智力支持和各学科基础建设方面，推出了大量的研究成果，其中每年完成的专著类成果就有三四百种之多。从现在起，我们经过一定的鉴定、结项、评审程序，逐年从中选出一批通过各类别课题研究工作而完成的具有较高学术水平和一定代表性的著作，编入《中国社会科学院文库》集中出版。我们希望这能够从一个侧面展示我院整体科研状况和学术成就，同时为优秀学术成果的面世创造更好的条件。

　　《中国社会科学院文库》分设马克思主义研究、文学语言研究、历史考古研究、哲学宗教研究、经济研究、法学社会学研究、国际问题研究七个系列，选收范围包括专著、研究报告集、学术资料、古籍整理、译著、工具书等。

中国社会科学院科研局

2006 年 11 月

序

　　冯琳的新著《台美分歧研究（1949～1958）》约我写序。我读过书稿，觉得这是一本研究台美关系的好书。这个研究项目获得了国家社科基金的资助，在结项时又被评定为优秀，是值得称赞的。

　　冯琳的第一本专著《中国国民党在台改造研究（1950～1952）》是在2013年出版的，收入"中国社会科学院台湾史研究中心丛刊"，由凤凰出版社推出。我和汪朝光、张同新写了出版推荐意见。这本书是在我指导的博士学位论文基础上修改定稿的，题目也是我出的。这源于2006年3～5月，我应邀到斯坦福大学胡佛研究所去看蒋介石日记。在蒋介石日记正式开放前几天，我在那里看到了国民党的档案电子版，查到了国民党改造档案。我的老朋友、胡佛研究所研究员马若孟（Ramon Myers）还给我提供了材料。不久，蒋介石日记开放，我集中全力抄录，顾不上再看国民党改造档案了。

　　2006年5月回来，正好冯琳被中国社会科学院研究生院录取，在职攻读博士学位，我是她的指导教师。我就把国民党改造这个题目交给她做。她勤奋好学，在台湾搜集了大量档案和文献资料，完成了博士学位论文写作。2010年她的博士学位论文通过答辩，获得答辩委员会好评，被研究生院评定为优秀论文。经过修改，这篇论文在2013年出版，成为中国大陆第一本研究1950～1952年国民党在台湾进行党的改造的学术著作。出版前，冯琳约我作序。我是应该要写的，但是当时出版在即，我手头事情忙，未能命笔。

　　2013～2014年，冯琳有机会到胡佛研究所访问，得以浏览美国的档案文献资料，确定了研究1949～1958年台美关系的课题，通过丰富的档案文献资料探析中国台湾和美国接近过程中的分歧与冲突，完成了新的研究著作。

从国民党改造到台美关系研究，不仅时间是连接的，且内在逻辑联系也是密切的。

国民党由于逆历史潮流而动，措置乖方、腐败无能，大失民心，在内战中败北，被中共领导的革命人民推翻，只得躲到台湾那个岛上。1949 年 8 月，在中国人民革命即将取得最后胜利、中华人民共和国诞生的前夜，美国国务院发表了白皮书，表现了对美国支持的国民党政权失败的无奈，试图推脱美国政府干涉中国革命和内政的责任。毛泽东当时评论说："这些文件的发表，反映了中国人民的胜利和帝国主义的失败，反映了整个帝国主义世界制度的衰落。帝国主义制度内部的矛盾重重，无法克服，使帝国主义者陷入了极大的苦闷中。"①

毛泽东的这个评论，完全可以适用于冯琳研究的这个时期。

1949 年 10 月 1 日，中华人民共和国成立。随后就有苏联等 10 个人民民主国家承认新中国并同意建交。继 1950 年 4 月 1 日印度与中国建交后，印度尼西亚、瑞典、缅甸、丹麦、瑞士、芬兰、巴基斯坦等非社会主义国家亦与新中国建立外交关系。截至 1958 年，共有 31 个国家与新中国建立外交关系。这个事实说明，新中国在世界上站起来了。

中华人民共和国成立，是国内大革命的结果，国民政府被彻底推翻，残余力量逃到（台湾习惯于用"播迁"来掩饰）台湾蜗居起来。从国际法来说，由于国内革命发生，中华人民共和国成立，中华民国被推翻。中华人民共和国完全继承了中华民国的历史遗产，包括属于它的土地和人民以及一切属公物件。尽管还有曾经代表过中国的一些人打着"中华民国"的旗号盘踞在中华人民共和国的一小块土地上，并得到了美国等国家的支持，而且在联合国占据着新中国应有的地位，但是从法理上说，在台湾的那股势力已完全丧失了代表中国的权力。中华民国的法统被国内人民大革命完全推翻了。

对这个客观事实，蒋介石心里清不清楚呢？他是清楚的，尽管他口上

---

① 毛泽东：《丢掉幻想，准备斗争》（1949 年 8 月 14 日），《毛泽东选集》第 4 卷，人民出版社，1991，第 1483 页。

不这么说，日记里也不这么写。支持蒋介石的美国人（不管是共和党人还是民主党人）对这一点清不清楚呢？也是清楚的，甚至比蒋介石更清楚。本书作者提供了这方面许多档案材料。这里仅举一个例子来说明。"旧金山和约"谈判取得基本共识后，美国安排日蒋之间"议和"，日本政府服从美国对华政策并从自身需要出发，不承认台湾"政权"代表全中国，在与台湾当局签订的"和平条约"中明确规定该条约只适用于台湾"政权"控制的地区。这是所谓"吉田书简"的基本精神，这个"精神"，又是美日两国一致认同的。但是蒋介石并不认同这一点，而是坚持台湾当局代表全中国。这实际上是一个虚幻的想法，在对日谈判中面对美、日的压力，不能不接受"日台条约"适用范围问题，不能不在适用范围这个现实面前低头，不能不承认自己不能代表全中国，乃至在文字表述上有所乞求。

我读过冯琳的书稿后，形成一个印象，由于失去代表一个中国的资格，台湾"政权"不得不依靠美国的支持，没有这个支持，蒋介石的台湾当局可能一天也坚持不下去。这个大前提决定了台美关系不可能是一个平等关系，说到底只是一个乞求关系。不管台湾当局有没有理都要乞求。即使有理，如果美国不同意，也要乞求。这是一个失国者的无奈。不管是面对"托管台湾"问题、朝鲜战争中出兵援韩问题、对日和约问题、奄美群岛予日问题、"共同防御条约"问题，还是似乎纯内政的毛邦初案的处理问题、军队中政工设置制度问题、李弥撤军问题、吴国桢与孙立人案问题等，只要美国人有意见，蒋介石的台湾当局不是在乞求中坚持自己的意见，就是在屈辱中乞求美方同意。

1957 年"五二四事件"——刘自然案的处理很值得玩味。明明是驻台美军枪杀了刘自然，却由于美国军人在台湾享有"治外法权"，杀人犯被无罪放回美国。这理所当然地引起台湾人民的愤怒，砸了美国"使馆"。显然，刘自然事件是台湾民众自发的反美运动。台湾民众有 1949 年前近代中国治外法权的强烈印象，有 1943 年废除治外法权的记忆，还有 1946 年 12 月美国士兵在北京强奸北大女生的记忆，加上民众对美国玩弄"台湾地位未定""两个中国"把戏的不满，等等，台湾民间借刘自然事件爆发反美运动是很自然的，是不难理解的。美方已经怀疑台湾存在反美情绪。蒋介石的台湾当局却不承认反美，千方百计加以解释，乞求美方理解，深怕引起美国远东政策及对台政策的任何改变。一切仰给于人的窘态暴露无疑。刘自然事件的处理结果是，台湾当局对参与反美活动的 28 人判处徒刑：2 人判有期徒刑一年；6 人判有期徒刑六至十个月、不得易科罚金；20 人判有期徒刑三至六个月、得易科罚金。美军的杀人犯却在美国逍遥自在。这个案子的处理，使我联想到 1870 年曾国藩、李鸿章对天津教案的处理。前后两案处理方式何其相似！清代中国主权被大量剥夺，处理涉外事件就是这样悲惨。失去对中国统治权的台湾当局，虽挂着"中华民国"旗号，面对美国强势的"治外法权"，只能卑躬屈膝。

可以称道的是，蒋介石对"台湾地位未定"论和"划峡而治"的"两个中国"论表现出比较坚定的抵制。这涉及台湾当局的立足根基。1958 年海峡危机，美国试图说服台湾当局放弃金门、马祖等岛屿，"划峡而治"，达到其炮制"两个中国"的目的。所谓"两个中国"，台湾是一个，大陆也是一个。甚至想把"两个中国"都请进联合国。对这个设想，蒋介石的台湾当局是抵制的，坚持不放弃金门、马祖等岛屿。毛泽东也是反对的，用炮击美国护航军舰的行动，支持了蒋介石的台湾当局。美国"划峡而治"以造成"两个中国"的幻想终于破灭。

过了 60 多年，我们再来审视美国"划峡而治"以造成"两个中国"幻想破灭这件事，对台湾当局的评价不能过高。60 多年前所谓"两个中国"，不过是以海峡划线，海东一个中国，海西一个中国。当时海峡两岸都是反对的。海峡两岸都坚持在世界上只有一个中国，在联合国也只有一个中国。这在当时的历史条件下是有意义的。但是，台湾当局坚持的是"中华民国"一个中国，大陆坚持的是中华人民共和国一个中国。前面提到中华人民共和国已经全面继承了中华民国的主权，中华民国继续存在是非法的。如果中华人民共和国与"中华民国"长期并存，这在一定意义上也是"两个中国"。随着时间的推移，"两个中国"的意味越来越重，以致在台湾的国民党主流意识坚持所谓"一中各表"，民进党等"台独"分子则在"中华民国"旗号下大搞"台独"。多行不义必自毙，这反而会在相当程度上推动国家统一的步伐。只有国家完全统一了，"中华民国"的名号彻底成为历史名词，"两个中国"的幻想才能彻底破灭。

当然，还要指出，讨论 1949～1958 年的台美关系，背景必然是一个站起来的中华人民共和国。离开了中华人民共和国的强大存在，有关 1949～1958 年台美关系的任何讨论都是无意义的。换句话说，由于美国是霸权国家，对它的霸权，中华人民共和国虽然进行了斗争，也只能隐忍下来以待时机。经过了 70 年的发展，中美关系正在发生变化，台湾在其中能充当的角色，已经微乎其微了。

张海鹏

2019 年 8 月 1 日建军节

写于北京东厂胡同一号

目　录

绪　论

选题旨趣与写作方法

1949～1958 年正是中国与远东局势大变动的时期，也是国民党当局退台后，以不同于以前的身份与美国建立所谓同盟关系的时期。这个时期建立起来的台美关系延续至今。当前美国仍是台湾重要的同盟者，是中国解决台湾问题的一个障碍。欲正确认识和判断当前台美间的关系，必离不开对其历史，特别是这个同盟关系奠基与形成时期的历史的考察。笔者对1949～1958 年台美关系产生兴趣，正是基于以上考虑。

西方学界以 1950 年代两次台海危机为中心的研究，主要侧重美苏对抗背景下的美中（中华人民共和国）互动、两岸对抗、美国决策模式及军事冲突情况。如张曙光《威慑和战略文化：中美之间的对抗》［Shuguang Zhang, *Deterrent and Strategic Culture：Chinese-American Confrontations，1949 – 1958* (Ithaca：Cornell University Press，1993)］、斯托尔伯《中国大陆、台湾及沿海岛屿：对外蒙古和中苏关系的影响》［Thomas E. Stolper, *China, Taiwan, and the Offshore Islands：Together with an Implication for Outer Mongolia and Sino-Soviet Relations* (Armonk, NY：M. E. Sharpe, 1985)］、卡利基《中美危机模式：1950 年代的政治军事对抗》［J. H. Kalicki, *The Pattern of Sino-American Crisis：Political-Military Confrontations in the 1950s* (London：Cambridge University Press, 1975)］。西方的中文著作以美国斯坦福大学胡佛研究所的林孝庭所出专书为代表，如《意外的国度：蒋介石、美国、与近代台湾的形塑》（黄中宪译，远足文化，2017）、《困守与反攻：冷战中的台湾选择》（九州出版社，2017）、《台海·冷战·蒋介石：解密档案中消失的台湾史 1949～1988》（联经出版事业股份有限公司，2015）。1990 年代以

来，台北中研院近史所的张淑雅写了数篇相关论文，如《安理会停火案：美国应付第一次台海危机策略之一》（《中央研究院近代史研究所集刊》第22期下，1993年）、《中美共同防御条约的签订：一九五〇年代中美结盟过程的探讨》（《欧美研究》第24卷第2期，1994年）等。2014年，李洪波经世界知识出版社出版《美台矛盾研究（1949～2008）》，该书着眼于台美分歧，但未能在各时段充分展开，资料运用有限。其他相关著述，如2003年社会科学文献出版社出版的戴超武的《敌对与危机的年代——1954～1958年的中美关系》，是围绕两次台海危机展开的中美关系史专题著作。2011年徐焰经辽宁人民出版社出版了《金门之战：1949～1959》，从军事角度论述了金门战况和进程。随着近年来新史料更大程度的开放，在传统的军事、外交史研究基础上，学界也陆续出现一些新鲜的角度与议题。如沈志华、唐启华主编了论文集《金门：内战与冷战——美、苏、中档案解密与研究》，2010年由九州出版社出版，汇集了两岸学界关于这一阶段台美关系的部分新成果。如此等等，恕不一一列举。

在学术研究不断深化与多元化的同时，台美关系史的研究始终有一个令人遗憾的方面。西方研究往往是宏大的冷战史叙事，并不会以台湾方面为主体，即便台湾被提及也是以附属的角色出现。台湾及大陆学界有关台美关系或中美关系方面的著作，同样缺少对台湾方面态度、外交努力及因应措施的考察，缺少对台湾与其盟友美国之间的分歧点的揭示和分析。如此会掩盖许多历史真相，无法对台美关系给出准确定位。泛泛考察之下，一般观点认为1950年代的台美关系是亲密的，除了美国反对台湾"反攻"，不愿协防金、马等"外岛"之外，似乎没有什么分歧和矛盾。其实并不尽然。笔者近年来在研究中深感美国对台湾干预之多、蒋介石对美国不满之甚，渐在一些具体问题上有些想法，写成专文。考虑到目前海内外研究在台美分歧与互动方面，并无系统而深入的成果，遂尝试扩展成书，而关注重点自然在以往研究不足的各事件与问题之上。为发现被粉饰的历史背后的真相，本书以1949～1958年这一关键时期台美关系的分歧点为研究对象。这一时期之所以"关键"，是因为它实际上是东亚局势大变动的时期，是台湾问题"成为问题"的重要时期，是台湾当局与美国特殊关系的奠基时期，是中国大陆、台湾与美国三方关系的磨合与试探的时期。

1949 年夏在国共内战大局已定的情势下，美国欲使联合国"托管"台湾，同时极力与国民党撇清关系，抛出美中关系白皮书。但形势已在发展之中，朝鲜战争发生，美国第七舰队开进台湾海峡。在美国的庇护与军事、经济援助之下，以蒋介石为首的台湾当局站稳脚跟，并徐图发展。台湾接受美国庇护和援助亦付出了代价，不仅台澎成为美国的军事基地，诸多事务的决策亦有美国介入，军政、"外交"等大事均受美国干预。虽然 1954 年台美签订"条约"，建立了军事安全同盟，但台美安全并没有真正"连为一体"。军事上，1955 年美国不顾台湾感受，劝其放弃大陈岛；1958 年台海危机时美国明为台湾倚靠，实则与台湾矛盾在暗中发酵。内政上，从"政治部"的废设到毛邦初事件，从吴国桢案、孙立人案到"划峡而治""两个中国"说；外交上，从对台"托管"言论到对日和约谈判，从原属琉球的奄美群岛予日到新西兰向联合国提出台湾海峡停火案……可以说，随着中国内战和冷战局势发展，1949～1958 年是台美关系的一个不稳定的磨合期。1957 年台北爆发的群众性反美事件——"五二四"事件即为台美关系不稳定发展的一个突出表现。1949～1958 年，不但美国对台政策的许多方面处在摸索与调整之中，新中国对台政策也在摸索与调整之中。经两次台海危机及中美大使级会谈的接触与试探，1958 年，中共中央调整"解放台湾"的具体对策，不再急求收回金、马，而是让其留在蒋介石手中，保留两岸对话的渠道，揭穿西方世界"两个中国"阴谋。此后，美国、中国台湾和大陆三方势力在处理台海关系的问题上进入相对稳定的时期。而台美高层经历了几年的磨合，经历了在毛邦初、吴国桢、孙立人、刘自然等事件中的较量和试探，双方在内政"外交"多个方面也进入了较为适应和了解的时期。当然，因根本利益的差异，台美间总会有这样那样的分歧出现，1959 年之后也不会有矛盾消弭的完全太平，此为后话。

就学术价值而言，本书以美国外交档案、哥伦比亚大学所藏顾维钧档案、台北"国史馆"档案、台北中研院所藏外交档案及蒋介石日记等新开放史料为基础，还原此一时期台美交涉因应互动，分析台美考虑问题出发点之不同，以期形成一部大历史背景下的微观史，通过对历史细节的还原，深层剖析磨合期的台美关系。这一尝试具有一定学术意义。已有研究缺少对这一时期台美分歧的细致而系统的研究，对一些重大事件与问题缺乏深入考察。如毛邦初事件，因档案史料细碎繁多，且牵涉美、墨等国，目前学界并无全面系统的研究。但该事件不仅仅是国民党退台后一件简单的高层贪腐案，更有复杂的人事纠纷和隐情，以及内外政治利益纠葛和"外交"阻碍，需要认真加以还原和分析。又如1953年美国将本为琉球群岛之一部分的奄美群岛行政权"归还"日本，这一举动的主要依据是杜勒斯炮制出的"剩余主权"说，此说也是1972年美国将包括钓鱼岛在内的琉球诸岛及大东诸岛的施政权交予日本的依据。作为琉球予日开端的奄美群岛予日事件此前未受到学界充分关注。再如1955年美国借新西兰之口向联合国提出的台湾海峡停火案，该事件名义上由新西兰提案，实则是美国在背后运作，并有英国参与协调。该事件发生于第一次台海危机、国民党自大陈撤退之前，有着复杂的背景。美国为新西兰停火案之事与台交涉，"台美条约"成为美国手中筹码。而台湾方面"将计就计"，为开始条约谈判事向美施压。台湾当局成功加速推进"台美条约"的签订进程，但未能在反对停火案一事上表现出强烈反对情绪，终于在情势危急之中迎来停火案的提出。该事件在已有研究中亦为空白。

就现实意义而言，美国对当今台湾社会仍有举足轻重的影响，部分台湾人对美国保持着片面的认识与不理性的好感，这也是"台独"势力不绝的原因之一。本书对1949年国民党退台前到1958年台海危机后这个重要时期貌似铁板一块的台美关系依据一手资料进行更为细致的分析，应亦有利于现实。例如，通过对对日和约问题上的台美分歧研究，笔者认为美国对日和约的宽大原则与国民党的宽大主张并不一样。美国只是从自身利益出发，促成"日台和约"，将日、台纳入远东战略体系，使蒋介石挽回一些面子。但具体权益方面并不顾及台湾方面的利益和感受。蒋介石的因应决策虽使台湾当局最终达到在多边和约生效前订立"日台和约"的目的，但其代价是沉重的。又如，通过对奄美群岛予日事件的研究，笔者认为在奄美群岛予日的问题上，台湾方面没有强硬反对，对美乃因多有倚仗而不愿得罪过甚。此外还有不愿失去日本好感的顾虑。此时，"反共"是蒋介石心中最重之痴念，蒋希望向日本表示善意，使日本断绝与新中国的关系而与自己结盟，进而实现亚洲反共联盟的设想。因需倚仗或是笼络，台湾当局对美日的交易采取了温和态度。岂料，交易一旦开始，便难以终止。历史对现实具有启迪作用，而 1950 年代的历史更与当代历史有千丝万缕的联系。笔者关于彼时台美分歧背景、原因、发展等方面的论述，希望能或多或少给世人以启发。

本书采取专题研究方法，选取台美间存在分歧的较为重要的各个问题，并兼顾两个原则。一是要有新意。有的问题为以往研究所忽略，因而有书写的必要；有的问题以往虽有研究，但或存在错误、模糊之处，或有"挖出新宝"的空间，因而再次研究。二是要体现全面性。台美间的矛盾分歧有几个方面：台湾内部问题、两者关系问题和国际关系问题。台湾内部问题如毛邦初事件、政工问题、李弥撤军问题、放弃大陈问题、吴国桢案与孙立人案等，台美关系问题如"共同防御条约"问题、"外岛"协防问题、"五二四"事件等，国际关系问题如"托管台湾"问题、出兵援韩问题、对日和约问题、奄美群岛予日问题、"神喻行动"、中美大使级会谈等。当然，这只是笼统的划分，许多问题体现了多个层面交织的情况。这一写作方法在问题的深度上实现了突破，能够展示各个问题上台湾当局与美国的利害冲突及思维角度，但不可否认，它也带来了问题：各章节之间的连贯性难以得到很好的兼顾，各个事件的始末经过在叙事方面有所欠缺。笔者唯有期待更多更好的作品出现，以弥补这一缺憾。

1949～1958 年的台美关系错综复杂，关键环节的细掐深挖有助于我们看清不同利益集团的政策导向和分歧，有助于我们对外交关系进行人性化的分析，但过度的和非关键环节的"碎片化"无疑会干扰视线，而叙述陷于"碎片化"则会失去此项研究在冷战大背景中的意义。为尽量厘清脉络，笔者对许多史料进行了筛选、浓缩，去除枝蔓，尽可能做到：进行微观研究，但不深陷其中；在探寻细节的基础上提升论述的高度，避免堆砌史料，因而各章节字数并不多。本书所求，是既践行实证研究下的客观求真，又避免叙述上的"碎片化"。当然，此为笔者追求之目标，能做到几分还取决于学术水准。此时的遗憾当在日后的孜孜以求中弥补。

为了解现有研究状况，以避免无谓的重复，并在前人基础上修正认识的偏差、纠正观点的谬误，将研究向前推进，本书尽可能地搜集和批判性学习已有成果。台湾地区和日、美等海外研究不但在立场上有许多问题，在对台湾当局政治人物、部门机构、条约文件等的称谓方面也并未遵循

"一个中国"原则。本书在无法回避的情况下对书名、文章名、档案名或文件中的用语保留原文，对原题名和部分文件引文的保留使用仅为表述需要，特此说明。

关于话语权的思考

话语权是学界一个大而好听的词。然而，在这里提到话语权，绝非追随潮流或自我镀金。在从事台湾史研究的过程中，笔者深深体会到话语权的重要性和建立大陆学界台湾史研究话语权任务的沉重。

不可否认，历史作为人文学科中的一种，在某种程度上有主观性的一面。史料浩瀚，治史者各取所需。不同出处的史料经过研究者的组合与解读，就会给人不同的观感。台湾史研究本身就有显著政治功能，别有用心的错误解读会被"台独"势力利用。而这种利用往往会很有成效，因为缺乏足够历史认识与分辨能力的一般民众并不能辨别其错误导向。比如柯乔治（George H. Kerr，又译葛超智）所写的 *Formosa Betrayed*（台湾人翻译为《被出卖的台湾》），该书主要论述了"二二八事件"，简要论及 20 世纪五六十年代的事情，影响非常大。这本书并不是严格意义上的学术著作，但作者是个兼具学者身份的台湾问题专家。柯乔治根据亲身经历和因其特殊身份所接触过的资料写成该书，自然很受追捧，但作者的立场和叙述的方式是有很大问题的。譬如，他认为"日本取得澎湖列岛和台湾是'战利品'"，认为《开罗宣言》不过是提前预支的"一种承诺"，"形同一张废纸"。对于 20 世纪五六十年代的叙述，以简明写法，在一些地方以提出问题的方式结尾，貌似没有主观评价和结论，但实际上是有倾向的。如对"五二四"事件的描述，反映的是其对蒋经国"反美"态度的倾向性看法。而对于"台独"运动，作者从支持者的角度出发，将"台独"论调称为"正义的呼吁"。[①] 该书在 1974 年由陈荣成等译成中文在海外流传，解禁后更在台湾地区流行，印刷几十次。柯乔治对台湾的言论是"台独"论的重要历史来源，

---

① George H. Kerr：《被出卖的台湾》，陈荣成译，台北：前卫出版社，1991，第 53~54、394~396、442 页。

若对"台独"言论进行有效反驳，需在扎实的历史考证与高度思辨基础上，对若干重要历史事件进行还原与论证，这个过程应视为话语权的重建。

台湾史是个特殊的史学研究领域，如果说其他多数历史研究者的主要任务是尽可能寻找占有一手资料，并组合、还原出历史原貌的话，那么台湾史研究则需要更多的去伪存真与站在一定高度的思辨能力。大陆的台湾史研究起步并不早，当大陆台湾史研究蹒跚起步时，美国、日本和台湾地区已有不少学术研究成果。自然，其中充斥着错误的导向和各种误读。大陆台湾史研究的推进困难很多，有史料方面的不易获取，也有研究成果的发表困难。史料方面，许多史料保存在台湾，一些机构并不对大陆开放。可收录台湾史研究（特别是 1949 年以后的台湾史研究）的期刊少，排斥此类选题的重要期刊不在少数。加上表述困难、政治敏感，许多人不愿从事这个领域的研究。又因政治宣传需要，专门从事政治追踪与评论者居多，埋头故纸堆者少之又少。台湾地区、日本学界重考证，虽然不少研究存在片面解读与有意忽略部分史料的现象，但对其"引证"功夫应给予肯定。窃以为，若要有力回应、反击，还需在台湾史研究领域多下功夫，从更多一手资料中还原以往海外研究有意或无意忽略的"另一面"的历史。从这个意义上，建立我们的话语权并非简单意义上的"创造新词"或缺乏史料支撑的哗众取宠。

台湾史研究话语权的重要性也许不是一般史学研究者所能充分理解的。它为何重要、何等重要，仅举一例。当前台湾有所谓"民政府"在活动，其生造的理论主要有：台湾主权是"日本天皇所属，美国军事政府占领中"；现阶台湾政府非法，台湾仍处于"美国军政府"控制下，其"民政府"就是美国军政府承认的政府。[1]"民政府"鼓吹"日本应该重新建立大日本国"，理由是所谓"台湾法理主权仍在日本"，其重要依据之一是 1947 年 3 月 6 日美国驻华大使司徒雷登（John Leighton Stuart）在给美国国务卿的信里说"台湾地位是'目前法理主权归属日本（under present Japanese de jure sovereignty status）'"。[2]该帖在"台湾民政府"的网站上，在正常工作

---

① 汪小平：《另类"台独"：以"台湾民政府"现象为例的研究》，《台湾研究》2017 年第 1 期，第 24 页。

② http://usmgtcgov.tw/forum/topics/the-reconstruction-of-japan。

日的即时阅读人数达十几万。此语背景是台湾发生"二二八事件"后几天，有些台湾人要求美国以联合国名义干涉，司徒雷登为此写信给国务卿。从美国外交档案中寻找信件全文发现，完整的句子是"American prestige high and intervention profoudly desired by Formosans who believe representations at Nanking and direct intervention here justifiable for UN under present Japanese de jure sovereignty status"。翻译过来也就是：有些台湾人热切盼望美国的崇高威望和干涉，他们相信在目前日本法理上的主权地位下，对南京的抗议和在这里的直接干涉对联合国来说是合理的。这是经司徒雷登之口传递的某些台湾人的看法，并不是美国政府官方说法。即便是美国政府的说法，也不意味着就符合历史事实与国际法理。何况，已有研究认为，当时有人为使台湾脱离中国，在领事馆电文、报告中上下其手、制造假消息，并通过少数台籍人士提出托管论主张。① 所谓"台湾人的观点"颇有人为制造的成分。"台湾民政府"还列举对日媾和期间英美关于"台湾地位未定"论的若干说法以及美国方面关于日本因"事实征服"而享有的对台湾"法理领土权"的说法，来佐证自己的荒谬论调。朝鲜战争爆发后，美国第七舰队进入台湾海峡，中华人民共和国向联合国控告美国侵略台湾，为使自己处于有利地位，美国不得不继续使台湾地位模糊化，以"台湾地位未定"为借口行干涉侵略之便，并与英国密谋避免再提《开罗宣言》。美国为自己的战略利益考虑，不但否认以往重要历史文件，还炮制出所谓"剩余主权"的说法，将原属琉球的奄美群岛"归还"日本，继而将整个琉球"移交"日本。"台湾民政府"以这些说法为辞，无疑是错误的，而其错误说辞的影响力是不容小觑的。充分论证历史，尤其是关键史实和说法，争夺台湾史研究的话语权，建立符合历史与法理的话语体系可谓任重道远。当然，历史是复杂的，政治与外交的微妙、多变、晦涩如同外交语言一样，是难以准确把握的，对历史最接近真实与全面的理解并非一句话便能解决。以简明语言反驳错误论调的背后，必然先是艰难、细致的考证工作，在这个基础性工作之上的堆砖砌瓦正是构建话语权不可或缺的环节。

———————————

① 朱浤源、黄文范：《葛超智在二二八事件中的角色》，载许雪姬编《二二八事件六十周年纪念论文集》，台北市文化局等，2008，第423～462页。

在台湾史研究中争夺话语权，较其他领域而言，可能需要付出更大的努力才能实现。2016 年随着台湾地区领导权转到民进党手中，收藏历任领导人史料的"国史馆"也出现明显转向。2017 年初，"国史馆"馆长吴密察在记者会现场出示了一份 1949 年 1 月 12 日蒋介石致陈诚的信，名为"关于蒋介石电责陈诚记者会中'台湾为剿共堡垒'发言失当，以中央政策为主张，免为人误解"。蒋介石在信中对陈诚表示："台湾法律地位与主权，在对日和会未成以前，不过为我国一托管地之性质，何能明言做为剿共最后之堡垒与民族复兴之根据也，岂不令中外稍有常识者之轻笑其为狂吠乎。"① 这一消息为各大媒体竞相报道，更令"台独"者兴奋。据笔者所知，大陆尚没有从学术角度、有针对性地加以回应。考察台湾光复的过程，美国曾有从台湾登陆，在台湾先建立军政府，然后再将台湾归还中国的设想，并且这个设想到 1945 年美国方面也没有明确地否定。美国这一做法对中国收复台湾很不利。蒋介石在这个过程中务实努力的做法还是应该被肯定的。② 1949 年 1 月，蒋介石面临巨大困境，考虑以下野寻找生机。美国的援助对国民党来说无异于救命稻草。此时，美国的想法是要避免给外界造成协助国民党迁台的印象，部分美国人议论着由联合国"托管"台湾。陈诚刚刚接任台湾省主席，蒋介石希望他收揽人心、安定地方，"不可多发表意见，免人误会"。③ 陈诚上任初，在记者会上对台湾地位的表述引起美方部分人士的不安。蒋介石以为："此时何时，台湾何地，尚能任吾人如往日放肆无忌大言不惭乎？"并勉励陈诚埋头苦干，思过自责，避免被人指责。④ 与其说 1 月 12 日致陈诚的信中蒋介石表达的是自己对台湾地位的看法，不如说是危难之中减少外界压力和争取更多同情的一种自我保护。关于台湾

① 新闻稿见《台"国史馆"拿出蒋介石信件 竟称台湾是"托管地"》，环球网，http://news. sina. com. cn/c/2017 - 01 - 04/doc-ifxzizus3627224. shtml 等。该文件见《蒋介石电陈诚》（1949 年 1 月 12 日），"蒋中正手令录底（一）"，"蒋经国总统文物"，台北"国史馆"藏（同一卷宗以下不再标注藏所，下同），典藏：005 - 010100 - 00003 - 001。
② 参见冯琳《开罗会议至战后初期蒋介石的复台努力和主张》，《四川师范大学学报》2016 年第 5 期。
③ 《蒋中正致陈诚电》（1949 年 1 月 11 日、6 日），"蒋中正手令录底（一）"，"蒋经国总统文物"，典藏号：005 - 010100 - 00003 - 001。
④ 《蒋介石电陈诚》（1949 年 1 月 12 日），"蒋中正手令录底（一）"，"蒋经国总统文物"，典藏号：005 - 010100 - 00003 - 001。

地位的表述，我们可以从蒋介石的各种言论和书信中找到足够多的证据，来证明他反对台湾被托管、反对任何形式的"两个中国"。笔者认为，作为一位"国家"与政党领袖，蒋介石对于台湾的看法，我们不能仅从其给某下属的一封信中来分析，而应结合其历史表现和当时的具体背景进行分析。正因为有这样的意图，笔者将蒋介石对美国"托管台湾"言论的抵制追溯到了抗战时期。从台湾问题出现苗头到台湾问题成为问题，美国在其中的作用是不容忽视的。蒋介石纵有千般不是，其在维护一个中国问题上的态度是值得肯定的。任何时代都有万般面相，不可讳言，当前学界对于蒋介石执政时期的治台政策，毁多于誉，阴暗面的叙述过多，而缺乏对其如何与美国周旋、如何坚持一个中国立场的论述。就学术而言，这是种缺失；就现实政治而言，这不利于统一论者对分裂势力的斗争。蒋介石对美国的周旋，有时屈从，有时虚与委蛇，有时绝不低头，在一个中国问题上，他的表现是第三种。笔者以为，对蒋美、台美分歧各点的研究，有助于发现美国对台政策的更多面相，有助于发现历史上两岸共同维护中华民族利益的积极方面。对这一角度的历史的书写，应该也是一种话语权的建立与加固。

总之，台湾历史的书写不同于其他领域的历史研究，它的重建需要拨开许多历史迷雾，辨清以往研究的不同导向，寻找被湮没的关键历史细节，以扎实的考证为基础争夺话语权以正视听。这绝非一个人或是一本书所能做到的。本书的写作只是个人近几年能力所及的成果，期望未来有更多令人惊喜的研究，以合力共同推进大陆台湾史研究，争取话语上的主导权。

关于研究路径的思考

1949 年国民党败退台湾，1950 年美国将第七舰队开至台湾海峡，1954年台美签署"共同防御条约"。军事上，台湾之所以在大半个世纪内未能被解放，靠的是美国的支持；政治"外交"上，"中华民国"在联合国的席位之所以在 1970 年代才被中华人民共和国所取代，全托美国之荫蔽；经济上，台湾的稳定发展和经济起飞，离不开美援。大半个世纪以来，美国被视为台湾最重要的盟友。在人们印象中，台美关系几乎是同位一体的。在学界的研究中，台美关系也仅被赋予普遍性论述，一般的认识是台美关系亲密，美国是台湾背后的靠山。其实，这个印象是有极大问题的，不能科学严谨地体现真正的历史和现实。撇开这个印象，翻阅大量一手档案，特别是台湾方面的一手档案后，我们会发现，许多历史是需要被重写的。

这种重写不能是以往忽视台湾因素的冷战史或大国关系史研究，也不能是宏观上的泛泛而论，而应是以台湾为主体方的、基于宏观背景下的微观史的研究。原因有四。

第一，1949 年以来的台美关系有被粉饰的倾向。1949 年以后，台湾当局在美国的帮助下与中华人民共和国对峙，美国要使两岸分离，阻止台湾被解放，以便使其为己所用，不落入共产党之手。当然，这一过程要尽量以非武力方式，才最符合美国利益。对外界塑造台美亲密同盟形象不但能使中国人民解放军产生"投鼠忌器"的心理，而且能使台湾民众、美国国内的亲台者安心。对台湾当局而言，塑造台美亲密同盟的意义更毋庸多言。因而，不论是美国总统、国务卿等人的公开言论还是台湾当局的宣传，对台美同盟关系的粉饰是一个共同的倾向。然而，进行历史研究不但要看历史人物说了什么，更要看其做了什么，漂亮言辞背后还有什么"不漂亮的话"。须知，粉饰的背后往往是严重的矛盾，而其诱因往往是不利言论的流出。这也是为何在外界高唱台美和谐的时候，深知内幕的蒋介石却常常在日记中倾吐对美之失望与悲怨。

第二，史料的选择不能以实力或影响力为出发点。以往台美关系的研究，多以美方决策过程为主体进行讨论，或大写特写冷战背景、大国间的纵横捭阖，忽视台湾方面的感受、看法以及其如何向美方交涉。诚然，台湾之于美国，发言权确实有限，发言后也不一定会有效果。但台湾方面的史料更能体现台美矛盾之处，更能看清台海地区几方力量的关系及其演变。即便仅研究美国对台政策，若只靠美方史料有时也很难看清楚。比如，尽管美政府一度对即将举行的中美大使级会谈是否涉及台海停火问题回避不谈，或向媒体示以"朋友不在场时不宜讨论有关朋友之事"的大义，[1] 但台

---

[1] The President's News Conference of August 4, 1955, in *Public Papers of The Presidents of the United States* (Washington: United States Government Printing Office, 1960), p. 185.

湾方面在私下里的打探中从美方得知：因为美国希望"中共声明对台湾问题放弃用武力以谋解决"，即便中共不提台海问题，美国也会提。①

第三，一手史料真实，但也并非完全真实，有时它给人的是假象和错误的信息。学界公认美国史料的公开程度是很高的。美国外交文件不但网上可查，也公开出版了。宏观考察之下，一般的台美关系史研究可能会仅根据某些引用率颇高的关键性文件进行论证和分析。然而，需要警惕的是，美国的史料也是会被"动手脚"的。长期从事中美关系史研究的齐锡生教授也曾提出相似看法。他指出美国国务院的材料摘要会避重就轻，忽略某些重要的东西。除了齐先生提到的问题外，笔者在研究中发现，美国出版的外交文件也是有选择性的。美国曾在远东有过一些秘密行动，有些秘密行动是不能拿上台面的，譬如对缅北孤军走私毒品的参与或协助。若只从部分出版的外交文件看，很容易会得出国务院不知情、查而无果、没人参与的印象，但多方取证后，可发现被掩盖的一些真相。当然，这种选择性公开史料的倾向在其他国家和地区也会有。这就要求我们多看史料，判断真伪，微观考察。笔者以为，不厌其烦地在细节中求真的做法在涉及重大问题的外交关系史研究，特别是在关涉认同感与历史定位的台美关系史的研究中十分重要。

第四，唯有宏观背景下的微观史考察方能看出问题的全面。以往大陆学界的研究在微观史方面颇有欠缺。随着史料的开放，大陆史学已经开始在微观史方面有所进步。自然，这个微观史不能陷于历史的琐细而无法自拔，在宏观的背景下，基于宏大立意的考察是需要的。政治外交本无小事，宏观的背景、宏大的立意不难实现，在其基础上对微观的精进是目前应为之事。需要注意的是，政治外交的微观史研究同样需要站在一定高度，研究者需要具有对史料的掌控能力，避免陷于细节、堆砌史料。以一定高度梳理、提取和对比关键细节，能够发现以往宏观研究所忽视的方面和历史脉络，修正宏观研究下简单概括、大而化之的不准确论述，使我们对历史的认识更为全面。比如，在美国对中华人民共和国尚不承认的年代，在隐

---

① 《顾维钧电外交部》（1955 年 7 月 28 日），顾维钧档案，哥伦比亚大学珍本手稿图书馆藏，档案号：Koo_0150_B1－17_0053。

含承认之意的举动之后，美国总要发个声明说不包含外交承认意味。1955年，尽管台湾当局在美发起各种运动以示抵制，并多次提醒美方人员警惕，但在后来中美就遣返平民事发表的宣言中，所提华人还是未专提留美学生，其范围涉及全体中国侨民。此点如何回避美国对中华人民共和国"侨民保护权"的承认之意？可见，美国所谓不承认的声明无异于掩耳盗铃。

对1949年以来的台美关系做微观研究，应以唯物史观为指导、以细密的思辨能力对待史料。1949年以后美国在远东与台交好的同时，又要周旋于中、苏、英、印、日、菲、韩等不同力量之间，各种关系有历史上的渊源和现实的利益，在局势的发展中，美国在一些问题上态度并不明确，有时还出尔反尔。在一些时候，美国要人的言论并不足信，其政府声明也可能只是用以示人的假面。在唯物史观的指导下，以细密的思辨能力拨开迷雾、探寻本质，是找到最贴近真实的历史的唯一途径。

第一章 美国对"托管台湾"
  态度的演变

从太平洋战争爆发到国民党失败于大陆，再到朝鲜半岛燃起战火，20世纪四五十年代是远东局势瞬息万变的时期。大洋彼岸有关托管台湾的言论不绝于耳，但美国政府对台湾托管的态度并非一成不变。四五十年代，特别是 1949 年前后，在每个关键的节点，美国对台政策都在发生改变。对于台湾是否由国际共管这一点，虽然仅是短短数年，美国却有着多次态度的变化。与之密切相关的是台湾地位问题，原本毫无疑义的台湾属于中国这一点，在美国的操作中变成所谓的"悬念"。本章试图对这些变化和过程加以解析。① 此间，蒋介石虽有短暂下野，但整体而言未失去对国民党中枢的影响力。蒋对此类言论的应对影响着国民党当局的决策，影响着中美以及台湾当局与美国的关系。

一 国际共管言论及蒋介石的应对

1942 年正当国人热议光复台湾之时，美国方面流出"国际共管台湾"

---

① 有关美国对台政策演变的研究有很多，代表者如李世安《1945 年至 1954 年间美国对台湾政策的变化》，《中国社会科学》1994 年第 5 期。这些研究从大的方面全面论述美国对台问题，缺乏对美国在托管台湾方面的具体考虑及其变化的系统观察，亦缺乏对蒋介石或国民党当局应对态度或策略的论述。在具体问题方面，有关"国际共管"台湾言论的研究如左双文《抗战后期中国反对"台湾国际共管论"的一场严正斗争》，《中共党史研究》1996 年第 2 期。另外，对"台湾地位未定"论的提出过程和批驳较多，代表者如王建朗《台湾法律地位的扭曲——英国有关政策的演变及与美国的分歧（1949~1951）》，《近代史研究》2001 年第 1 期。台湾方面，苏瑶崇的《葛超智（George H. Kerr）、托管论与二二八事件之关系》（《国史馆学术集刊》2004 年第 4 期）围绕"二二八事件"对托管说有相应的论述。需要说明的是，美国对台政策并非一言堂，不但美国内部不同部门在同一时期对台主张有分歧，就是同一部门内同一个体在不同时期或不同场合对台主张也会有一定变化。本章不求纳入所有言论，所侧重者为对蒋介石或国民党当局产生影响或与其发生互动的主张和政策。

的政策建议，中国舆论哗然，举国反对。至1943年开罗会议前后，蒋介石采取了若干措施抵制这一言论，防止该项建议成为美国政府对华主导政策。彼时，中国国力有限，国际地位仍处于为废除不平等条约而努力的阶段。二战后期虽因战争需要，美国将中国推上四强地位，实际上中国的实力与威望并不能与该称号相称。就对日作战大局而言，美国是盟国，需要联合，因而对其不合理的建议，蒋并未采取直接反击的强硬态度。另一方面，应看到在"攘外"与"安内"认识上，蒋介石存在不当的认识偏差，其若干政治与外交措施也带有某些利己的目的；但在狭隘性与局限性之外，亦应看到其对收复台湾失地的贡献，更应看到他反对"共管"或"托管"台湾的态度。①

日本侵略中国东三省后，先后任国民政府委员会主席、国民政府军事委员会委员长的蒋介石将收复台湾的问题列上日程，曾定下于1942年中秋节"恢复东三省，解放朝鲜，收回台湾、琉球"的目标。② 卢沟桥事变后，随着中日之间进入全面对抗状态，收复台湾等失地成为国民政府公开宣讲的目标，复台立场逐渐确定。太平洋战争爆发后，美日冲突升级，中国政府对日宣战。在标志着世界反对轴心国的盟国阵线正式形成的26国《联合国家宣言》中，中国作为第四大国签名，这是中国成为"四强"之一的开端。1942年1月6日《中央日报》评论："这的确是历史上空前未有的大事"，"我们的国际地位从未有达到这样高峰"。③ 在此情况下，国人民族意识空前觉醒，朝野掀起光复国土的宣传热潮。台湾革命同盟会等革命团体纷纷开展活动，召开台湾光复运动宣传大会，国民政府立法院长孙科、中国国民党中央党部秘书长吴铁城等人均有参加。

美国也在关注战后新秩序的建立问题，并接受中国传递的信息，明白中国希望恢复1894年甲午战争之前的全部失土，这些失土当然包括台湾在内。④

---

① 2017年台北"国史馆"一份有关1949年蒋介石认为台湾为"托管之地"的档案引发各界舆论关注。本节一则为较为完整地论述美国对"托管台湾"态度的演变，一则为对美国政策之下蒋介石态度究竟如何，给出历史上的说明。

② 《蒋介石日记》手稿本，1932年9月13日。以下所引蒋介石日记，均为手稿本，不另注。

③ 《华府伟大的决定》，《中央日报》1942年1月6日。

④ The Ambassador in China（Gauss）to the Secretary of State, United States Department of State, Aug. 3, 1942, in *Foreign Relations of the United States*（以下简称 *FRUS*），*Diplomatic Papers*, *1942*，*China*，p. 735.

1942 年 4 月 3 日，美国亚洲舰队前总司令颜露尔（Harry Yarnell）发表《告中国人民书》，谓同盟国家亟应获得东方各民族的热切支持，"榨取殖民地之时代，已成过去，而东方和平之基石，则应为中国建有强固而自由之政府"，主张完全取消领事裁判权等所有特权，废除过去与此有关条约。4 月 6 日《大公报》刊出社评，表示赞同《大西洋宪章》关于国家独立、民族平等的精神，赞同颜露尔的主张，要使日本统治下的殖民地如朝鲜、琉球、台湾等得到解放。① 这一年的《马关条约》签订纪念日，也就是台湾沦陷纪念日，蒋介石在日记中写下："四十七年前之今日……割我台湾与让与倭寇之日……是年为我八岁，而国耻大难即蒙于此童昏之时矣。"②

然而，美国又有另一种声音，主张台湾由国际共管。这是国际托管制度在 1945 年由《联合国宪章》确立之前的一种替代说法。日本空军利用台湾基地进攻菲律宾的美军，美军损失严重，美军高层体会到台湾重要的战略价值，欲将其纳入美国的军事链条。美国幸福、生活、时代三大杂志社组织"关于战后和平方案问题研究委员会"。1942 年 8 月，印发名为《太平洋关系》的小册子，提议战后台湾划归国际共管，台湾居民不得投票要求回归中国。11 月 4 日至 13 日，重庆《中央日报》对《太平洋关系》进行了连载。③ 此文一经披露，中国舆论哗然，皆以为此项提议有失公平，纷纷撰文反驳。例如 1943 年，徐家驹在《南洋研究》发表长达 50 多页的论文，检讨台湾问题，论证"台湾是中华民族的一部份……在历史上、地理上，台湾和中国都有着不可分的关系"。④

在美国加入对日作战的几个月里，在战略上，执行的依然是"重欧轻亚"政策；加上传统的孤立主义政策影响，美国不想过多地被牵扯进中国战区。此时美国虽需要中国积极抗日，以使日本陷于对华战争，却未将中国战区放在重要的位置。且因距离而导致的运输困难，美国也没有在中国积极执行租借法案，分配给中国的物资往往少于需求，而实际交付的物资

---

① 《赞同太平洋宪章的提议》，《大公报》1942 年 4 月 6 日。按此"太平洋宪章"，应为"大西洋宪章"。

② 《蒋介石日记》，1942 年 4 月 17 日。

③ 《太平洋关系》，《中央日报》1942 年 11 月 4～13 日。

④ 徐家驹：《台湾问题之检讨》，《南洋研究》第 11 卷第 1 期，1943 年。

又会再打折扣或是拖延。1942 年 8 月，在华执行租借事宜的居里（Lauchlin Currie）表示"每月三千五百吨租借案之运输"再延长一月。蒋介石认为"中国对倭抗战为求解放与平等，故不计任何利害，且能牺牲一切"，要求美方每月确保最低限度的物资运输，不能对中国歧视与欺凌过甚。但最终居里准备交于罗斯福的报告书，并未反映蒋之本意。①

"改变美国战略"、极力吸引美国对中国战区的关注是 1942 年蒋介石着力谋求的一个目标。6 月，日本扰袭中途岛与阿留申岛，蒋认为这是个提醒美国注意战略问题的机会，希望美国先将注意力转到日本，以免两面作战、腹背受敌。7 月，蒋介石再次表示："改变美国战略，先解决太平洋倭寇之运动，非仅自救，亦为救世也，应积极进行，此为我国最要之政策。"② 一旦有向美方代表表达对太平洋局势意见的机会，蒋常会提出"美国实应对太平洋东西两岸同等重视"的类似看法。③

同时，蒋介石努力促成中美结盟，极尽所能与美周旋。1942 年，蒋已确定依靠美国、中美苏结盟打败日本的方略。他分析美英差别，认为"美国对华之传统政策，固为扶持与解放，而非英国自私与压迫剥削为主者可比"。因此，尽管当时美国对华亦有无视之态，中国仍要坚持争取美国的既定政策。9 月，罗斯福（Franklin D. Roosevelt）的第 17 次炉边谈话，依然没有提到中国战区。面对美国的不温不火的态度，蒋介石猜想或许是因为外交人员表现不当，故而考虑以魏道明替换宋子文担任驻美大使。④ 10 月初，美国总统派出特使威尔基（Wendell Lewis Willkie）来到重庆，与蒋会晤。《中央日报》赋予此事颇高的意义，认为是"象征美国全力支持作战"，"以中国为最大之盟邦"，倡议要使美国对中国的抗战有更多的认识。⑤ 威尔基来华是确定中美关系基调的重要契机。蒋介石表达了对中美同盟的期望，得到威氏的积极回应。

在情势依然不太乐观的情况下，蒋尽力影响美国战略，使其早日与中

---

① 《蒋介石日记》，1942 年 8 月 3～6 日。
② 《蒋介石日记》，1942 年 6 月 12 日、7 月 4 日。
③ 如《蒋中正与威尔基谈话纪录》（1942 年 10 月 7 日），"蒋中正总统文物"，台北"国史馆"藏，典藏号：002－020300－00036－021。
④ 《蒋介石日记》，1942 年 9 月 12 日，9 月 11 日、12 日上星期反省录。
⑤ 《威尔基东来使命》《威氏友华谠论》《中国抗战美人尚少认识》，《中央日报》1942 年 10 月 2 日。

国结盟，与中国并肩对抗日本。这一切是将日本从台澎赶走的保障。同时，蒋介石在废除不平等条约一事上争取美国同情，争取美国对于中国在战后收复东北与台湾的认同。

1942 年夏，美国内部不但有主张台湾于战后归国际共管的声音，连对东北都有如此主张。8 月，蒋介石从居里那里得知，美国对东北尚有主张国际共管者。闻此，蒋"恍如青天霹雳"，认为"国际诚无公道是非可言，实足寒心"。① 东北、台湾都为中国固有领土，蒋皆欲收回，但在优先级上，他选择了被占时间短、最有把握收回的东北。获悉美国在讨论领土处置时竟有将东北划归国际共管的主张，蒋介石提出严正抗议，申明必须将东北收回的立场。9 月 18 日，美国政府特别声明对东三省的政策，承认东三省为中国领土，② 但未对台湾的战后处置正式表态。对于如何确保台湾光复，蒋介石多有思虑。在美国对东亚的政策仍重孤立主义的情况下，蒋采取较为迂回的政策，呼吁其重视废除中国不平等条约事，并考虑提出中美共同使用台湾的建议，以使美国对台湾的解放更趋积极。

废除不平等条约，是中国民众多年来的心愿。取消中国不平等条约自然包括取消割让台湾、澎湖列岛的《马关条约》之意。对美英两国的废约运动虽不涉及台湾，却也是废除一切不平等条约的有力支撑。太平洋战争爆发后，中国的抗战有了更多国际支援，蒋介石自问："废除不平等条约之宣言与交涉之时机，已可开始否？"1942 年 7 月，他表明："在大战其中必须相机要求美英对我不平等条约无条件的自动宣告废除。"威尔基来华前，蒋确定与之谈话要旨，"取消中国不平等条约"为重要一项。③ 接着，蒋介石考虑发动民间运动呼吁美国取消不平等条约。④ 10 月 7 日，在美国交涉的宋子文来电，表示美方同意从速取消不平等条约，准备回国后面陈。蒋介石当即批复，"如美政府能提前讨论取消不平等条约，则我方应即与之开始交涉"，不必等到回国后。⑤ 由于蒋的推动，废约之事进展很快。得到反馈

---

① 《蒋介石日记》，1942 年 8 月 3 日。
② 《蒋介石日记》，1942 年 9 月 18 日。
③ 《蒋介石日记》，1942 年 10 月 5 日、1 月 11 日、7 月 4 日、9 月 30 日。
④ 《蒋介石日记》，1942 年 10 月 4 日。
⑤ 《宋子文与蒋中正来往电函》（1942 年 10 月 7 日），"蒋中正总统文物"，典藏号：002 - 020300 - 00046 - 006。

后，蒋就得以在几天后的国庆纪念大会上宣布美英自动放弃在华各种不平等条约特权。

10 月 7 日，蒋介石向威尔基表明中国立场，指出战后东北四省以及沿海要塞，如旅顺、大连、台湾失地等，均须归还中国。而为使美国积极支持，中国欢迎美国参加在该各要塞建立海军根据地的事务，军港由中美共同维护、使用。这一提议获得威尔基赞赏。① 在中国收回台湾、中美共建共用台湾港口的想法得到美方肯定后，蒋介石开始明确将台湾交还中国作为中美交涉的主要内容之一，并设想将中美共同使用台湾港口海空军基地的期限定为三十年。②

上述蒋介石的种种外交努力，是在中国举国反对美国推出的"台湾国际共管论"背景下展开的，包括中国共产党在内的中国各方力量均对美此项主张进行了批判和驳斥。③ 作为直接与美方决策层接触的中国领袖，在认定要以美国为首要依靠对象的认知前提下，蒋介石采取了务实的做法：吸引美国关注中国战区、推动中美结盟、推动废约运动，这一切貌似与收复台湾、抵制"国际共管"论无关，实则是收复台湾的基本保障，是抵制"台湾国际共管"论的有效行动。在此基础上，蒋介石争取美国对中国收回东北、台湾失地的认可和支持。此时由于蒋所设想的中美苏结盟并未实现，战争的胜利前景尚不明朗，台湾的光复也有悬念，故他以一定期限内中美共同使用台湾作为条件来争取美国的积极态度。确保台湾光复回归祖国是其最终目的。1943 年，美国对远东战场更趋积极，蒋介石反思是不是 1942 年关于中美共同使用台湾的表示为时过早；但转念又想，如不先表示此意，徒添美国怀疑，若美继续与英苏预谋共管台湾，则后果更堪忧虑。④ 这一想法反映出蒋谨慎的处事风格。蒋以中美共用台湾作为过渡来换取美国对台湾战后归还中国的肯定，这一做法为"台湾国际共管"论所引起，亦是从实际行动上对该论调的抵制。

---

① 《蒋中正与威尔基谈话纪录》（1942 年 10 月 7 日），"蒋中正总统文物"，典藏号：002 - 020300 - 00036 - 021。
② 《蒋介石日记》，1942 年 11 月 9 日。
③ 参见左双文《抗战后期中国反对"台湾国际共管论"的一场严正斗争》，《中共党史研究》1996 年第 2 期。
④ 《蒋介石日记》，1943 年 8 月 25 日。

抗战时期，作为执政者，蒋介石需要争取最大国际支援，引领中国取得战争的最后胜利。蒋介石争取大国对中国战区的重视与参与，推动不平等条约的废除，以一定期限内中美共同使用台湾为交换条件，争取美国对台湾光复的充分同情与积极支持。他对待东北与台湾失地的态度是有分别的，对于东北于战后交还中国一事，态度直接、明朗，且提出较早；对于台湾光复回归祖国一事，则显得迟疑、小心，提出稍晚。这并不意味着蒋介石只重东北不重台湾。在错综复杂、瞬息即变的国际局势中，在中国因尚不具备大国实力而未获盟国充分尊重与重视的情况下，蒋尽力应对周旋，光复国土是其隐忍坚持的一个动力。他曾言："此时我国只求于实际无损，战后能恢复台湾、东三省与外蒙，则其他外来虚荣，皆可不以为意也"。①台湾在 1895 年因中日不平等条约而被割让，它的光复需要建立在彻底打败日本、废除同日本的不平等条约的基础上，也需要盟国在台湾的成功登陆或是采取其他办法促使日本交还台湾。光复台湾在蒋介石心中是至关重要的目标，只是因为这一目标的实现较东北的回归而言有更多的不确定因素，蒋只得对美先试探观察，采取迂回之策。

在争取大国支持方面，蒋介石可谓不遗余力，其对抗战胜利、台湾回归的贡献不言自明。只是对国内的抗日力量，蒋氏并未有良好的整合和利用。蒋对中国共产党始终怀着戒心，即便在面临外敌侵略民族危机之下，这份戒心亦从未放下。这种依靠外力而忽视内部力量的统一与运用的做法，势必会导致一些问题。限于实力差距，美、苏、英等大国并未对中国表现出足够的真诚。直到二战结束前，美国也未明确是否要在台湾登陆，是否要在台湾先建立军政府以及中国政府在此类政府中的地位。台湾脱离日本后施政方式的不确定性，对中国政府的复台准备造成若干阻力和困难，这使接收工作呈现出被动与不尽如人意之处。

二　欲将台湾剥离的密谋与试探

1945 年 10 月 25 日，台湾省行政长官陈仪代表中国战区最高统帅接受日

---

① 《蒋介石日记》，1943 年 1 月 29 日。

本驻台总督兼第十方面军司令官安藤利吉的投降。台湾光复，中国恢复对台湾的统治。同一年，国际托管制度也经《联合国宪章》正式建立并实行。[①]

1948 年 11 月，辽沈战役结束，国共力量对比发生逆转。此后至 1949 年国民党退台，关于台湾托管的言论再起，并逐渐达到高潮。[②] 此次托管论的高潮主要是以国民党在大陆的失败前景为背景，以美英等国的共同推波助澜为动力。[③] 在托管制度已由联合国确立的条件之下，这个高潮更为直白易见。

1948 年的最后两个月，美国决策层对台湾的战略意义以及倘若台湾落入"不友善政府"控制的后果进行了评估。美国参谋长联席会议（Joint Chiefs of Staff，JCS）给国防部长福莱斯特（James V. Forrestal）的一份备忘录指出，台湾可作为战时基地，控制邻近航路，对美国具有潜在价值；倘若台湾不保，敌方可掌握日本至马来亚海路，甚至将势力延伸到琉球与菲律宾；一旦停止向日本提供粮食及其他物资，对日本也有莫大影响。[④] 战后负责对日军事占领和重建工作的驻日盟军最高司令麦克阿瑟（Douglas MacArthur）还认为，因为冲绳尚未开发，若台湾落入敌手，冲绳亦将难以防守。[⑤]

11 月 14 日、15 日，美国有报纸电台报道称，中共有占领华中之危，国民政府拟将台湾岛申请由联合国接受，改为托治区域，由美代治，全力保护。驻美大使顾维钧电询外交部，政府是否真有此议，经查系谣传。[⑥] 应该

---

① 1945 年 5 月，美苏英法中五国会商包括托管制度在内的联合国宪章相关事宜。托管制度专门委员会提出"托管制度"不适用于克复之地方，经表决通过（《旧金山联合国会议有关电文》，国民政府档案，台北"国史馆"藏，档案号：0631.30/4480.02 – 02，微卷号：403）。6 月 26 日，50 个国家的代表在旧金山签署《联合国宪章》，第十二章规定了国际托管相关原则。《联合国宪章》于 10 月生效，这意味着国际托管制度的正式出台。

② 在此之前，"托管台湾"的主张亦未停止。特别是 1947 年"二二八事件"后，美日别有用心者曾鼓吹"台湾托管"。

③ 托管台湾将有助于英国保有香港。1949 年英国助长了国际上"托管台湾"论和美国的相关主张。关于英国对托管台湾的主张参见王建朗《台湾法律地位的扭曲——英国有关政策的演变及与美国的分歧（1949～1951）》，《近代史研究》2001 年第 1 期，第 3～6 页。

④ 《国家安全会议执行秘书（索尔思）致国安会，1948 年 12 月 1 日》，载王晓波编《台湾命运机密档案》，台北：海峡学术出版社，2014，第 102 页。

⑤ 《美国驻菲律宾大使馆参赞的谈话纪录，1948 年 12 月 7 日》，载王晓波编《台湾命运机密档案》，第 104 页。

⑥ 《顾维钧电王世杰》（1948 年 11 月 15 日），顾维钧档案，档案号：Koo_0145_B13 – 1g_0058；《王世杰电顾维钧》（1948 年 11 月 17 日），顾维钧档案，档案号：Koo_0145_B13 – 1g_0057。

说，此种谣言或是妄加他人的言论早就有之。美国部分人觊觎台湾，不但在国内以政策建议渠道发表言论，而且以各种非常规渠道发表。有研究指出，曾在战后任美国驻台副领事的"台湾通"柯乔治为使台湾脱离中国，在领事馆电文、报告中上下其手、制造假消息，并通过少数台籍人士提出托管论主张。① 姑且不说美国人的议论如何，就连所谓"台湾人的观点"也颇有人为制造的成分。只是，在 1947 年时，国共内战结局尚不分明，此种谣言没有引起国民党足够紧张与警惕。在 1948 年冬至 1949 年，国民党面临失败而考虑以台湾为最后落脚点的时候，台湾的地位问题自然成为至关重要之事。

在谣言风起时，美国驻华大使馆也给国务院送去了一封信，表明了主张台湾托管的看法。1948 年 11 月 17 日，美驻华大使司徒雷登建议，将台湾置于联合国与美国托管之下，直到与日本的和平条约获得批准。他认为台湾同美国安全与战略计划直接相关，应保持现有台湾人对美国的好感，避免给人协助国民党迁台的印象。当然，美国没有办法阻止国民党向台湾迁移的趋势，而且会时不时地被要求给予协助，那么，美国就应尽可能通过驻华机构行动，减少和掩盖外界对美国协助的印象。②

1949 年 4 月，国共和谈破裂，中国人民解放军攻克南京。蒋介石离开溪口，至上海布防，而后经舟山群岛、澎湖，前往高雄，继而前往台北，着手重建党政关系。6 月 16 日，美国中情局对中国形势进行了评估，认为共产党已拥有能够摧毁国民党的军事力量，并将于 1949 年底以前组建中央政府，而美国"不可能颠覆或有力阻止这一进程，中国共产党倒向苏联的状况在近期内也不会有任何变化"。国共争夺台湾，事关美国在台战略利益，这是美国亟待应对之事。中共利用沿海港口和船只作战，加上渗入岛内进行策反活动，将有利于其控制台湾。美国若仅提供援助而无军事干涉，不可能对国民党有实质性帮助；并且，若美国打算承认共产党即将建立的

---

① 朱浤源、黄文范：《葛超智在二二八事件中的角色》，载许雪姬编《二二八事件六十周年纪念论文集》，第 423～462 页。

② The Ambassador in China（Stuart）to the Secretary of State, Dec. 17, 1948, United States Department of State, in *FRUS*, *1948*, *The Far East：China*, Vol. 7, p. 662.

政权，此种援助会起到坏作用。[1] 在美国准备为承认中共政权的可能性留一退路的情况下，只有将台湾置于自己的实际控制中，才能有效阻止其落入中共和苏共之手，从而确保美国南太平洋防线不致出现缺口。

此情形下，美国驻日的盟军总部对台湾状况甚为忧虑，在与国民党高层进行私人谈话时，非正式提及为免中共进据，是否可以考虑在和约签订前，将台湾移交盟国暂管。同时，美国对台湾"独立运动"似有鼓动之意，这一倾向亦在为台湾移归联合国托管做一伏案。[2] 蒋介石得知美国意图后，对盟总的提议给予坚决回绝，并拟对美做"必死守台湾"的坚决表示，以"确保领土"，若美国愿意提供共同防卫的协助，则表示欢迎。蒋介石料想在如此表示之下，美国绝不会强力索取台湾。[3]

在盟总对蒋介石进行试探之时，美国国务院政策规划司司长凯南（George Frost Kennan）向国务院提出"台湾意见"——将台湾从国民党手中剥离的一揽子办法。他认为在当前局势下，须先以联合国或美国的管理排除国民党对台湾的控制，使台湾与大陆绝缘。达到此种目的的障碍有二：一为岛上30万军队的抵抗，一为中国政府已经或多或少在台湾行使主权。除军事单位需应对第一项障碍外，美国国务院应在政治、外交方面做些工作，包括：私下与菲律宾、澳大利亚、印度等国探询改换台湾政权的意见；在白皮书中加上国民党治台失政一章；持续散播少量关于"台湾再解放同盟"的资料作为背景；等等。意见指出，基于《开罗宣言》，美国允许中国在台湾建立政权，但因国民政府在台失政并将内战引至台湾，美国不得不暂管台湾，以待对日和约和全民公决。同时，意见准备邀请孙立人参加新政权，而蒋介石如愿留在台湾，将以"政治避难者"身份相待。[4]

对于美国的密谋，国民政府除给以外交上的密切关注[5]之外，蒋介石也

---

① CIA Research Reports China, Reel - 1 - 0277, pp. 27 - 48, 转见杨奎松编《美国对华情报解密档案（1948～1976）》，中国内战篇，下册，台北：海峡学术出版社，2014，第147～180页。

② 《何应钦电蒋介石》（1949年6月12日），"革命文献——对日议和（一）"，"蒋中正总统文物"，典藏号：002 - 020400 - 00053 - 016。

③ 《蒋介石日记》，1949年6月18日。

④ Memorandum by the Director of the Policy Planning Staff, United States Department of State, in *FRUS*, *1949*, *The Far East：China*, Vol. 9, pp. 356 - 364.

⑤ 《顾维钧电外交部》（1949年8月1日），顾维钧档案，档案号：Koo_0145_B13 - 1g_0056。

以实际行动做坚决的抵抗。7、8 月间，蒋介石在做一系列军政部署外，还酝酿推动国民党的党务改造，积极联系菲律宾总统季里诺（Elpidio Quirino）、韩国总统李承晚，欲发起组织远东反共联盟。他公开对美国记者表示"个人之地位，决不在于政治上职权与名义之有无，而对于领导国民革命之责任，则始终不容放弃"。① 在日记中，他更明确表明绝不接受"在台而不预闻军政"的安排。②

美国对于能否在不付出巨大代价的情况下将台湾与国民党剥离之事进行了讨论和评估，如美军占领台湾时可能遇到的抵抗等。美国参谋长联席会议认为台湾之重要性"尚未至美国必须出兵之程度"。美国在全世界许多地区"负有责任"，不宜与大陆攻台之解放军或在台湾之国民党军发生军事冲突，以免陷入后无法脱身。台湾问题应被视为亚洲问题的一部分，进行通盘考虑。③ 尽管在 11 月时，副国务卿韦伯（James E. Webb）、国务院远东司长白德华（William W. Butterworth）、"驻华大使"司徒雷登等人仍在建议游说联合国托管台湾，但司徒雷登也认为此事难行，因倘由联合国托管台湾，势难拒绝苏联参加；且国民党当局不能迁台，"而总裁居住与军事基地等均无法解决"。④ 因此，在 12 月国民党当局决定迁台后的记者会上，杜鲁门（Harry S. Truman）总统被问到台湾地位时，指出台湾不是一个自由国家，而是中国的一部分。⑤ 稍后，美国务院对台湾政策备忘录也指出，尽管"从技术上说，该岛的地位仍然有待对日和约来确定，但是《开罗宣言》和《波茨坦公告》以及 1945 年 9 月 2 日的日本投降书都表明该岛归还中国"。⑥获悉杜鲁门在记者会的表态后，蒋介石认为"此语使台湾倡议独立自治或

① 《亚洲如沦入铁幕将引起另一次世界大战》，载秦孝仪主编《先总统蒋公思想言论总集》卷 38，台北：中国国民党中央委员会党史委员会，1984，第 241 页。

② 《蒋介石日记》，1949 年 8 月 13 日。

③ 《国家安全会议 37/7 号，1949 年 8 月 7 日》，载王晓波编《台湾命运机密档案》，第 135～136 页。

④ 《郑介民电周宏涛转王世杰》（1949 年 11 月 15 日），"对美关系（五）"，"蒋中正总统文物"，典藏号：002 - 090103 - 00006 - 236。

⑤ 因意识形态的偏向，原话说的是 "Nationalist China"［见 The President's News Conference of December 22, 1949, in *Public Papers of The Presidents of the United States*（Washington：United States Government Printing Office, 1964），pp. 585 - 586］。

⑥ 《美国务院对台湾政策备忘录》（1949 年 12 月 23 日），载梅孜主编《美台关系重要资料选编（1948.11～1996.4）》，时事出版社，1997，第 66 页。

托管之邪说者可以熄灭矣"。①

对于将党政中央迁台之事，始终有不少人反对或主张慎重，因恐美国干涉或不承认台湾为中国领土。至 1949 年末，还有人认为美国或将以武力占台。蒋介石顶住压力，心志坚决，认为这些是"自卑自弃不明事理之谈"。蒋始终认为，国民党行政机关迁台，"美英决不敢有异议"。倘若彼真以武力干涉或侵略台湾，则自己"宁为玉碎不为瓦全"，必然以武力抵抗。因"背盟违理"者为英美，"曲在彼而直在我"。②

三　从短暂放手到力求台湾"中立"

美国在 1949 年 12 月对外公开表态，肯定台湾是中国一部分，此后大约半年的时间内，美政府基本执行了对台"撇清关系"的政策。

国民党当局迁台前后，在各种观点的争论中，美国决定从中国抽身，将原本属于中国的台湾"留给"中国。1950 年 1 月 5 日，杜鲁门声明，依据过去的多个文件，台湾交给了"蒋介石委员长"。"过去四年来，美国及其他盟国亦承认中国对该岛行使主权……美国无意在台湾获取特别权力或建立军事基地，美国亦不拟使用武装部队干预其现在的局势……也不拟对在台湾的中国军队提供军事上的援助或提供意见。"③ 当天，美国务卿艾奇逊（Dean Acheson）对杜鲁门的声明进行了详细解释，历数自《开罗宣言》到《波茨坦公告》，再到日本投降，台湾回归中国的历史，指出"中国人已经治理台湾四年，美国或其他任何国家都没有对这个政权及其占领产生过怀疑。当台湾成为中国的一个省，没有人提出过法律上的质疑"。④ 美国"亲台帮"的代表诺兰（William F. Knowland）与 H. A. 史密斯（Howard Alexander Smith）对这一声明表示不解。这一天，艾奇逊专门同二人进行一个半小时的谈话，说服他们支持国务院的政策。在谈话中，艾奇逊表示"台

---

① 《蒋介石日记》，1949 年 12 月反省录。

② 《蒋介石日记》，1949 年 12 月反省录。

③ 国务院台湾事务办公室研究局编《台湾问题文献资料选编》，人民出版社，1994，第 858～859 页。

④ United States Policy Toward Formosa, in *Department of State Bulletin*, *January* 5, *1950*, Vol. 22（Jan. – June 1950），p. 80.

湾本质上是中国人的领土"，其控制权被日本人中断了大约40年，开罗和波茨坦的声明都承认了中国对台湾岛的固有所有权。他指出，"从战略的角度来看，台湾不是至关重要的，如果采取任何军事行动，或采取军事援助政策，美国会失去更多的利益"，况且，"这个岛屿可能会在未来某个时候被共产党占领，我们必须承认这种可能性"。①

1950年上半年，美政府并不想被国民党拖陷于台湾。由于国民党在大陆的糟糕表现，美国认为台湾必将被国民党之恶劣风纪败坏，若无外力支援，台湾势将不保，而这个时间亦不会很久。为免自取其辱，美国应从台湾撤出。②

但是，自二战后期，美国从不缺少热衷于台湾议题的人士，他们一直希望台湾这个远东的宝岛能够为美国所用。美国政府在不同时期对台政策的摇摆，其实是在各种主张之间寻找平衡，是当政者对不同局势研判下所寻求的美国利益最大化。1950年上半年，在美国维持着1949年冬形成的从台湾脱身的政策的同时，另一种对台政策正在悄然形成。1950年1月底，杜鲁门收到国家安全会议（NSC）关于在充分评估苏联军事能力前提下重新考虑美国战略计划的建议。4月，国家安全会议对第68号文件进行讨论，提出为应对苏联的扩张趋势，美国必须以更积极的行动支持与组织"自由世界"。③ 因某些方面存在分歧，有关这一文件的讨论一度搁浅，但不久又重新开始，并最后定型。在这个过程中，美国正在将欧洲对苏遏制的战线扩大到整个欧亚大陆，台湾之重要日益凸显。6月朝鲜战争的爆发是促使美国迅速弥合NSC68号文件分歧并将其付诸实施的重要事件。美国认为失去南朝鲜④足以危及日本乃至美

---

① 日据台湾实际上是50年。Memorandum of Conversation, by the Secretary of State, January 5, 1950, United States Department of State, in *FRUS*, *1950*, *East Asia and the Pacific*, Vol. 6, pp. 258–263.

② 1950年5月，美国助理国务卿致"驻台北领事"指出，尽管美国政府也在坚守到最后一刻还是及时、有序地撤退之间犹豫，但为免在台美国人被解放军"俘虏"，美国认为还是应该及时安排撤退。The Acting Secretary of State to the Embassy in China, May 26, 1950, United States Department of State, in *FRUS*, *1950*, *East Asia and the Pacific*, Vol. 6, pp. 344–346.

③ A Report to the National Security Council by the Executive Secretary (Lay), April 14, 1950, United States Department of State, in *FRUS*, *1950*, *National Security Affairs*; *Foreign Economic Policy*, Vol. 1, pp. 234–292.

④ 台湾方面当时通称为"南韩"。本书为叙述方便，除引文外，通称"南朝鲜"。

国的远东防线，姑息可能会重蹈二战覆辙，引发第三次世界大战。其积极行动表现在台湾地区，就是修改了几个月前关于远东防线的范围划定，① 将台湾划入其中。此时，台湾不但在美国太平洋防线的中部关键位置，且拥有成为大陆门户的地理优势，重要性自不待言。

于是，美国放弃了半年前明确的对台不干预原则。1950 年 6 月 27 日，杜鲁门发表声明，称共产党占领台湾将直接威胁太平洋和该地区美国部队安全，因此美国派第七舰队进入台湾海峡，而台湾未来地位必须"等待太平洋安全的恢复，对日和约的缔结，或联合国的考虑"。② 以往虽有少数人否认《开罗宣言》的法律效力，但美国官方并没有质疑 1945 年 10 月台湾的光复；此前作为美国重要盟国的英国已经多次发表台湾"尚不属于中国"的言论，而美国似更为谨慎；但 1950 年夏以后，美政府官方改口，声称台湾地位暂时不能确定。

杜鲁门在 1950 年 6 月的声明无疑是"台湾地位未定"论出现的一个重要标志，学界通常的论述亦是自然地将"台湾地位未定"论的出现与朝鲜战争的爆发联系在一起，给人留下此论乃因朝鲜战争发生而骤然出现的印象。事实上，如上所述，美国对台政策的转变在 1950 年上半年已在讨论之中，而其开始酝酿的时间可能更早。1949 年 8 月，从外围遏制苏联影响力的计划已被提出，在不少军方人士看来，台湾是这个围堵遏制计划中重要的一环。③ 1950 年 4 月对 NSC68 号文件的讨论更是美国将"全面地遏制"苏联作为战略计划固定下来的重要事件。有研究认为，尽管该文件的最后成型是在朝鲜战争爆发之后，但基本原则和理念在其提出之初就已得到总统、军方和国务院多数人的认可，对美国改变对台政策产生了决定性影响。④ NSC68 号文件意味着美国针对苏联阵营的"围堵"（policy of containment）政策的形成。在这一

① 1950 年初，艾奇逊将美军的东亚防区定位在由阿留申群岛、日本、琉球与菲律宾群岛所连接的弧线，未包括台湾与南朝鲜。［ "Crisis in Asia – An Examination of U. S. Policy," in *Department of State Bulletin*, *January 12*, *1950*, Vol. 22（Jan. – June 1950）, pp. 111 – 117］

② 梅孜主编《美台关系重要资料选编（1948. 11 ~ 1996. 4）》，第 72 页。

③ The Acting Political Adviser in Japan（Sebald）to the Secretary of State, Aug. 20, 1949, United States Department of State, in *FRUS*, *1949*, *The Far East and Australasia*, Vol. 7, Part 2, p. 835；The Acting Political Adviser in Japan（Sebald）to the Secretary of State, Sept. 9, 1949, in *FRUS*, *1949*, *The Far East and Australasia*, Vol. 7, Part 2, p. 857.

④ 沈志华等：《冷战时期美国重大外交政策案例研究》，经济科学出版社，2014，第 93 页。

政策之下，美国放弃与台湾撇清关系的态度是早晚的事。

1950 年 6 月以后，美国开始以巡游在台湾海峡的舰队来确保"台湾的中立"，阻止两岸间的军事行动，并以物资、人员的援助等方式更多地介入台湾事务。与此同时，英国反对美国全力支持国民党当局，而是在远东给予美国一定支持的同时，要求美国人承诺其对台方针会朝着某种形式的托管方向努力，而这种托管"不排除当远东局势正常化时最终将台湾还给中国的可能性"。① 在英国从旁怂恿，希望美国促使联合国宣布托管台湾，防止中共在苏联鼓动下攻台的消息传出时，蒋介石自信地认为美国不会受到蛊惑。② 后来的事实证明，蒋介石虽然猜对了结果，但就过程而言似过于乐观。

8 月下旬，为应对中华人民共和国向联合国提出的控诉美国侵略案以及麦克阿瑟关于变更杜鲁门"阻止台湾对大陆军事行动"的声明，杜鲁门指示美国驻联合国代表奥斯汀（Warren Robinson Austin）向联合国秘书长赖伊（Trygve Halvdan Lie）说明美国对台湾所持政策。奥斯汀的说明主要是为美国干涉台海局势辩解，并表示支持联合国调查此事。若台湾问题在联合国被讨论和调查，势必涉及台湾法律地位等问题，这对台湾当局不利，因此后者极力与美交涉，设法阻止此事发生。③ 但台湾问题在联合国的讨论未能避免，此点与美国态度有关。美国不但希望台湾问题在安理会范围内讨论，还希望在联合国大会上讨论。作为杜鲁门外交顾问的杜勒斯（John Foster Dulles）在一份备忘录中表明了美国要借助联合国介入达到几个目的：第一，"现在中国大陆上的中国政府并不是开罗和波茨坦会议时的中国政府"，联合国应查明，台湾人民是否愿意服从该政府；第二，如果台湾在政治上属于中国，那么可以在联合国讨论在台湾实行某种"自治"的可能；第三，维持日台联系，至少是在相当一段时间内维持台湾与日本之间的自由贸易；第四，"联合国应认真考虑以某种方式使台湾永久中立，虽然这样做不利于

---

① 参见王建朗《台湾法律地位的扭曲——英国有关政策的演变及与美国的分歧（1949～1951）》，《近代史研究》2001 年第 1 期，第 12 页。英美当时虽为盟国，但在对待新中国等问题上存在差异，此点研究甚多。英国所主张托管后不排除交还中国的可能性，这个中国是指中华人民共和国。这也是与美国主张的差异之处。

② 《蒋介石日记》，1950 年 8 月 13 日。

③ 交涉情形参见侯中军《新中国控诉美国侵台背景下的台湾地位问题再探》，《中共党史研究》2011 年第 11 期。

具体的政治解决方案，但可以保证台湾不会成为大国关系紧张、恶化或直接引发战争的导火索"。①

事实上，"托管台湾"的可能及后果屡屡被美国决策层讨论，杜勒斯本人也表示，如果今天有一个选择，他会觉得"台湾独立托管是最好的解决方案"。② 但是，在上述备忘录中，杜勒斯没有明言"托管"一词，只是谨慎地、粗线条地给出几个努力的方向。此举是因为他对托管一途的结果有所担心。联合国成立委员会进行托管，将难以阻止苏联参与其中。若苏联插手，则会把"中国共产党政权统一台湾作为可能提出的方案"，其后果势必增强苏联在远东的军事地位。③ 因为托管的决议"在某些方面会被解释为试图将台湾归还"中国大陆，所以在这个阶段"还不能肯定地承诺解决方案"。④ 这是美国的一个顾虑，也是其最终没有"受英国蛊惑"的一个原因。

美国的盟友们为避免局势激化进而引发大战，也反对美国军事介入台海。它们在台海地区的主张是防范苏联、避免激怒中国，对于台湾的处置，最好是使其"中立化"。在英国之外，澳大利亚也持此主张。9 月 8 日，外长斯彭德（Percy Spender）向总理孟席斯（Robert Gordon Menzies）提出"台湾政治中立化方案"，即将台湾交联合国托管，尽量避免中国同西方国家发生冲突，通过公投决定台湾未来政治地位。随后这一意见被传达给美国。对此，美国远东事务助理国务卿腊斯克（Dean Rusk）告诉斯彭德，美国观点"和澳大利亚大体一致，不希望受《开罗宣言》制约"。⑤ 美

---

① Memorandum of Conversation, by Mr. John M. Allison, Adviser to the United States Delegation to the United Nations General Assembly, Oct. 23, 1950, United States Department of State, in *FRUS*, *1950*, *East Asia and the Pacific*, Vol. 6, pp. 534 – 536.

② Minutes of the 40th Meeting of the United States Delegation to the United Nations General Assembly, Nov. 15, 1950, United States Department of State, in *FRUS*, *1950*, *East Asia and the Pacific*, Vol. 6, p. 570.

③ Memorandum by the Joint Chiefs of Staff to the Secretary of Defense, Sept. 8, 1950, United States Department of State, in *FRUS*, *1950*, *East Asia and the Pacific*, Vol. 6, pp. 491 – 492.

④ Minutes of the 40th Meeting of the United States Delegation to the United Nations General Assembly, Nov. 15, 1950, United States Department of State, in *FRUS*, *1950*, *East Asia and the Pacific*, Vol. 6, p. 570.

⑤ 25 Cablegram from Spender to Watt, Cablegram, Ottawa (Australian Government Department of Foreign Affairs and Trade, 3 November, 1950), http://dfat.gov.au/about-us/publications/historical-documents/Pages/volume-21/25-cablegram-from-spender-to-watt.aspx.

国意见与澳方也有不同，那就是不主张抛弃国民党。原因是美国认为蒋介石手里握有五十万大军，且对美方友善。① 美国在对台湾的政策上，并未能使盟友与自己的意见完全统一，但要使台湾"中立化"，甚至是永久地"中立化"，这是美国未曾掩饰的目的，这一点与英联邦国家的意见是相同的。

搁置争议、等待时机是美国在台湾问题上的一个倾向。9 月间，美方"欲以台湾问题交由联合国处理，并以台湾与韩国问题相提并论，同时解决"的意图已为蒋介石所感知。② 12 月初，在杜鲁门与英国首相艾德礼（Clement Richard Attlee）的谈话中，艾奇逊建议，要让中共到联合国谈论台湾问题，然后再讨论韩国问题。艾奇逊认为讨论要以韩国为中心，在他看来中苏违反了《开罗宣言》对韩国的承诺，故而会在台湾问题上"理亏"。③ 在复杂局势下，暂时冻结台湾地位、搁置台湾问题，等待有利时机解决，成为美国的选择。

"在此国际局势动荡期内，美不愿使此复杂困难重要问题在目前非即解决不可"，这亦是顾维钧从美国外交人员那里得到的印象。一方面，美舆论认为美国负担太重，台湾应归联合国共同负责保障；另一方面，两岸均认为"台湾为中国领土，彼此间之争端乃是内争"，但国际方面"既不愿因此扰及远东和平，又对台各抱不同意见，故与其在此时亟谋解决致呈分裂，不如维持现状待诸将来"。④ 相对于澳大利亚等国主张的"台湾政治中立"而言，美国更倾向于暂谋军事上的"中立"，然后在解决朝韩问题时同时解决台湾问题。英、澳等盟友虽在某些方面支持美国，但就台湾问题交换意见的过程中，美国也意识到诸国事实存在的意见差异。因此，美国决定向台湾提供一定援助，尤其是能帮助台湾实现"防卫"目的的援助，在此"国际局面混沌期内"将台湾地位问题"暂为冻结"，以免造成自身同盟分

---

① Stuart Doran and David Lee, eds. , *Documents on Australian Foreign Policy*, p. 35，转见胡德坤、胡博林《澳大利亚对台政策论析（1950～1955）》，《武汉大学学报》2015 年第 2 期，第 83 页。

② 《蒋介石日记》，1950 年 9 月 8 日、9 日。

③ United States Minutes, Truman-Attlee Conversations, Second Meeting, The Presidential Yacht "Williamsburg", Washington, December 5, 1950, United States Department of State, in *FRUS*, *1950*, *Western Europe*, Vol. 3, p. 1730, 1737.

④ 《顾维钧电叶公超》（1950 年 9 月 19 日），顾维钧档案，档案号：Koo_0145_B13－1a_0013。

裂，徒增困扰。①

为使中国对《开罗宣言》的违背显得更符合事实，"此中国并非彼中国"的说法也慢慢出现在美方的公开言论中。在美国驻联合国代表团的第39次会议中，参与战后远东事务的艾利森（John Moore Allison）解释了美国国务院对台湾的态度：希望台湾保持中立；不应试图以武力改变台湾的地位。美方以维护岛上750万居民的利益为由，认为不应继续以台湾作为进攻性基地。在这里，艾利森也特别强调，开罗会议讨论将台湾归还中国，但这个中国不是中华人民共和国。② 这一说法倒是与美国历来态度一致，在1949年12月杜鲁门的发言中，就特别提到台湾属于"Nationalist China"，为美国后来的狡辩埋下伏笔。因为已有一些国家承认中共政权代表中国，而"此中国并非彼中国"，故台湾地位需要被"冻结"。这是1950年代美国对于为何冻结台湾地位的一种解释，虽为狡辩，却颇能令一些人产生混乱概念。

联合国大会对台湾问题的讨论没有完全按照美国的意图发展。1950年11月中旬，美国觉察到若任由联合国大会讨论决定台湾问题，就有可能将该岛交还中共，于是紧急决定中止联大的讨论。16日，美政府决定对台采取这样的对策：使台湾议题从联合国大会消失，以若干原则的声明取代具体的行动，使台湾问题缓议。这些原则是：

1. 美国作为太平洋战争的主要胜利者和日本唯一的占领国，对台湾的处置负有重大责任。

2. 除了相对短暂的日本统治时期，数世纪以来台湾一直是中国的一部分。该岛的历史和人口的民族特征要求最终恢复中国对它的主权。

3. 只要台湾存在成为太平洋新的侵略基地和血腥内战斗争的对象的可能性，就不能恢复中国对它的主权。

---

① 《顾维钧电叶公超》（1950年9月20日），顾维钧档案，档案号：Koo_0145_B13-1a_0015；《顾维钧电叶公超》（1950年9月22日），顾维钧档案，档案号：Koo_0145_B13-1a_0014。

② Minutes of the 39th Meeting of the United States Delegation to the United Nations General Assembly, Nov. 14, 1950, United States Department of State, in *FRUS*, *1950*, *East Asia and the Pacific*, Vol. 6, p. 557.

4. 台湾人民在中国主权下必须得到适当的自主和自治；台湾与中国的关系最终须基于台湾人民和中国人民的同意。

5. 考虑到台湾和日本经济体的互补性，应长期确保台日之间密切贸易关系的持续。

6. 台湾应该非军事化。[①]

相对于 10 月杜勒斯在备忘录中提出的几条目的而言，此时提出的原则更强调了美国对台湾的"责任"，也就是说尽管在联合国受到中苏等国的指责，美国也应该继续介入台湾事务，而不是撤出。在这里，虽然杜勒斯没有在"此中国并非彼中国"的说法上狡辩，但仍然表示只要台湾还是"内战斗争"对象，就不能恢复中国对它的主权。也就是说只要中国需要统一，美国就会干涉下去。

对于国际上有关台湾的言论，特别是美国的言论，蒋介石保持着警惕，并竭力分析其背后意图和各种发展的可能性。1950 年 9 月 8 日，蒋介石写道："美正计台湾由联合国共同防卫（即为共管之变相），以避免俄共之觊觎，其利害得失如何？"蒋认为美国有意使联合国防卫台湾，正是过去"共管"政策的另一种表现。使台湾免落入苏联之手，在这一点上台美是一致的。但将台湾交由联合国协防，会有怎样的后果？利害得失盘旋在蒋介石心头。9 日，蒋又记，美国正式口头通告，台湾问题必须"由国际多边式解决"，而美国国务院对外宣布，韩、台问题的解决，"必须亚洲有关各国参加"。蒋猜测"多边"与"亚洲各国"，莫非是指"北平政权"？[②] 尽力避免两岸同时出现在国际舞台之上，是 1950 年代蒋介石的一个外交原则。这也是台美经常出现分歧的一点。美国介意的是在台海地区出现军事冲突，因为这会使美国面临战争旋涡，为使中共"坐下来谈"而不是"站起来打"，美国并不介意国际舞台上出现两个代表中国的政权。实力不对等之下，蒋介石并没有多少与美国抗衡的本钱，因此，他常有"宁为玉碎"

① Memorandum of Conversation, by Mr. Eric Stein of the Office of United Nations Political and Security Affairs, Nov. 16, 1950, United States Department of State, in *FRUS*, *1950*, *East Asia and the Pacific*, Vol. 6, pp. 574－575.

② 《蒋介石日记》，1950 年 9 月 8 日、9 日。

的表示，即如果不能将中华人民共和国代表排斥在联合国之外，那么自己宁可不要虚名，自行退出。在1950年的这场外交战中，蒋介石就产生过这种想法。①

在具体策略方面，蒋介石一方面考虑重新提出控苏案，以应对中华人民共和国提出的控美案；另一方面考虑在联合国安理会运用否决权，以避免联合国调查台湾。国民党政府原本在1949年的四届联大上，向联合国提出过控苏案，当时美国仅给予原则上支持。1950年因国际局势又发生变化，蒋介石以新控苏案配合美国，这一策略"于美国的全球战略更加契合"，于是美国改为倾力支持。② 关于运用否决权的问题，蒋介石考虑到苏联或许认为中共对台湾志在必得，也不愿联合国去调查台湾，或许台湾不必亲自出面反对。因此，指示"驻联合国代表"在美国侵台案的投票中不用否决权，"以澄清内外空气"。③

对于美国所主张的由联合国向台湾提供军事协防保障一项，经过权衡，蒋介石倾向于接受，同意在对日和约订立之前，台湾当局"有权要求联合国或与台湾有密切共同关系之会员国协助防卫台湾"。但蒋介石同时主张"中国收复台湾主权与领土，必依据其合法权利，遵守联合国宪章"，如有违反宪章与损害中国对台湾之主权、领土与行政之完整的行为，则我"当保留其自主之行动，不能受任何非法之干涉"。④

四 政策层面的否定与议论的继续

在1950年下半年美国抛出"台湾地位待对日和约后确定"一说后，对日和约的拟定就是关键一环了。1950年10月，美国原拟在和约中规定"台湾、澎湖、南库页岛及千岛群岛之地位由中美英苏会商决定，倘于对日和约生效后一年内，未获协议，则由联合国大会决定之"。⑤ 但经数日观察，

① 《蒋介石日记》，1950年10月1日，杂记10月14日。
② 有关论述参见侯中军《顾维钧与"控苏案"》，《军事历史研究》2016年第1期。
③ 《蒋介石日记》，1950年9月10日、12日。
④ 《蒋介石日记》，1950年10月28日。
⑤ 《关于对日和约案办理经过节要》，"外交部档案"，台北中研院近史所档案馆藏，档案号：11-01-02-10-03-144。

美国改变了想法。在关于台湾处置条款的措辞上，美国不但同台湾当局产生了分歧，也同英、苏等国的看法有出入，这使美国放弃了由远东四巨头共同商讨台湾归属的想法。同时，美国也不打算在和约中规定联合国大会对台湾的处置权，因为在1950年11月美国就发现联合国大会有将台湾交给中共的某种主张和倾向，如果此时规定台湾交由联合国大会处置，仍然不能排除此种倾向的存在。于是，美国关于台湾的考虑是仅言日本放弃，不言归还中国，亦不言由远东大国会商方案或由联合国大会讨论决定。1951年2月，杜勒斯团队拟定的对日和约草案写道："日本将放弃对韩国、台湾和澎湖的权利和所有权。"① 对于此说，蒋介石原本颇觉气愤，但经台湾当局与美多次交涉，知美国对台湾地位的考虑并无改变可能，只好被迫接受。②

在关于对日和约的交涉中，美国政府深刻意识到各相关国家在台湾处置问题上的巨大差异。这个差异甚至在相当程度上促成印度拒绝签署"旧金山和约"。③ 因此，美国决定继续推迟解决台湾地位问题。1951年11月，在为第六届联合国大会准备的立场性文件中，美国指出对台湾的目标是"否认台湾属于由苏联控制或与苏同盟的任何政权，加速增强台湾的防御能力"。当时主要有关政府似乎不可能在如何永久性处置台湾问题上达成共识，因此，美国的直接目标是尽量推迟解决这个问题，尽可能制定一个得到更多国家特别是亚洲国家支持的解决办法。此时，美国的态度是：在不能获得更多国家认可的情况下尽量推延，避免台湾问题被联合国大会讨论，从而杜绝台湾为社会主义阵营控制。此前，艾奇逊等人曾有将朝鲜问题与台湾问题捆绑的想法，但此时美国决定尽量不使二者捆绑，以免影响朝鲜问题的解决。美国认为在朝鲜问题上已经得到重要多数的支持，没有被完

---

① Memorandum Prepared by the Dulles Mission, Feb. 3, 1951, United States Department of State, in *FRUS*, *1951*, *Asia and the Pacific*（in two parts）, Vol. 6, Part 1, p. 850.

② 参见冯琳《对日和约问题上的蒋美分歧及蒋之因应》，《抗日战争研究》2016年第1期，第139~141页。

③ 印度高度关注台湾地位问题，认为尽管归还时间和方式可以再单独谈判，但至少应在对日和约中规定台湾属中国。The Indian Chargé（Kirpalani）to the Consultant to the Secretary of State, Aug. 23, 1951, United States Department of State, in *FRUS*, *1951*, *Asia and the Pacific* (in two parts), Vol. 6, Part 1, p. 1290.

全孤立的可能性，这使朝鲜问题的解决比台湾问题要容易得多。在朝鲜半岛有望停战的局势下，应避免联合国大会将台湾问题与朝鲜问题联系在一起，避免在朝鲜问题得到政治性解决之前召开任何有关远东问题（包括台湾问题在内）的会议。同时，美政府也准备好备用方案。倘若大多数国家坚持以某种形式解决台湾问题，那么美国就要尽量引导大会组织一个特别委员会收集事实，听取包括台湾居民在内的各方意见，探讨一切可能的解决办法，并在完成后向大会报告。①

美国分析了解决台湾问题的各种方案。首先是台湾属于中国，虽然这是《开罗宣言》的承诺，但因国际社会对于由何方代表中国有争议，此种方案不能完全排斥苏联势力，故应排除。其次是托管或联合国其他形式的行政管辖和监管，大陆和台湾政权很有可能都反对此种方案。况且，它是否能有效抵挡共产主义的"颠覆"和"侵入"，很值得怀疑。无论如何，目前国民党在台湾的统治排除了这一方案。再次是独立的台湾，这一点必然遭到中国人反对，无论是共产党还是国民党。并且，如果实现独立，可能会对军事和经济援助有无期限的需求。复次是由日本统治，对日和约已否定了这一点。最后是由台湾居民投票决定归属，这一点因为有国民党的反对及其军队的存在，在目前来说也是不可能的。因此，美政府认为当下并没有一个可行的方案来解决台湾问题，而这一切会随着时间推移、情势发展而得到解决。②

基于第五届联大和对日和约的经验，美国又否定了此前的某些设想。在第六届联大召开之时，美国逐一否定了解决台湾问题的各种可能，决定采取尽可能拖延的政策，等待一些不确定因素（比如中国的最终控制权）的落定，等待远东若干变数（比如新的战争）的发生。这一政策在摇摇摆摆中持续着，基本贯穿了 1950 年代。

作为冷战格局中一环的台湾问题时而成为美国远东政策的棋子。1953年 2 月，针对中共拒绝在朝鲜半岛谈判妥协的立场，新上任的美国总统艾森

---

① The Secretary of State to the Secretary of Defense (Lovett), Dec. 7, 1951, United States Department of State, in *FRUS*, *1951*, *Korea and China* (*in two parts*), Vol. 7, Part 2, pp. 1859 – 1861.

② The Secretary of Stateto the Secretary of Defense (Lovett), Dec. 7, 1951, United States Department of State, in *FRUS*, *1951*, *Korea and China* (*in two parts*), Vol. 7, Part 2, pp. 1860 – 1861.

豪威尔（Dwight David Eisenhower）一度抛出解除台湾"中立化"的政策，不再以第七舰队阻止台湾当局攻击大陆。但这种"解除"基本上是一种姿态，美国并未有放弃干涉的打算。2月5日，美国军援顾问团①团长蔡斯（Williams C. Chase）致函台湾当局要求封锁汕头至大陈海岸，并增加突击大陆次数、加强海面及空中侦察以获取情报，但是他又强调对大陆做重要攻击时应事先与其洽商。经台湾方面询问，蔡斯表示，所谓"重要"即指五百或以上人员参与的突击，或者由营、团、师及更大单位担任之突击行动。且因担心台湾空军力量不足，蔡斯并不主张台湾方面进行有可能导致大陆报复行动的空袭。4月20日，美国"驻华大使"蓝钦（Karl L. Rankin）②前往台"外交部"面递备忘录，要求台湾当局正式表态"不从事足以损害美利坚合众国最高利益之任何进攻性之军事行动"。③可见，美国在特定环境下，虽有解除台湾"中立化"的表示，但并未放松对台当局的束缚，其意图实际上仍在维持台湾"中立化"。

美国对台湾地位的悬置，成为蒋介石等人的心病。1953年3、4月间，外传美国不惜以托管台湾为条件谋求朝鲜半岛停战，而时任国务卿的杜勒斯正是推动台湾托管者之一。蒋介石向蓝钦表达了忧虑，指出"台湾托管事为中国人十年以来所担心者"，请其转告杜勒斯务必以实际行动打消民众疑虑。④

1950年代台湾海峡发生了两次台海危机，在两次危机期间，托管台湾的可能尤为蒋介石所惧。在台海局势紧张的时刻，美国对于如何解决"外岛"军事冲突并没有好的对策。美国远东军事力量有限，其国会、舆论及各盟友均反对美国为金门、马祖等"外岛"而卷入战争，美国只能尽力谋求停火。在此情势之下，有关托管台湾、让出"外岛"、"两个中国"等建议纷纷流出。蒋介石将联合国托管视为美国"出卖"台湾当局的其中一步，多次向美表示抗议，并以结束托管流言为由向美提出要求。1954年9月，

---

① 即"美国军事援助技术团"（Military Assistance Advisory Group，MAAG），是美军派驻在亚洲以训练当地常规部队的军事顾问团。

② 1953年2月蓝钦被升格为"驻华大使"，4月正式就任。

③ 《解除台湾中立化后反攻大陆计划》，"外交部档案"，馆藏号：11－07－02－07－01－127。

④ 《蒋介石与蓝钦会谈纪录》（1953年4月15日），"外交——蒋中正接见美方代表谈话纪录（十七）"，"蒋经国总统文物"，典藏号：005－010205－00079－006。

第一次台海危机发生后，杜勒斯访台，蒋介石趁机要求台美尽快签署"共同防御条约"，以此结束在联合国中有关中华人民共和国席位的争议以及台湾托管可能性的议论。① 美国内部在激烈讨论之后，打算以第三国向联合国提出台海停火建议的方式来解决台湾危机，于是在 10 月中旬派助理国务卿饶伯森（Walter S. Robertson）、中国事务办公室主任马康卫（Walter P. McConaughy）赴台劝说蒋介石接受美国的方案。蒋介石对此种建议颇为反对，指出美国打算出卖台湾的几个步骤："外岛"停火和中立—台湾岛停火—联合国托管—中共加入联合国—中共接管台湾。② 当然，蒋介石如此说法只是种策略，他以略极端与夸张的措辞表达着不满，敦促美国尽快采取同台湾订约等方式来挽救台湾的士气民心。很快，"台美共同防御条约"签署，蒋成功地将台湾命运系在美国舰艇之上。然而，有关台湾托管的言论并未终结。

1950 年代美国舆论界出现过几个议论台湾前途的高潮，譬如 1954 年下半年到 1955 年上半年因台海危机而导致的高潮，1957 年因台北发生攻击美国"大使馆"的"五二四"事件而导致的高潮，又如 1958 年因第二次台海危机而导致的高潮。虽然 1951 年 12 月美国已形成放弃联合国托管台湾的基本立场，此后数年并无大的改变，但是在"台湾地位未定"的基本条件下，有关托管的议论并未断绝，且因势起伏，时而高涨。蒋介石密切关注着此类消息，并时常表现出冲动。1955 年 2 月，在同饶伯森等人的谈话中，"外交部长"叶公超对蒋因台湾托管等类言论而起的情绪化的表现有绘声绘色的描述。"中央通讯社"人员每天勤奋地从大洋彼岸的报纸中发掘此类消息，每天早晨向蒋介石大声朗读。蒋认为这些专栏作者必与一些要人有着接触，这些言论不是完全没有基础的。③

①　The Ambassador in the Republic of China（Rankin）to the Department of State，Sept. 9，1954，United States Department of State，in *FRUS*，*1952 – 1954*，*China and Japan*，Vol. 14，Part 1，p. 582.

②　Memorandum of Conversation，by the Director of the Office of Chinese Affairs（McConaughy），Oct. 13，1954，United States Department of State，in *FRUS*，*1952 – 1954*，*China and Japan*，Vol. 14，Part 1，p. 732.

③　Memorandum of a Conversation，Department of State，Washington，February 10，1955，United States Department of State，in *FRUS*，*1955 – 1957*，*China*，Vol. 2，p. 256.

　　一些局外政要也对蒋介石关于托管言论的强烈态度有着相当的感知，挪威的外交部长曾向美方询问，蒋去世后以联合国托管方式使台湾人向政治成熟的方向发展是否可行。在这场挪威外长、大使与美国国务卿杜勒斯关于将"外岛"与台湾分离的对话中，杜勒斯亦透露出这样的考虑：台湾人目前缺乏政治组织和政治的成熟度，美国无法将其带入现行政权，但随着越来越多台湾人加入国民党的军队当中，这支军队会更加效忠于台湾岛而不是中国大陆。① 由此可见，1958 年，以杜勒斯为代表的政要已在美国对台湾地位的拖延政策中看到了希望。在军队心理所向悄然改变的过程中，美国政府所希望的台湾长久中立化似乎正在实现。

小　结

　　太平洋战争爆发后，美国部分人提出中国没有足够的行政和技术人员掌理台湾，为免台湾遭受四大家族、军队和国民党派系、门阀剥削，战后台湾应由国际管制。在《开罗宣言》《波茨坦公告》等文件的约束下，在中国内战结局尚未分明的情况下，这个阶段的议论和主张并未被美国决策层普遍重视。1948 年冬，国民党的败局逐渐成为必然，美国越来越担心台湾落入共产党之手，试图将台湾剥离中国。但对有限度介入情况下实行分离台湾政策的可行性进行充分评估后，美国放弃了这一主张。从 1949 年 12 月下旬，美国国务院对《开罗宣言》等文件法律效力的肯定，和总统杜鲁门对"台湾属于中国"的公开承认，到 1950 年 5、6 月间，美国认为台湾即将不保，准备从台湾撤侨，这是美国在权衡利害之后对台湾有意疏离和短暂放弃的一个阶段。然而，远东局势的紧张使他们很快否定前说，否定此前美国参与签署的历次文件，抛出"台湾地位未定"论。而后，为应对中苏对美国侵台的指控，美国曾希望借联合国大会解决台湾问题。但美国很快发现，联大的讨论可能会将台湾问题引向另一个不利于美国的方向。在与各国就对日和约事的接触中，美国又否定了由远东四国商讨解决这一路

---

① Memorandum of Conversation, Sept. 29, 1958, United States Department of State, in *FRUS, 1958 - 1960, China*, Vol. 19, p. 298.

径。在一时找不到多数盟友支持的方案的情况下，仅以原则声明取代具体方案成为美国的选择。"中立化"原则是其中的重要一项，尽管后来在同台湾当局的交涉中美国会否认此项意图，但其实际始终在进行使台湾"中立"的操作，这一操作的结果就是维持了两岸的分离状态。

20 世纪四五十年代，无论国际还是中国国内都不平静，局势的动荡与不确定使此间美国对台政策多次发生或大或小的转向或调整。美国对台政策的演变大致可分为几个阶段：第一个阶段是 1942 年至 1948 年冬，第二个阶段是 1948 年 11 月至 1949 年 11 月，第三个阶段是 1949 年底到 1950 年 6 月，第四个阶段是 1950 年夏到 1951 年底，第五个阶段是 1951 年底以后。①在这几个阶段中，美国并非都在主张"台湾托管"。从政府决策角度来看，较为明白地主张托管台湾的时期其实只有 1948 年 11 月至 1949 年 11 月一年的时间。1942 年至 1948 年冬部分人共管或托管的建议并未上升到决策层面，1949 年底到 1950 年 6 月美国有意从台湾抽身，1950 年夏到 1951 年底美国在试探包括托管在内各种方案的可行性，1951 年底从决策层面否定了托管台湾这一路径。1951 年底以后，虽然美政府不以托管台湾作为远东政策的一部分，但由于美国将台湾地位人为地悬置，包括托管在内的各种言论并未止息。

朝鲜战争爆发后，美国并没有很快地制定出对台湾的具体对策。1950 年下半年，相对于英联邦，美国对托管台湾之议显得更为犹豫不决。这是因为美国考虑重点及处境与英联邦国家有所不同。英联邦国家最为担心的是引火烧身，想要平息局势；而美国要考虑整个远东的局势，要杜绝增强苏联力量的可能。应该指出的是，美国难以决断的只是如何处置台湾的措施和行动，在是否应该介入台海事务的问题上美国十分肯定。美国认为自己理应对台湾的处置负有重要责任，因此，在接下来的对日和约问题上，美国为确保台湾做了大量工作。在美国的操控下，"旧金山和约"仅规定台湾由日本"放弃"，而未言其他。从与中苏共同声明台湾战后归还中国，到主张台湾地位待对日和约确定，再到对日和约的模糊措辞，美国一步步地

---

① 通常情况下，政策的调整会经历一个酝酿的过程，此处阶段的划分选取了有显著变化或有标志性事件的时间节点，为一大致性描述。

将"台湾地位未定"状态坐实。

作为此时国民党及其政权的主要领导者，蒋介石对于台湾的处置有着不同的态度。在开罗会议之前，台湾能否在战后回归祖国是件不确定的事。为充分调动美国的积极性，蒋曾有战后中美共同使用台湾的想法。但在台湾光复之后，蒋介石始终警惕并抵制着台湾问题的国际化。美国的决策说到底是基于对自身实力和利益的权衡，但蒋对托管台湾的坚决抵制和不配合多少打消或阻滞了美国将台湾交给联合国处理的想法。自然大陆方面的反对亦是不可忽视的因素，在这一点上两岸是一致的。联合国的托管不但为中国人民所反对，还可能会使共产主义势力成功介入，同时，在托管后的处置上美国并不能与盟友达成一致看法，因此托管台湾一事除在特定时期被美国高层积极地推进过，其他时候只是作为水面下的暗潮存在。

这种暗潮给中国带来巨大伤害。部分美方人士暗中"有节制地"纵容"台独"，以所谓"台湾人的呼声"作为"托管论"的背景音；美国对台湾地位的模糊化处理，也为分裂势力提供了发挥的空间。1950年代，托管成为"台独"者的普遍主张。美国在1950年代定下的对台政策的基调延续多年。中美建交后，美国虽不再发表有关"台湾地位未定"的声明，但仍强调对台湾主权问题"不采取立场"，表明其并未从根本上放弃"台湾地位未定"论。美国对"台湾地位未定"论实质上的坚持延续至今，此论在便于美国深度介入台湾事务的同时，助长了"台独"心理，为两岸关系带来了复杂的负面影响。①

---

① 参见刘佳雁《美国对台湾当局地位的基本立场评析》，《现代台湾研究》2015年第5期。

第二章　出兵援韩问题

1950 年 6 月朝鲜战争爆发，此事在当时对远东局势产生了巨大影响。10 月，中国人民志愿军跨过鸭绿江抗美援朝。而台湾海峡的另一边，蒋介石派兵援韩的打算被美国压制。[①] 不少人有这样一个粗浅的印象，但不明其里，现有的研究又或许存在某种偏差。[②] 故有必要对其中若干问题加以探析。

[①] 学界对中国派遣志愿军援朝的问题有较多研究，如金东吉、朴多晶《朝鲜战争初期中国出兵朝鲜决策及变化原因探析》，《史学集刊》2016 年第 4 期；吴宏亮、孟涛《"抗美援朝保家卫国"——毛泽东出兵朝鲜艰难决策的背后》，《史学月刊》2013 年第 10 期等。也有关于美国对新中国出兵的研判问题的讨论，如赵学功《美国、英国对中国出兵朝鲜的反应和政策》，《中共党史研究》2010 年第 9 期；陈少铭《美国在新中国出兵朝鲜问题上的判断与决策——以美国中央情报局的情报评估为中心的考察》，《中共党史研究》2013 年第 4 期等。关于台湾当局拟出兵朝鲜的问题，鲜有深入研究。中国台湾及美国学者看到了蒋介石在派兵问题上的顾虑，如刘维开《蒋中正对韩战的认知与因应》（《辅仁历史学报》第 21 期，2008 年）提到援韩势必涉及"反攻"，而彼时"反攻"时机未到；又如林孝庭《困守与反攻：冷战中的台湾选择》（九州出版社，2017）认为援韩或"反攻"会成为增强孙立人力量的契机，因而蒋介石有所迟疑（第 50 页）。这些较之以往绝对化的论述有所进步。然而刘文多运用蒋介石日记及言论集等资料，侧重于对蒋氏认知的描述，并没有论及台湾"外交部门"对该事的具体判断和因应变化；林书仅简单提到蒋对孙的顾忌，没有对派兵问题充分展开。现有成果对于台湾当局在何种背景之下如何讨论出兵问题、蒋介石对时局的研判是否准确、台湾方面的应对是否得当、美国对台湾出兵援韩问题的态度究竟如何且有怎样的变化、如何看待麦克阿瑟访台等均未有深入探讨，在"先入为主"与简单化思维之下学界往往对这些问题认识模糊，进而对许多相关问题产生误判。

[②] 如有人认为自蒋介石宣布出兵后，台湾的国际地位事实上有所提升，美国恢复对台援助，台美关系进入"蜜月期"（林泓：《解析蒋介石热衷"出兵"朝鲜之动因》，《漳州师范学院学报》2005 年第 1 期）。这个提法应该说是不准确的。台湾所谓的国际地位并没有因为提出出兵而提升，美国对台援助的考量是为保台以固远东防线，与台湾出兵朝鲜的表示没有关系。事实上，台湾当局出兵的意图反而令美方为难、反感，令美国的若干盟友恐慌。共和党执政后，美国并未改变对台湾出兵援韩的态度，反而结束原来的模糊态度，使台湾方面清楚认识到此事断难实现，遂放弃此念。

一　台湾方面对局势的判断

1950 年 6 月 25 日，朝鲜战争爆发，美国最高当局显示出高度紧张与重视。当日美国副国务卿韦伯与军事部门紧急会商，经请准国务卿艾奇逊及总统杜鲁门，训令美驻联合国代表向联合国秘书长建议立即召集安理会会议，以期通过一强有力决议案对北朝鲜予以制裁；加紧赶运前允之供应南朝鲜军需品，并令盟总就近迅予接济。①

在对朝鲜半岛局势的强烈关注之下，美国迅速定下策动联合国集体制裁北朝鲜的对策。在安理会为此召开临时会议时，仍然占据联合国安理会席位的台湾当局“代表”蒋廷黻随即表态：支持美国提议，希望安理会尽速采取行动制裁北朝鲜。② 27 日，“行政院长”陈诚发表谈话，表示要对李承晚领导的反共政府，“本其一贯最友谊之态度，继续尽力予以支援”。③ 出于同样的反共立场，这两次声援美国与南朝鲜的公开表态是常理之中的“外交”行为。

据相关档案资料，台湾“外交部门”明确考虑并公开提出出兵意向始于 28 日的一则电文，④ 该则电文的出发点是建议对联合国秘书长赖伊的倡议做出回应。

25 日，联合国通过稍加修改后的美国提案，呼吁朝韩停战，希望所有会员国给予协助使议决案能够实施。27 日，又决议美代表提案，建议会员国给予韩国援助，使其能击退武装进攻。联合国秘书长即据以通告各会员国并询问能给何种援助。“驻美大使”顾维钧得知消息后，向“外交部长”叶公超发出一则电文，说明其看法，并请转呈蒋介石与陈诚。顾维钧指出，出于对联合国宪章的拥护、中国与“高丽”间的传统友谊以及目前台湾处境，对秘书长之通告“似宜予以最善意之答复”，“凡我力所能及与防守台

---

① 《顾维钧电叶公超》（1950 年 6 月 25 日），顾维钧档案，档案号：Koo_0147_B44－2_0018。
② 《我代表发表声明支持美国提案》，《中央日报》1950 年 6 月 27 日。
③ 《我决以最友谊态度尽力支援韩国》，《中央日报》1950 年 6 月 28 日。
④ 朝鲜战争爆发前夕，相关方面应曾询问过蒋介石派兵援助的意见。当时的讨论应是蒋介石交办军方的，没有进入“外交”议程。

湾情势所许，深愿供给最大量之军援"，至何种军援暂勿说明。同时，应将此意密告美政府，并表示台湾海空军力量薄弱，唯陆军如有需要尚能酌供援助，以探其意。如美政府原则上同意，则再商议具体办法。顾维钧认为美国对台湾虽别有用心，但在反共与以联合国名义号召集体抵抗"侵略"方面应善加运用。若朝鲜半岛事态扩大，美国被迫调遣陆军援韩，难免引起民众不满，此亦为美国政府所忧虑者。如能利用时机表示反共立场，愿出师合作，相助美国，"虽彼未必欢迎，然我作此友好表示，或能稍解其种种芥蒂"，渐复以往亲密关系。①

顾维钧为当时执行对美"外交"的重要人物，其看法颇能反映台湾当局对美"外交"的心态。从顾的建议可以看出，出兵的主要出发点是讨好美国，而非一般所论"反攻大陆"等目的。国民党在大陆失败之际，美国曾研讨对台政策，权衡得失后一度任台湾自生自灭。自 1949 年 12 月到 1950 年初，美国准备与台湾"撇清关系"的态度显露无遗。此后，虽然对苏围堵政策逐渐形成，台湾对美国远东战略的意义在不同场合被强调，但是在大约半年的光景中，台湾当局是在似乎已失去美国的孤立无助的心态中度过。朝鲜战争的爆发引起美国对所谓"远东共产主义威胁"的高度关注，派来第七舰队巡航台海。这对于台湾当局而言似乎是个改变命运的契机。美援自然是求之若渴的，在美国协助下"反攻大陆"，若果能发生，自然亦是有利之事。然而，就当下来说，提出出兵只是种试探，这种试探是在为美国解忧的心态下讨好于美国，希望改善台美关系，使台湾重新寻回美国的支持。在 1950 年 8 月台湾当局的一份"国是意见"中，首条即明确："我欲确保台湾，固有赖于美援，欲反攻大陆，尤有赖于美援。"故"外交"政策，"实以对美外交为主"。②

为表示对美意见的尊重，6 月下旬在回复联合国秘书长提议时，台湾方面只表达了愿竭能协助之意，未提出兵。但在出兵一事上，台湾方面开始同美方接洽，试探美方心意。29 日凌晨，叶公超急电顾维钧，嘱其亲译一

---

① 《顾维钧电叶公超并转蒋介石、陈诚》（1950 年 6 月 28 日发），顾维钧档案，档案号：Koo_0147_B44 - 2b_0025。

② 《当前国是意见与国际情势》（1950 年 8 月），"对美国外交（九）"，"蒋中正总统文物"，典藏号：002 - 080106 - 00031 - 004。

份密电，并面递国务卿或副国务卿。电文称台湾当局"至愿"派遣陆军助战南朝鲜，盼美方迅将意见示下，并称，业已训令占领军驻日代表团团长朱世明向联合国军总司令麦克阿瑟将军询商具体办法。顾维钧接电后建议将"业已训令"改为"正在训令"，以示仍候美政府表示。① 同时，顾维钧紧急约见美国副国务卿韦伯，因其有重要会议改约次晨，顾先去见了东亚局长腊斯克。顾维钧提出台湾方面拟尽力配备良好装备，以一军之力供麦帅统率，襄助南朝鲜，询问美方意见。②

在台湾"外交部门"开始就出兵之事与美国交涉时，一些高层官员是比较谨慎的，特别是在美直接负责交涉的顾维钧。在台湾当时处境下，出兵援韩之事并不简单，因而需要秘密稳步推进。在当时处境下，朝鲜战争似乎为台湾命运的转机提供了可能。取悦美国只是最为直接的目的，台湾当局连带的目的不止此一端。

"驻美大使馆"的"商务参赞"刘大钧曾拟出兵南朝鲜意见书，指出出兵的好处：无论胜败，只要参加，便可在国际局势中获得主动地位；参加援助，可表明反共立场，证明以往国共内争也是出于这一立场，而非简单的党争；出兵可表示拥护联合国立场，打消一些人使中共入会的想法；亦可促使中共公开帮助北朝鲜，由此"阵线自可分明"。③这一意见书可反映出当时部分人的想法：出兵可表立场、可明阵线，无论胜败皆于台湾有利。朝鲜战争爆发伊始，在多方态度尚不明朗之际，④ 台湾方面有人想借机推动冷战局势发展，使两大阵营的对抗态势更加分明。如此，则台湾的处境将不再孤立，其安全亦将更有保障。中共是否派兵援助朝鲜，对台湾当局而言是个微妙的关键。各方情势之下，中华人民共和

---

① 《叶公超电顾维钧》（1950年6月29日发），顾维钧档案，档案号：Koo_0147_B44-2a_0018；《顾维钧电叶公超》（1950年6月29日发），顾维钧档案，档案号：Koo_0147_B44-2a_0022。

② 《顾维钧电叶公超》（1950年6月29日发），顾维钧档案，档案号：Koo_0147_B44-2b_0024。

③ 《建议出兵援助南韩意见书》，顾维钧档案，档案号：Koo_0147_B44-2a_0016。

④ 1950年6月底，中共尚未表态。7月初，周恩来的首次表态也不算积极，他提出中国参战的基本条件和方式是"美军越过三八线""苏联空军确保提供空中掩护""以志愿军的方式与美军作战"，当时并未认为中国与美国的较量是不可避免的。参见金东吉、朴多晶《朝鲜战争初期中国出兵朝鲜决策及变化原因探析》，《史学集刊》2016年第4期，第71页。

国对于派遣志愿军援助朝鲜的态度也在不断发生变化。[①] 台湾方面认为有必要对此项情报随时关注、从详发表。[②] 国共内争开始被挟裹进冷战巨幕之下。

二 蒋介石的反应及判断偏差

一般观念及以往大多研究认为蒋介石始终愿意并力促出兵南朝鲜，事实有些出入。朝鲜战争发生后，美国迅速表明支持南朝鲜的态度，并着手在联合国促成联合行动，这使台湾不少人产生某些想法，有意介入，其中包括蒋介石身边之人。而蒋本人是有所顾虑的。[③]

1950 年 6 月 26 日，韩国方面传来消息说，美国 P-51 战斗机约十架即将到韩，但美方不愿美籍人员参战，韩方又无驾驶此种机型经验者，因此韩方极盼台湾方面派驾驶员赴韩助战，美方似亦同意。而蒋介石的答复是，"可予考虑"，唯望韩政府"先征求美国之意见"。[④] 朝鲜战争发生后，在韩国方面盼台湾派军事技术人员助韩消息传来后，蒋介石没有贸然答应，而是希望韩国先征求美国意见，并指示以此答复应对韩方可能提出的请求。以此观之，蒋介石与顾维钧等人讨好美国的心理是一致的，美国希望，至少是不反对，才是台湾当局出兵助韩的前提。

如果说此时蒋介石的顾虑主要是美国的态度，那么很快蒋的顾虑又多了一重。6 月 29 日，孙立人呈函，建议出兵援韩，自愿担任指挥官。孙立人指出目下台湾本身既已获美海军巡弋，较为安全，可抽两个军，编组远

---

① 中共并不赞成金日成发动战争，也曾表示美军不过三八线中国不参与。由于美国派遣第七舰队进驻台湾海峡，造成中国国内政治和思想的动荡，因此中共希望早日派兵助朝。但苏联为使美国较长期地陷入亚洲战场，反对中共派兵。9 月 15 日 "联合国军"仁川登陆、战局逆转后，毛泽东倾向于以联合国的和平谈判或集结兵力"虚张声势"的战略阻止美军突破三八线。参见金东吉、朴多晶《朝鲜战争初期中国出兵朝鲜决策及变化原因探析》，《史学集刊》2016 年第 4 期，第 81 页。

② 《毛邦初、俞国华等致周宏涛转蒋介石函》（1950 年 6 月 30 日），"国防情报及宣传（四）"，"蒋中正总统文物"，典藏号：002 - 080106 - 00011 - 008。

③ 《刘大钧呈函》（1950 年 6 月 29 日），顾维钧档案，档案号：Koo_0147_B44 - 2a_0016。

④ 《邵毓麟致蒋介石函》（1950 年 6 月 26 日）及《蒋介石复函》，"对韩国外交（二）"，"蒋中正总统文物"，典藏号：002 - 080106 - 00069 - 002。

征军赴韩，以此提高台湾的国际地位。① 不但孙立人本人主动请缨，外界呼声亦有不少。在顾维钧的"商务参赞"刘大钧提出的意见书中，也有自孙立人的精兵中调派二三万人助韩的建议。② 孙立人在抗战时期曾率远征军赴缅协同英、缅对日作战，在国际上享有盛誉。孙欲效仿从前，殊不知今非昔比。在国民党兵败大陆前后，蒋介石声望严重受损，美国对有西方教育背景的孙立人寄予期望，希望由他掌管军事。国务院部分决策者甚至暗中策划发动政变，以孙立人取代蒋介石。③ 美国人对孙的器重为蒋所了解，虽在急需美援的时期蒋给孙陆军总司令兼台湾防卫总司令的要职，但并未给孙相应的信任，孙与美方人士的交好在蒋看来皆是"挟外自重"的表现，孙对军中政工工作的不配合也是蒋的一块心病。30 日，蒋在日记中写道："立人自告奋勇、跃跃欲试，惜其精神品格与思想皆令人可虑耳。"而在与"陆军总司令部政治部主任"蒋坚韧谈话后，"更觉立人司令部之纷乱可虑也"。④

台"外交部"将出兵之意洽询美政府后，美国并未立即答复。30 日，"驻美大使馆"又续递第二备忘录催询，经国防部密告，白宫拟暂不决定是否同意台湾出兵援韩，先调派驻日美军赴韩援助。⑤ 美国并未表态，仅将决定权推给了联合国军与盟总首领麦克阿瑟。⑥ 虽有顾虑，蒋介石还是准备采取某些行动。6 月 30 日，蒋与"国防部参谋总长"周至柔、"副参谋总长"郭寄峤商谈援韩部队事，决定以刘廉一军为主干，附以八十军之二〇一师充实之。在"外交部门"交给美国白宫的计划中，列出三万三千人的援韩人数，而蒋考虑的最大兵力是以十万人以上为预备队，同时，要求速定美国接济条件。⑦

---

① 《孙立人呈蒋介石》（1950 年 6 月 29 日），"对韩国外交（三）"，"蒋中正总统文物"，典藏号：002 - 080106 - 00070 - 002。

② 《建议出兵援助南韩意见书》，顾维钧档案，档案号：Koo_0147_B44 - 2a_0016。

③ State Department memorandum, Jan. 24, 1951, in *ROCA*, Reel 23, 转见林孝庭《困守与反攻：冷战中的台湾选择》，第 50 页。

④ 《蒋介石日记》，1950 年 6 月 30 日。

⑤ 《顾维钧电叶公超》（1950 年 6 月 30 日发），顾维钧档案，档案号：Koo_0147_B44 - 2a_0025。

⑥ 《顾维钧电蒋介石函》（1950 年 7 月 1 日），"对美关系（六）"，"蒋中正总统文物"，典藏号：002 - 090103 - 00007 - 029。

⑦ 《蒋介石日记》，1950 年 6 月 30 日、7 月 1 日；中国社会科学院近代史研究所译《顾维钧回忆录》第 8 分册，中华书局，1989，第 19 页。

未得支持表态便采取行动、制定方略，是基于蒋对大势的一个判断。蒋介石认为，若中共先参加北朝鲜作战，则美国态度"自必大变"，不仅会要求台湾出兵援韩，且将不再阻碍台湾海空军攻击大陆。[①] 对于中共参加朝战的可能，他颇有信心，连带的推测是美国即将要求台湾出兵。朝战甫经发生，台湾的决策者们似乎都有点按捺不住，"外交部门"急迫地催促美方表态，在出兵准备的行动中表现出某种不太恰如其分的自信。[②] 中共抗美援朝后，尽管蒋介石看到美国受英国影响，欲求妥协，但仍试图利用这一时机，促使美国支持台湾反攻。11 月 10 日，蒋与台湾当局驻日军事代表团团长何世礼商讨对策，认为若麦克阿瑟重新要求台湾派军援韩，可照前议允之，但必须要求美国解除阻止台湾当局"反攻大陆"之宣言。13 日，蒋约见美国记者鲍尔闻（Hanson W. Baldwin），表示要制裁中共，只有让台湾"反攻"方能收效，"反攻"不需动用美国陆军，只要现在在韩国的美国海空军协助即可。[③]

应该说，蒋介石对美国态度和战争发展的推测是不太准确的。他认为美国未表明对台湾出兵态度，[④] 用意是压制台当局参加国际事务，"并非"担心中共以此为由军援朝鲜。由于 1949 年以来心理情绪的积累，蒋介石仍怀着对不支持援助国民党的美国国务院的怨恨，认为是"彼艾（奇逊）"的阻挠所致。而蒋对朝鲜半岛战事的影响给予了充分的估计，认为"第三次大战是否从此开始，尚不可知"。[⑤] 蒋介石认为美国不支持台湾出兵是国务院艾奇逊的作用，事实不尽然。艾奇逊担任国务卿时，固然采取了一系列对蒋介石不利的政策，令蒋对其颇有微词，但在当时局势下，即便换了国务卿，美国在台湾出兵援韩一事的态度上也难有根本性改变。1952 年美国选出新总统后，要提名新的国务卿，杜勒斯与杜威（Thomas Edmund Dewey）皆有可能。"外交部长"叶公超认为美国远东政策与国务卿人选关系不

---

① 《蒋介石日记》，1950 年 7 月 1 日。
② 在未得美方消息的 6 月 30 日，台湾方面已有较为详细的派遣地面部队计划。见《顾维钧回忆录》第 8 分册，第 17 页。
③ 《蒋介石日记》，1950 年 11 月 10 日、13 日。
④ 蒋介石在这一天的日记中使用了大量情绪化的字词。对于"驻美大使馆"传来的美国对于台湾出兵事"暂不决定"的消息，蒋介石使用了"竭力阻止"一词。7 月 2 日，顾维钧在另一则电文中使用了"婉却"一词，似更为合适。见《顾维钧电叶公超》（1950 年 7 月 2 日发），顾维钧档案，档案号：Koo_0147_B44－2a_0029。
⑤ 《蒋介石日记》，1950 年 7 月 1 日。

大，其政策的关键取决于"友邦态度"及国内舆情等因素。"友邦态度"以
英国态度为重点，新当选的总统艾森豪威尔素来对丘吉尔（Winston Church-
ill）敬服，今后远东政策可能仍将受英国牵制；国内舆情自然是希望和平解
决朝鲜半岛问题，减少流血。① 相对于蒋介石情绪化的推论，叶公超的判断
更为理性，颇接近事实。

蒋介石对苏联也带有强烈情绪，认为美国在 1940 年代后期执行的所谓
"倒蒋扶共"政策与苏联的影响有关，中共进攻台湾是受苏联"指使"，北
朝鲜进攻南朝鲜也是受苏联"主使"，② 而苏联"主使"朝鲜半岛争端与
"主使"中共攻台是类似事件。退台后蒋介石有守住最后基地的决心，对外
界高举"反共抗俄"旗帜，对此种观点并未有所掩饰。朝鲜战争已引起联
合国干涉，蒋介石希望将台海冲突与朝鲜半岛争端合并处理，以此获得国
际上的支持，改变台湾命运。在此心理下，蒋介石在演说中公开宣讲朝鲜
战争"完全是由于苏俄在幕后操纵主使"，建议联合国应明白指控苏联为
"主犯"。③ 苏联"主使"北朝鲜南攻的看法固然在相当程度上也为美国认
同，但美国此时不希望同苏激化矛盾，因而倾向保持缄默。④ 蒋介石在此时
对苏的指控，在美看来有"唯恐天下不乱"之嫌。对待朝鲜问题过程中，
在具体处理方式和态度掌控方面，蒋介石与美国官方态度不太合拍。

蒋介石的判断偏差，还与一些有失妥当的建议有关。在出兵问题上，
除了专门从事"外交"的人员汇报情况、分析时局外，还有部分非"外交"
人士参与其中，包括常驻美国的空军副司令毛邦初、在美担任华盛顿国际
复兴开发银行副执行董事的俞国华等。关于台湾是否派兵，美国一直有两
种声音。有些时候，支持出兵的声音甚至盖过反对的声音。驻美官员若非
专职"外交"人员，很可能对各种利害与关系不了解。根据某种表面现象，

① 《叶公超电台北陈诚》（1952 年 11 月 10 日发），顾维钧档案，档案号：Koo_0147_B44 - 2b_0010。
② 《蒋介石日记》，1950 年 1 月 23 日、26 日，6 月反省录。
③ 《联合国对韩国战事应有之警觉与措置》（1950 年 7 月 3 日），载秦孝仪主编《先总统蒋公思想言论总集》卷 23，第 315 页。
④ 国民党当局在 1949 年 9 月即向联合国提出"控苏案"，指控苏联违背 1945 年的条约和《联合国宪章》，支持中共打内战。美国虽承诺原则上支持，但其实并不看好，试图打消该提案。1950 年国民党当局再次向联合国提出，这一次美国态度有所改变，但仍有保留，该案未获通过。

他们往往给出错误信息和建议。例如，1950 年 8 月，毛邦初等人致电蒋介石，指出蒋廷黻演讲指陈苏联阴谋深为舆论赞许，宜采为台方宣传重点。[①]同月，俞国华等电蒋介石美已有中共援助朝鲜证据，美国安理会代表公开指摘中共，足证美国对台政策的转变仅为时间问题。[②] 蒋介石在 8 月下旬抱有这样的看法："美国军民反共恨俄之心理与形势已经造成，杜、艾如不顺从公意，彼将无法控置（制）军政，故不患其援台之态度有所变更。"此等想法或多或少与这些电文有关联。[③] 此间"外交部"提出的意见中，也特别提到此点，认为"在美活动之官方及半官方人士为数孔多，殊非外交部所能控制，此点实有改善必要"。[④]

三 对麦克阿瑟访台的不同表述

1951 年 4 月，在民众中拥有颇高声望的麦克阿瑟被撤去盟军最高统帅、联合国军总司令等职，轰动一时。此事与台湾当局出兵援韩之事颇有关联。1950 年 7 月 31 日到 8 月 1 日，麦克阿瑟对台湾进行了短暂的访问，此行目的是沟通台湾防务及台美军事联络问题，此外，转达美方对于台湾出兵援韩一事的看法亦是重要目的之一。令人诧异的是，台美两方对麦克阿瑟访台事的表述重点并不相同。从台湾方面的资料看，麦氏在出兵事上并未达到美政府所托任务，反映出不久以后麦氏被免职一事之端倪。另一方面，蒋介石及其部属在此事上的理解偏差和错误判断，以及台湾方面的宣传之误亦可见一斑。

朝战发生后，蒋介石邀请麦克阿瑟访台，因战事，麦克阿瑟迟了一段时间才去。赴台之前，麦克阿瑟与何世礼先进行了面谈，并嘱其传话给蒋。此次会面的大意在 7 月 7 日麦克阿瑟政治顾问塞巴尔德（William Jo-

---

① 《毛邦初等电蒋介石》（1950 年 8 月 23 日发），"我与联合国"，"蒋中正总统文物"，典藏号：002－090103－00001－032。

② 《俞国华等电周宏涛转蒋介石》（1950 年 8 月 9 日发），"国防情报及宣传（四）"，"蒋中正总统文物"，典藏号：002－080106－00011－013。

③ 《蒋介石日记》，1950 年 8 月 28 日。

④ 《当前国是意见与国际情势》（1950 年 8 月），"对美国外交（九）"，"蒋中正总统文物"，典藏号：002－080106－00031－004。

seph Sebald）致国务卿的信函中有所说明。信中说据麦克阿瑟称，他向何世礼充分解释了他关于台湾方面提议的看法："他完全赞同华盛顿的观点，即目前不应削弱对台湾的防御"，"由于国民党准备向南韩提供的军队没有炮兵、运输、后勤支援和弹药，在目前情况下的韩国前线上不会有效"。①

8月3日，美、英、法代表在巴黎就朝鲜半岛危机等相关问题进行会谈。法国外交部秘书长帕罗迪（Alexandre Parodi）询问麦帅访台目的，美国外交官波伦（Charles E. Bohlen）答麦克阿瑟访台首先是要确定岛上部队的安置和军事防御的情况，其次是答复蒋所提出的国民党军队在韩国使用之事，美国希望看到他们留在台湾保卫自己的岛屿，他的访问没有政治性质。②

由此，在朝鲜战争之初，面对台湾方面希望援助的表示，美方虽然将决定权推给麦克阿瑟，但其实美政府是有态度的，那就是不愿台湾出兵。权责所限，美政府希望借麦克阿瑟之口表达美方态度。在麦帅访台后所发声明等新闻稿为外界所了解之前，美方人员向盟友的解释是不支持台湾出兵。据美方资料，麦氏对身边的美方人员表示，已通过中间人向台湾方面传达不赞成其出兵的信息。不愿台湾出兵的意见是美国及其盟友关注的重点，故在各项材料中，虽有时仅有寥寥数语，亦必清楚说明此点。

然而，根据台湾方面的资料，我们得到了不同的印象。在7月2日访台时，美国前海军上将小柯克（Charles M. Cooke Jr.）告诉蒋介石，盟军盼台湾提供坦克与大炮支援，至于如何援韩，要待与国务院接洽后再行通知。蒋据此推测，此是麦克阿瑟与国防部长的决定，且应已得国务院同意。③ 15日，何世礼致台北的电文，指出"为自卫计"，对中共舰只可尽量击毁；若海峡以西岛屿遭攻击，当用海陆空力量全力歼灭之；并认为中共正在修建福州机场事万分严重。18日，麦氏通知何世礼，关于轰炸中共福州机场及

---

① The Acting Political Adviser in Japan（Sebald）to the Secretary of State, July 7, 1950, United States Department of State, in *FRUS*, *1950*, *East Asia and the Pacific*, Vol. 6, p. 370.

② Minutes of a Meeting by Representatives of France, the United Kingdom, and the United States in Paris on August 3, 1950, United States Department of State, in *FRUS*, *1950*, *East Asia and the Pacific*, Vol. 6, p. 409.

③ 《蒋介石日记》，1950年7月2日。

大陆军队集中地带事，因与美总统 6 月 27 日通告违背，美方不能同意。① 8
月 1 日，麦克阿瑟与蒋等人面谈时，周至柔提出不能主动轰击大陆机场及基
地的问题，麦氏称台湾军队对大陆之活动，美国不久当有明确表示。蒋介石
据此理解为：将要变更杜鲁门 27 日的声明，不再限制台湾对大陆的攻击。②

　　在较早的谈话中，柯克虽表示希望台湾方面就近提供军械武器支持，
但并未暗示台湾出兵。麦克阿瑟也曾强调杜鲁门避免台海冲突的声明，反
对轰炸大陆军事基地的提议。但台湾方面的记录，无论蒋介石本人所记文
字还是何世礼的电文，都只字未提美国在台湾出兵援韩上的犹疑之意。而
蒋的历次推测竟也都显示出十足的乐观。

　　翻看麦克阿瑟访台时的台湾官报，更是得到与当时及后来局势相去甚
远的印象。麦氏访台，确定台美军事合作要目，台湾当局要人纷纷发表看
法，对该事件赋予重大的、积极的意义，认为美国加紧远东防务、台美关
系趋好。大幅漫画以台美同舟共济、"双枪齐发"之意示人，表示麦氏此行
的"划时代"意义，台湾人民的"欢欣感奋"体现得淋漓尽致。观察家认
为美国要对苏联阵营"算总账"，"第三次大战已不可避免"。麦克阿瑟离开
台湾之前，曾发一则声明，这个声明也在 8 月 2 日的报纸上有刊载。声明以
硕大标题书写"麦帅发表赴台声明负责执行协防台湾决策"，仔细看小字内
容，发现还有不赞成台湾援韩的表态的。原文道："有关各方咸信此时不宜
采取是项行动，以免台湾之防务，因而发生严重之威胁。"③

　　整体看去，关于不宜出兵的表示被淹没在形势大好的议论之中。报纸
为宣传之用，突出利好淡化消极自为应有之意。然而，在麦氏访台一事上，
此种区别处理的程度似乎太过。在考虑到此前台湾民众极度消极、急需此
种鼓舞的因素之外，以蒋介石为首的台湾当局未能进行理性判断和正确应
对亦为原因之一。蒋介石、何世礼等人均注意到其他细节，对目前不宜出
兵事却都不约而同地忽略。其因盖有：第一，麦克阿瑟表述重点未能突出；

① 《何世礼电王世杰转蒋介石》（1950 年 7 月 15 日发）、《何世礼电王世杰并抄周至柔》
　（1950 年 7 月 18 日发），"美政要来访（五）"，"蒋中正总统文物"，典藏号：002 - 080106 -
　00056 - 003。

② 《蒋介石日记》，1950 年 8 月 1 日。

③ 《中央日报》1950 年 8 月 1 日、2 日。

第二，蒋氏等人未能重视此义，且认为美国政策将变，会很快放开台湾当局手脚，不宜出兵只是暂时之义。

关于第一点原因，统观麦克阿瑟于朝战爆发前后的一些言论，或许会更好理解。朝战发生前，麦克阿瑟提交了一份备忘录，充分说明台湾的重要性。他认为若台湾落入敌手，会成为敌方不沉的航空母舰，使苏联完成攻击战略，并配合对冲绳和菲律宾美军的反击。① 事实上，艾奇逊是不赞成麦氏访台的，他认为台湾未来的地位可能要由联合国决定，美国不应与蒋介石关系过密。② 在赴台之前，麦克阿瑟虽然表面上接受了总统的意见，但内心并不十分认同，"没有完全的信念"。③ 从台湾方面的记录看，至少可以推测，麦克阿瑟并未强调美方不愿台湾出兵之意。

1950 年 9 月，"联合国军"登陆仁川，美国声望达到一个高峰。然而，"联合国军"的困境不久就又显露。11 月，英国朝野对中共的参战极为关切，深恐陷入亚洲战争无法脱身，左翼痛责麦克阿瑟，认为此种千钧一发局面系由麦氏造成，要求换帅。④ 英联邦国家多数受英法影响，不惜做出一定让步如设立缓冲区以实现朝鲜半岛局部和平，甚至相信中苏间已有裂痕，不排除若干条件下中共走向铁托之路的可能。⑤ 1951 年 1 月，美国驻英大使指出，英国人认为美国支持蒋介石和李承晚，这种支持表明美国正在将亚洲的社会动荡和苏联阴谋混为一谈。在目前的危机中，麦克阿瑟处于关键的政治和军事地位，加剧了英国人的担忧。⑥ 在盟友及内部反对者的压力之

---

① Memorandum on Formosa, by General of the Army Douglas MacArthur, Commander in Chief, Far East, and Supreme Commander, Allied Powers, Japan, June 14, 1950, United States Department of State, in *FRUS*, *1950*, *Korea*, Vol. 7, p. 162.

② Memorandum of Conversation, by the Ambassador at Large (Jessup), June 25, 1950, United States Department of State, in *FRUS*, *1950*, *Korea*, Vol. 7, p. 158.

③ Extracts of a "Memorandum of Conversations", by Mr. W. Averell Harriman, Special Assistant to the President, With General MacArthur in Tokyo on August 6 and 8, 1950, United States Department of State, in *FRUS*, *1950*, *East Asia and the Pacific*, Vol. 6, p. 427.

④ 《顾维钧电外交部》（1950 年 11 月 10 日发），顾维钧档案，档案号：Koo_0147_B44 - 2a_0012。

⑤ 《外交部电顾维钧》（1950 年 11 月 25 日发），顾维钧档案，档案号：Koo_0147_B44 - 2a_0002。

⑥ The Ambassador in the United Kingdom (Gifford) to the Secretary of State, United States Department of State, in *FRUS*, *1951*, *Europe*: *Political and Economic Developments* (*in two parts*), Vol. 4, Part 1, pp. 895 - 896.

下，麦克阿瑟与美国总统及国务院的分歧日显。1、2 月间，一轮主张使用台湾军队赴韩参战或"反攻大陆"的说法被媒体披露，其中亦有麦克阿瑟的主张。2 月 8 日，当问到麦氏是否有此建议时，杜鲁门加以否认。① 4 月 11 日，杜鲁门采取非常措施，电令麦氏停职。

四　美国的顾虑与台美分歧

朝鲜战争爆发不久，台湾当局检讨"外交"，提出应"避免制造第三次世界大战之嫌，免使美方疑我为利用美国为我火中取栗"。② 尽管他们意识到此点，面对"千载一时"之机，还是难以做到丝毫不露痕迹。无疑，局势扩大、美国更多介入，对当时的台湾当局而言是有利的。台湾使朝鲜战争扩大的愿望与美国使战争限于局部的想法有着根本分歧。

美国不希望引起苏联和中共参战的兴趣，苏联的参战意味着第三次世界大战爆发，中国的参战也会大大延长美军陷在东亚战场的时间。朝鲜战争一触即发之时，在安理会的紧急会议中，美国没有提及苏联，南朝鲜也没有明言苏联为幕后主谋。因此顾维钧与"驻联合国代表"蒋廷黻商议，认为不宜再进一步向安理会指控苏联，认为其策动北朝进攻南朝鲜与策动中国大陆进攻台湾的情况相同，以免使美国认为台湾有意扩大战争而生反感。③ 自然，"外交人员"建议没有很快地在蒋介石身上产生作用，台湾主流媒体亦不明其理，依然在宣扬"苏联阴谋"。④

为尽量降低中共干预朝鲜战事的可能性，美政府一再表示：美国无意侵犯中国边境，美国无意对中国采取挑衅行为。⑤ 为稳固新中国政权，中国

---

① 《顾维钧电叶公超》（1951 年 2 月 9 日发），顾维钧档案，档案号：Koo_0147_B44 - 2b_0021。

② 《当前国是意见与国际情势》（1950 年 8 月），"对美国外交（九）"，"蒋中正总统文物"，典藏号：002 - 080106 - 00031 - 004。下句"千载一时"一词亦出自此文件。

③ 《顾维钧电叶公超》（1950 年 6 月 24 日发），顾维钧档案，档案号：Koo_0147_B44 - 2_0017。

④ 如《联合国应正告世界宣布苏联侵略阴谋》，《中央日报》1950 年 7 月 4 日。

⑤ Letter to Ambassador Warren Austin Restating the U. S. Position on Formosa, Aug. 27, 1950, in *Public Papers of The Presidents of the United States*（Washington：United States Government Printing Office，1965），p. 599.

人民志愿军在 1950 年 10 月赴朝鲜作战，美军的困难大为增加。麦克阿瑟表示，今后如何应付，已超越"联合国军"总司令职权范围，当由联合国及世界各政府设法解决。① 然而，即便在不少人颇有情绪的情况之下，美国也认为不宜公开指责苏联，以免造成美苏激烈对抗，避免苏联趁机在欧洲发起战争。② 毕竟，相较于亚洲而言，欧洲的战争是美国及其盟友更不希望看到的。11 月 15 日，艾奇逊在国务院会上强调缓和中共领导人对美国关于中国东北及鸭绿江任何一侧领土终极目的的误解和焦虑。③ 次日，杜鲁门对记者表示，任何时候，美国都不会抱有把战争引向中国的意图；美国愿意采取一切体面的措施，以防止远东地区冲突的扩大。④ 28 日，美国参众两院外交委员会报告局势，认为"苏联实为北韩及中共主谋，但此时尚不拟公然加以咎责"。⑤

1950 年 9 月，"联合国军"在朝鲜战场取得重大胜利，仁川登陆后经过十天的战斗，拿下汉城。西方主流媒体认为这是朝鲜战争爆发时并未预料到的"决定性"的胜利。此时，无论苏共还是中共，并未表现出准备介入的意向。苏联希望中共派兵援助朝鲜，这是西方已普遍形成的看法。此时，中共表现出的镇定，在西方媒体眼中别有意味。美国外交界纷纷推测中苏关系，一些评论员认为艾奇逊最近所表达的观点——"中国人首先是中国人，然后才是共产党人"，很可能会实现。⑥ 在中国与苏联之间寻求裂缝，并将其扩大，是美国部分人士在冷战局势中不曾熄灭的一丝希望。汉城之役后的数日，这个希望为更多人持有，曾主导对日作战的美国海军上将尼米兹（Chester William Nimitz）对记者公开表达相信中苏会分裂的看法。⑦

---

① 《顾维钧电外交部》（1950 年 11 月 28 日发），顾维钧档案，档案号：Koo_0147_B44 - 2a_0008。

② 《顾维钧电外交部》（1950 年 11 月 28 日发），顾维钧档案，档案号：Koo_0147_B44 - 2a_0007。

③ Editorial Note, United States Department of State, in *FRUS*, *1950*, *Korea*, Vol. 7, p. 1158.

④ The President's News Conference of November 16, 1950, in *Public Papers of The Presidents of the United States*（Washington: United States Government Printing Office, 1965），p. 712.

⑤ 《顾维钧电外交部》（1950 年 11 月 28 日发），顾维钧档案，档案号：Koo_0147_B44 - 2a_0003。

⑥ 新华社参考消息组编印《内部参考》，1950 年 9 月 28 日（第 234 号），第 167～168 页。

⑦ 新华社参考消息组编印《内部参考》，1950 年 9 月 28 日（第 234 号），第 168～169 页。

期望中国成为铁托，不但是英法等国的愿望，也是美国的愿望，只不过在不同形势下表现有强有弱而已。在此心理之下，自然要避免某些势必使事态复杂化与严重化的举动，譬如允许或鼓励台湾出兵援韩。

　　1951 年 4 月底 5 月初，在国际社会特别是参与派遣"联合国军"的国家呼吁通过谈判结束战争的声音不断高涨的背景下，美国通过一系列文件，重新考虑在亚洲特别是在朝鲜半岛的政策，强调在军事行动的同时寻求政治处置的方案。虽然出于种种考虑，美国并不打算太早达成和平，① 但是无论战事如何进行、谈判如何迟缓，政治解决的目标是不变的。6 月 23 日，驻联合国苏联代表马利克（Yakov Malik 或 Jacob Malik）于电台抨击美国扩充军备，意在对苏作战，破坏和平，末段倡议和平解决朝鲜问题，各自撤军至北纬三十八度线。消息传播，风动世界，舆论认为苏联代表表示愿意不附政治条件解决朝战，此为第一次。杜鲁门为此撤回准备于朝战一周年纪念日发表的演说稿，拟根据苏联的和平提议加以修改。② 和平已露曙光，另外美国正面临欧洲、中东危机及国内压力，热望通过政治手段解决朝战，公开指责苏联之举更不合时宜。

　　台湾方面所设想的出兵援韩，在讨好美国这一直接初衷外，还或多或少附带有条件。刘大钧的出兵意见书提到："美国届时需要我国增派军队，则我可提出条件，要求军机及军费之协助。"③ 这样的想法在台湾方面很普遍。顾维钧在最初与美方就此事的接触中，亦有请美国配备援韩台军武器及提供运输船只之请。④ 据其回忆，何世礼在多年后向其提及，在朝鲜战争即将发生时，麦克阿瑟曾派柯克接洽台湾，要求派兵援助。在具体会商时，因台湾方面想趁机要求供给远征军的武器、给养，双方相持不下，以致错过时机。⑤ 1951 年 2 月，负责立法事务的助理国务卿马克福乐（Jack K. Mcfall）

---

① 这些考虑如为使国会批准巨额军事预算以继续增强对苏争霸的军事实力、不希望在对日媾和前达成和平局面以增加中苏的话语权等，参见沈志华等《冷战时期美国重大外交政策案例研究》，第 108、119～123 页。

② 《顾维钧电叶公超》（1951 年 6 月 24 日发），顾维钧档案，档案号：Koo_0147_B44－2_0004。

③ 《建议出兵援助南韩意见书》，顾维钧档案，档案号：Koo_0147_B44－2a_0016。

④ 《顾维钧电叶公超》（1950 年 6 月 29 日发），顾维钧档案，档案号：Koo_0147_B44－2b_0024。

⑤ 《顾维钧回忆录》第 8 分册，第 79～81 页。

答复共和党议员致总统函，提出不赞成台湾出兵的几点理由，其中提到台湾军队"反攻大陆或赴韩参战之装备必须出自美国，不如用以装备较多之韩人为解放其国家而战"。① 更甚者，台湾方面拟以由美劝说英国撤销对新中国的承认作为条件之一。② 朝战之初，美国军方虽有使英国撤销承认中共的主张，③ 但若要在美国内部统一意见，并成功改变英国外交决策，无疑是困难重重。

美国阻止台湾当局出兵助韩还有基于台湾防务的顾虑。1950 年 6 月中旬，中央情报局主掌特别行动的局长特别助理佛梯埃（Louis J. Fortier）提醒何世礼注意马公安全，认为中国人民解放军封锁汕头，可能超越金门径袭马公，而后在高雄以南登陆，如此则全台危险，并再三嘱咐报请蒋介石注意。马公曾为日海军重要基地，战略意义重大，若落于中共之手，美国的太平洋防线将受影响。④ 朝鲜战争发生后，美国对台湾本身的安全至为紧张，对大陆攻台的可能性及军事动向的警惕程度不亚于台湾军方。由于第七舰队已开进台湾海峡，而台湾当局颇有摩拳擦掌派兵援韩之势，某些时候美方对台湾安危的警觉甚至高于台湾自身。26 日，在与杜勒斯的谈话中，何世礼认为中共若从上海攻台，将损失很大，而将大量部队集结福建沿海却非易事，这一乐观的看法并不为杜勒斯所认同。而台湾所报军队的人数超出了美方的了解，亦为美所疑惑。⑤ 国民党军队的战斗力同样不被好看。美国驻台武官曾向政府报告，台湾军队有共产党的渗透，随时可叛变，其战斗力之薄弱，支撑不了两个小时。⑥ 美方认为，台湾军队的主要任务是保卫台湾，其"与中共军力之对比至少为八比一，且兵源补充不易，中共虽

---

① 《顾维钧电外交部》（1951 年 2 月 1 日发），顾维钧档案，档案号：Koo_0147_B44 - 2b_ 0022。

② 《叶公超电胡次长转呈陈诚》（1952 年 11 月 25 日发），顾维钧档案，档案号：Koo_0147_ B44 - 2b_0009。

③ 《顾维钧电蒋介石》（1950 年 6 月 30 日发），"国防情报及宣传（四）"，"蒋中正总统文物"，典藏号：002 - 080106 - 00011 - 003。

④ 《何世礼电王世杰并转蒋介石、周至柔》（1950 年 6 月 12 日发），"对美国外交（九）"，"蒋中正总统文物"，典藏号：002 - 080106 - 00031 - 002。

⑤ 《何世礼电王世杰转叶公超》（1950 年 6 月 26 日发），"对美国外交（九）"，"蒋中正总统文物"，典藏号：002 - 080106 - 00031 - 002。

⑥ 吕芳上主编《蒋中正先生年谱长编》，台北"国史馆"、中正纪念堂、中正文教基金会，2015，1950 年 7 月 20 日条，第 526 页。

派大军入韩，但沿海及内陆仍有重兵驻守，且由内地增援亦易"。① 在 29 日
的国家安全会议中，凯南首先发言，指出"中共对我们措施的反应是敌对
和挑衅的，表明他们有可能进攻台湾"。② 第七舰队虽已开进台湾海峡，战
斗力大为提升，但并不能完全保证应对一切军事危机。在台湾可能受到攻
击的情况下，基于对台湾自身军力的不信任，美国认为国民党的军队应留
下来确保台湾。

此外，同意台湾方面出兵援韩还有诸多操作中的困难，美国原本是借
联合国实施干涉，当时的联合国对于台湾当局代表权的问题本身就无法统
一意见，在其派兵参加"联合国军"问题上亦将意见纷纭。③

五　出兵之议从沸扬到渐趋平息

台湾出兵南朝鲜之事被讨论了颇久，除台湾自身利益影响外，美国态
度暧昧是一重要原因。在两年多的时间里，美国对台湾出兵援韩之事没有
正式的表态。舆论上，国务院艾奇逊身边的民主党人往往保持缄默，而军
方和国会中的共和党人又常有欢迎或支持台湾向南朝鲜派兵以助美军的表
示。这种支持甚至鼓动主要表现为两种：一种是因美国兵力不足而有所提
议；一种是亲台反共者基于政治立场的主张。在特定时期，通过台湾出兵
援韩而使中共陷于困境的主张成为部分人争取选票的工具。

在台湾"外交部门"最初向美方征求出兵意见，急于得到答复而无果
时，顾维钧从美国国防部长约翰逊（Louis A. Johnson）那里探得消息。约翰
逊解释说，美军在朝鲜作战实际上是在执行联合国的决议。麦克阿瑟虽是
美国代表，但也是"联合国军"总司令，美国政府不能决定他是否接受台
湾军队援助。④ 鉴于约翰逊提到的权责问题以及美国并未明确表示反对的

① 《顾维钧电外交部》（1951 年 2 月 1 日发），顾维钧档案，档案号：Koo_0147_B44 - 2b_ 0022。
② Memorandum of National Security Council Consultants' Meeting, Thursday, June 29, 1950, United States Department of State, in *FRUS*, *1950*, *National Security Affairs*, *Foreign Economic Policy*, Vol. 1, p. 327.
③ 《顾维钧电外交部》（1950 年 7 月 8 日发），顾维钧档案，档案号：Koo_0147_B44 - 2_ 0013。
④ 《顾维钧回忆录》第 8 分册，第 18 ~ 19 页。

态度，顾维钧认为"似可将愿派兵一层正式答复联合国秘书长，并向安理会正式声明以示我竭诚拥护联合国决议之至意"。① 在台湾是否派兵援韩的问题上，美国军方较倾向于支持。约翰逊对顾维钧的解释没有表示更多顾虑，故颇使台湾方面安心，后者对美国将会同意其出兵抱有希望。

美国介入朝鲜战事并未经过审慎讨论，而是为应对突发情况的紧急决定。朝鲜战争实然爆发，杜鲁门采纳军方建议，当时国务院是有异议的，因大势所趋才未坚持。在此之前，美国远东政策失败，深受舆论谴责，此次行动果断亦是为使舆论改观。然而，为维持美国及联合国威望，一旦开始执行联合国决议，绝难中途放弃。执行中，美国要在远东取得战争胜利是要付出巨大代价的。为减少美军损失，其他地区特别是亚洲地区出兵相助是被美国舆论和部分美方要人所倡导和欢迎的。朝鲜战争初期，战况对南朝鲜不利，战事的艰难程度令美国感到棘手。在台湾"外交部"以备忘录提出派兵意见后，美国起初是婉拒的，建议台湾征询麦克阿瑟意见。但几天后突又催询赶办，顾维钧推测，是因为南朝鲜军事不甚顺手，美军伤亡日增，为免美国民众反应转坏甚至指责政府，美政府才欲公布交涉情况，以解民众对未立即接受台湾派兵提议的疑惑。②

1950 年 10 月，朝鲜战局向有利于联合国军的方向转变。如无外力加入，战争可能会迅速结束。③ 然而，中共的参战令美军重新陷入艰难处境。11 月 27 日，中国人民志愿军在朝鲜东北部的长津湖包围"联合国军"，抗美援朝第二次战役中的一场决定性战斗打响。美军在朝鲜战场遭遇的困难令 28 日国会的讨论出现激烈极端的言辞，有人提出应致最后通牒，警告中共如不撤兵即用原子弹对付；有人提出给台湾当局充分军援，并派军事代表团赴台，协助出兵援韩事宜。④ 同日，马歇尔在美国妇女报界俱乐部演

① 《顾维钧电叶公超》（1950 年 6 月 30 日发），顾维钧档案，档案号：Koo_0147_B44－2a_0025。
② 《顾维钧电叶公超》（1950 年 7 月 2 日发），顾维钧档案，档案号：Koo_0147_B44－2a_0030；《顾维钧电叶公超》（1950 年 7 月 2 日发），顾维钧档案，档案号：Koo_0147_B44－2a_0031。
③ 《王叔铭日记》，1950 年 10 月 24 日，王叔铭档案，台北中研院近史所档案馆藏，馆藏号：063－01－01－007。
④ 《顾维钧电外交部》（1950 年 11 月 28 日发），顾维钧档案，档案号：Koo_0147_B44－2a_0003。

说，谓中共已开始大规模行动，其严重情势不仅限于北韩，还将遍及世界。联合国必须立即采取措施，以期避免大战，但"倘不能免，则美国唯有全面出动"。① 对于中国军队的参战，美国政府对外表现出强硬姿态，30 日，杜鲁门答记者问，谓必要时所有武器均拟施用。②

1951 年 10 月 19 日，柯克在参议院指责美当局拒绝台湾派兵赴韩参战主张，请政府速予纠正，以纾美陆军兵力之不足。③ 出兵之议讨论颇久，直到 1952 年 7 月，美国要人还向顾维钧传递着美军方大员主张台湾军队参加朝鲜战争的消息。据悉，美空军次长向杜鲁门表示，"联合国军"总司令克拉克（Mark Wayne Clark）将军、太平洋空军司令魏伦（Otto Paul Weyland）等军方巨头因颇感后备兵不足，均主张商用台湾军队前往南朝鲜参战，而杜鲁门颇为动容。④

朝鲜战争使美国付出沉重代价，在野的共和党趁机表达对杜鲁门拒绝台湾出兵的不满，甚至主张支持台湾"反攻大陆"，以支援韩国战场。1951 年 3 月，美众议院共和党议长马丁（Joseph William Martin Jr.）在波士顿演说，主张美国应即使用台湾军队在中国大陆开辟第二战场，使中共无法应付两面作战。⑤ 赴韩美军轮流调回美国休息或退伍，因兵力不足，甚至发生将未经训练的炮兵充作步兵派往火线的情况。为此，1951 年 10 月下旬，美犹他州共和党参议员在参议院提出抗议。出席联合国大会代表共和党议员沃里斯（John Martin Vorys）也表示彼将在会中要求"联合国军"使用台湾军队。⑥ 1952 年是美国总统大选的年份，对台湾军队的态度成为美国竞选者政治主张的一部分。俄亥俄州参议员塔夫脱（Robert Alphonso Taft）长期领

---

① 《顾维钧电外交部》（1950 年 11 月 28 日发），顾维钧档案，档案号：Koo_0147_B44 - 2a_0006。

② The President's News Conference of November 30, 1950, in *Public Papers of The Presidents of the United States* (Washington: United States Government Printing Office, 1965), p. 727.

③ 《顾维钧电叶公超》（1951 年 10 月 23 日发），顾维钧档案，档案号：Koo_0147_B44 - 2b_0019。

④ 《顾维钧电蒋介石》（1952 年 7 月 8 日发），顾维钧档案，档案号：Koo_0147_B44 - 2b_0013。

⑤ 《顾维钧电叶公超》（1951 年 3 月 22 日发），顾维钧档案，档案号：Koo_0147_B44 - 2b_0020。

⑥ 《顾维钧电叶公超》（1951 年 10 月 23 日发），顾维钧档案，档案号：Koo_0147_B44 - 2b_0019。

导着共和党的保守派，试图获得总统提名。其主张对台湾加大援助，支持台湾"反攻大陆"以遏制中共，军事上则更信赖对中共强硬的麦克阿瑟。① 出任塔夫脱竞选总统委员会会长的魏德迈（Albert Coady Wedemeyer）在演说中则表示应调用台湾军队援韩，并主张美应积极武装及支持国民党在大陆的游击队。② 同为总统竞选者之一的斯塔森（Harold Stassen）在 1952 年 2 月答记者问时，主张利用台湾军队赴韩作战。③

美国大选进入酣战阶段后，关于台湾出兵的主张变成一个敏感议题。1952 年 9 月，经台湾媒体流出相关议论的消息。蓝钦晋谒杜鲁门后，在离开白宫时发声明否认传言，指出驻台及他处美方人员虽曾有此议，但并无负责官员或政府机关做此建议。彼时，美国总统竞选中两党正积极相互指摘，政界空气紧张，台湾方面的报道引起美官方反感，以致特发声明严词否认。④

自朝鲜战争爆发到 1952 年冬，碍于种种顾虑，美国最高决策者对台湾出兵援韩之事有所忌惮，颇为踌躇。然而美国当政者并未以正式决议统一意见或是对外界表态。美国与中国代表自 1951 年 7 月已开始朝鲜停战谈判，虽然打打停停，但并未完全中止。无论如何，政治解决朝鲜问题对于美国而言是可以减少牺牲的最佳途径。主张台湾出兵朝鲜的言论在某种背景下虽颇具煽动性，但始终为不少人所反对。总统竞选过程中，台湾出兵议题甚至由于其"反攻大陆"的主张，成为部分竞选者的一项煽惑性言论，但持有激进主张者最终并未为共和党提名。为顺应反对流血之舆情，共和党在反对民主党在远东的消极防卫的同时，仍强调其"所采手段并非武力而系和平方法"。⑤ 1952 年 11 月，共和党在竞选中胜出，握政之初根基不稳。

---

① 《顾维钧电叶公超》（1952 年 2 月 13 日发），顾维钧档案，档案号：Koo_0147_B44 - 2b_0018。
② 《顾维钧电叶公超》（1952 年 5 月 10 日发），顾维钧档案，档案号：Koo_0147_B44 - 2b_0015。
③ 《顾维钧电外交部》（1952 年 2 月 14 日发），顾维钧档案，档案号：Koo_0147_B44 - 2b_0017。
④ 《顾维钧电叶公超》（1952 年 9 月 9 日发），顾维钧档案，档案号：Koo_0147_B44 - 2b_0007。
⑤ 《叶公超电台北陈诚》（1952 年 11 月 10 日发），顾维钧档案，档案号：Koo_0147_B44 - 2b_0010。

同时，在 11 月下旬，经过 40 多天的艰苦作战，中国人民志愿军在朝鲜上甘岭成功阻止了"联合国军"的攻击。美军伤亡剧增，这使美国意识到最终仍要靠谈判来结束战争。台湾"外交部门"观察时局，认为出兵援韩之事恐难实现。① 12 月 3 日，韩国驻美大使在俄亥俄州克利夫兰演说，谓韩国人力众多，不需台湾增援，"免将中国内战引入韩境"，同时对台湾向外宣称的军队人数和实力表示怀疑。② 共和党上台后不久，韩代表在美表明对台湾派兵援助的态度，这一态度与美新领袖态度应不无关系。据王世杰报，艾森豪威尔召集会议谈到台湾出兵问题，虽无决定，但表示台湾本身安全问题须先解决，始能考虑派遣军队赴韩问题。③ 在共和党正在考虑如何援助台湾以增强防御力量的情况下，此语无异于否定出兵之议。此后，关于台湾出兵援韩的言论渐趋平息。

小　结

在台湾与美国的关系处于灰暗时期之时，朝鲜半岛的紧张局势将美国视线引到远东共产主义的威胁之上。这使台湾当局看到曙光，想以出兵博取美国好感。美国距朝鲜遥远，派遣陆军会引来国人不满，因而台湾愿意出兵以纾美国之困。顾维钧认为，即便美国"未必欢迎"，此番好意应也能稍解此前芥蒂，使台美渐复亲密关系。可见，台湾方面出兵朝鲜之议最初是为了赢取美国好感，并没有更多长远的想法。这在当时台湾处境艰难、"外交"孤立的时代背景下，不难理解。然而，顾维钧虽然看到美国不想令朝鲜半岛事态扩大，却未看到台湾派兵朝鲜是可能使事态扩大的重要隐患。尽管美国部分人士欢迎台湾出兵，却不能改变它最终流产的命运。以后世旁观的视角，亦可发现，即便台湾当局没有出兵相助的提议，美国对台政策的改变也会发生，事实上也已在发生之中。在 1950 年上半年，台美关系

---

① 《叶公超电胡次长转呈陈诚》（1952 年 11 月 25 日发），顾维钧档案，档案号：Koo_0147_B44 - 2b_0009。
② 《顾维钧电外交部》（1952 年 12 月 3 日发），顾维钧档案，档案号：Koo_0147_B44 - 2b_0004。
③ 《王世杰电顾维钧并转叶公超》（1952 年 12 月 8 日发），顾维钧档案，档案号：Koo_0147_B44 - 2b_0003。

看似灰暗的时候，美国已在讨论更积极地支持与组织"自由世界"，以围堵苏联。正处于国共斗争之中的台湾当局，作为远东岛链上反共阵营的积极分子，非但没有真正脱出过美国当政者的视线，而且在局势紧张之际势必要成为美国保护的对象。6月27日，第七舰队进入台湾海峡即为明证。以此视之，出兵相助以博好感实为多余。当然，当局之人目光所限，难以苛责。

国民党败退台湾之际，美国曾欲与之保持距离，台湾军队士气低落，民心不安，各方困顿的效应加倍显现。朝鲜战争一经爆发，台湾方面一些人即看到改变命运的契机，那就是以阵营对抗取代两岸对抗。经多年国共对抗，1949年国民党兵败大陆，若无强大外力介入，强弱状态一时难有改变。然而，若是将自己置于以美国为首的阵营，与共产主义阵营对抗，则台湾的安危将不再是国民党一党之事，美国及其盟友便会成为台湾的盟友。这一心理在1950年代不但出现在一般官员身上，也为蒋介石等高层所有，只不过蒋在不同问题上有更多因素需要顾及，有更多利益需要平衡。即便如此，有意强调反共立场，不断试图在东亚建立以美国为首、台湾参与其中的反共战线，是数年间蒋介石的一个显著的"外交"态度。1950年夏，在相当部分人看来，出兵助韩是加剧阵营对抗的重要步骤。因为看到了这一点，在出兵问题上台湾的一些个人言论和大众舆论，并不能如少数"外交人员"那样谨小慎微，反而有意唱高调。这在特定背景下，自然引来美国某些决策者的反感。

在出兵援韩一事上，台湾当局表现出的应对失策，与台湾政治体制和决策模式有关。蒋介石大权在握，在"外交"问题上并未认真听取"外交人员"的意见，各部门与媒体唯蒋马首是瞻。当时"外交"形势急迫，远东局势紧张，时机稍纵即逝，驻美官员特别是蒋氏较为信任的官员，不论出自军界还是经济界，皆参与到对美"外交"中来。台湾出兵援韩牵涉面广、言论纷杂，若非深谙各种利弊，很容易仅就一种现象给出不当建议。这在一定程度上影响着蒋介石的判断。如此，随着局势的发展、言论建议的增多，蒋介石被烟雾笼罩，做出一系列失误推测和应对。

朝鲜战争期间麦克阿瑟被免职是令当时舆论哗然的事件。麦克阿瑟没有很好地执行美国总统的政策，主张给台湾军援，放开对台湾军队的限制，使其对大陆进行有效的军事行动，在外引起英联邦国家不安，在内引起艾奇逊等人反对。麦克阿瑟与总统及国务院的分歧在是否支持台湾出兵援韩一事上表现得亦颇明显。1950 年 7 月底 8 月初麦克阿瑟访台，本为在部署军事的同时传达美方不赞成台湾出兵的意见，但他并未成功执行后一任务。蒋介石等人对美方的意图理解有偏差，对局势发展产生了某些逆向的研判。其中因素固多，与麦克阿瑟的态度也不无关系。台湾决策者未能准确领会美国意图，媒体亦有一定宣传之误。这使台湾出兵援韩的提议看似大有希望，实则困难重重。

美国不愿朝鲜战事扩大，并在 1951 年 4、5 月间就定下要政治解决朝战的基调。台湾出兵朝鲜将是战争扩大的诱发因素之一，而台湾方面对苏联"主使"朝战的公开指控亦是美国所不赞成的。台湾当局在派兵一事上附加了条件，如要求军备、船只，要求美国海空军协助台湾反攻，甚至要求美国劝英国撤销对中华人民共和国的承认等。基于对中共进攻台湾可能性的预判及对国民党军队忠诚度和战斗力的怀疑，美国原本就对台湾的防务不放心。要在联合国取得对台湾出兵援韩的一致意见也几乎是不可能的。因此，美政府始终不曾对台湾出兵问题正式表明支持态度。

杜鲁门时期美国没有对台湾派兵援韩一事统一意见。在国会及其他场合，常有人公开表示支持。在大选中，有关这一问题的主张成为其远东政策避不开的议题。这也是台湾方面在颇长时间内都没有放下幻想的重要原因。同时，美国为达到若干目的，既要政治解决朝鲜战争，又不想很快达成停战协议，停战谈判在希望与绝望中进行。直到 1952 年 11 月，台湾"外交部门"还不得不做出万一和谈无望如何应对的预案。在这样的形势下，如何应对出兵援韩问题便是首先要解决的。

应该看到，此时台湾当局对美"外交"一个重要的心态是求稳。国民党曾有在美国总统的竞选中押错宝的经历，在当时的困境下，赢得美国支持是保住台湾并求发展的必要条件，容不得再输。1950 年，台湾当局认为不能专以一党为对象，交涉但求效果，不能有党派的分别。① 在这一心态

---

① 《当前国是意见与国际情势》（1950 年 8 月），"对美国外交（九）"，"蒋中正总统文物"，典藏号：002 - 080106 - 00031 - 004。

下，台湾"外交部门"在出兵一事的应对上十分审慎，如何表态、如何措辞、如何把握分寸皆要考虑。在认为出兵援韩恐难实现之时，台湾方面并未完全放下此议，而是讨论如何拿捏分寸，既不令支持出兵者失望，亦不能显得积极。[①] 出兵援韩的议论长久未能止息，在台湾方面的一个考虑，便是要在美国的各种政治势力间寻求平衡。

从1950年夏到1952年冬，台湾是否出兵援韩被反复地讨论着。台湾"外交部门"设想如何表态方能兼顾各方，但实际上并不能做到各方讨好。台湾方面的某些宣传难免令部分人反感，这其中有美国国务院中的民主党人，也有害怕引火烧身的一些美国盟友。然而，台湾当局借出兵援韩问题，站到了美国阵营之中，将国共内争变成了冷战的一部分。从这个角度来看，未尝不是个大"收获"。

---

① 《叶公超电胡次长转呈陈诚》（1952年11月25日发），顾维钧档案，档案号：Koo_0147_B44‑2b_0009。

第三章 毛邦初案背后的美国
因素及蒋氏的态度

毛邦初案是国民党退台后高层发生的第一件大案。它不是一起简单的高官贪腐案，而是有着多种面相及多重影响的复杂事件，其发生发展的背后有浓重的美国因素，且与当时关键年代中蒋介石至为关切的几个问题直接相关。此案动用高层力量之多、耗资之大令人惊叹，惜学界有关研究并不充分。①

一 毛、周互攻及军购弊案

1949 年、1950 年，正值美国对台政策多变、难求稳定之时，国民党集团颇费心力地争取着美国的支持与援助。这一时期也是国民党遭受挫败、处境不利之际，似乎正是考验人品的时候。塑造良好形象的需要与不利于形象保持的客观现实相悖存在，一场涉及军购弊案的人事摩擦在太平洋两岸悄然开始，并愈演愈烈。这场人事摩擦的主角是时任台湾空军副总司令的毛邦初与台湾空军总司令周至柔。

毛邦初，浙江奉化人，为蒋介石原配夫人毛福梅的侄孙辈同族。1925

---

① 有关研究有刘维开《蒋中正处理毛邦初事件之研究》，载黄克武主编《同舟共济：蒋中正与一九五〇年代的台湾》，台北：中正纪念堂管理处，2014，第 1~38 页；林桶法《政府迁台初期空军人事的纠葛》，载吕芳上主编《蒋中正日记与民国史研究》下册，台北：世界大同出版有限公司，2011，第 574~583 页；等等。大陆方面研究尤少，如陈红民等《蒋介石后半生》（浙江大学出版社，2010）有较为简略的论述。该案有关档案繁多，过程复杂，案情扑朔，盖为是项研究薄弱原因之一。基本案情发展及蒋介石组织人力调查的经过在刘维开等人的研究中已有展现，本章从简。本章重点放在毛案背后的美国因素及蒋介石态度方面，这是以往研究所忽略而又至为关键的。

年考入黄埔陆军军官学校第三期步兵科。曾赴苏、意学习空军和飞行，回国后参与中央航空学校和国民政府的空军工作。1943 年 3 月，毛邦初被派赴美国主持空军驻美办事处，负责空军军需品采购事宜。1946 年 6 月，被任命为国民政府参谋本部空军总司令部副司令，代表国民政府常驻美国。1949 年 1 月 29 日，蒋介石宣布引退后不几日，蒋经国致函中央银行总裁俞鸿钧，命将空军购办费一千万美元由毛邦初、皮宗敢、俞国华共管。① 毛邦初 1950 年兼任出席联合国安理会军事参谋团"中国代表"。

周至柔，原名周百福。1919 年春，考入保定陆军军官学校第八期步兵科。1924 年在陈诚引荐下，参加国民党，改名周至柔，曾参加东征与北伐。1933 年 5 月，又经陈诚举荐，赴欧美各国考察空军教育，从此脱离陆军系统。1934 年回国后，向蒋介石呈上考察报告和建设空军计划书。历任中央航空学校校长、全国航空建设会常务委员、航空委员会常务主任委员、航空委员会主任、空军参谋学校教育长等职。1946 年任空军总司令，1950 年 3 月兼任"国防部参谋总长"。

毛邦初曾留学苏、意，掌握了现代空军战略战术，在当时的国民党集团中是凤毛麟角，不免自视甚高。原本陆军出身的周至柔被重用，引起毛邦初不满，周对毛亦多有阻挠和反击。1950 年，二人矛盾升级。在美援尚未恢复的情况下，1950 年初，"空军总司令部"在曾任蒋介石海军顾问的退役将领柯克上将的协助下成立"中国国际商业公司"。这个名为公司的机构实际上是在空军驻美办事处之外开辟的一条新的航空采购渠道。这个渠道的建立在毛邦初看来是周在向自己发难，于是采取种种措施进行反击。1950 年 5 月上旬，《华盛顿邮报》发表一则名为《谁弃中国》的投书，指控台湾当局军队人员在旧金山购买三百万加仑航空汽油，从中获利十万美元，宋美龄之弟宋子良经营的孚中实业股份公司涉及此事。军购弊案由此被揭开，这一报料据称是空军办事处参谋主任、毛邦初的助手向惟萱在幕后推动。

朝鲜战争爆发后，远东局势向着有利于台湾当局的方向转变。就在台

---

① 《蒋经国致函俞鸿钧》（1949 年 1 月 29 日），"筹笔——戡乱时期（十二）"，"蒋中正总统文物"，典藏号：002-010400-00012-039。

湾方面热望美国加大援台力度的时候，美国诺兰（William F. Knowland）议员向蒋介石提到军购航空汽油获利十万美元之事，又提出国民党当局以每架高出正常售价两万美元的价格向美国采购了 25 架 P-51 型战斗机，希望台湾方面澄清这些弊案。诺兰得到的信息亦是毛、向所释放，目的是打击周至柔。①

7 月，"空军总司令部"以毛邦初在美军购有账目不清、违法渎职等事，在向蒋介石建议改组空军驻美办事处的同时，建议裁减驻美办事处经费，并于 5 月 23 日召向惟萱回台述职。毛邦初于 5 月 30 日、6 月 28 日、7 月 1 日及 21 日数次复电推诿。7 月 27 日，李惟果、陈之迈、俞国华致函蒋介石，报告空军总部与毛邦初间的争斗情事，为毛邦初说情。信函说空军驻美办事处经办之空军器材、航空汽油等是遵照法定手续公开标购。在美国国务院及商务部对国民党成见仍深、唯美国防部态度好转的情况下，军部联系尤见重要。毛邦初在美多年，与美国国防部及上中级军事主管人员均多熟稔，其联络活动也是在美国与台湾关系不良之时空军器材及汽油等仍能补给无缺的原因。空军总部一再缩减驻美办事处经费，对其工作造成了困难。② 同日，毛邦初也两度致函蒋介石，陈述其在美工作概况及请饬空军总部照发经费，并建议空军总司令不宜由参谋总长周至柔兼任，举荐副总司令王叔铭担任该职。③

31 日，周至柔致函蒋介石，报告毛邦初在美经办有关事项及所有经费支用状况，并解释为何缩减其经费、为何召向惟萱回国。周至柔指出毛邦初购办器材现款总数 4660 余万美元，从未清结，其中工业局部分有 960 余万美元曾派专人前往洽结，亦无结果。截至当时，毛邦初所存现款约 320 万美元。以往空军办事处有 60 人之多，每月支用约 2 万美元，目前该处只有 13 人，查其当年 1～4 月尚需 9000～10000 美元开支。而 1950 年 1 月所列总账交际费之外列有特别费 12670 余美元，事前未据报告，且未注明何种用

---

① 周宏涛口述，汪士淳撰写《蒋公与我：见证中华民国关键变局》，台北：天下远见出版股份有限公司，2003，第 315 页。

② 《李惟果、陈之迈、俞国华呈蒋介石》（1950 年 7 月 27 日），"其他——毛邦初案（一）"，"蒋中正总统文物"，典藏号：002 - 080102 - 00128 - 001。

③ 《毛邦初呈蒋介石》（1950 年 7 月 27 日），"其他——毛邦初案（一）"，"蒋中正总统文物"，典藏号：002 - 080102 - 00128 - 002。

途。于是经"行政院"核定空军驻美办事处开支应紧缩，今后该处每年经常费应在 3 万美元以内。周至柔请蒋介石指示，毛邦初拒绝派其助手回台述职，"似此状况已至不能过问"，是否可以不再追查？如果不能追查，建议撤销驻美办事处，酌留少数人员结办未了事宜，今后购置器材由皮宗敢接办，以资整理，款项之保留由俞国华负责；毛邦初以军事代表团团长名义继续留美工作。①

此后，由于周、毛互攻不断，美方国会议员周以德（Walter Judd）等人深度介入，事件继续扩大。1951 年 1 月 17 日，蒋介石下令，自 1 月起空军经费收支详目皆应照陆军各部队办法按时向联勤总部结报。联勤总部关于陆海军经费收支结报需按月向"总统"详报。1949 年、1950 年两年海空"总部"所有经费收支详数，如未办报销，亦应由联勤总部负责审查。② 在召毛邦初回台述职以便了解真相的同时，据王世杰、周宏涛、吴嵩庆调查报告的建议，蒋介石决定统一在美军采机构。在"驻美大使馆"成立"国防部采购委员会"，由"大使馆武官"皮宗敢接办业务，"驻美大使"顾维钧负责监督。鉴于对此项改组的不满，以及与周至柔矛盾的发展，毛邦初、向惟萱与台当局决裂的情绪在不断酝酿中。③

二　美援问题——贪腐形象的澄清

情绪积攒之下，1951 年夏，毛邦初、向惟萱开始公开指控国民党当局，在美国舆论界掀起不小的风波。1951 年 8 月 10 日及 16 日，美国专栏作家皮尔逊（Drew Pearson）在《华盛顿邮报》发表两篇文章，指责台湾空军使用"颇有问题之采购程序"，购买约三百万加仑航空汽油，并将"巨额之美

---

① 《周至柔呈蒋介石》（1950 年 7 月 31 日），"其他——毛邦初案（一）"，"蒋中正总统文物"，典藏号：002 - 080102 - 00128 - 003。

② 《蒋介石手令》（1951 年 1 月 17 日），"其他——毛邦初案（一）"，"蒋中正总统文物"，典藏号：002 - 080102 - 00128 - 005。

③ 据顾维钧 5 月 7 日致叶公超电，毛邦初在寓所酒后放言要召集新闻记者，将"国防部"内部贪污情形公开。在皮宗敢奉命接管业务之初便遭言论攻击，向惟萱说他在 1948 年为"国防部"第二厅代购无线电机时有贪污情事，并当场发散油印品。参见"其他——毛邦初案（一）"，"蒋中正总统文物"，典藏号：002 - 080102 - 00128 - 006。

援款项转入私人银行户头"。① 在此前后，华盛顿、纽约各大报频频出现有关此事的长文，军购弊案持续发酵。

在国民党大陆失败之初，美国政府一度有放弃台湾的想法。1950 年夏，出于对远东整体局势的考虑，美国放弃从台湾抽身，加大了对台援助，然而"亲台帮"的反对者是始终存在的。发生在国民党高层的军购弊案以及高官互攻，乃至攻击当局，这些细节对绝大多数美国人而言显得太过扑朔迷离，但一些简单事实的传播是迅速的，一些直观印象的得出是容易的。国民党政权如何能将巨额公款交予一位并不值得信任的最高统治者的亲戚？美国民众如何放心地将纳税人的钱拿去援助这样的政府？这些疑问给美国国会反对援台者以口实，这些议员据此当众质疑台湾当局是否值得获得援助。

8 月 21 日，蒋介石发布行政命令，指责毛邦初"失职抗命"，令其停职，并限令回台听候查办。随后，周至柔以空军总部兼总司令的身份，宣布派驻华盛顿办事处协助毛邦初的向惟萱撤职，令其返台听候法办。向惟萱对此发表声明，否认各项罪名，并表示毛氏曾对台湾若干官员提出控诉，此等官员为行报复而诱使当局出此控诉。②

台湾当局的行政命令让美国国务院感到必须有所行动。22 日，美"代办"蓝钦"公使"面递奉令调查毛邦初停职案之备忘录。备忘录认为台湾方面对毛邦初及向惟萱之控诉已使美国政府面临种种问题，包括如何处置此二人之问题（诸如给以庇护所、"引渡"等），而最为严重者是如何处置美国款项的问题。毛及其属员滥用美援款项可能使人发生一种疑问，即国民党政权"对其所拥资产之处置，究竟是否正当？"这一疑问能否获得适当的解决，关系整个援台计划。③ 24 日，"美国公使馆"指派董远峰到"外交部"与时昭瀛"次长"谈话，请其解释有关疑问，并传话说，除非台湾方面对于本案证据充足、无懈可击，在美国联邦法院构成公诉案件，否则

① 《毛邦初事件资料整编之一》，"毛邦初失职抗命"，"外交部档案"，馆藏号：11 - 07 - 02 - 10 - 23 - 010。
② 《侨报报导》，"毛邦初失职抗命"，"外交部档案"，馆藏号：11 - 07 - 02 - 10 - 23 - 010。
③ 《蓝钦面递奉令调查毛邦初停职案之备忘录》（1951 年 8 月 22 日），"其他——毛邦初案（七）"，"蒋中正总统文物"，典藏号：002 - 080102 - 00134 - 002。

"引渡""绝无成功之希望"。①

9月中旬，毛邦初案愈形复杂，影响不断扩大。美国反台人士借题发挥，甚至牵及孙立人不得重用等事。素来对台湾友好的"亲台派"周以德、诺兰对此类言论保持沉默。英国人向美宣传国民党集团无能的言论高涨，国际舆论反对台湾当局之宣传风起。台湾"国防部防空司令部司令"王叔铭是与毛邦初及周至柔都颇为熟悉的军方大员，他的日记中频繁出现关于毛邦初案的感想。16日，他显得颇为忧虑，认为此事恐将影响军援，② 似此延拖下去，对毛固不利，而台当局及蒋介石也均将蒙受不利。③

9月17日，蓝钦面晤"外交部长"叶公超，商谈美援事宜。话题初起，便转到毛邦初事件上去。蓝钦用"不良事件"一词来描述事件性质，解释说，使用该词表示美方并未相信毛邦初对周至柔所控各节都有事实根据，只是在普通人看来，将巨额款项交予一"忠诚及服从久有问题之人"，殊令人费解。蓝钦在对国民党方面缺乏严格的军事会计制度及军事预算过多而民政支出"低至不合理程度"进行指责之余，指出毛邦初一事已使台湾方面遭受重大损害，应采取紧急措施使华盛顿相信"此类不良事件不致再度发生"。并称台湾方面若不将公款追回，此点将为世人所诟病。④

同日，胡适托"外交部"转给蒋介石一封信，指出"毛向案"情节复杂，一般人最易误会，而毛、向揭发国民党当局贪污，可以积非成是。胡适建议由当局出面聘请"中美公正人士"组织调查实情委员会，聘用一流律师及会计师以为襄助。将调查之事实付司法机关依法起诉，调查期间，劝告外国舆论机构静候调查结果，不轻信一面之词。并推荐美国最高法院法官罗伯茨（Justice Owen J. Roberts），前哈佛大学法学院院长、曾任国民政府法律顾问的庞德（Dean Roscoe Pound），曾任海牙常设国际法院法官的

① 《董远峰与时昭瀛谈话》（1951年8月24日），"其他——毛邦初案（七）"，"蒋中正总统文物"，典藏号：002 - 080102 - 00134 - 002。

② 几天后，就有1952年军援案在美国国会搁浅的消息传出。见《王叔铭日记》，1951年9月22日上星期反省录，王叔铭档案，馆藏号：063 - 01 - 01 - 008。

③ 《王叔铭日记》，1951年9月16日，王叔铭档案，馆藏号：063 - 01 - 01 - 008。

④ 《蓝钦与叶公超谈话纪录》（1951年9月17日），"毛邦初失职抗命"，"外交部档案"，馆藏：11 - 07 - 02 - 10 - 23 - 010。

郑天锡为调查委员会人选。[①]

18 日，台当局"驻联合国代表"蒋廷黻亦向台北发去一电，指出自毛邦初案在美国报纸公布以来，"凡仇我者群起攻击，以图停止美国军援经援"，并动摇台湾当局之国际地位；"亲我者亦报爱莫能助之态度"，"故此案不仅关系二三武职人员之进退，或二千万美金公款，其发展可以影响国家前途"。在此情况下，"监察院"或其他机构的调查难以取信于美国朝野，建议由当局聘请台美公正人士合组调查委员会，授权其调查一切有关案情，使该案水落石出，以便秉公处理。[②]

其实在胡适、蒋廷黻等人纷纷致信，建议以令人信服之调查委员会进行调查之前，台当局已然扛不住压力，一个庞大的由高层人士组成的协助小组业已成立。此前，台湾当局曾组织过小规模的调查组，如由"联勤总部军需署署长"吴嵩庆负责的三人调查组和"监察院"的调查组。但随着情势发展，他们发现这些由某一机构出面负责的小规模调查组出具的报告并不能让美方信服。9 月 8 日，"跨部会"的多人临时小组将蒋介石身边的各方大员——叶公超、周至柔、董显光、陶希圣、严家淦、沈昌焕、萧自诚、时昭瀛、周宏涛、袁守谦、周鸣湘、黄少谷等均囊括其中，其任务是要协助"国防部""外交部"处理毛邦初失职抗命案。当时，台湾当局不少人对打这场官司并无太多顾虑，有的甚至抱有简单的乐观，认为纵使毛邦初对周至柔有所控告，"亦无权拒绝交出公款及档案"，举行政当局之力对付一两个人自无问题。台湾"外交部门"准备率领一批对当时有问题各案详情熟稔之人赴美进行调查，并采取法律程序。蓝钦闻讯后立即表示欣慰，并指出不应利用党的机构对毛采取有计划之宣传攻势，这会成为舆论的又一把柄，台湾当局的发言人应"立于法律立场"。[③]

在此情形下，台湾当局在美方所施予的无形压力之下，不得不走上一条最为费时费力的路。9 月 24 日，蒋介石致电"驻美大使"顾维钧和驻美

---

① 《抄胡适九月十七日第八七八号电》，"毛邦初失职抗命"，"外交部档案"，馆藏号：11 - 07 - 02 - 10 - 23 - 010。

② 《蒋廷黻九月十八日第八八二号电》，"毛邦初失职抗命"，"外交部档案"，馆藏号：11 - 07 - 02 - 10 - 23 - 010。

③ 《蓝钦与叶公超谈话纪录》（1951 年 9 月 18 日），"毛邦初失职抗命"，"外交部档案"，馆藏号：11 - 07 - 02 - 10 - 23 - 010。

采购主管俞大维，指示"毛案非法律解决不能了事，故勿再犹豫迁移多所顾虑"，以免影响信誉。[1] 随后，蒋以多位亲信要员组织调查委员会，聘请顶尖律师，于11月14日在华盛顿地方法院起诉毛、向，请求法院判令毛、向将其经手之公款办理报销，并将其尚未动用之公款及前空军办事处之档案交还。[2]

台湾当局决定将毛邦初案诉诸法律，不久，他们就发现此举无异于刀尖上起舞。随着对空军账目的调查，台湾当局发现许多问题："总部存金钞"不甚合法，"存港美钞"亦未报告；总部托小资本商做大生意不合法……此外，对毛邦初并未早加处置，亦为失策。这些若被美方调查清楚，"空军声誉则将扫地"。[3] 熟知这些情况的空军高层私下建议蒋介石停止调查，以免美国发现"空军过去不甚合法弄钱的事实，贻笑外邦"。[4] 调查是否会暴露这些重大的内部问题？家丑是否会因此外扬？在巨大的舆论压力及军援搁浅于美国国会的危机之下，台湾当局与毛邦初跨洋打起旷日持久的国际官司，并深陷其中。

三 "挟外自重"与"包庇不忠"：因果中的虚实与悖论

毋庸讳言，1950年代，台湾之所以未被解放而成为国民党的一个避难所，与美国的庇护是分不开的。在此情形下，美国对台湾的控制力也是可想而知的。国民党退台前后，美国一度有"弃蒋"甚至"弃台"的想法，为争取美国好感，蒋介石曾重用若干亲美人士，包括接替陈诚担任"台湾省主席"的吴国桢。但同时，在内心里蒋对美国始终有股怨气，对艾奇逊等美国重要人物怀着深深的不满。就人格特点而言，蒋介石通常做不到用人不疑、疑人不用。美国对台湾多有干涉，影响力巨大，这一点对蒋介石是个刺痛。亲美派在职位上与美方友人的来往，哪怕是并无政治目

---

[1] 《蒋介石致顾维钧、俞大维》（1951年9月24日），"其他——毛邦初案（七）"，"蒋中正总统文物"，典藏号：002－080102－00134－003。

[2] 《毛邦初案办理经过纪要》，"外交部档案"，馆藏号：11－07－02－10－23－034。

[3] 《王叔铭日记》，1951年12月27日，王叔铭档案，馆藏号：063－01－01－008。

[4] 《王叔铭日记》，1951年12月28日，王叔铭档案，馆藏号：063－01－01－008。

的的私人往来，在蒋介石眼里亦是令人不悦的行为。倘若此间亲美派表露了若干与蒋不合的理念或见解，这些理念或见解又不幸传至蒋的耳中，那"挟外自重"的罪名就脱不开了。被认为"挟外自重"后，蒋介石心里会埋下对其防范的种子，遇到合适机会便采取削夺其权力的行动。若是"挟外自重"者与"忠于"蒋介石的高官发生争斗，前者的失败基本是没有悬念的，即便后者犯有不可饶恕的罪责。这种微妙的心理感觉虽貌似虚无，实则会在蒋向某人发难或是令某事件风头转向、升级的过程中起到某种实际的作用。

在 1950 年 7 月周至柔致函蒋介石，报告毛邦初在美账目不清及抗命情况后，蒋为了解情况召毛回台。毛邦初拖延至 10 月才回到台湾。毛返台述职时向蒋指控周至柔及相关经办人员在向美国城市服务公司洽购航空汽油等事上以公谋私。后来，周以德介入此事，多次向蒋介石反映空军弊案，要求蒋调查存美款项。这些情况与毛邦初指控之事相同，因而，蒋介石推断，是毛邦初向周以德泄露军购弊案情事。

1951 年 3 月 9 日，蒋介石在日记中表达了对"挟外自重"者的厌恶与痛心。这时"挟外自重"者的代表就是毛邦初与孙立人。蒋介石认为："最痛心者为将领无常识，不惟希冀挟外自重，而且密告内部之事，原定心迹乃为讨好外国，而其影响则无异诋毁政府、诬陷上官，其害所至将致卖国亡身而有余。毛邦初与孙立人之无识至此，可痛。"[1] 在此前后，"挟外自重"者对蒋介石的情绪干扰颇大。吴国桢的"嚣张跋扈""重外轻内"，毛邦初、孙立人"勾结外力要胁上官"，三人与美方若干官员的交往给蒋介石带来不同程度的困扰，对他们的"防制"成为蒋的一个既定目标。[2] 蒋一面命王世杰、周宏涛、吴嵩庆三人清查毛邦初所指各案账目，一面致电毛邦初，望其速回台湾，并嘱咐他在抵台以前不宜宣布行程。[3]

1950 年军购弊案案发后，蒋介石召毛邦初回台时，毛借口拖延。1951 年 3 月 11 日再次召毛回台时，已是外力介入、毛周矛盾升级的态势，这一

① 《蒋介石日记》，1951 年 3 月 9 日。

② 《蒋介石日记》，1951 年 3 月 5 日，3 月 10 日上星期反省录。

③ 《蒋介石电毛邦初》（1951 年 4 月 6 日），"其他——毛邦初案（一）"，"蒋中正总统文物"，典藏号：002 - 080102 - 00128 - 006。

次毛邦初直接抗命不归，并有不顾一切要与周至柔对抗到底之意。蒋介石一面感叹"至柔之愚亦实不可及，其骄横跋扈令人难堪，乃咎有（由）自取"，一面又决定袒护周至柔，"必须保全至柔信誉，不可浪其毁损，应忍面掷重处之"。选择这样的立场，是因为在蒋看来"毛之行动等于叛乱，挟外自恃更为可恶"。①

此时，蒋介石对"挟外自重"者的痛恨达到顶峰。4月21日，当获悉美国决定派军事顾问团来台协防时，蒋介石心中并无兴奋激动，反而以戒备的心态面对此事。军事顾问团成员与"挟外自重"者的接近便是他所戒备的一点。他决定"恺切警告"孙立人，"勿作挟外自重"；通告各部门主管，应自力更生，莫以"能交接外人"自豪——须知中国历来"最鄙视重外轻内、以夷乱华，而军人尤应自重"。②作为台湾当局集党政军大权于一身的最高领导者，蒋介石心理的变化虽然是悄然发生的，外界不易感知，却不能因心理情绪之"虚"而否定其实在的作用。在再次肯定自己"先德后才"的用人标准、庆幸自己将空军交给了周至柔而非毛邦初之后，蒋介石在处理军购弊案问题上采取了一边倒的偏袒态度。

1951年2月初，因美国国会议员介入，军购弊案影响到美援，蒋介石决定让周至柔辞去空军总司令兼职，③但并未立即采取行动。后来经调查，蒋发现周至柔确有以权谋私嫌疑，曾将由美汇回公款以私人名义存于商行，而此项行为仅对"空总"财物保管会有所报告。从长期与周至柔共事的王叔铭的日记中，可发现周至柔为人确不亲和。据王叔铭言，军方各位司令均对周至柔有意见，孙立人还提出辞职以示威胁，王叔铭自己若非顾及蒋介石，"宁可解甲归田不与此人（周至柔）为伍"。④然而，正是在"防外甚于防内"的心理作用下，蒋介石并未追究周至柔的罪责。尽管蒋多次感叹周至柔的"愚拙"和"跋扈"，却在行动上将其拉至翼下予以保护。⑤周

---

① 《蒋介石日记》，1951年4月6日，3月反省录。
② 《蒋介石日记》，1951年4月29日。
③ 《蒋介石日记》，1951年2月3日。周至柔是"国防部参谋总长"兼任空军总司令。
④ 《王叔铭日记》，1953年1月3日、7日，王叔铭档案，馆藏号：063－01－01－010。
⑤ 《蒋介石日记》，1951年3月17日上星期反省录，4月6日。

至柔在账目等问题上有不平之意，欲辞空军总司令一职。直到 1952 年 3 月，此请才被批准，由王叔铭继任该职。①

1951 年，面对毛、向的指控，台湾方面进行反击，指出毛邦初曾在相当长时期内一再违抗命令，毛属下已有 13 人投共。② 8 月，蒋介石令毛邦初撤职候审后，周至柔亦发布命令称：一等机械正向惟萱派驻华盛顿办事处期间，有"贪污渎职"及为共产党工作嫌疑，令其撤职并即日返台，听候法办。③

1950 年代，台湾当局在某些案件上与美国打交道时，很容易将其引入共产党议题。如在孙立人案、"五二四"事件中均有此种表现。④ 一方面这固然与当时的政治氛围及情报机关的活动有关，更重要的则是台湾当局想要转移美方关注重点，争取其为兼顾"反共"大局而不得不对台湾施予更多同情和包容。通过情报部门对涉案主角及其周边人员的现状及历史的调查，发现几个有不同程度嫌疑的人还是不难的。即便没有有力的证据，台湾方面一般也不会轻易将这种嫌疑洗去，仍然会将其体现在同美国的交涉之中，提醒美国要警惕对手，不可破坏与盟友的关系。在无须进行过多解释的语境之中，台湾方面对于"包庇不忠"的指控常常给人以实有其罪的感觉，但其实在并不少见的情况下，这种指控缺乏有力支撑。

1951 年 8 月下旬，当蓝钦对台湾当局发布撤职毛、向命令表示疑义时，他要求台湾方面将一切有关资料送往美国，并特别提到美国务院愿获悉有关毛邦初属员通共的资料。⑤ 几天后，美国"大使馆"特指派董远峰秘书到台"外交部"接洽，将美国政府及民间由于毛邦初事件而可能发生之疑问提出。董远峰提出，毛一再违抗命令，既然已有相当长之时间，何以此前对其不采取行动而等到现在？该案中人事摩擦占若何成分？毛邦初究系毛

① 《蒋中正令》，"蒋中正总统文物"，典藏号：002 - 010400 - 00019 - 013。
② 《董远峰与时昭瀛谈话》（1951 年 8 月 24 日），"其他——毛邦初案（七）"，"蒋中正总统文物"，典藏号：002 - 080102 - 00134 - 002。
③ 《毛邦初事件资料整编之一》，"毛邦初失职抗命"，"外交部档案"，馆藏号：11 - 07 - 02 - 10 - 23 - 010。
④ 参见冯琳《试论吴国桢案与孙立人案前后蒋介石之心路》，《近代史研究》2014 年第 6 期；冯琳《"刘自然事件"后的台与美——兼及"反美"之辩》，《台湾研究》2018 年第 1 期。
⑤ 《王世杰呈阅叶公超与外交部来函》（1951 年 8 月 26 日），"其他——毛邦初案（七）"，"蒋中正总统文物"，典藏号：002 - 080102 - 00134 - 002。

氏夫人之堂弟抑侄子？除此，毛邦初属下投共之 13 人的资料再次被提出。[①]
"投共"之说引起美方关注，但台湾方面并没有给出确凿证据证明毛邦初如
何包庇不忠者。周至柔对于向惟萱赤色嫌疑的指控也只是出于推测，理由
是向惟萱曾出函感谢有"共党嫌疑"的美商务部国际贸易公司远东科科长
李迈可。[②] 在此理由之下向惟萱被指控，毛邦初则被冠以"袒护不忠"
罪名。

在国民党大陆溃败的过程中以及退台初期，"投共"或从国民党队伍中
叛逃者其实是很多的。这种情况在周至柔的部属中也有发生。但是，不是
每个官员都会被叛逃者所连累，而"连坐"的情况大多发生在引起蒋介石
或其他高官不满的"挟外自重"者的身上。列出部属投共的名单比较容易，
但这是否等同于长官"包庇不忠"？向惟萱以信函感谢李迈可协助国民党空
军领到汽油出口证之事也被作为证据，就台湾当局而言，似有失妥当。对
毛邦初持有同情态度的王叔铭对"包庇不忠"罪名不以为然，认为空军
"变节者"甚多，其他人"为何人袒纵"？而周至柔曾公开说空军人员若要
"投共"可以送往，但勿带走飞机，"此是袒纵否？"[③] 可见，这一"包庇"
罪名是缺乏说服力的。然而，台湾当局以及周至柔个人不约而同地有意渲
染对手"忠诚度"不够这一点，无疑是想在对抗中取得有利地位。在冷战
局势中，台湾当局搭上了美国"反共"的顺风车。当自身形象被质疑时，
抛出红色炸弹似乎成为缓和台美紧张的"灵丹妙药"。其药力或许不强，却
至少可以给美国某种暗示或警示。

虚实交错的台湾高层大案，有趣地体现了蒋介石及其当局的一个悖论：
"挟外自重"者因借助美国而获罪，处理"挟外自重"者时却又要想方设法
将其冠以"包庇共谍"罪名，以获美国谅解或支持，其做法无异于另一种
假当局名义的"挟外自重"。

---

① 《董远峰与时昭瀛谈话》（1951 年 8 月 24 日），"其他——毛邦初案（七）"，"蒋中正总统
　文物"，典藏号：002 - 080102 - 00134 - 002。
② 《周至柔报告》（1951 年 8 月 20 日），"毛邦初失职抗命"，"外交部档案"，馆藏号：11 - 07 -
　02 - 10 - 23 - 009。
③ 《王叔铭日记》，1951 年 8 月 23 日，王叔铭档案，档案号：063 - 01 - 01 - 008。

四　蒋还是李？——美国的立场

1950 年代初不仅台湾当局官方保留了大量关于毛邦初的案卷，毛邦初之事甚至时常成为若干台湾高层个人档案中的主题。之所以有如此大的影响，还与一个人的卷入有关，即李宗仁。

1949 年底，李宗仁以"代总统"身份赴美就医。1950 年 3 月 1 日，蒋介石"复行视事"时，李宗仁仍为名义上的"副总统"。李不承认蒋的"复职"，3 月 2 日在美国发声，称此项"复职"缺乏法理依据。随后，蒋李纷争一度沉寂。

1951 年 11 月，毛邦初通过甘介侯接触李宗仁，获允协助。20 日，毛之律师发表声明，谓李宗仁要以"代总统"身份对毛邦初予以庇护，重申李宗仁于 1950 年 3 月 2 日的声明，否认蒋的合法地位。24 日，毛、向提出辩诉状，称现台湾当局"合法总统为李宗仁代行职权，并未准许或授权起诉"，蒋氏或其代表所颁任何命令均属无效；"原告既非为中国领土之实权政府，无力使美民享受中国法庭之便利，故亦不能享受美庭之便利。毛、向既未由合法总统取消其官位，不受美庭之节制"。[①] 12 月 4 日，李宗仁在纽约招待中国记者发表谈话称，他对"总统"问题仍持 1950 年 3 月 2 日所发声明立场，至毛案，他已致函"监察院"。[②]

李宗仁的卷入将一部分人的关注点引向蒋的地位甚至台湾当局合法性的问题上，而这一点是蒋的软肋，也是他最不愿意别人讨论和质疑的地方，很快蒋对毛下达了更为强硬的命令。7 日，蒋介石发布"总统令"，将 8 月发布的"停职处分并饬即日回国听候查办"升级为"撤去本兼各职，仍饬立即返国，听候查办"。[③]

在李宗仁介入此事的声明发出后，《新闻天地》刊出一文，写道："拖，

①　《顾维钧致外交部电》（1951 年 11 月 26 日），"毛邦初失职抗命"，"外交部档案"，馆藏号：11 - 07 - 02 - 10 - 23 - 012。

②　《顾维钧电王世杰》（1951 年 12 月 5 日），"毛邦初失职抗命"，"外交部档案"，馆藏号：11 - 07 - 02 - 10 - 23 - 012。

③　《总统令》，"毛邦初失职抗命"，"外交部档案"，馆藏号：11 - 07 - 02 - 10 - 23 - 012。

把法律案件变成政争与人事之争或派系相斗，这是中国军人政客老手段。不想，毛邦初案也弄到这样一种拖与政争的十字架上来。"① 毛邦初案带上了政争的符号后，美方态度的重要性在原本的基础上又得到放大。如果美国选择支持李宗仁，事件将发生逆转，不但起诉不能成立，还将引发一系列足以动摇远东局势的连锁反应。

为获美方支持，李宗仁还曾有说帖分致杜鲁门总统及国务院，声称其尚有"代总统"地位。在获知此事后，叶公超曾约蓝钦面谈。蓝钦表示，他本人认为蒋介石"合法地位"的问题，早已解决，且认为李宗仁此次所为"殊属不智"。②

11 月 29 日，根据国务院答复，美法庭对毛向辩诉状所提政治问题，当庭宣告不认可立场。12 月 11 日，针对被告律师提出李宗仁并未授权起诉、申请撤销全案的要求，美法庭宣读裁决书，略谓：本案经顾维钧"大使"授权起诉，顾为"驻美全权大使"，其身份已经美官方认可。至谁为合法"总统"问题，早经顾维钧通知国务院在案，任何外国政府无权干涉他国内政。李宗仁为一外国公民，自称"总统"，并称并未授权起诉云云，本法院不能接受所称，拟向联合国提出此问题。但李非本案当事一方，本法院毋庸考虑。③ 台当局所聘律师认为美法院既已不承认李有法律地位，且不能下命令给毛，毛案自可听候法律裁决，所以劝台湾方面应持缄默，"不可将李地位问题引起辩论，增加无谓麻烦"。④

毛邦初无法借助李宗仁翻案，只得出逃。1952 年 1 月下旬，法院传毛邦初录供，毛拒不出庭。2 月 21 日，毛方律师当庭宣称毛已赴墨西哥。事实上，毛于 1951 年 12 月 28 日逃至美国得克萨斯州圣安东尼奥，1952 年 1 月 12 日易名 Carles Comez Lee Wong，化装成墨西哥人潜入墨境。华盛顿地

---

① 武征鸿：《毛向峰回路转》，《新闻天地》1951 年 11 月 20 日，"毛邦初失职抗命"，"外交部档案"，馆藏号：11 - 07 - 02 - 10 - 23 - 012。

② 《蓝钦与叶公超谈话纪录》（1951 年 12 月 11 日），"毛邦初与李宗仁"，"外交部档案"，馆藏号：11 - 07 - 02 - 10 - 23 - 041。

③ 《顾维钧电外交部》（1951 年 12 月 11 日），"毛邦初失职抗命"，"外交部档案"，馆藏号：11 - 07 - 02 - 10 - 23 - 012。

④ 《叶公超之报告》，"毛邦初与李宗仁"，"外交部档案"，馆藏号：11 - 07 - 02 - 10 - 23 - 041。

方法院在一再展期限毛邦初出庭而未果后，于 1952 年 3 月 3 日做缺席裁判，要点有三：（1）毛经手所有公款均应报销；（2）毛经手尚未用完之款项，应交还；（3）前空军驻美办事处所有之档卷、账册及公用物品，均应交与国民党当局。华盛顿地方法院审计官对毛邦初未经依法报销之公款数额审计后，于 1954 年 4 月向法院提出审计报告书。6 月 21 日，法院判决毛邦初应交还国民党当局 636 万余美元。毛不服判决，逐级上诉，美国最高法院于 1955 年 9 月 28 日决定维持华盛顿地方法院对毛案的判决。

毛邦初以公款分存美国各州银行，甚至瑞士国内两银行。因美国各州法律不同，为追回毛分存美国各州银行之存款，台湾当局除在华盛顿进行诉讼外，还在相关各州进行诉讼。分别进行的案件如 "标准零件公司案" "纽吉赛州银行存款案" "纳沙县房产案" 等。加上由案件引发的 "控诉罗不滋案" "李宗仁案" "戴戈尔窃兑库券案" 等，共有相关诉讼 9 起。① 其中大案小案案情交错牵连，不少诉讼因种种原因或拖延或和解。

1952 年 8 月 7 日，台当局列举毛邦初犯有窃盗、侵占及背信三项罪行，请求墨西哥政府实施 "引渡"。经过数度审讯，墨西哥法官费拉（Fernandez-verd）于 1953 年 2 月 21 日发表意见书，认为台当局所提供证据不足，纵使有被指控之罪行，也属军事犯，不能以普通刑事犯请求 "引渡"，且此案似有政治背景，应由行政机构决定。因此墨西哥未 "引渡" 毛邦初，仅于 1955 年 11 月以非法入境判决毛邦初两年三个月零七天之徒刑，此项科刑得以毛因 "引渡" 案在押之时日抵算，但毛应否被驱逐出境，则由墨内政部决定。②

小　结

毛邦初案的调查与 "立案" 虽发生于国民党退台之后，其源头却始于国民党退台之前。毛、周互攻与案情没有直接关系，却是引起毛邦初反弹

---

① 毛之律师罗不滋（William Roberts）曾接受毛邦初给付国库券。李宗仁曾接受毛五万美元。戴戈尔（William E. Decker）为美国芝加哥会计师，曾于 1955 年 3 月以票面十万美元之美国国库券一张请求芝加哥联邦储备银行兑现，先后两次共取去现金九万美元。后又以同值之库券一张请求兑现，被发现所用库券是毛邦初盗购之库券。《毛邦初案办理经过要略》，"外交部档案"，馆藏号：11 – 07 – 02 – 10 – 23 – 034。

② 《毛邦初案办理经过纪要》，"外交部档案"，馆藏号：11 – 07 – 02 – 10 – 23 – 034。

的一个重要原因。派系倾轧原为国民党在大陆失败的主要原因之一。1950年代初同僚倾轧没有在派系斗争方面表现出明显特征，却体现出另一种模式的倾轧与排挤、不服与反弹。这种模式就是"挟外自重"者与本土人士之间的"内外之争"，① 而这种本土人士多为蒋介石的亲信（包括"太子"）、近臣。颇能说明问题的几个例子，就是吴国桢与陈诚、吴国桢与蒋经国、孙立人与蒋经国、孙立人与周至柔。② 毛邦初与周至柔也在其列。

这种"内外之争"与人事制度的不健全有莫大关系，同时，它也反映出当时时代特征之下蒋氏专政的弊端。国民党退台前后，尽管美国态度经过了若干变化，但国民党对美的依赖没有明显的减少，这是形势所迫、实力所迫。然而，作为个体的蒋介石本身对美国政策经常有不满的表示，他的内心渴望自立自强，对亲美者往往有防范之心。在发现"空总"账目舞弊之时，蒋介石选择了偏袒周至柔的"愚"，仍然给参与舞弊之人以重用。在"内"与"外"的纷争中，蒋介石"先德后才"的偏向不言自明。当然，蒋心目中的"德"的评判标准是对自己是否忠诚，而非其他。

周至柔以其地位优势及为蒋之"近臣"的优势数度检举毛邦初，并指毛之助手"不忠"，对毛造成压力。毛邦初靠舆论反击，其实并没有胜算。这种反击又因造成"家丑外扬"效果而招致蒋氏集团的恼怒。贪腐形象的曝光以及由此带来的美援危机将台湾当局逼入死路，唯一的出路就是不惜血本地调查、澄清，并将跨洋官司进行下去。

在法律官司又卷裹上蒋李政争的外衣后，"法统"问题一度尴尬浮现，但这种尴尬并未给蒋氏带来多大困扰。1950年代，美国虽不断有反蒋的力量暗中活动，但在蒋已控制台湾党政军的大局之下，美国官方主流选择的是与蒋合作的态度。经过国民党改造等措施，李宗仁背后的桂系力量大为削减。李宗仁赴美不归，随着时间的推移，他对国民党集团的影响力迅速下降。他在此时抛出法统问题，并庇护一个牵涉军购弊案的将领，着实

---

① 当然，若论派系关系也能成立，陈诚出身黄埔，一直追随蒋介石，而周至柔与陈诚关系非同寻常。但笔者以为，在1950年代初国民党派系影响弱化、"内外"矛盾暗中升级的情势下，台湾高层的同僚矛盾中，"内外有别"的因素重于派系因素。

② 关于吴国桢、孙立人的人际关系问题，参见冯琳《试论吴国桢案与孙立人案前后蒋介石之心路》，《近代史研究》2014年第6期。

"不智"。事实证明，此举不足以撼动蒋的实际地位，反而加速了李本人的失败。自李出面庇护毛邦初后，叶公超分析舆情，建议"监察院"对李提出弹劾案。① 1952 年 1 月 11 日，蒋将"弹劾李宗仁违法失职案"交"监察院"，并很快得到通过。随后，蒋以临定条款延长"国大代表"任期的办法，解决了代表资格到期的问题。1954 年 3 月，"国民大会"对"监察院"弹劾李宗仁违法失职案投票表决，同意罢免其"副总统"职务。

经漫长而枝蔓颇多的诉讼，台湾当局取得毛邦初案的胜诉。由此引发的弹劾李宗仁案亦导致李最终被罢免，这个意外的收获使蒋介石集团似乎在毛案的诉讼一事上取得了双重的胜利。然而，如果可以选择，相信无论是蒋介石还是诸多不堪其扰的高官大员宁愿此案没有发生。

1956 年，据台湾行政当局统计，办理毛案所耗之费用每半年平均约计 10 万美元，此外涉及的人力更是一个难以估量的成本。因牵涉美援，潜在影响巨大，此案动用了蒋身边多个智囊和相关部门负责人，有关毛案的文件在大洋间穿梭，要固定地分送"总统府秘书长"王世杰、"行政院秘书长"黄少谷等十几位蒋介石的心腹要员。1956 年 10 月，"总统府"致"行政院"函指出："毛案至今拖延不决，政府已耗资无算，不胜负担，应无论如何限定一结束日期，并可明告律师，如其不能早日全部结案，则我只好停止诉讼。"②

尽管国民党当局竭力否认和掩盖自身的腐败，并不惜代价地打这场越洋官司以证"清白"与"公正"，然而，腐败问题在整个事件当中是难以抹杀和掩饰的。正如美方所质疑，将公款交予亲戚，而且是并不忠诚可靠之人，执行这样制度的集团焉能被援助？在毛邦初的指控下，蒋介石欲查空军账目，为抵制查账，周至柔不惜以辞职为要挟，态度骄横跋扈。而查账的结果是"空军总部财务公开会之账目舞弊不法之点甚多"。此间，空军总司令的座机驾驶员驾机叛逃，亦可证空军之腐败。③ 而贪腐之事似乎还不仅限于空

① 《叶公超之报告》，"毛邦初与李宗仁"，"外交部档案"，馆藏号：11 - 07 - 02 - 10 - 23 - 041。
② 《外交部送行政院》（1956 年 10 月 27 日），"毛邦初案庭外解决"，"外交部档案"，馆藏号：11 - 07 - 02 - 10 - 23 - 026。
③ 《蒋介石日记》，1951 年 3 月 9 日、11 日、29 日。

军高层。① 在国民党大陆失败之后，毛邦初案再度将国民党集团的腐败曝于聚光灯之下。虽经国民党当局竭力洗白，但坏印象已难以消除，这在无形中影响着美国对台政策。成见之下，美与台虽处同一战壕，却摩擦不断。

───────────

① "国防部常务次长"罗机曾对另一空军将领言"蒋夫人在美用毛款，故交代不出"（《王叔铭日记》，1951年9月22日上星期反省录，王叔铭档案，馆藏号：063 - 01 - 01 - 008）。此语真假难辨，但至少可窥国民党高层乱用公款之一斑。另，王叔铭日记中也多次提到宋美龄对毛邦初的同情庇护之意。

第四章 对日和约问题下的
蒋美分歧

经过长达十四年的艰苦作战，中国终于以战胜国的姿态站在日本侵略者面前。日本投降后，中国与其他盟国一同与日缔结结束战争状态的和约本为应有之事。不料，由于中国变局，美国拒不承认中共，却又在国际态势影响下对国民党当局多有限制。最终，退台后的国民党当局未能参加对日多边和约，而仅能在牺牲了诸多战胜国权益与尊严的前提下，单独对日媾和。对于对日和约背景、过程及其他相关问题，学界已有不少讨论。① 但关于蒋介石与美国在此问题上的具体分歧及蒋的考虑和对策，讨论者不多，亦不充分。② 威权体制下，蒋介石对国民党当局的决策影响至巨。美与蒋虽在促成"国民党代表中国"缔约的问题上目标一致，但在其他方面有诸多分歧。蒋介石为在自己期望的时间内达成"日台和约"，实际上对于这些分歧是多有退让的。本章即以对日和约问题上蒋美分歧的主要方面为对象，讨论蒋在其中的心态及应对。

一 台湾是否参加多边和约

1949 年新中国成立，国民党退至台湾，仍以"中华民国"自居。美国主导下的对日和约谈判先请失去法理地位的"中华民国"参加，继而又将

---

① 相关研究有 Howard Schonberger, "Peacemaking in Asia: the United States, Great Britain and the Japanese Decision to Recognize Nationalist, 1951–1952," *Diplomatic History* 10: 1 (1986), pp. 59–73; 林晓光《吉田书简、"日台和约"与中日关系（1950~1952 年）》，《抗日战争研究》2001 年第 1 期；余子道《旧金山和约和日蒋和约与美日的"台湾地位未定"论》，《军事历史研究》2002 年第 1 期；曾景忠《1952 年台北和议中日本利用中国不统一逃脱战争赔偿》，《抗日战争研究》2000 年第 2 期；等等。

② 陈红民、傅敏曾发表文章《1952 年"日台和约"签订前后的蒋介石》（《世纪》2010 年 1 月号），根据蒋介石日记简单介绍了蒋在对日和约签订过程中的表现和心态。

其排除在多边和约之外，使作为盟国主要参战国的中国丧失战胜国的基本权利和尊严。在此过程中，蒋介石欲改变美国想法而不得。

1948年前后，因美苏进入敌对状态，而马歇尔在华调停失败，国民党在内战中的表现令人失望，美国改变了防止日本军国主义复活的对日政策构想，转而认为应使日本稳定发展并成为美国政策的追随者。基于此，美国主张推迟和谈，缔结非惩罚性质的和约，且不必非有苏联和中国参加。这些内容成为美国对日媾和的基本政策。

1950年2月，新中国与苏联缔结同盟条约，以假想中的美日同盟为将来的对手，并提到"缔约国双方保证经过彼此同意与第二次世界大战时期其他同盟国于尽可能的短期内共同取得对日和约的缔结"。① 4月初，杜勒斯被任命为国务卿艾奇逊的高级顾问，负责主持对日和约事宜。杜勒斯上任后，开始弥合美国内部对于媾和问题的不同意见，主张为应对中苏结盟，把美国对日政策与对台政策捆绑在一起。

基于当时现实，蒋介石考虑通过麦克阿瑟推动美国政府建立太平洋军事公约，② 以区域安全保障同盟的形式使美国对台湾负责。若订立此约，日本将被纳入，台湾当局与日共同参与签约，无形中即与日订立和约，同时又可约束日本军国主义复活，一举数得。③ 但不久，现实又给蒋以打击，游说麦克阿瑟没有成功。在8月初麦克阿瑟的台湾之行结束时，麦氏在机场发表声明，对太平洋区域防御同盟的实现表达悲观态度。此声明令蒋忧愤，以为"美国民族性只重其主观，而不肯重视东方人之意见"，连最有可能指望得上的麦克阿瑟都以为美国一切措施皆不能脱出欧洲影响的羁绊，其他美国人物更可想而知。④

9月，麦克阿瑟率军在仁川登陆，对日媾和问题正式提上日程。杜鲁门

---

① 人民出版社编《中苏友好文献》，人民出版社，1952，第77页。
② 1950年，美国政府有"太平洋协定"的构想。而亚洲反共国家与英联邦国家也都根据自己利益对美国有不同的建议。1949年在美国与西欧、北美主要发达国家组建国际军事集团组织——"北约"之时，菲律宾政府曾积极呼吁建立"太平洋联盟"，以拖住美国对亚洲承担责任，此建议得到韩国与中华民国政府的赞同。1950年，新西兰与澳大利亚也基于对日本军国主义复活的忧虑，分别提出建议，并与对日媾和相关联。
③ 《蒋介石日记》，1950年7月17日。
④ 《蒋介石日记》，1950年8月5日上星期反省录。

在记者会中，宣布美国政府将重启 1947 年未能实现的对日和谈，授权国务院与远东委员会代表国和太平洋战争的主要参与国交涉。① 但美国所宣布的对日和约主张，未指明中国代表是两岸哪方，而这一点对于台湾当局来说是最为关键之处。②

一般认为，朝鲜战争扭转了美国对台态度，其派出第七舰队协防台湾，使蒋介石可以高枕无忧，但实际上，1950 年 6 月以后蒋并未能安心地接受美国的庇护和支持。蒋仅在朝鲜战争发生之初为之欣喜，之后便不得不接受冷酷的现实。9 月 21 日，美国国防部长由马歇尔接任，蒋介石以为"其当无害，而亦未见有积极之益也"。③ 10 月中旬，杜麦会谈并发表"公报"，未提及对华问题。随后，在记者会上，当被问及是否同意麦克阿瑟对台湾的观点时，杜鲁门表示，关于台湾没有什么要与麦商讨解决的；当记者几次提到台湾时，杜鲁门避而不答，说没有什么要说的。④ 蒋介石由杜鲁门发言和杜麦会谈公报看出，美国对台援助之"消极与不愿之心理如故"。⑤ 在心灰意冷之中，蒋决定接受美国对日和约提议，⑥ 但在此之前应主动对联合国大会提议：

> 甲、在对日和约未订立以前，中国有权要求联合国或与其台湾有密切共同关系之会员国协助防卫台湾；乙、中国收复台湾主权领土必依据其合法权利，遵守联合国宪章以解决此一问题，但不损害其合法权利与宪章之尊严为限，否则如有违反宪章与损害中国对台湾之主权领土与行政之完整时，则我政府当保留其自主之行动，不能受任何非法之干涉，此即中国革命宗旨，即中国应享有文明国在国际应享之权

---

① The President's News Conference of September 14, 1950, in *Public Papers of The Presidents of the United States* (Washington: United States Government Printing Office, 1965), p. 637.

② 《蒋介石日记》，1950 年 9 月 16 日。

③ 《蒋介石日记》，1950 年 9 月反省录。

④ The President's News Conference of October 19, 1950, in *Public Papers of The Presidents of the United States* (Washington: United States Government Printing Office, 1965), pp. 679 – 682. 11 月 30 日杜鲁门进而明确表示对台湾政策仍不变更。The President's News Conference of November 30, 1950, in *Public Papers of The Presidents of the United States* (Washington: United States Government Printing Office, 1965), p. 726.

⑤ 《蒋介石日记》，1950 年 10 月 21 日上星期反省录。

⑥ 《蒋介石日记》，1950 年 10 月 29 日本星期预定工作课目。

利与应负之义务的精神也。①

国民党退台，国际地位要靠美国维持。各国外交皆以利益驱动，此时的台湾所能给人者甚少，所求于人者固多，因而不得不在力争无效之后被迫接受。在接受的同时，尽可能要求联合国保障台湾安全，并以大会声明留以余地，表示不得已时自己可以自主行动，不接受某些过分的安排。

此时，国际对台湾的轻视是不可避免之事。1950 年 12 月，报界就有消息称英联邦各国同意中共参加对日和约谈判，引起台湾当局惶恐。1951 年初，澳大利亚再提远东公约方案，有日本而无台湾。2 月，杜勒斯赴菲律宾、澳大利亚、新西兰商谈日约，独不理会台湾。蒋曾寄希望于太平洋公约，盼以日、台共同参加的此种公约能于无形中解决台湾与日本关系问题。但现在看来，太平洋公约"在美心目中亦未有中国在内"。②

关于台湾是否参加对日和约，在较长时间内美国并未有明确表示。但英国和其他已承认新中国的国家强烈反对国民党代表中国参加和约谈判，而澳大利亚、新西兰等国虽未承认新中国，但权衡利益后也力主新中国参加和谈。蒋介石十分关心这一问题，令台湾"外交部"设法防止美国被英国牵制而形成对台不利的政策。③ 令台湾方面欣慰的是，美国虽没有明确承诺，但一直与国民党保持着有关和约的交涉。

4 月 9 日，"驻美大使"顾维钧与"远东委员会中国代表"李惟果等人就美国对日和约新草案进行了讨论。顾维钧以为美国既以国民党方面为谈判对象，将来理应邀请台湾当局参加和约，但根据与杜勒斯交谈得来的印象，仔细推敲美国对日和约草案，其措辞有台湾方面未能参加和约的伏笔。11 日，美国国务院发言人公开承认英国确曾于 10 日送交美国备忘录，主张邀请共产党参加对日和约谈判。但美国未接受英国建议。几天后，美国国务院宣称美国无意与中国大陆讨论对日和约。④

此时，蒋介石对不能参加对日和约已有心理准备，指定由张群召集幕

① 《蒋介石日记》，1950 年 10 月 29 日。
② 《蒋介石日记》，1951 年 1 月 24 日，2 月 10 日上星期反省录。
③ 《蒋介石日记》，1951 年 5 月 18 日。
④ 《顾维钧回忆录》第 9 分册，第 62～66 页。

僚，研究不得已时不参加和约签订之利害。① 讨论的结果自然是利害攸关、需争取一切机会。4 月 11 日与 16 日，台湾当局两次小组会议决定必须力争参加对日和约。经过衡量，蒋介石也决定放弃枝节，保全大局，在不反对"中华民国"参加签约、不动摇国民党当局地位、不干涉"中华民国""主权"的底线之上，应即参加和约签订。② 根据两次会议决议，台"外交部"拟具《关于对日和约案我方复文稿》呈美，并以书面谈话方式向美方重申台湾当局应有权参加和约，希望美国予以支助。5 月 23 日，顾维钧又将包括对美提约稿各条款意见的《美提对日和约稿我方修正案》转交美方。③

5 月底有消息说英国和印度都在与美国交涉，反对国民党参加对日和约。它们甚至在联合与对日和约有关的其他各国，特别是英联邦国家来支持它们的立场。有的报纸甚至说，英国以英联邦国家退出对日议和相要挟，向美国国务院施压。杜勒斯准备于 6 月的第一周赴伦敦会谈，在此之前台湾的媒体开始骚动，纷纷显露忧虑之意。蒋介石得到英国要求美国保留态度的消息，愤然表示，自开罗会议后，英国就在尽力阻止"台湾归我"。④ "总统府秘书长"王世杰电顾维钧，表达蒋介石对和约的极度关切，并请顾与国会议员秘密接触，让他们告诫杜勒斯要慎重行事。于是 5 月 29 日顾维钧与杜勒斯会晤，提议在不得已时，采取这样的办法：避免以会议形式一起签约，而是安排各国在不同时间签约；待反对国民党参加签约的各国都完成签约之后，台湾再来签约。为使美国不轻易接受英国建议，顾还提出两次大战英国损失惨重而美国占了大便宜，因而英国人对美国存在严重的忌妒与对立心理。但结果并不乐观。杜勒斯表示在远东委员会的 12 国中有 10 国反对国民党当局签约。如果说服不了它们，美国只有服从多数意见。因为，若只有美国和另外一两个国家签约，那么远东委员会与东京盟军对日委员会将有权继续会商，并行使东京盟军最高司令部的职权，这无疑是美国无法接受的。⑤

---

① 《蒋介石日记》，1951 年 4 月 10 日。

② 《蒋介石日记》，1951 年 4 月 18 日。

③ 《关于对日和约案办理经过节要》，"外交部档案"，馆藏号：11 - 01 - 02 - 10 - 03 - 144。

④ 《蒋介石日记》，1951 年 5 月反省录。

⑤ 《顾维钧回忆录》第 9 分册，第 80～97 页。

6月1日，在杜勒斯赴英前两天，"外交部长"叶公超又让顾维钧再次约见杜，重申中国为二战同盟国所做牺牲，提议万一杜勒斯在英受挫，台湾方面可赞同各国分别签约，但须使用共同约稿。在此次会面中，顾不断强调中国对战时盟国之贡献，要求美国维护国民党当局的"威信"。二人无法就一个折中方案达成妥协，争论中，杜勒斯尖锐指出，正如反对言论所讲，国民党当局"既控制不了大陆领土，也管辖不了那里的百姓——这毕竟是个事实。换句话说，它并不能使它的签字在大陆上具有任何意义或产生任何约束力"。① 顾与杜连续两次的会面给台湾方面的印象是，美国不会在国民党参加和约问题上提供全力支持了。

鉴于顾杜谈话结果，叶公超于6月3日召开小组会议，决议：发动美国民主党与共和党有力人士声援台湾，台湾当局仍坚持以平等地位参加和约的既定方针，应研究万一未获参加和约机会之对策。随后拟具《关于我争取参加对日和约问题之说帖》呈"行政院"，提议若不能参加和约，可在各国与日签订多边和约的同时，另订"日台双边和约"。②

在杜勒斯访英期间，美英在哪一方代表中国签约问题上无法达成谅解，于是达成协议：美英及其他某些盟国先与日签约，而后由日本政府自行选择与大陆或台湾签约。美国以为这将是令国民党当局满意的结果，但国民党方面并不这样认为。他们以为，不让台湾参加"多边条约"，而是在日本恢复主权与独立后，再和它单独签约，是对台湾的歧视。6月14日，获悉报界所传后，台"外交部"声明："中国政府不能接受任何含有歧视性之签约办法。"③ 杜勒斯返美后，向顾确认了报界所传之事，台湾方面立即提出不能接受此种折中办法，所能接受者为：

> 甲、我与其他盟国同时参加多边和约；乙、我及各盟国均与日本同时分别签订双边和约，惟美方如有非歧视性之其他办法，我仍愿予考虑。④

---

① 《顾维钧回忆录》第9分册，第102页。
② 《美提对日和约初稿我方修正案》，"外交部档案"，馆藏号：11-01-02-10-03-024。
③ 《关于对日和约案办理经过节要》，"外交部档案"，馆藏号：11-01-02-10-03-144。
④ 《关于对日和约案办理经过节要》，"外交部档案"，馆藏号：11-01-02-10-03-144。

17 日，王世杰、叶公超等人面见蒋，告知此事。英美将台湾当局摒弃于多边和约之外的消息，令蒋大受打击。大失败后的"外交"逆境虽迫使蒋及其身边之人不断调整心态和心理预期，但蒋的心理调整并未到位，关键是他始终认为自己才是包括大陆在内的中国的领袖，自己的"政府"才是中国唯一合法政府。基于此，他以中国为对日作战主要国家，英美没有理由真将自己拒之门外。如此消息，令其愤激，感慨如在梦境。① 这样的打击重创蒋的心理，其以为是"二十年来最大之耻辱"，甚至决心与美国政府决裂。② 这也令蒋联想到雅尔塔密约，美国未经国民政府同意即将中国若干主权让给苏联，而后又使国民政府与苏签约承认此事。蒋感叹"外交交涉不能有一次因循贻误，否则人将永引为例而藐视无睹矣"。③ 在忧愤难当的极端心态之下，18 日蒋介石召集会议，商讨此事，在"外交部"拟就的声明稿上加上痛斥美国务院之意，语气强硬，试图使美意识到此事的严重性。④ 同日，蒋发表声明，强调台湾当局参加对日和约之权绝不容置疑；台湾当局仅能以平等地位参加对日和约，任何含有歧视性之签约条件均不接受。⑤ 世界上绝大多数国家依旧承认台湾当局是中国的政府，并承认它在联合国、远东委员会和东京盟国对日委员会中的合法席位，否认台湾当局的和约签订权非但不公而且不智。事实证明，这一声明的发表效果适得其反。杜勒斯与分管远东事务的助理国务卿腊斯克十分恼火，认为蒋不该擅自发表不利于美国的声明。本来美国政府没有决定何时公布美英协议公告，但现在，为回敬蒋介石的声明，他们决定 19 日下午 3 时即予公布。⑥

19 日，美"代办"携英美对日和约协议全文请见蒋介石。蒋令叶公超转告美国国务院应先阻止该协议发表，才有商量余地。⑦ 同时，叶公超拜托美国驻台"临时代办暨公使"蓝钦要求国务院延期二三日发表，以便争取

---

① 当日，他写道"此何如事，几乎梦想所不及者也"。次日再次表示，闻此消息，"几乎认为不可思议之梦境"。(《蒋介石日记》，1951 年 6 月 17 日、18 日)

② 《蒋介石日记》，1951 年 6 月 18 日。

③ 《蒋介石日记》，1951 年 6 月 23 日。

④ 《蒋介石日记》，1951 年 6 月 18 日。

⑤ 《关于对日和约案办理经过节要》，"外交部档案"，馆藏号：11 - 01 - 02 - 10 - 03 - 144。

⑥ 《顾维钧回忆录》第 9 分册，第 126 ~ 129 页。

⑦ 《蒋介石日记》，1951 年 6 月 19 日。

时间寻求妥善办法。① 在"外交"人员多方活动下，美国决定暂不发表，要求蒋提折中办法。蒋提：第一，台湾参加多边和约；第二，各国皆订双边和约，但不许日本自由选择与中国哪一方订约，而必须由美负责明定其与台湾订约，且应与各国双边和约同时举行，不能有所先后。② 虽然在美国看来，多边和约签订后再签订"日台和约"，并没有歧视的意味，但在蒋介石等人看来，由日本挑选签约对象，就是剥夺了战胜国的荣誉，更何况尚不能保证日本一定会挑选国民党当局为对象。

美国虽然不愿失去台湾这个小伙伴，但不会对台湾过分迁就，正如腊斯克所言——台湾当局尚能在若干国际机构中保持席位，完全是靠美国的支持。因而蒋介石的声明其实只是纸老虎，美国人对此不以为意。蒋的愤恨强硬只能体现在日记的自言自语中或者是内部会议当中，具体与美国打交道的"外交人员"都以不过分刺激美国为原则。蒋的声明不能改变台湾无法参加多边和约的局面，他们只好采用最后一着：争取实现"日台和约"要在多边和约之前签字，或与多边和约在规定期限内分别签字。台湾"外交部"一边与日本政府联络，安排对日和约事宜；一边准备在美国公布多边和约草案时发表声明，说明台湾准备和日本谈判双边和约，此双边和约将与多边和约同时生效。但杜勒斯反对公开讲"同时生效"。③

7月6日，杜勒斯将新的对日和约稿交顾维钧，该稿未将"中华民国"列为签字国。10日，台"行政院"召开小组会议，决议应向美提出异议，但不关谈判之门。随后，台"外交部"拟就节略一件，交予蓝钦。节略指出任一盟国或少数盟国集团，无论采取个别或集体行动，均无权剥夺另一盟国参加媾和之平等权利，或规定该盟国参加和约之条件。故"中华民国政府"坚决反对美国和约稿第三十三条规定之现有方式，并请美国政府以其对日本主要占领国之身份将"中华民国"加入该条所载签字国名单之内；或如认为较属便利，使日本担负确定义务，以与"中华民国"在同时缔结与美国为其他盟国所准备之多边和约相同之双边和约。④

---

① 《顾维钧回忆录》第9分册，第127页。
② 《蒋介石日记》，1951年6月20日。
③ 《顾维钧回忆录》第9分册，第133～137、178页。
④ 《关于对日和约案办理经过节要》，"外交部档案"，馆藏号：11－01－02－10－03－144。

但该节略没有起到任何作用。12 日①，美国国务院公布对日和约的修改草案，并声明多边和会将于 9 月 4 日前后在旧金山召开。条约草案所列签字国名单中没有中国，声明也没有提及"中日"和约的谈判。蒋发出对美声明。内容如下：

自日本投降以来，中国政府迭次主张各盟国应以不报复之原则早日与日本缔结和约。

对于该约稿第廿三条竟未将中国列入该约签字国一节，不能不深表反对。中国政府一贯维护其与其他盟国处于平等地位，参加缔结对日和约主权。中国政府之此项权利，有下述事实为依据：

一、对日共同战争系以日本于一九三一年九月十八日武装侵略中国为起点。

二、中华民国为最先抵抗日本侵略之国家。

三、中华民国军队伤亡最重，中国人民所蒙受之牺牲与痛苦亦最大。

四、中华民国对于击败日本曾作重要之贡献。

五、中华民国为对日宣战及实际作战之政府。

六、中华民国政府向为在有关日本之各国际机构（如盟国对日委员会）中，代表中国之政府，现仍为在各该机构中代表中国之政府。

七、中华民国政府为联合国及其各专门机关所承认之合法中国政府。

八、中华民国政府为对日作战或存有战争状态国家之大多数所承认之合法中国政府。

因此，中国政府对于该和约稿第廿三条之现有方式，已向美国政府表示严重抗议之意。

中华民国政府兹严正声明：关于其对日讲和所应有之权利与地位，决不因该约稿第廿三条之规定而受任何影响；而对于任何不合国际道义与法理之主张，亦自不能予以接受。②

---

① 此处及多边和会时间系台北时间。

② 声明全文录自《中华民国年鉴（1952 年）》，第 341 页，转自《顾维钧回忆录》第 9 分册，第 188～189 页。

二 和约实施范围问题

不但在台湾当局是否参加多边和约问题上台美有分歧，在和约程序问题上双方也有分歧。在决定台湾当局不参加多边和约之后，美国主张先签订多边和约，再谈"日台和约"；台湾方面则希望"日台和约"应在多边和约之前签字，双边和约尽量在多边和约之前或同时生效。台湾当局之所以有此想法，是因为他们认为，如果美国在"日台双边和约"之前批准了多边和约，美国对日本的压力与影响力就会减弱，"日台和约"就难以缔结。因而台湾当局一直在催促美国对日施压，以便早日谈判并签订"日台和约"。美国认为若要如此，则会涉及"日台和约"适用范围问题，这一点最易招致攻击与阻力，因而和约实施范围问题成为台美之间在程序先后的争议中的关键点。

1951年6月，美国决定台湾当局不参加多边谈判，因而开始考虑日台谈判问题。7月3日，杜勒斯首次提出这一问题，谓国民党当局固然仍保有台湾及附近各岛，且为国际上多数国家所承认，故承认其对日签约权尚属合理，但所签和约一时断难实施于整个中国大陆，故应预谋和约实施范围的解决办法。[①]

和约的实施范围是困扰台湾当局的一大问题。台海当局既不甘于承认其所辖范围只限于台澎，又不能在事实上对大陆地区实行任何治理，台湾"外交人员"为使"中华民国代表中国"并配合蒋介石的"反攻、收复"愿望而深陷纠结困顿之中。在美国公布对日和约的修改草案和声明的前几个小时，叶公超在做最后的努力，希望蓝钦要求美国发表声明时说明日本与国民党当局的双边条约正在安排中。而蓝钦反问双边条约实施范围时，叶只好搪塞说，与日谈判问题解决后再讨论这一问题。

8月13日，台"外交部"接到顾维钧电讯，称美国国务院腊斯克助理国务卿表示：双边和约谈判的开始，宜在旧金山会议之后。为询问美国政府的真实意见，当日"外交部"拟就节略一件交蓝钦，表示：

---

① 《关于对日和约案办理经过节要》，"外交部档案"，馆藏号：11 – 01 – 02 – 10 – 03 – 144。

　　中国政府了解：双边和约应与多边和约相同，且应在多边和约签订后不久，即行签字……中国政府愿获悉，美方是否在考虑由中国与日本，签订一与多边和约大体上并不相同之双边和约，以及双边和约应在多边和约后甚久，或甚至在其生效后，始能签字。

10 天后，蓝钦口头转达美国政府答复：

　　美方愿尽力使日本在金山和会后不久，即与中国签订双边和约，惟须中国政府对多边和约不作重大之修改，且关于双边和约之实施范围应尽速与美方商定适当方案……美方充分明悉所拟和约实施范围方案，无论如何，不应影响中国政府在联合国之现有地位，及其对中国大陆之合法主张。①

　　美国表明态度，"日台和约"应与多边和约内容一致，除此之外，对于双边和约的实施范围，台湾方面需要尽快与美商定适当说法。

　　具体从事"外交"的顾维钧、叶公超等人，其实并不认为不能先提出一个适当的实施范围，而真正执拗的人是蒋介石。顾维钧最先拟订的实施范围，没有体现台湾方面准备"收复"大陆的可能性和意图，自然不被接受。而兼顾了当局意图后，叶公超所拟订的措辞"本条约就中华民国而言，适用于其目前或今后所管辖之全部领土"也未被接受，蒋介石批示说"此事不宜发表任何声明"。② 蒋认为顾与叶不智，如果台湾接受和约实施范围的限制，这种限制将成为致命伤，使台受制于人，故绝不能接受"美艾"之"卖华条件"，即使美援断绝或对日双边协定不能签订，亦在所不惜。③ 在蒋的固执之下，台湾当局一度抱有这样的观点：不论采取何种方式确定和约的实施范围，不论如何措辞，必然都会损害"中华民国"在联合国及其他方面的地位。然而，矛盾的是，台湾方面又不能接受美国提出的先签订多边和约再谈"日台和约"从而回避适用范围问题的提议，因而在对美交涉中台湾当局只是强调台湾的感受和困境，请美国径直促使日本在参加

① 《关于对日和约案办理经过节要》，"外交部档案"，馆藏号：11－01－02－10－03－144。
② 《顾维钧回忆录》第 9 分册，第 198、202 页。
③ 《蒋介石日记》，1951 年 8 月 27 日。

多边条约谈判的同时开始与台进行双边谈判，而后再言其他。美国则不希望过早开始"日台和约谈判"，要求台湾当局对于双边条约的实施范围给个说法，以便说服日本开始与台谈判。

9月17日，蓝钦面告叶公超：如"中华民国"愿在多边和约生效前与日签订双边和约，则必须考虑有关实施范围的方案；如在多边和约生效以后再商定双边和约，则有关实施范围问题，将可避免讨论。美方认为后者对台湾当局更为有利。蓝钦建议暂时不考虑双边和约问题，而应集中精力发展台日间的实际业务。即便现在台湾方面想对适用范围给个说法，也不能暗示台湾是"中华民国"合法领土，因为这样会招致阻力。①

但台湾方面并未接受美方建议，而是积极推动着"日台谈判"。此时，台湾当局已明白，要想使"日台双边和约"在自己期望的时间签订，就无法绕开适用范围问题。9月22日，蒋介石召开会议，决定了关于适用范围的两个方案，准备书面通知美方。这两个方案是：

A. 双边和平条约签字时，中华民国全权代表将发表如下声明：

本条约应适用于中华民国之一切领土。至于领土中因国际共产主义侵略之结果，现仍处于共军占领下之地区，中华民国政府一俟该地区置于其有效控制之下，将保证在该地区实施本条约。

B. 中华民国政府和日本政府互换双边和平条约批准书时，下述声明将记入双方认可的记录中：

关于中华民国之一方，本条约应适用于目前在中华民国政府控制下及今后可能在其控制下之全部领土。②

10月，台湾方面接到美国"大使馆"的"照会"，提到该月19日美国对台湾所提适用范围两方案的答复。美国国务院认为台湾建议的B方案比A方案较为可取，但同时提出另一表述方案："双方互相谅解，本条约在任何时间均适用于缔约任何一方实际控制下的全部领土。"经美方修改的B方案

---

① 《顾维钧回忆录》第9分册，第242～243页。
② 《1951年9月26日致蓝钦公使关于双边和约适用范围之节略》，《顾维钧回忆录》第9分册，附录十二，第715～716页。

的表述加上了互惠的内容，使其显得更为复杂，据杜勒斯说美国的考虑主要是鉴于琉球群岛的将来归属，但它仍给人造成日本将来要扩张领土的印象。[①]

对于美方所建议的表述，台湾方面还是接受了，但一心想要"反攻复国"[②] 的台当局将美方所提表述修改为"双方互相谅解，本条约将适用于缔约任何一方目前及今后可能在其实际控制之全部领土"，并于 24 日以备忘录形式交给蓝钦。[③] 台湾当局希望尽早与美国达成共识，以使该条约能在多边和约生效前正式签订。对此备忘录，美方没有明确答复，但至此台美之间关于"日台和约"适用范围的问题似已无大碍。

虽然在"日台和约"适用范围问题上台美之间产生过矛盾，但美国并不是存心为难台湾当局。美方促使日本与台湾方面订约的基本方针是始终不变的。之所以数次提出这一问题，是因为它确实是个问题。美国想说服台湾当局在多边和约签订之后再谈"日台和约"，以回避在和约实施范围提法上的麻烦和争议，并认为这样会使事情简单化，没有什么不好的影响。但蒋介石等人执拗地奉行"日台和约"应在多边和约之前签订或同时签订的方针，以免日本在多边和约签订后不再受美国压力束缚，而不与台湾方面订约，从而有损当局的颜面。

三　要求美国居间作证

1949 年蒋介石在内战中的失败无疑使其丧失了国际事务中的尊严和权力，国民党当局在台湾倚仗美国保护和撑腰，才得以立足，并在一段时间内在许多国际场合仍以代表中国的"政府"身份出现。唯有美国支持，台

[①] 《顾维钧回忆录》第 9 分册，第 245、258 页。

[②] 蒋介石曾言，自国民党退台后，"便立定了建设台湾为三民主义模范省，达成反攻复国的任务，为我们的基本国策"（《我们的基本国策》，秦孝仪主编《总统蒋公思想言论总集》卷 39，第 90 页）。1950 年代，"反攻复国"的口号被蒋介石等人频繁使用。后来，因"反攻"日趋无望，该词使用渐少。有时也有"反共复国"的提法。1980 年，因应新情势，蒋经国提出"三民主义统一中国"取代"反共复国""国策"，且成为中国国民党第十二次代表大会的政治纲领。

[③] 《顾维钧回忆录》第 9 分册，第 245 页。

湾当局才可对抗英苏等已承认新中国政权的国际力量。同时，中华人民共和国不但在法理上也在事实上控制着中国大陆的广大领土，日本不愿决然与中国对立，不愿彻底失去中国市场，并未从开始就明确表示要与台湾当局订约。美国对二战的胜利及战后日本重建作用至巨，唯有美国介入并对日本施以压力，才有可能使日本与台湾而非大陆订立和约。因此，蒋介石政权在对日和约问题上始终强调美国责任，要求美国居间作证。

1951 年 8 月，美国国务院助卿腊斯克与顾维钧谈话时表示，美方对于和约事与日已有接洽，了解日本有与台湾方面订约的意愿，因此美方希望日台直接洽商，并盼台湾方面不做请美令日与台谈判的宣传。13 日，台"外交部"拟就节略，向美国政府正式表示："中国政府要求美国政府将日本置于与中国政府签订双边和约之义务之下……中日双边和约，除中日特殊事项外，中国政府不拟与日本直接谈判。"10 天后，台湾方面获得美国政府答复："此后商定之中心移至台北。"①

在关于签字国的声明发出后，台湾方面为美国未将"中华民国"列入对日和约签字国而陷于愤慨与失措之中。美国国会和舆论在此问题上态度较为一致，没有明显的抱不平之意，这令蒋感到自己以前认为美国"卖华"乃少数人所为的看法是错误的，原来其朝野皆"一丘之貉"。②蒋介石在悲愤之余，促使有关部门考虑退路与对策，并以自立自强言论试图使众人恢复自信。他判断美国必在旧金山多边协定订成后再来谈中日双边和约，认为应研究相应对策，主持中央会议商讨对日和约问题。蒋介石以自力更生鼓舞士气，提出台湾自强则"外来之任何险恶环境皆不能损害我复国之计划与行动"。对于对日交涉问题，蒋介石特别提出此时万不可对日有谦卑表示，此时的谦卑有损"国格"，与过去所提宽大态度不同。③

而基于事实上的困境，蒋介石一边立志自力更生，一边又不得不依靠美国给日本施以压力，使日本与台湾当局"尽谈和义务"。④宁折不弯与委曲求全的心态矛盾地在蒋身上同时存在着，纠结地支配着他的决策。一方

---

① 《关于对日和约案办理经过节要》，"外交部档案"，馆藏号：11－01－02－10－03－144。

② 《蒋介石日记》，1951 年 9 月 8 日上星期反省录。

③ 《蒋介石日记》，1951 年 7 月 17 日、19 日。

④ 《蒋介石日记》，1951 年 8 月 8 日。

面蒋为保持尊严而固执执拗，在某些问题上宁可失去美援或退出联合国也决不妥协；另一方面又显示出强烈的底气不足，在某些问题上会往最坏处设想。美国虽为减少阻力而将台湾排除在多边条约之外，但在国际舞台上显然是站在台湾一边而排斥中华人民共和国的，在对日和约问题上是尽力促成日台谈判的。但因为在"代表中国"问题上的得失心太重，美国未让台湾参加多边谈判，此事的影响在蒋心里被放大。一度，他以为美英会促成日本与中华人民共和国谈判和约，甚至帮助中华人民共和国参加联合国。① 以蒋介石为首的台湾高层也担心没有美国的介入，日本会将谈判无期限拖延下去，而使台湾当局蒙受耻辱，因而希望美国能在"日台签约"方面做出保证。但美国不愿像发布命令一样吩咐日本谈判，希望日台之间自己磋商。②

9 月 4 日，在旧金山的对日和会召开当日，蒋介石召集会议，商讨对日双边和约，指示三条方针。其一，要求"美国负责居间作证"；其二，"须与多边和约同时生效"；其三，"实施程序只能在谈话记录中，不能涉及于大陆领土主权丝毫损碍之语意"。③ 尽管腊斯克已说明美国不想公开介入其中，希望日台直接接洽。而 8 月 23 日，美国政府也确认其说法，明确表示此后商定之中心移至台北。但蒋仍坚持认为应要求美负责日台谈判。而统观其所定方针，可得这样的印象：对日和约问题已不是战胜国制裁战败国、获得战争补偿并开展商贸的问题，而变成如何最大限度地掩盖国民党当局名不正言不顺身份的问题。

日本首相吉田茂对于选择何方为建交对象一度有骑墙表现。吉田认为，尽管蒋介石集团保留着联合国会员国资格，但已不能在事实上代表中国。从经济上考虑，日本的对外贸易在战前有 1/3 是与中国进行的，中国这个巨大市场和资源供应地对日本很重要。1951 年 10 月底，吉田茂在日本国会表示，如果中共提出邀请日本政府在上海设立海外事务所，日本也会欢迎中共在日本设立类似机构；如果中共在今后三年内提议根据"旧金山和约"

---

① 《蒋介石日记》，1951 年 9 月反省录。
② 《顾维钧回忆录》第 9 分册，第 215 页。
③ 《蒋介石日记》，1951 年 9 月 4 日。

与日本讨论并缔结和约，日本政府愿意谈判并缔约，绝不会提出反对。①

这一声明加重了台湾方面的不安。驻美代表顾维钧立即拜会腊斯克，打探美国对此声明的看法。11月5日，蓝钦拜会叶公超时转交了美国国务院的答复，说："（1）国务院与吉田声明没有任何关系；（2）美国政府反对日本政府与中共发生更密切关系的任何计划或企图；（3）美国政府将继续努力促成中日两国进行谈判，以期缔结双边和约，并力使双边和约在多边和约生效的同时或在其后不久生效。"美国"其后不久"的表述引起台北"外交部"的紧张，叶公超感到缔结"日台和约"实属紧迫，不能再拖了。叶公超等人认为如果美国仅仅促成日本同台湾签约，而不能肯定双边条约将在"旧金山和约"之前生效或与之同时生效，那么"旧金山和约"批准后，日本一定会拖延中日和平条约，即使届时美国有意对日施加压力，恐怕也不会产生效果。②

蒋介石身边的"总统府秘书长"王世杰也认为"日台和约"的签订和生效必须有美国的足够压力方可实现。如果美国不对日本施加最大压力，"日台和约"定无从谈判缔结；即使条约得以签署，日本也不会批准。而为保证美国对日的足够压力，须迫使日本在美国批准多边和约之前就范。王世杰并建议影响美国参议员的行动，使其国务院受到更大压力去全力解决"日台和约"问题。③

台湾当局还注意到，英国新上台的保守党政府正在力求获得美国援助，若美国坚持，英国很可能会让步。

1951年12月10日至20日，杜勒斯再次赴日，四度与吉田会商，以求得共识。会商后，杜勒斯确信日本今后政策会与美国一致，即在保障太平洋西部安全问题上与美合作；不承认中共政权；承认国民党当局，谋与合作；美方会设法疏解英对签订"日台和约"的反对。④ 杜勒斯离开后，吉田茂抛出"吉田书简"，即于12月24日写给杜勒斯的信。信中全面概述了日本政府的对华政策，表示日本决定同台湾建立政治、经济关系。1952年1

---

① 《顾维钧回忆录》第9分册，第246页。
② 《顾维钧回忆录》第9分册，第249、251页。
③ 《顾维钧回忆录》第9分册，第250页。
④ 《关于对日和约案办理经过节要》，"外交部档案"，馆藏号：11-01-02-10-03-144。

月 16 日，书简公布，当月 21 日，美国参议院开始审议对日和约。

在台湾方面一再催促、请求下，美国确实做到了居间施压引线，促成日本对台签约。但这个居间作用，与台湾方面的设想还是有差别的。蒋介石所希望的，是美国直接介入，作为主持和中间证人的身份参与日台交涉；但美国所做的主要是对日、台的分别沟通，从旁协调，使其政策与美国一致，符合美国战略需要，并未公开直接介入谈判过程。但不管怎样，美国确实使日本放弃同时与中共接触的想法，与台湾签订和约，这一点也是蒋介石最为关切的。在此情况下，蒋只好调整策略，不再要求美国居间作证，而改为从旁联络、反映诉求，请美国政府向日施压、沟通，并借助蓝钦及诺兰等亲台而有一定影响力者影响日方谈判态度和美国决策方向及进度。

1952 年进入"日台和约"谈判阶段后，日本朝野大有借中国的分裂趁火打劫之意。日本提出一份带有和约性质的友好条约，欲以之为谈判基础。日本各报亦流露出对台湾当局的傲慢轻侮之意，多主张不与之签约。蒋介石指示叶公超对美切实声明，中日双边条约必须为纯粹的和约，绝不许日本以双边条约或友好条约之含混名词代之，这一点不能含糊。①

谈判一开始，日本就显露出傲慢无理一面，和谈陷入僵局。蒋介石向蓝钦表达了不满，希望美国政府帮助台湾当局作为"胜利同盟中的一员"进行对日和谈，蓝钦为此致电国务卿。② 此后几日，日方态度好转，蒋介石为此称赞全系蓝钦之力。③ 同时，蒋派员联络美参议员诺兰等人，嘱其向美政府施以压力来解决"日台和约"之滞延，尽量拖延批准多边和约的进程。"亲台帮"诺兰、H. A. 史密斯等人确实有意帮忙。他们曾向杜勒斯表达对日本有意破坏"日台和谈"的不满。④ 当美参议院提出讨论对日和约时，诺兰提出"日台和约"滞延一点，请众人注意。⑤ 但其作用有限，几天后，

---

① 《蒋介石日记》，1952 年 1 月 21 日，2 月 4 日、22 日。

② The Chargé in the Republic of China (Rankin) to the Secretary of State, in *FRUS*, *1952－1954*, *China and Japan* (*in two parts*), Vol. 14, Part 2, pp. 1212－1213.

③ 《蒋介石日记》1952 年 3 月 11 日记："召见美国国防部作战处与新闻处各处长，蓝钦公使作陪。彼谓对日和约，据最近日人行态大有进步，余曰：此乃你的关系及美国力量之关系最大，余所以留你在此，取消假即为此也。彼闻之更为欣奋。"

④ The Secretary of State to the Office of the United States Political Adviser to SCAP (Sebald), in *FRUS*, *1952－1954*, *China and Japan* (*in two parts*), Vol. 14, Part 2, p. 1206.

⑤ 《蒋介石日记》，1952 年 3 月 14 日上星期反省录。

"旧金山和约"在美国国会通过。

美国国会批准旧金山多边对日和约后，日本更向台湾提出诸多无理要求，对之前接近达成的和约提出翻案，欲使台湾当局"放弃盟国地位而向其战败投降国反转降服"。蒋介石因之失眠。[①] 当时，美国有于"旧金山和约"生效的同时解散盟军对日委员会的考虑。经痛苦思量，为使日本继续受到压力，维持台湾当局在和谈中的地位，蒋指示叶公超转告美国，在"和约"签订以前，四国对日管制会如开会取消，则"中国"必投反对票，[②] 并声明"中国"对日投降时所有之特权绝不因盟总撤除而取消，并令"外交部"切实准备实施。[③] 于是，"外交部"奉命与美有关人员谈话，并形成节略，称为求对日和约之及早订立，"中国政府"对美国所发起的"旧金山和约"各项谈判，曾采"最协调与合作"之立场，在对日谈判中"中国"亦采取着"最忍让精神"。但日本在谈判中的表现，令"中国"对和约之达成不无怀疑。因此，"中国政府"声述："中国政府不能同意将剥夺中国为一占领之盟国之合法地位之任何步骤，如解散远东委员会或盟国对日委员会等。"希望在现阶段支持"中日"缔结和约，不削弱"中国"在对日谈判中的地位。[④] 但美国未因台湾当局的请求改变政策，回应说"旧金山和约"业已批准，解散这些组织是正常程序。

在谈判的最后阶段，日本仍纠缠于一些细节，不肯在和约中露出一点战败订约的痕迹。如对伪满与汪伪组织在日产业应归还"中国"之条，日本只肯改为"得"字而不肯照原议采用"应"字等。[⑤] 关于伪满与汪伪组织在日产业问题讨论数日而未得结果，在 4 月 28 日，旧金山多边和约生效前的最后几小时，日台谈判似乎在僵持中无法推进时，日方代表得到政府训令，同意签约。

日本政府的态度急转直下其实并不意外。和谈中日本的种种无理要求、对权益的争取、对战败国身份的最大掩盖，其实只是为在拖延中获取最大

---

① 《蒋介石日记》，1952 年 3 月 28 日。
② 为行文方便，对于台湾当局在某些场合和条件下所代表的中国以引号表示。
③ 《蒋介石日记》，1952 年 3 月 30 日。
④ 《关于中日和约、中美往来文件案》，"外交部档案"，馆藏号：11－01－02－10－03－157。"最忍让精神"一句出自"谈话纪录"，其余出自"节略"。
⑤ 《蒋介石日记》，1952 年 4 月 25 日。

利益，并不是不打算签约。早在 2 月，日本外务省终战联络事务局长官冈崎胜男就告诉过英国驻日大使丹宁（Elsler Dening），日本政府将在"旧金山和约"生效之前完成与国民党当局的条约谈判，签署和约。① 而日本不辞辛苦地在拖延中争取权益，其实与美国也有关系。据日本条约局局长西村熊雄说，日本首相曾在旧金山与艾奇逊讨论中国问题，艾奇逊建议不要急于与"中国"达成和约。因此日本政府已做好充分准备与"中国"就和约问题周旋到底。并说作为熟悉远东的国家，日本愿意协助，甚至引导不熟悉远东事务的美国来处理"中国"问题。②

在国家利益面前，美国采取了两面手法，通过从旁操控"日台条约"，将日本、台湾纳入其远东战略体系。在重大决策方面（如日本与台湾还是大陆订约的问题），美国干预了日本政策，使之做出有利于台湾的决定。而在国民党当局的得失和感受方面，美国并不会有很多体察和关心，甚至会给日本如何获取最大利益的建议。在居间干预日台和谈方面，美蒋虽无本质分歧，却也不乏龃龉之处。而权益方面，更因美国关系，台湾当局多有损失。

四 台澎地位模糊化及对千岛群岛等地归属的表述之争

1950 年出于自身需要及对不同地区局势的对策，美国对于日本在战争中占领的领土有不同的主张。它主张朝鲜独立；琉球群岛和小笠原群岛由联合国托管，美国行使管理权；日本应接受美英苏中将来对台湾、澎湖列岛、千岛群岛和南库页岛做出的决定。

1 月 5 日，杜鲁门发布关于台湾政策的声明，说美国认可《开罗宣言》，但不打算在台湾建立军事基地，且无意卷入中国内战。③ 但几个月后，形势的发展使美国很快否定前说，自食其言。朝鲜战争发生，美国积极执行对苏联的围堵政策，台湾战略地位的重要性凸显。美国舰队进入台湾海峡，

---

① Dening to Scott，Feb. 19，1952，FJ1051/8，99411，FO371，转引自陳肇斌『戦後日本の中国政策：1950 年代東アジア国際政治の文脈』東京大学出版会、2000、89 頁。

② Memorandum of Conversation，by the Second Secretary of the Mission in Japan（Finn），in *FRUS*，*1952 – 1954*，*China and Japan*（*in two parts*），Vol. 14，Part 2，p. 1251.

③ The President's News Conference of January 5，1950，in *Public Papers of The Presidents of the United States*（Washington：United States Government Printing Office，1965），p. 11.

并为此提出"台湾地位未定"论。6 月 27 日，杜鲁门发表声明，在宣布第七舰队进入台海地区之外，称台湾未来地位必须"等待太平洋安全的恢复，对日和约的缔结，或联合国的考虑"。① 这一声明所表明的立场，显然与《开罗宣言》等重要的历史文件相悖。

因美国舰队对中国内政的干涉，中华人民共和国向联合国控告美国侵略台湾。迫于压力，美国同意联合国进行调查。为使自己处于有利地位，美国不得不继续使台湾地位模糊化。美国认为台湾是个有纠纷的地区，如果明确台湾归于"中华民国"，必致中共反对；后者万一攻台，美国单独抵抗，牺牲必巨，胜券难操，且不利于美国协防。而第七舰队在事实上保护了台湾当局安全，有利于台湾当局事实上的占领。美国政府向台湾当局有关人员说明使台湾地位冻结的个中原因，要求台湾当局现实地看到"不安定情况"，尊重美国政府的决定，不要在联合国中过于强烈地反对美国的立场。②

苏、英皆主张将台湾问题列入安理会议程，美国也同意由联合国公断"侵台案"③。而蒋介石强烈反对此点，认为如此将动摇台湾地位，有辱"国府"，且可能使中共得以列席联合国。9 月 2 日，蒋介石召集会议，主张使用否决权，拒绝联合国组团赴台调查所谓美国侵台问题。④ 叶公超、顾维钧、蒋廷黻等人因怕使用否决权会得罪美国，而持反对意见。9 日的外交会谈中，因众人反对在联合国使用否决权，而主张与美协商进行，蒋不得不"勉从众意，然于心甚为不安"。⑤ 冷静之后，蒋认为美国之举亦有可谅之处。美国国务院欲以调查美国侵台案为契机，使台湾置于联合国保护之下，以减轻美国单独责任，免除侵台之嫌，不给苏共攻台之借口。在杜绝苏共攻台方面于国民党当局是有利的，可不妨暂为中立之态（但绝不能正式承认）。台湾应利用安全局面，健全巩固而后再待机而动，"恢复大陆"。只要台湾事实上统治权不动摇，则在"反攻大陆"之准备完成以前，"率性让其

---

① 梅孜主编《美台关系重要资料选编（1948.11～1996.4）》，第 72 页。

② 《顾维钧回忆录》第 9 分册，第 30、27 页。

③ 1950 年 8 月 24 日，周恩来外长代表中华人民共和国政府向联合国安理会控诉美国侵略台湾、干涉中国内政、侵犯中国主权。9 月 29 日，联合国安理会将此案列入联大议程。

④ 《蒋介石日记》，1951 年 9 月 2 日。

⑤ 《蒋介石日记》，1951 年 9 月 9 日。

中立化"，以对付苏共与英印，未始非一中策。① 蒋介石一时得以自我安慰，但 9 月末联合国通过决议同意中华人民共和国代表列席控美侵台案，仍使其受到打击，愤愤不已。10 月 5 日，美国正式在联合国大会提出台湾将来地位问题，并列入议事日程。② 面对如此形势，蒋介石已无力改变台湾地位被冻结的事实，写道："台湾问题无从进行，暂时延宕，不急解决。"③

9 月，美国国务院提出"对日媾和条约草案"，并归纳"七原则"。10 月 20 日，杜勒斯在成功湖约晤顾维钧，面交关于对日和约问题节略一件，其中包含七项原则纲要。关于领土问题，主张"台湾、澎湖、南库页岛及千岛群岛之地位由中美英苏会商决定，倘于对日和约生效后一年内，未获协议，则由联合国大会决定之"。台"外交部"认为目前自身国际地位至为低落，发言力量自极微弱，台美所持主张既属无可调和，那么应以尽量拖延为上策。因而决定原则接受美方所提程序，但应附带主张，将一年期限酌予延长；南库页岛及千岛问题应与台澎问题同时同样解决。④ 蒋介石不情愿地核准了这一办法。在美方人员就台湾等三地暂列为悬案而待四国共同解决一事征求蒋介石意见时，蒋"谅其苦心，勉允其请"，但表示坚决反对联大派代表团赴台调查。⑤

此时美国关于对日和约的主张亦与朝鲜战争局势密切关联。11 月下旬，美国在朝鲜战场严重失利，联合国大会通过决议，要求中华人民共和国与联合国进行谈判以便在朝鲜停火。国民党当局的国际地位越发危险，美国决定无限期延缓由联合国考虑台湾问题。

12 月 19 日，顾维钧向美国口头提出初步答复。当时，有新闻电讯称英联邦各国总理一致同意中共参加对日和约谈判，杜勒斯即将赴日及东南亚各地推动和约。台"外交部"为求妥慎，于 1951 年 1 月 17 日电嘱顾维钧在杜勒斯赴日前，将台湾书面复文面交。22 日，顾维钧将一份代表台湾方面对美国"对日靖和七原则"立场的备忘录交给杜勒斯。其中提到：

---

① 《蒋介石日记》，1951 年 9 月 16 日上星期反省录。
② 《蒋介石日记》，1951 年 10 月 6 日。
③ 《蒋介石日记》，1951 年杂记 10 月 14 日。
④ 《关于对日和约案办理经过节要》，"外交部档案"，馆藏号：11 - 01 - 02 - 10 - 03 - 144。
⑤ 《蒋介石日记》，1951 年 11 月反省录。

关于所谓台湾及澎湖列岛之地位，中国政府经详加考虑后，认为各该岛在历史上、种族上、法律上及事实上，均为中国领土之一部，仅最后形式上之手续，尚待办理。因此各该岛之地位，实与南库页岛及千岛群岛之地位不同，但鉴于远东局势之不定，并为促进太平洋区域目前之一般安全计，中国政府对于对此四岛群之地位取决于英、苏、中、美之会商一节，不拟表示反对。抑中国政府虽勉不反对此点，亦不愿他国以为中国政府对于台湾及澎湖列岛系属中国领土之基本意见，有所更改。[①]

然而，在台湾当局不情愿地接受美国对于领土问题的提法后，美国迫于苏联压力，对领土问题又有了新的说法。3月28日，杜勒斯将根据远东之行商谈结果修改而成的对日和约初稿八章二十二条交于顾维钧，征询意见。关于领土部分的规定是："台湾澎湖由日本予以放弃，千岛群岛及南库页岛由日本分别交与苏联及归还苏联。"[②] 这一更改无疑又一次引起台湾方面的震动。他们了解美国不在和约中规定台澎的最终处置是为其协防台湾留一法律根据，鉴于台湾防守及将来"反攻大陆"均有赖于美国支助，为免美国为难，可暂不提出异议。千岛群岛及南库页岛归属苏联一事在法律上虽不直接影响台湾地位，但二者规定不同，一经比较，足可见其异。[③]

对于美最近所提约稿对南库页岛与千岛群岛明定归苏而台澎则只日本放弃，并不明定归属一事，蒋介石认为美在对苏求妥协，而以台澎地位不定引诱中共，且将以此为朝鲜停战之饵。[④] 蒋指定由张群为召集人研究对日和约政策。台湾"行政院"于4月11日、16日两次召集小组会议，决议认为，当局必须尽力争取参加和约之机会，为此应做两方面努力，一面尽力与美国合作，一面与日本朝野尽量联络，力谋与日在经济等方面密切合作。台湾方面对美国放弃将台澎问题交由四国协商解决的主张感到欣慰，但认

① "中华民国外交问题研究会"编《金山和约与中日和约的关系》，编者印行，1966，第15页。

② 《关于对日和约案办理经过节要》，"外交部档案"，馆藏号：11-01-02-10-03-144。

③ 《美提对日和约初稿我方修正案》，"外交部档案"，馆藏号：11-01-02-10-03-024。

④ 《蒋介石日记》，1951年4月10日。

为还应继续促请美国接受将台澎与千岛群岛、库页岛同样看待的提议，如不获同意，则应在签约时声明台澎已属于"中华民国"，这是事实，不需任何手续加以确认。① "外交部"还认为，在此之前，应向美国求得谅解，使之不发表相反的声明。② 两次会议之后，蒋介石决定：基于国民党已在统治台湾的事实，放弃关于台湾地位问题的无谓争执。③

权衡对其他各国交涉情形，对于台湾方面对 3 月间美方所提约稿领土方面的主要修正意见，即如不能明定将台澎归还"中华民国"，则亦不能明文规定南库页岛及千岛群岛分别归还及交与苏联，美国还是接受了。7 月 6 日，美政府送交台湾当局的和约稿第二章领土条款中，仅规定日本放弃千岛群岛及南库页岛，未规定其归属。9 月 8 日的签字稿仍采此说法。④ 南库页岛及千岛群岛的地位问题虽是由美国战略决策、美苏交涉情形等因素决定，但应该说台湾当局的诉求还是发挥了一定作用，至少引起了美国注意。

五 在美压力下放弃赔偿要求

战后几年，国民政府并未表示过要放弃对日赔偿。1945 年 8 月 14 日，蒋介石发表了《抗战胜利对全国军民及全世界人士广播演说》，声明"不报复"日本、"以德报怨"的原则。⑤ 1947 年 5 月，外长王世杰进一步解释说，"对日决不采狭义的报复主义，亦不用姑息办法……政治方面我们取宽大态度，尤其日本内政问题，主张在某一种程度下由日本自己解决。经济方面，一本正义和公道的要求"。⑥ 当时的政府文件或领袖发言，只言宽大原则，并未提过要放弃赔款。而本着"正义和公道"，自然是要要求一定赔偿的。同时，国民政府在战后已经开始讨论研究日本对华赔偿的具体方案，

① 《关于对日和约案办理经过节要》，"外交部档案"，馆藏号：11 - 01 - 02 - 10 - 03 - 144。
② 《顾维钧回忆录》第 9 分册，第 68 页。
③ 《蒋介石日记》，1951 年 4 月 18 日。
④ 《美提对日和约初稿我方修正案》，"外交部档案"，馆藏号：11 - 01 - 02 - 10 - 03 - 024。
⑤ 秦孝仪主编《中华民国重要史料初编——对日抗战时期》第四编"战后中国"（四），"中华民国重要史料初编编辑委员会"，1981，第 634 页。
⑥ 《王世杰在国民参政会上所作外交报告》（1947 年 5 月），中国第二历史档案馆《中华民国档案资料汇编》第五辑第三编"外交"，第 17 页。

如 1945 年 10 月 26 日，国防最高委员会秘书处发表了《对日赔偿计划案》等。①

战后美国对日赔偿的态度却发生了重大转变。二战结束后，美国曾提出一个临时赔偿方案，并从中提 30% 作为直接受日本侵略国家应得的赔偿物资。当时盟总指定的先期拆迁兵工厂设备分三批分配，中国从日本方面接收的三批物资的价值如以 1939 年币值计算，折 2200 余万美元。② 为减轻日本负担，扶助日本复兴，1949 年 5 月 12 日，美国政府决定停止日本的拆迁赔偿。接着，在 1950 年 11 月 24 日美政府向远东委员会成员国提出的和约七点原则中，要求缔约各方放弃 1945 年 9 月 2 日前因战争行为而产生的权利要求。

面对美国态度转变，台湾当局只得表示：国民政府虽决定对赔偿问题采取宽大态度，但完全放弃这一权利是困难的。毕竟日本侵华多年，中国政府和人民曾遭受极大损失，理应得到适当补偿。

美国积极扶植日本，欲共同抗苏。国民党当局意识到，值自己丢失大陆之际，美国此举颇具决心，非台湾方面所能左右。而国民党当局确定的"外交"原则就是"通力与美合作，共促对日和约之及早达成，一以培养日本感情，一以确保参加订约机会"。其底线是，在和约内容方面不妨迁就美方，而在签约程序方面，必须与其他盟国立于平等地位。③

1950 年 12 月 19 日，台湾"行政院"第 153 次会议确定在日本赔偿问题原则上赞同美方主张，唯望能在赔款之外另获物资或现金补偿。④ 据此决议，顾维钧致杜勒斯节略，指出：

> 由于日本之长期侵华，中国人民所受痛苦之久、牺牲之大，实较任何其他被侵国家之人民为甚。兹因中国境内之日产，不足以抵偿合法之要求，而三年前所收之一部份临时拆迁，亦仅属象征性之偿付，故要求

① 秦孝仪主编《中华民国重要史料初编——对日抗战时期》第三编"作战经过"（七），"中华民国重要史料初编编辑委员会"，1981，第 9～10 页。
② "中华民国驻日代表团"编印《在日办理赔偿归还工作综述》，文海出版社，1980，第 66 页。
③ 《美提对日和约初稿我方修正案》，"外交部档案"，馆藏号：11－01－02－10－03－024。
④ 《关于对日和约案办理经过节要》，"外交部档案"，馆藏号：11－01－02－10－03－144。

日本充分赔偿因其侵攻而引起之损害，亦与公允之原则完全相符。但为便利对日和约早日缔结起见，中国政府愿放弃另提赔偿之要求，惟以其他国家同样办理为条件。如任何其他国家坚持付给赔偿，中国政府从不要求受优先之考虑，亦将要求受同样之考虑。鉴于中国对于赔偿问题所采之合作立场，希望美国政府就收回被劫财产、归还对中国民族有历史及文化价值之若干艺术品，及将原属于满洲国伪组织及台湾银行而现在日本之资产移让中国各节，予中国以友谊之支助。在上述条件下，中国政府对于日本归还盟国财产，或在不能将财产完整归还时，以日圆补偿业经同意部份之损失价值一项建议，表示同意。①

但 1951 年 3 月，美国政府根据杜勒斯远东一行商谈结果所拟定之对日和约稿对于赔偿问题的规定是：盟国除保有其辖区内之日本资产外，不另提赔偿要求。当时台湾当局最为担心的是是否有参加对日多边和约的机会，因此于 4 月确定的因应方案首要一点是通过尽力与美合作和对日联络来争取参加和约的机会，其余仅对领土问题本着对美最大让步与妥协的原则进行了决议，未有关于赔偿问题的决议案。②

5 月，台湾当局闻悉英国代表表示若台湾方面参加订约，则英退出。此消息尚待证实，而台湾当局甚为惶恐，派使面晤杜勒斯请求帮助。台湾方面看到，在美国看来，及早签订对日和约，比台湾当局参加订约更重要，在折中方案尚未寻得之际，美国不会对台湾方面表示全力支持。在美国与英国疏通时，台湾方面准备了五条折中方案，并认为其中最为有利的是第一条，即"由各盟国与日本签一多边和约，另由我方于相等时间另签一双边和约"。③

9 月，在美国的主导下，"旧金山和约"规定"日本应对其在战争中所引起的损害及痛苦给盟国以赔偿，但同时承认，如欲维持可以生存的经济，则日本的资源目前不足以全部赔偿此种损害及痛苦，并同时履

---

① 《关于中日和约、中美往来文件案》，"外交部档案"，馆藏号：11 - 01 - 02 - 10 - 03 - 157。
② 《关于对日和约案办理经过节要》，"外交部档案"，馆藏号：11 - 01 - 02 - 10 - 03 - 144。
③ 《美提对日和约初稿我方修正案》，"外交部档案"，馆藏号：11 - 01 - 02 - 10 - 03 - 024。

行其他义务"。① 基于此，规定只有领土曾被日本占领过的国家才能提出赔偿，对赔偿数额及期限未做任何规定，并把赔偿形式限定在劳务赔偿之上。因台湾当局被排除在多边和约之外，此时蒋介石对未能参加多边和约的愤懑是压倒性的，未对各国放弃赔偿一事做何感慨。同时，如何让日本在最短时间内与自己缔结双边和约，成为台湾当局需要面对的最为急迫的问题。

当月，台湾当局派员赴日接洽，促使日方派遣驻台代表。27 日，台湾"外交部"收到消息，说日本政府愿意在台湾建立办事机构，但建议将机构名称改为日本政府海外事务所，并有权签发护照。台湾当局表示同意。同时，台湾方面提出关于"日台和约"适用范围的方案，并获得美国肯定。就在这时，日本吉田首相却在国会发表愿意向中共缔约的声明。

即便日方一度在和约问题上半开两扇门，在某种意义上只是种策略，也足以引起台湾恐慌。蒋介石更看重日本对台湾当局的态度——是否愿意与台湾方面谈判和约问题。选中共还是选国民党方面同日本进行交涉，实际上是要求日本表态以哪方为"中国"代表；日本若能与台湾当局缔约，等于宣示了国民党政权的存在。无疑，这是蒋在此时最为关心的问题，也是蒋介石的软肋。日本政府自然明白这一点，在和议过程中利用台湾当局这一心理，步步进逼，使国民党屡屡被迫让步。

经美国斡旋，吉田信件公开承诺与台湾订约之后，1952 年 2 月，日台开始就缔约问题谈判。按美国之意，"日台和约"内容应与多边和约基本一致。台湾当局事先准备好的和约初稿，关于日本赔偿问题的条款几乎完全照搬了"旧金山和约"的内容。即使这样，日本在此方面也不愿向台湾当局做出承诺。于是"日台和约"谈判一度陷入僵局。

面对日本不断要求让步的谈判态度，蒋介石选择了忍耐与退让，以打破僵局，尽快缔约。当时，美参议院已将"旧金山和约"提出讨论，蒋认为如国会通过该案，则日本对台和约之谈判必将延宕无疑，故须于一周之内完成交涉。在当时国际情势中，蒋介石对"日台和约"的定位是"政治

————————

① 田桓主编《战后中日关系文献集（1945～1970）》，中国社会科学出版社，1996，第109 页。

重于经济"，"主权与国际地位重于一时的利益"，因此，劳务赔偿可以不争，①"自动放弃此有名无实之劳务赔款，以示宽大"。② 18 日，蒋约张群商讨和约要旨与政策，认为时机即将过去，不可再事延误。决定由张群约谈日本副代表木村，示意先谈其他条文，只要其在其他条款上能尊重中方提案，则赔款问题可留待最后决定。19 日，蒋再约张群，决定以自动声明方式放弃劳役赔偿，并宣布和约实施范围，而附带声明开罗会议有效之义，以减少狼藉之态。③

因蒋介石的干预，对日谈判的台湾代表态度急转直下，这令日方大为惊异。为求谈判进度，台湾方面不但放弃对日索赔权利，连劳务赔偿也予以放弃；为挽回颜面，谈判中屡屡提及蒋介石对日宽大之意。事后谈判代表向蒋汇报说，每提及此，河田烈均起立致敬，这令蒋亦颇感欣慰。④

王世杰提出，因为劳务赔偿的放弃，"日台和约"第三条关于处理在台湾之日本私产由中日双方另行协商的条款也应取消。但为赶在美国参议院讨论对日和约之前订立"日台和约"，蒋介石决定此点暂时搁置，待以后再图补救办法。⑤ 签约之急迫心理，表现得淋漓尽致。然而，即便如此，美国政府并未充分体谅台湾当局的"苦衷"。3 月 20 日，美参议院以六十六票对十票通过批准 1951 年 9 月在旧金山所订对日和约。蒋介石第一反应是"此心反得安定，未若过去之急促"，自己已做到最大努力和让步，因而无悔。⑥但接着还是忍不住埋怨美国"置中日和约成败于不顾"，表示如能延宕一星期批准对日和约，"则于我协助非甚少矣"。⑦

虽然台湾方面多次表达希望能在美国批准"旧金山和约"之前达成"日台和约"的意愿，但美国并未因之慢下脚步。在日台谈判开始不到两个月的时候，美国就通过了多边和约议案，陷蒋介石于被动之中。此后日本方面果然态度改变，在对台谈判中更加不配合，提出多项无理翻案要求。

① 《蒋介石日记》，1952 年 3 月 17 日。
② 《蒋介石日记》，1952 年 3 月 18 日。
③ 《蒋介石日记》，1952 年 3 月 19 日。
④ 《蒋介石日记》，1952 年 3 月 20 日。
⑤ 《蒋介石日记》，1952 年 3 月 20 日。
⑥ 《蒋介石日记》，1952 年 3 月 21 日。
⑦ 《蒋介石日记》，1952 年 3 月 22 日上星期反省录。

对于台湾方面"放弃赔偿"的说法，日方代表亦声称其政府训令不能接受，意欲在和约中完全抹杀日本应该对中国赔偿之意。蒋介石认为日本欲使台湾当局"放弃盟国地位而向其战败投降国反转降服"。在美国批准和约后日本蛮不讲理的表现虽在意料之中，却仍令蒋介石难以心安，深夜失眠，直至三时后服药睡去。①

4月28日，在距离《旧金山和约》生效仅7个半小时之际，"日台和约"终于签订。这令蒋庆幸终能及时签约，挽回些大陆失败的面子，给中共以打击，并以为这是"最大之意义"。②但其间所受屈辱令蒋难忘，他自记，对日和约谈判使其"横遭侮辱，实已为忍尽人所不堪忍受之苦痛"。③美为战略需要，虽最终促成"日台和约"，但并未顾及台湾感受。"日台和约"不但使日本逃避了战争赔偿和多边和约采用的劳务赔偿方式，而且连日本应该对"中国"赔偿之意也没有提到。

小　结

作为牺牲重大的战胜国参加盟国共同对日签署的和约，并获得一定赔偿，本为自然之事，但在美国的主导下，自然之事变得"不自然"。失去法理地位的"中华民国"成为美国交涉对日和约问题的对象，继而被排除在旧金山多边和约谈判之外。多边和约中台澎地位被模糊化，日本赔偿只得以劳务赔偿形式偿付。台湾当局为在自己期望的时间内达成"日台和约"，迫切希望早日签约，不得不在赔偿等问题上继续对日让步。最终"日台和约"的达成貌似圆满，实则屈辱。

美国对日和约的宽大原则与国民党一贯的宽大主张貌似一致，但实际上并不一样。美国的某些决定在根本上损害了中国的利益，是对中国人民为同盟国的战争胜利所做巨大牺牲的无视和打击。而两岸分离，中华人民共和国无法参加和约，台湾当局无法理直气壮争取权益，"日台和约"最终以不像和约的形式匆匆了结，从中看不出任何对战败国的惩戒或警示。

---

① 《蒋介石日记》，1952年3月28日。

② 《蒋介石日记》，1952年4月27日。

③ 《蒋介石日记》，1952年4月30日上月反省录。

　　1949 年国民党丢失大陆，在美国保护下，其得以在台湾续存，更在美国支持下，台湾当局继续在一些国际场合代表"中国"，体现了美国的"恩惠"，但从中华民族利益看来，中国因分裂损失甚多。美国只是从自身利益出发，促成"日台和约"，将日、台纳入远东战略体系，使蒋介石挽回一些面子。但在具体权益方面，台湾当局完全没有战胜方的尊严和地位。

　　蒋介石虽不满于美国，却别无选择，只得将台湾参加对日和约的机会寄托于美国。此时期，在是否守住金马、是否保留政工等"内政"问题上，蒋还能较长时间坚守自己的决定，而在对日和约这种涉外问题上，蒋不得不最终顺从美国安排。这是蒋介石对自身实力与法律地位不自信的体现，也是国民党当局整体的倾向——因势弱而言轻，因言轻而受制于人。

　　对日和约是国民党当局丢失大陆后第一次向国际社会表明"身份"的大事，因此其"外交人员"颇为用力，蒋介石本人也很费心力。蒋的指导原则其实只有一个，就是凡能证明"台湾当局代表中国"者皆可为，除此便可放弃。因此，在具体权益方面，蒋的努力和抗争比较有限。在整个过程中，蒋介石的因应决策虽使台湾当局最终达到在多边和约生效前订立"日台和约"的目的，但其代价是沉重的。

第五章 围绕政工制度的台美角力及妥协

国民党退台后，政工制度在军中的重建原本是个重要问题。因资料多不公开，这一问题的研究甚为薄弱。① 政工制度源于苏联共产党在苏联红军中设置的政治委员，内容包括对军队内部的控管、对敌心理作战等。国民党退台后，在军队中重新开展政治工作，由曾在苏联留学的蒋经国主持。一般认为，军队的政工工作是蒋经国势力扩大的重要途径。惜因资料多不公开，学界对这一问题的研究甚为薄弱。

一 政工制度的重建

国民党建军初期曾仿效苏俄设立政工制度。② 1927 年，实行清党后，国民党的政工工作中多了一项反共的任务。1946 年，在政治协商会议及美国军事调处压力下，国民党取消军事委员会政治部的建制，参照美军制度，在国防部下设新闻局等机构。③ 之后不久，国民党在国共战争中败局日显。反思失败原因时，蒋介石等人将将领变节、士兵离心等军队中的问题归为

---

① 以往研究具代表性者为台湾地区陈鸿献的《1950 年代初期国军政工制度的重建》（《国史馆馆刊》第 42 期，2014 年 12 月）。该文运用台湾方面的资料论述了政工制度重建的背景和经过，着重论及美国军援顾问团关于军队双重指挥权的疑虑问题，认为政工制度因蒋氏父子不屈于压力而得以维持。

② 1924 年孙中山在设立黄埔军校时，认为革命的队伍需有旺盛的革命精神，决定派遣党代表成立政治部，施以三民主义训练和军人精神教育，是为政工制度雏形。当时国民党在以俄为师阶段，军队中设政治军官便是师俄的产物。有别于苏联处在于，国民党军队中政治军官的军阶与军事指挥官同级，而非略高。北伐前，国民革命军总司令部设政治部，执行军队中之政治训练计划，政工制度正式确立。

③ "国军政工史编纂委员会"编《国军政工史稿》第 5 编 "国防部总政治部"，1960，第 1045 页。

取消政工所致。① 国民党内党政高层形成一种共识："取消军队党务之组织，大陆军事之失败，此实为一主要因素。"② 在国民党退台过程中，政工制度的重建作为一项改革任务被反复讨论。

1950 年 4 月 1 日，《政治工作纲领》公布。纲领指出，政治工作，"基于反共抗俄战争之需要及配合全般军事改革之要求，一切设施，均以针对敌情保住胜利为主"。要旨是在"三民主义"之下，坚定共同信仰，激励士气，养成优良纪律，并竭尽全力瓦解敌人意志、削弱其战斗力。组织方面，"总政治部"承参谋总长之命，主办军队政治业务；军事机关学校及师以上部队设"政治部"，团、独立营及医院设政治处，营设政治指挥员，连设政治指导员及政治干事，独立排设政治指导员；其他相关军事机关均依一定规则比照设置。权责方面，政工制定位于介于隶属制与配属制之间。"国防部总政治部主任"直接隶属参谋总长，其他"政治部"处室主任、营连政治指导员直接隶于所属军事单位主官。所属单位如有幕僚长，其政工主官地位等于幕僚长；无幕僚长者，其地位等于副主官。工作范畴方面，分组织、政训、监察、保防、民运五大类。③

同日，"国防部政工局"改组为"政治部"，曾在苏联留学、熟悉苏共政治工作要领的蒋经国正式出任"国防部政治部主任委员"④。国民党学习共产党去搞政治工作，强化军队思想，"国防部"和先前的总裁办公室设计委员会等幕僚机构，"超拔"政治工作人员的权力。"国防部"发布第一号一般命令，指示：改制后的各级政工单位，在军事组织系统上为各级军事机关、学校、医院、部队的政治幕僚机构，"政治部主任"为各该单位主官的政治幕僚长；工作职权上，"政治部主任"对其主管业务有主动策划及副

① 唐振楚编《总裁办公室工作纪要》，载中国国民党中央委员会党史委员会编《中国国民党党务发展史料——非常委员会及总裁办公室资料汇编》，台北：近代中国，1999，第 286～287 页。

② 张其昀：《党务报告要略》，载中国国民党中央委员会党史委员会编《革命文献》第 77 辑，台北："中央文物供应社"，1978，第 113 页。

③ 唐振楚编《总裁办公室工作纪要》，载中国国民党中央委员会党史委员会编《中国国民党党务发展史料——非常委员会及总裁办公室资料汇编》，第 287～294 页。

④ 1951 年 5 月 1 日，"国防部政治部"改称"国防部总政治部"。1956 年（一说为 1963 年），更名为"国防部总政治作战部"。2000 年 1 月，改组为"国防部总政治作战局"。2013 年元旦，调整更名为"国防部政治作战局"。蒋经国担任"总政治部主任"时间不长，1954年夏，张彝鼎继任，后又数易其人，但蒋经国对政工的控制力和影响力仍在。

署权，对所属政工单位有指挥监督权，对政工人员任免奖惩有签核权，对政工事业费有支配权。①

此次政工制度的重建不只是过去的翻版，而是进行了几项改革，包括：政治幕僚长制的确立、监察制度的确立、保防工作的加强、军队党务的恢复、"四大公开"②的实行、政治训练等六项。蒋介石对政工改制寄予厚望，认为"政治工作不只是一个军队的灵魂，也可以说是军队的基础。没有政工的军队，好似一个没有灵魂的人，只剩躯壳，那就无异行尸走肉，毫无作用"。③为培养政工工作所需大批人才，专设政工干部学校。蒋介石亲自主持第一期学生开学典礼，指示"要使每一个学生毕业以后，都能够担负起政工责任，即军队的灵魂和胜利的基础"。④

蒋经国以刻苦实干的作风主持"总政治部"工作，力求消弭各种负面作风和行为，关心士兵疾苦，融合官兵关系、军民关系以及外省人与本省人关系，提高军队战斗力。宣传方面，要求军闻社低调、秘密，军闻社所发新闻稿除有特别性者外，皆不要求各报社登载或要求其登载于重要位置，以免引起外界对"政治部"之不满。蒋经国认为目前工作最需要的是养成埋头苦干的风气，"自我宣传"和"出风头"有害无益。在个人形象塑造方面，蒋经国更是力求低调，要求不可再用"青年导师——蒋经国"之类语句，对其个人讲话不得用"训话""训词"字样，甚至要求在任何地方不要为其个人做宣传，不要印发其个人照片及讲话。在蒋经国手札中，经常看到某事不要登报的要求，泄露内部消息以泄漏军事机密论罪。作风方面，蒋经国着力整顿不良风气，查处吃空额等贪腐行为，消除官僚作风，禁止违纪犯法、贿赂与花天酒地。上下关系、军民关系方面，处罚行为粗暴、打骂士兵者，体恤下层，切实解决下层困难，如没有营房住的问题、不及

---

① 《国防部命令规定国军政工制度改制自四月一日起实施及颁布政工改制法规五种》（1950年4月1日），"国防部总政治部任内文件（三）"，"蒋经国总统文物"，典藏号：005-010100-00052-012。

② 人事公开、经济公开、赏罚公开、意见公开。

③ 蒋介石：《政工人员的责任和必须具备的条件》（1952年1月6日主持政工干部学校第一期学生开学典礼讲），载秦孝仪主编《先总统蒋公思想言论总集》卷25，第1页。

④ 蒋介石：《政工人员的责任和必须具备的条件》（1952年1月6日主持政工干部学校第一期学生开学典礼讲），载秦孝仪主编《先总统蒋公思想言论总集》卷25，第2～3页。

时发饷的问题、工作负担过重的问题等，为劳累致病者发医药费、购买奶粉，倡导军民打成一片，特别注意本省籍台湾人情绪，防止分化。士兵心理方面，关注士兵心理健康，解决因想家而产生的逃兵问题，宣传大禹治水三过家门而不入的精神，要求不可再传"回家团聚"的说法。官兵士气方面，要求政工向官兵说明为何而战，坚守对领袖之信仰，在宣传中强调"中华民族是最优秀的民族"，蒋中正是"最伟大的领袖"。① 战斗力与效率方面，减少报表、公文、会议，严厉批评"做表面工作"者，要把六十万的兵当作六百万来用。当然，在所有工作中，"保防"是最为重要的一项。所谓"保防"，即防止军队被中共渗透，防止官兵思想"恶化""变质"。② 政工人员要召开保防会议，严加注意并调查曾被俘官兵，考察新兵历史，调查监视新来台人员。③

从蒋经国的各种手令手条看，至少"政治部"各项工作的初衷是有针对性的。不过，一项新制度的实行往往会面对各种臧否，何况是建立这样一个以纠误为原则、到处插手的体系。对于政工改制，国民党内部、军队内部皆有反对之声。④ 而其具体执行也难以避免地出现各种偏差和极端的情况（"政治部"或政工本身利弊好坏不是本章重点，暂不讨论）。⑤

国民党退台后，政工制度在军中的重建和改制，影响甚大。从人员上看，从上到下铺设政工体系，在初期仅校尉级政工干部便已逾万。⑥ 在指挥

① 许瑞浩等编辑《蒋经国手札（1950 年~1963 年）》，台北："国史馆"，2015，第 175、258、61、33、47、123、48、7、24、43、155、65、20、128、43、33、37、138、180、283、169、18、137、17、238、266、211、234、21、54、139、128、238、145、111 页。
② 朱浤源、张瑞德访问，蔡说丽、潘光哲纪录《罗友伦先生访问纪录》，台北：中研院近史所，1994，第 344 页。
③ 许瑞浩等编辑《蒋经国手札（1950 年~1963 年）》，第 32、35、128 页。
④ 王叔铭日记中曾有反映："陆海军对政工制度均有怨言，但迫于蒋主任（蒋经国）之威下（吓），不敢讲话。士兵工作多言训练吃不饱，有克难虚名，自杀风气仍盛，逃亡者仍有。又政治部想管制人事，周总长（周至柔）大不满意。"《王叔铭日记》，1951 年 8 月 18 日，王叔铭档案，馆藏号：063 - 01 - 01 - 008。
⑤ 如 1951 年 6 月，"国防部"公布对军眷发放津贴的办法，有人恶意批评，亦有人趁机造谣生事。"政治部"承担解释工作，若解释后仍有生事者，则以反动论罪。见《王叔铭日记》，1951 年 6 月 6~8 日，王叔铭档案，馆藏号：063 - 01 - 01 - 008。
⑥ 据 1950 年 2 月的报告，现有校尉级政工干部 11000 人。见《邓文仪呈蒋中正请核定所修订建立政工制度方案及其相关措施》（1950 年 2 月 12 日），"中央政工业务（一）"，"蒋中正总统文物"，典藏号：002 - 080102 - 00014 - 005。

体系上，虽然政工干部为部队长之副主官，却是自成体系的"一个小王国"，无论人事、奖惩、预算编列及经费支用，都不受各级部队长之指挥与节制。① 这样一个密布于军队中的体系，自然受到美国方面的注意。

二 美国方面的反对意见

美国方面对蒋经国主持之政治工作密集表达反对意见，始于美国军援顾问团进驻台湾。1951 年 5 月，美国军援顾问团作为美国对台军援的一部分，在台北成立，首任团长为少将蔡斯。美国军援顾问团全面参与台湾当局的军事预算编制，提供军事咨询，指导军事训练，督导台湾军方配合执行美国政策。美国对台湾军方的全面介入，不可避免地与政工系统产生了冲突。

5 月 23 日，美籍顾问柯克向蒋介石转达美国军事顾问对"国防部"设置"总政治部"之意见。美方对"政治部"制度极为怀疑，认为是"俄国之制度"。② 6 月，美方派美军顾问鲍伯（Bar Ber）中校与"总政治部"进行接触，了解政工制度具体内容。15 日，蔡斯就初步考察台湾军事的结果拟订出一份报告，几天后有关部门翻译成中文交蒋介石，率直批评三军之缺点，对政治工作尤表不满，主张尽力提用留学欧美之人员。③ 7 月初，美国驻台临时"代办"蓝钦向国务院报告了有关情况，其中重点提出政治工作问题及台美双方的不同认识。他指出，"政治委员会的问题接近于差距的中心，这种差距将美国和中国思想在一个意识形态和实践领域分开"。蓝钦虽然认为台湾当局需要有能力应对"颠覆和间谍活动"，需要在部队进行精神建设、鼓舞士气，但也指出知情的美国人和许多（即使不是大多数）台湾军官认为"目前在这两个领域使用的方法都是有严重缺陷的"。除了对间谍的实际逮捕之外，在军事机构的有效性方面，似乎弊大于利。④

7 月 28 日，香港《工商日报》刊出消息，因"总政治部"不独深达整

---

① 陈鸿献：《1950 年代初期国军政工制度的重建》，《国史馆馆刊》第 42 期，2014 年 12 月，第 69、71 页。

② 《蒋介石日记》，1951 年 5 月 23 日。

③ 《王叔铭日记》，1951 年 6 月 23 日，王叔铭档案，馆藏号：063 - 01 - 01 - 008。

④ The Chargé in the Republic of China（Rankin）to the Department of State, July 6, 1951, United States Department of State, in FRUS, 1951, Korea and China（in two parts）, Vol. 7, Part 2, p. 1732.

个军事机构，而且深入保安队各部门及国民党当局各机构，以及游击队及其他地下组织与大陆情报人员之活动之内，政工人员拥有与部队长官相同或更大之权力。传蔡斯向蒋介石建议撤销或改组"总政治部"，据称蒋经国立即提出抗议，并令草拟意见书送交顾问团。次日该报刊出消息更正传言，谓蔡斯发表声明否认建议改组台湾军队，但谓正与台湾参谋当局讨论研究。此类消息无疑对人心不利，31 日，台湾的《中央日报》刊出消息，谓蔡斯否认改组台湾军事机构，证实军援正源源运到。①

"总政治部"的触角不但伸到防守台湾的各部队，还伸到潜伏于大陆的游击队中。协助国民党在大陆进行游击活动和情报工作的"西方公司"人员贝亚士（R. W. Pears）对此提出抗议。9 月 27 日，贝亚士给蒋介石一封信，称自己虽曾同意蒋介石以派遣政工的方式肃清游击队中间谍的提议，但经认真考虑，希望对政工工作内容和方式有进一步了解后再做决定。贝亚士提出五点疑问：

> 1. 在军事机构或半军事机构中，政工人员之任务为何？2. 政工人员之专责及职掌为何？3. 政工人员以何种方法执行其职责？4. 政工人员对何人负责？——部队长抑或政治部某一直属长官？5. 政工人员是否另有其单独之行文系统？②

"总政治部"设立后的三年间，美方对政治工作在军队的运行不断表示着疑惑。1951 年 10 月，负责中国经济事务的官员巴尼特（Robert W. Barnett）在给远东事务助理国务卿腊斯克的备忘录中，指出根据孙立人和蔡斯的说法，秘密警察、反情报、举报人和军队中的政工活动对良好的军事纪律、高昂的士气和有效的战斗潜力构成一个几乎无法克服的障碍。③ 部队政治训练占训练时间 15% ~ 25%，蔡斯担心政治教育占用时间过多，因此邀"总政治部"

---

① 香港《工商日报》1951 年 7 月 28 日剪报、29 日剪报，《中央日报》1951 年 7 月 31 日剪报，"美国协防台湾（二）"，"蒋中正总统文物"，典藏号：002 - 080106 - 00049 - 008。

② 《贝亚士呈蒋介石函》（1951 年 9 月 27 日），"国防部总政治部任内文件（三）"，"蒋经国总统文物"，典藏号：005 - 010100 - 00052 - 008。

③ Memorandum by the Officer in Charge of Chinese Economic Affairs（Barnett）to the Assistant Secretary of State for Far Eastern Affairs（Rusk），October 3, 1951, United States Department of State, in *FRUS*, *1951*, *Korea and China*（*in two parts*），Vol. 7, Part 2, p. 1820.

派人与顾问团人员商谈。[①] 1952 年 9 月，在与蒋介石讨论预算政策及军事方案时，蔡斯批评台湾武装部队的指挥系统薄弱，权力过分集中在"国防部"，部队指挥官逃避责任的一个原因是政治部门的存在。蔡斯指出政工人员干涉人事程序，政工人员通常负有全面的人事职能，而他们并没有受过这方面的培训。[②] 蔡斯认为，参谋组织内的"政治部"造成参谋作业的混乱，在各级司令部内存在着政治与军事双重参谋制度，这与美国现行每一军事部门只有一个参谋长或执行官的参谋原则不一致。[③] 1953 年 6 月，美国参谋首长联席会议主席雷德福（Arthur W. Radford）访问台湾时指出，他担心"过度政治灌输和控制对年轻军官造成的愚弄影响"。"政治前景似乎高于军事技能，由此导致广泛的不安全感和小集团的养成，削弱了指挥系统。"[④]

政工制度也成为蒋介石政敌的武器，在因毛邦初事件而引发的对台湾当局的攻击中，李宗仁坚称美国军事援华顾问团团长蔡斯曾一再促使蒋氏废除政工，但未获实现。[⑤] 李宗仁的说法反映了当时舆论界一个较主流的看法，这个看法迄今为止，也是学界的一个普遍性看法。事实究竟如何？阅读档案，我们会发现，虽然蔡斯等美国军方人物在不同场合表达过对政治工作的疑问和不满，但其实他们的表述并不强硬，往往留有余地，有时甚至是十分婉转地表达疑虑。[⑥] 对于媒体流出的若干言论，美国军方也对台湾当局采取了一定的保护。

---

① 《蒋经国电蒋介石》（1951 年 10 月 3 日），"一般资料——蒋经国致蒋中正文电资料（三）"，"蒋中正总统文物"，典藏号：002 - 080200 - 00626 - 096。

② The Chargé in the Republic of China（Jones）to the Department of State，September 19，1952，United States Department of State，in *FRUS*，*1952 - 1954*，*China and Japan*（in two parts），Vol. 14，Part 1，pp. 106 - 107.

③ 《参谋区分及职业规定》，"国军档案"，"国防部"藏，总档案号：00055506，转见陈鸿献《1950 年代初期国军政工制度的重建》，《国史馆刊》第 42 期，2014 年 12 月，第 76 页。

④ The Chargé in the Republic of China（Jones）to the Department of State，June 18，1953，United States Department of State，in *FRUS*，*1952 - 1954*，*China and Japan*，Vol. 14，Part 1，p. 207.

⑤ 《蒋氏之政敌谓国军不足廿万人》（原文载 1952 年 3 月 3 日《芝加哥日报》），"毛邦初与李宗仁"，"外交部档案"，馆藏号：11 - 07 - 02 - 10 - 23 - 042。

⑥ 如在与"总政治部"就政治教育占用时间过多的问题进行洽谈时，蔡斯首先声明报上关于顾问团批评"政治部"的话完全是记者的话，表明美方的友好态度。提出问题时，又声明美国无意干涉，只因与作战训练时间有连带关系，故而提出。见《美国顾问团蔡斯团长与国防部总政治部主任蒋经国及第五厅洪厅长会谈纪要》（1951 年 11 月 6 日），"国防部总政治部任内文件（三）"，"蒋经国总统文物"，典藏号：005 - 010100 - 00052 - 020。

正如 1951 年 12 月蓝钦致国务院的报告中所言，考虑到国民党军队相对低的政治成熟度，以及对军事部门渗透的可能性一直存在，人们认为政工的存在是有用的。美国军援顾问团一般采取这样的立场，即不反对政治培训，只要它不消耗太多时间，并且只要它不在军事组织内引入单独的指挥系统。因此，其工作方法是与台湾当局一起讨论修改和改进政治部门的组织基础，"以便在不影响其有用活动的情况下消除其令人反感的特征"。①

三　蒋氏父子的应对

在 1951 年 5 月最初得知美方对"政治部"的疑虑后，蒋介石甚为愤慨，认为美国务院对自己无计可施，开始转而攻击蒋经国。自然，这是蒋介石写日记时对美方常用的愤懑口吻。痛恨之余，蒋介石仍理性地盼咐宣传组拟订材料为美方解惑。② 29 日，美国军援顾问团与台湾"国防部总政治部"举行了一次会谈，蒋经国亲自向美方解释"政治部"的工作内容及性质。蒋经国首先说明"反共抗俄战争"的三个特点。作战目标方面，苏联常用"中国人不打中国人"做宣传，这使台湾军队思想模糊，不知为何而战、为谁而战；敌人除武力外，特别侧重思想组织与间谍战；1946 年 6 月 1 日，撤销军事委员会及军政部等组织，改设国防部后，根据美国顾问团建议设置新闻局、监察局、民事局及特勤署等单位，现在的"政治部"主要工作正是这四个部门业务的合并。合并为"政治部"的理由是提高工作效率，并节省经费和人力。"政治部"的主要任务是巩固军心、提高士气，主要工作是推行"四大公开"，实施政治教育，提倡康乐活动。蒋经国强调，各级政工主管是"绝对跟从各该级部队长的指挥，而断不破坏军队的指挥系统，参谋长是部队长的军事幕僚长，政治部主任是部队长的政治幕僚长"。在接下来的提问环节，顾问团首先问到的就是指挥权的问题，问部队长发布命令是否须由政治主管副署？蒋经国予以否认，并指出各级部队政

---

① The Chargé in the Republic of China (Rankin) to the Department of State, December 11, 1951, United States Department of State, in *FRUS, 1951, Korea and China (in two parts)*, Vol. 7, Part 2, p. 1865.

② 《蒋介石日记》，1951 年 5 月 23 日。

工不会影响同级参谋长职权，"政工主官不过问军政和军令"。①

蒋经国对美国军援顾问团的解释态度诚恳，在压制美方第一波抵触情绪方面起到了作用。关于副署权的问题，在起初的工作纲领中确实是规定了政工"对其主管业务"的副署权。但这一问题引起美方对部队长职权受到干扰的担忧。蒋经国一再对美方进行解释后，② 又下令修改"政治工作纲领"中有关副署权的文字，以减少美方疑虑。1951 年 11 月 3 日，"国防部"发布命令，废除政工副署权并修正《政治工作纲领》如下：

> 一、依照《国军政治工作纲领》二之第四项"各级政治单位，为各该部队机关学校医院之幕僚机构；政治部主任为各该单位主官之政治幕僚长；团以下政工主官，为各该单位之副主官"，各级政工主官，已确定为幕僚长或副主官，行之既属有效，则政工主官之副署权，自无继续赋与之必要，应予取消。
>
> 二、修正《国军政治工作纲领》四之第一项"政治部主任直隶参谋总长，负责策划政治工作之责，国防部所属各级政工单位之命令文告，政治部主任应副署，在其主管业务范围内得对外行文"，将原条文中间之"国防部所属各级政工单位之命令文告，政治部主任应副署"两句删去。又四之第三项"军事机关部队学校医院一切有关政治之命令文告，政治部主任均应副署"，全条删除。③

美方对部队中是否共存政工与军事两个系统存有疑虑，代表蔡斯到台湾"陆军总部"工作的魏雷（John I. Willey）提出陆军中政工权责似有超越指挥官等问题。1951 年 11 月 19 日，蒋经国一行到蔡斯办公室向蔡斯、魏雷等人答疑。关于政工的某些决定是否可以不经过部队长，是否意味着部

---

① 《美国军援顾问团与国防部总政治部会谈纪要》（1951 年 5 月 29 日），"国防部总政治部任内文件（三）"，"蒋经国总统文物"，典藏号：005－010100－00052－019。

② 继 5 月的解释工作后，10 月还有一次会谈，蒋经国向蔡斯表示，"总政治部"举行过一次调查，69 个团长以上部队长中有 62 个认为政工配合得很好。并谓顾问团可以去访察核实。见《美国顾问团蔡斯团长与国防部总政治部主任蒋经国及第五厅洪厅长会谈纪要》（1951 年 11 月 6 日），"国防部总政治部任内文件（三）"，"蒋经国总统文物"，典藏号：005－010100－00052－020。

③ 《国防部一般命令》（1951 年 11 月 3 日），"国防部总政治部任内文件（三）"，"蒋经国总统文物"，典藏号：005－010100－00052－024。

队中存在两个系统，蒋经国指出政工政策计划等均须经部队长核定，工作实施归部队长监督，工作成果向部队长报告，只是技术上的事可径与"政治部"联络，这种程序与通信署的业务一样。蒋经国称部队长知道政工人员所做的所有事，士兵虽可直接向政工汇报，但政工人员接获报告后须转告其指挥官，"政工人员犹如美军中的牧师"，对士兵生活康乐特别注意，并指出 30% ~ 35% 的政工并非国民党员。蒋经国讲述过去军队政治工作存废的历史，指出现在设立政工的必要性，称 1950 年在部队中发现了 400 余起间谍案件，其中 300 余起发生于陆军。有些政工在工作方法上发生了错误或偏差，"此非制度问题，乃人的问题，有许多政工人员的程度还不够标准"。蔡斯指出，美国军队也有反间谍机构担任保密防谍工作，但不干涉指挥系统，一切事务均报告其指挥官。蔡斯声明其本人并不是反对军队有此组织，美方的意见只是因为台湾方面的政治工作似乎干涉到指挥权。蒋经国再次邀请美方派员共同研究该制度，以便改进完善。①

经蒋经国邀约，美方派鲍伯前往"政治部"了解情况。蒋经国表示，希望鲍伯与其共同调查是否部队中真的存在"两个系统"，若真有此事，要设法改正，不过他觉得，这是对政工技术指导的"一种误解"。并希望无论有何不确实消息皆能与其本人直接讨论，不要听信传言，因为"过耳之言，常会引起误解"。②

在政工是否妨碍军队的一元化指挥之外，蔡斯还担心政治教育占用时间太多，蒋经国亲自前往晤谈。蒋经国解释说，政治训练包括士兵识字教育、保防训练、军队卫生养成、时事讲述及思想教育等项，其中识字教育、保防训练占时最多且有成效，现士兵 90% 以上能识字，今后可考虑将政训时间减少至 10% 左右。③

---

① 《美国顾问团蔡斯将军与本国防部总政治部主任蒋经国谈话纪要》（1951 年 11 月 19 日），"国防部总政治部任内文件（三）"，"蒋经国总统文物"，典藏号：005 – 010100 – 00052 – 023。

② 《国防部总政治部主任蒋经国与鲍柏谈话纪要》（1951 年 11 月 30 日），"国防部总政治部任内文件（三）"，"蒋经国总统文物"，典藏号：005 – 010100 – 00052 – 039。为与前文一致，此处文中将"鲍柏"统一写成"鲍伯"。

③ 《美国顾问蔡斯团长与国防部总政治部主任蒋经国及第五厅洪厅长会谈纪要》（1951 年 11 月 6 日），"国防部总政治部任内文件（三）"，"蒋经国总统文物"，典藏号：005 – 010100 – 00052 – 020。

　　贝亚士向蒋介石表示对游击队设立政工的疑问后，蒋经国也报告了此事，说贝亚士曾经非正式反对在游击队中设立政工，以免为"总政治部"所控制。蒋经国指出为向游击队灌输革命思想，"非设置政工不可"。"国防部"已有正式命令，已成定案。建议针对贝亚士所提问题准备对案，并派"总政治部"副主任张彝鼎前往解释。为保密起见，此事不可见诸文字。①

　　在雷德福表示政治工作过度控制思想、造成不安全感时，蒋介石反驳说，高级官员和海军中现存的小集团可能会有一些不安全感。但年轻军官没有反对政治训练，政治信念只占他们评分的10%，而且这项计划的目的是在部队内部实现更大的统一目标。对此说法雷德福并不能完全理解，于是邀请蒋经国访问美国，以了解舆论的重要以及美国是如何解决类似问题的。②

　　1953年10月，蒋经国应邀访美，其访问了美国中情局、司法部等相关机构，考察罪犯侦查实验、特工人员训练等业务，并与有关人员进行了交流。③ 1954年1月，蒋介石指示周至柔组织"政工干涉指挥权与控制人事"之调查小组，如美国军援顾问团能有人参加更好，可请蔡斯保选，若由其本人参加尤为欢迎。④ 周至柔旋即组织政治工作调查委员会，下设人事、训练、作战3个调查小组。周至柔任主任委员，蔡斯担任顾问，陆、海、空、联勤之各军总司令及"总政治部"主任为委员。蔡斯认为这或许是个解决问题的办法，于是接受顾问职位。随后，在美国军援顾问团派驻"政治部"人员的建议下，政治官员职业指导课程开始设立，每期为期四周，目的就是让政治官员熟悉美国工作人员的程序和指导思想。⑤ 这种人员互派和相关

①　《蒋经国电蒋介石》（1951年10月1日），"一般资料——蒋经国致蒋中正文电资料（三）"，"蒋中正总统文物"，典藏号：002－080200－00626－095。

②　The Chargé in the Republic of China（Jones）to the Department of State, June 18, 1953, United States Department of State, in *FRUS, 1952-1954, China and Japan（in two parts）*, Vol. 14, Part 1, p. 207.

③　《蒋经国访美期间电文暨报导及陈诚访美会谈资料》，"蒋经国总统文物"，典藏号：005－010205－00016－001。

④　《蒋介石电周至柔》（1954年1月28日），"筹笔——戡乱时期（二十二）"，"蒋中正总统文物"，典藏号：002－010400－00022－008。

⑤　Memorandum by the Director of the Office of Chinese Affairs（McConaughy）to the Assistant Secretary of State for Far Eastern Affairs（Robertson）, December 13, 1954, United States Department of State, in *FRUS, 1952-1954, China and Japan（in two parts）*, Vol. 14, Part 1, p. 1026.

业务交流一定程度上化解了隔膜和误会。

蒋经国亲自主持"政治部"一点似亦为美方部分人士所不满。国民党退台前后，蒋经国的权力有很大加强，蒋介石有意"传位"的议论沸沸扬扬。蒋介石的政敌也利用此点对其进行攻击，如李宗仁对《芝加哥日报》表示："蒋氏之长子蒋经国，显然将为蒋氏之朝代继承人，现负责军队政工，此项政工乃仿效苏俄体制者。"[①] 1952 年，蒋经国又建立"青年救国团"的组织，在秘密警察之外，控制了全台青年。为减少为外人所诟病的压力，蒋经国在建立起"政治部"各项工作秩序以及重要人事后，在 1954 年夏将"总政治部主任"一职转交他人。但此后其并未失去对"政治部"的控制力。"总政治部主任"虽数易其人，但"萧规曹随"，都沿袭蒋经国定下的制度，[②] 且若干重要人事任命仍由蒋经国决定。[③] 在 1951 年就有心腹之人向蒋经国建议让出"总政治部主任"职，[④] 此举多少有助于减少美方对政治工作的不满和怀疑。

四　美国对台湾政治生态的适应性调整

经过蒋氏父子特别是蒋经国的解释说服工作，加上美方对"政治部"工作也有几分理解，美国并未采取强硬态度进行反对或压制，但是这并不表明美方完全接受了"政治部"。经过几年的发展，政工系统越来越完备，政工业务日益扩展。虽然蒋经国在美方压力下，对"政治部"权责、业务进行过某些调整，但政工制度的根本特征没有改变过，"政治部"令美方反

---

① 《蒋氏之政敌谓国军不足廿万人》（原文载 1952 年 3 月 3 日《芝加哥日报》），"毛邦初与李宗仁"，"外交部档案"，馆藏号：11 - 07 - 02 - 10 - 23 - 042。

② 1958 年上任的"总政治作战部主任"罗友伦介绍："总政战部是经国先生手创的，干部都是他找来的、他训练的，他指挥起来格外得心应手，我担任主任，一切都依照他的规矩来，安然无事。"见朱浤源、张瑞德访问，蔡说丽、潘光哲纪录《罗友伦先生访问纪录》，第 213 页。

③ 在任命罗友伦之前，蒋经国曾两次找罗谈话，要其任"总政治部主任"职，罗未答应，后来未征求其意见便直接宣布。见朱浤源、张瑞德访问，蔡说丽、潘光哲纪录《罗友伦先生访问纪录》，第 212 页。

④ 1951 年 6 月 24 日，王叔铭曾与蒋经国商议如何应对美方不满，建议将来可增一次长专管政治，至"政治部主任"可由别人为之，但政工制度必须维持。见《王叔铭日记》，1951 年 6 月 24 日，王叔铭档案，馆藏号：063 - 01 - 01 - 008。

感之处并未消除。现有研究认为是蒋氏父子"不屈服美方压力"使得政工制度得以维持。[1] 此点结论或许可以再探讨。

1954 年初，台湾方面请美方委派陆军军官担任"政治部顾问"。负责国际安全事务的助理国防部长纳什（Frank C. Nash）在致负责远东事务代理助卿庄莱德（Everett F. Drumright）的信中指出，国防部的军事部门和办公室都不相信政治咨询人员的任命将消除政工对军事训练"令人反感的干扰"。[2] 1 月下旬，通过美方要电，蒋介石了解到，美方虽对政工制度之反对"不愿取激进行动，但其要求取消之目的，仍将继续不休"。[3] 在美方看来，政治工作对部队的干扰与政工执行蒋经国的命令有关，因此解决问题的方案应放在影响蒋氏父子来纠正当前的措施。[4]

此时美方对政工制度还持有较明显的消极观点，然而此后，美方对政工制度挑剔或反对的史料似乎瞬间消失。这颇令人费解。固然，蒋氏父子为消减美方顾虑，设立政治工作调查委员会，开设政工培训课程，美方部分人士得以对台湾政治工作的改进不断抱有些许希望。是蒋氏父子的若干措施完全消除了美方的误解和担忧吗？想来应不尽然。政工体系庞大，人员素质良莠不齐，政工业务的触角颇有无处不在之势，美方对此长期容忍，应还有其他的背景。

当不再将关注点只集中在"政治部"上时，我们可以看到一些其他的变化。其中一点是国民党败退台湾后逐步建立了新的政治生态。国民党经历大失败后来到台湾，在反思失败的旗帜下进行了一场全面的改造运动。在某些方面改造的效果并不彻底，但是在"中央"权力的运作方面改造效

---

① 如陈鸿献《1950 年代初期国军政工制度的重建》，《国史馆馆刊》第 42 期，2014 年 12 月，第 82 页。

② The Assistant Secretary of Defense for International Security Affairs（Nash）to the Deputy Assistant Secretary of State for Far Eastern Affairs（Drumright），February 23, 1954, United States Department of State, in *FRUS, 1952 – 1954, China and Japan（in two parts）*, Vol. 14, Part 1, p. 365.

③ 《蒋介石日记》，1954 年 1 月 27 日。

④ The Assistant Secretary of Defense for International Security Affairs（Nash）to the Deputy Assistant Secretary of State for Far Eastern Affairs（Drumright），February 23, 1954, United States Department of State, in *FRUS, 1952 – 1954, China and Japan（in two parts）*, Vol. 14, Part 1, p. 365.

果颇显成效。大陆时期，蒋介石行使权力时经常会受到来自各方的掣肘。到台湾后蒋介石以一个精简的、年轻化的权力核心取代过去庞大臃肿的权力中枢，新的权力核心派系色彩大为减少，蒋介石的权威得到树立。为增加凝聚力，退台后的国民党特别注重树立蒋介石的个人威信，这也是"总政治部"在军队中进行的工作内容之一。士兵要宣誓效忠，树立领袖形象是宣传工作的一项指导原则。伴随着台湾新的政治生态的形成，在多变的局势中美国对蒋氏领导下的台湾政权产生了新的理解。

从 1949 年到 1954 年五年间，美国官方对蒋介石的看法和评价有着很大的变化。1949 年美国曾在著名的中美关系白皮书中批评蒋介石集团的腐败与无能，1950 年因远东局势变化而不得不继续与蒋介石打交道。在这一年多的时间里，美国考虑如何处置台湾，如何对日媾和，中间经过对"由联合国托管台湾"的各种讨论和利弊权衡，最后认为当下并没有一个可行性方案来解决台湾问题。① 1951 年 12 月，美国中情局提出"加强台湾作为反共基地"的建议。② 这一建议得到决策部门认可，形成一系列基于这一建议的认识，其中重要的一项就是：美国应该尽可能加强而非削弱国民党当局的声望和领导地位。③ 在此认识基础上，美国对台湾事务虽有诸多干涉或施压，但在台湾内部事务方面大多留有讨论余地。经过几年的观察与磨合，到 1950 年代中期，美国官方呈现出对蒋介石对台统治的信任。

在 1954 年 9 月中旬美国中情局、国务院以及军方情报组织共同参与制定的一份对台湾当局的评估报告中，他们对蒋介石的统治进行了饶有兴趣的审视。他们看到："蒋委员长在政治舞台上占主导地位，不是通过直接命令，而是通过政府内部的人物个性和派系间的间接和巧妙的平衡。他的传

---

① The Secretary of State to the Secretary of Defense (Lovett), Dec. 7, 1951, United States Department of State, in *FRUS*, *1951*, *Korea and China* (*in two parts*), Vol. 7, Part 2, pp. 1860 – 1861.

② Letter From Director of Central Intelligence Smith to Secretary of Defense Lovett, December 11, 1951, in *FRUS*, *1950 – 1955*, *The Intelligence Community*, *1950 – 1955*, pp. 230 – 232. 参见 https://history. state. gov/historicaldocuments/frus 1950-55Intel/d98。该文件并在已出版的 *FRUS* 中未收录。

③ Memorandum by the Joint Chiefs of Staff to the Secretary of Defense (Lovett), March 4, 1952, United States Department of State, in *FRUS*, *1952 – 1954*, *East Asia and the Pacific* (*in two parts*), Vol. 12, Part 2, pp. 15 – 18.

统而巧妙的分治实践可能在很大程度上决定了台湾目前政治稳定的程度。"同时，他们也意识到，只要美国没有大幅度减少对台湾的承诺，台湾当局便会继续保留相当大的"独立行动的能力"，并将"顽固地抵制美国的建议"。① 1955 年 4 月，在另一份评估中，美国指出目前台湾的政治模式已与1949 年以前的大陆情况不同，政权内部可以造成干扰的独立的权力或影响力很少，政治和个人关系几乎完全围绕着蒋介石及其幕僚运转。他坚定不移地以回归大陆为目标，不管这个目标是"多么遥远或不可行"。②

第一次台海危机的发生使美国被迫做出劝说蒋介石从大陈撤退的决定，起初美国以为此举可能严重影响台湾士气及国民党在台统治的稳定性。1955年 3 月，中情局局长致国务卿杜勒斯的备忘录指出，"仍然有理由相信中国国民党容易被颠覆，这比人们普遍认为的更为严重"。③ 然而，经过观察，美国的国家情报评估发现台湾士气的总体状况仍然"相当不错"，并没有在台湾大部分地区发现颠覆活动，整个岛上都在采取强有力的对策。美国认为，台湾士气之所以没有因为"外岛"危机而低落，蒋介石及其"反攻"口号在其中起到重要作用。"蒋介石是回归大陆希望的杰出象征，也是这种希望的主要创造者和延续者。蒋在保持台湾团结和目标感方面取得了独特的成功。"若蒋介石死亡或退休，"将给台湾局势带来严重的不确定性"。④ 1957 年，美国的情报评估指出，迄今为止，有成效的颠覆活动及其引发的叛逃很少，台湾当局的安全措施"似乎足以防止任何对政权稳定的威胁"。同时认为，台湾当局的长期维持将取决于美国的政策、中国大陆的发展以及国民党领导人治台的能力。若美国在支持国民党统治方面失去兴趣，或

① National Intelligence Estimate, September 14, 1954, United States Department of State, in *FRUS*, *1952 – 1954*, *China and Japan* (*in two parts*), Vol. 14, Part 1, pp. 633, 642.

② National Intelligence Estimate, April 16, 1955, United States Department of State, in *FRUS*, *1955 – 1957*, *China*, Vol. 2, pp. 479, 482, 488.

③ Memorandum From the Director of Central Intelligence (Dulles) to the Secretary of State (Dulles), March 16, 1955, United States Department of State, in *FRUS*, *1955 – 1957*, *China*, Vol. 2, pp. 380 – 381.

④ National Intelligence Estimate, April 16, 1955, United States Department of State, in *FRUS*, *1955 – 1957*, *China*, Vol. 2, pp. 479, 482, 488.

中国大陆获得稳定发展，台湾的分裂和失败主义倾向将会加剧。①

　　1950年代中期，美国评论着蒋介石的统治哲学和政治手腕，但并不是以指责的态度。美国需要一个稳定、有力量的台湾来配合自己的远东政策，蒋介石的存在大大减少了台湾涣散无力的倾向。美国要的是一个结果，不管这个结果是如何实现的。美国对蒋氏父子采取的安全举措给予充分肯定，这个"反颠覆"的重要部门自然是"总政治部"。同时，在美国看来蒋介石的"反攻"主张是其维持台湾士气和政治稳定的重要武器，是其个人权威得以树立的基础。

　　对于蒋的"反攻"主张，美国内部是意见纷纭的，鉴于其可能造成的大战风险，美国主流意见是慎重的。然而，美国基于对"反攻"主张是蒋介石聚拢民心士气的法宝之认识，故尽可能地避免公开正面表态，以免对蒋造成打击。第一次台海危机后，美国虽然被迫调整对"外岛"的定位，提高了对台湾当局轻举妄动的警惕，但仍未以官方立场明白表达美国反对"反攻"以及"反攻无望"。1958年第二次台湾危机发生，台湾当局的"反攻"宣传加剧着国际上的恐战情绪，美国无法再持续其模糊立场。美国对台湾当局"反攻大陆"的消极说法被西方媒体大肆解读，引起台湾民心不安。美方将原来的"待机反攻"主张进一步推演，构思出"精神化""反攻大陆"的说辞，来游说蒋介石。② 美国原本就有与"政治部"等部门联合进行的所谓"心战"计划，现在为配合对台新主张更要支持台湾方面进行"心理战"③、"政治战"。如此，"政治部"的存在也就更加顺理成章。

小　结

　　国民党带着大批军队退踞台湾，为解决军队没有凝聚力和战斗精神的

---

① The Prospects for the Government of the Republic of China, August 27, 1957, United States Department of State, in *FRUS*, *1955 – 1957*, *China*, Vol. 3, pp. 591 – 592.

② 张淑雅：《台海危机与美国对"反攻大陆"政策的转变》，《中央研究院近代史研究所集刊》第36期，2001年12月，第267~278页。

③ 1958年10月23日，在台美发表"联合公报"当日，美方将领对台湾军方表示愿意协助加强心理作战工作。见《王叔铭日记》，1958年10月23日，王叔铭档案，馆藏号：063 - 01 - 01 - 017。

问题，重建政工制度。蒋经国以低调实干精神主持"政治部"工作，实施保防，进行思想教育，惩处贪腐，关心士卒，拉近官兵关系与军民关系。不久，美国开始积极援助台湾，向台湾派驻军事援助顾问团，对台湾的军队进行整编。美国军援顾问团刚到台湾，即对"国防部总政治部"的工作产生严重怀疑。蒋介石决心抵抗美国的压力，在回应的态度上却非一意孤行，而是采用配合方式。蒋经国对美方的意见表现出足够的耐心与诚意，并以加强双方了解和沟通的方式化解美方不满。对于美方反对意见的核心问题——副署权，蒋经国采取了让步的方法来获取美方谅解。为解除美方疑虑，蒋经国以美国人身边的"牧师"形象对政工这一角色进行说明，并在完成政工系统的组建工作后退居幕后，以减少"政治部""师俄"的色彩。

美方对"政治部"工作从开始就没有抱着坚决取缔的态度。美国对国民党所治军队军心涣散、将士变节的历史有所了解，亦知共产党宣传工作和政治工作的力量，认为国民党在军队中设立政工是有用的。以蔡斯为首的美国军援顾问团对政工是在接纳的立场上进行反对，希望在不影响其有效性的前提下消除其令人反感的方面。并试图通过军队的逐步重组、美国军事人员方法上的指导以及旨在修改政治官员职能和运作的新协议来克服这些问题。美方意识到这个任务的实现其实是很困难的，因为它将妨碍到蒋介石"最强烈欲望"，即"保持对军队指挥的严密控制"的实现。① 尽管如此，美国还是容忍了这粒"沙子"的存在。

这个容忍是以美国对台政策调整和对台湾逐步形成的政治生态的适应和接受为背景的。第二次国共内战时期，美国曾深以国民党的腐败为虑，抱着"弃蒋"的念头。美国未能阻止国民党党政集团及大批军队退台，在朝鲜战争引起远东局势剧变的情况下，台湾的困境令美国忧心。美国政府逐渐认为应在台湾树立领导核心，美国对台湾若干改革的协助和建议，应在加强而非削弱这个领导核心的基础之上。在当时这个领导核心无疑就是蒋介石。蒋介石倡导"反共抗苏"，虽然极端而过火，却符合美国的需要。蒋介石的统治手法虽不民主，却能成功地维持台湾的稳定和凝聚力。1955

---

① National Intelligence Estimate, September 14, 1954, United States Department of State, in *FRUS*, *1952-1954*, *China and Japan* (in two parts), Vol. 14, Part 1, p. 636.

年前后，在蒋介石68岁时，美国便开始担忧因蒋的殒没而带来的台湾局势的不稳。① 正是这种心理最终使美国对政工制度采取了一定的宽容与让步。蒋介石"反攻大陆"的号召在造成凝聚力的同时也让美国头痛。为约束台湾当局的军事冒进，美国不得不鼓励台湾推动"政治作战"，将"反攻大陆"的目标"精神化"。1958年第二次台海危机中，蒋介石向公众做出"不凭借武力"返回大陆的承诺，美国对台湾政工制度的包容立场亦由此确立。

---

① National Intelligence Estimate, April 16, 1955, United States Department of State, in *FRUS, 1955 - 1957, China*, Vol. 2, p. 488.

第六章 从假调解到真介入：李弥撤军问题下美国对台态度转变

国民党集团撤退台湾后，在云南的李弥残部撤退至相邻的缅甸，成为侵扰缅甸边境的游击队。因缅甸已于1949年12月承认中华人民共和国，并与台湾当局中断官方联系，有关问题多通过美国进行交涉。[①] 从1950年7月美国出面斡旋，劝说台湾当局令李弥部队撤离缅境，到1953年11月台湾当局开始实施第一批撤退，中间三年有余，在国民党刚刚经历了大失败、对美国多有倚靠的背景之下，这其实颇超乎想象。其中原因何在？本章拟加以还原与解析。

一 美国对台倾向于理解

1949年12月至1950年春，国民党第二十六军与第八军残部一千四百

[①] 早期研究有曾艺《滇缅边区游击战史》，台北："国防部史政编译局"，1964等。近年来研究如覃怡辉《李弥部队退入缅甸期间（1950~1954）所引起的几项国际事件》，《人文及社会科学集刊》（台北）2002年第4期；胡礼忠、张绍铎《国民党军队残部在滇缅边境的活动及第一次撤退台湾始末（1950~1954）》，《史林》2011年第5期；范宏伟《缅北蒋军撤台与蒋介石"反攻大陆"：台湾与美国的分歧和妥协》，《南洋问题研究》2012年第2期；傅敏《分歧与抉择：从"蒋廷黻资料"看台湾围绕缅甸控诉案的交涉》，《社会科学辑刊》2016年第4期；Kaufman, Victor S, "Trouble in the Golden Triangle: The United States, Taiwan and the 93rd Nationalist Division," *The China Quarterly*, No. 166 (June 2001), pp. 440 - 456；等等。李弥滞留缅甸有关资料很多，上述研究不同程度地使用了英文资料、台湾当局"国防部""外交部"等方面资料和部分日文资料，使该项研究在某些角度呈现较为丰满之态，但在另一些方面尚存不足。随着开放史料日多，仍有必要对这一问题进行探讨，同时匡正以往研究中不确之处。李弥军自缅撤台，实际有前后两次分批操作，1953年11月至1954年5月曾有三批撤退，是为第一次。该次撤退与1961年的撤台工作虽有关联，但实有各自不同的原因与背景。本章重点放在1950~1953年美国居间调解的态度转变及对台交涉经过方面。

余人①自云南辗转抵达泰缅边境。此时，第二十六军军长余程万已前往香港，第八军军长李弥则赴台北向蒋介石请缨前往泰缅边境收容旧部，并提出在中国西南地区建立反共基地。② 获蒋介石肯定后，③ 李弥在 1950 年 4 月抵达曼谷，在台湾驻泰人员掩护与帮助下展开工作。台湾当局"国防部"同意自 5 月起，以每月泰币十万铢补助这支游击队。④

在缅甸正式向联合国控诉台湾当局之前，李弥部队的处境即已十分困难。李弥所部在泰缅边境的活动，使地方不安，为两国带来困扰。缅甸承认中华人民共和国后，中缅着手互建大使馆，建立外交关系。为安定云南边境，新中国向缅甸表示，若其无力驱离李弥残部，中国人民解放军可以代劳。为尽量减少境内战事与不安，缅甸政府决定尽速解决此事。在缅甸掸邦（Shan State）、肯东（Keng Tung）、大其力（Tachi-leik）的李弥部队一再被缅军压迫着缴械或离境。在 6 月 13 日四架缅机向其投弹后，台湾"外交部"致电"驻美大使"顾维钧，令其尝试洽商美政府，望后者能电饬其驻缅大使出面斡旋，准许李弥部队假以时日"徐图迁移"。⑤

为与美方交涉，顾维钧复电询问李弥部队情况，人数是否如报纸所载为两千人？是否拟携械离境？大约拟迁至何处？须时多久？当时，"外交部"的答复是"我军二千人拟携械离境移往滇南，需时一月"。⑥ 这一答

① 1950 年 7 月美国据驻仰光使馆过去几个月的报告，认为缅甸边境的国民党残部在 2000 ~ 5000 人。Memorandum by the Deputy Assistant Secretary of State for Near Eastern, South Asian, and African Affairs (Hare) to the Assistant Secretary of State for Far Eastern Affairs (Rusk), July 1, 1950, United States Department of State, in *FRUS, 1950, East Asia and the Pacific*, Vol. 6, p. 244. 1951 年 9 月，据中央情报局情报，肯东、大其力等地的国民党部队略超过 1 万人（CIA - RDP82 - 00457R008600340011 - 2）。

② 《李弥呈蒋介石》（1950 年 4 月 7 日），"李弥入滇工作计划"，"国防部国军史政档案"，台北"国防部"藏，档案号：0042897/003。

③ 蒋介石在 1950 年 1 月 11 日即召见李弥，"训示其回滇努力与革命自强之道"，见《蒋介石日记》，1950 年 1 月 11 日。

④ 《李弥呈陈诚》（1950 年 12 月 28 日），"云南反共救国军经费拨补案"，"国防部国军史政档案"，档案号：00012007/001。这个数字后来有变化，1953 年李弥称每月从台湾当局拿到 20 万泰铢的补贴。The Chargé in the Republic of China (Rankin) to the Department of State, March 3, 1953, United States Department of State, in *FRUS, 1952 - 1954, East Asia and the Pacific (in two parts)*, Vol. 12, Part 2, p. 61.

⑤ 《外交部电顾维钧》（1950 年 6 月 18 日发），顾维钧档案，档案号：Koo_0144_B81_0116。

⑥ 《顾维钧电外交部》（1950 年 6 月 18 日发），顾维钧档案，档案号：Koo_0144_B81_0115；《外交部东亚司来电》（1950 年 6 月 23 日发），顾维钧档案，档案号：Koo_0144_B81_0114。

复实为一愿望而已，中国人民解放军驻守边境，滇南无法进入。自6月起，缅甸军队与李弥所部战事不断，持续到8月中旬，以缅甸军的失败告终。

在军事行动之外，缅甸也在进行一系列外交行动。一方面缅甸总理塔金努（Thakin Nu）通过印度总理尼赫鲁（Jawaharlal Nehru）劝说新中国给缅甸足够时间来解除李部武装；另一方面通过美国，使其向台湾方面施压，令李部向缅甸缴械，接受集中看管。6月29日，缅甸总理在电报中正式请美国政府出面斡旋。① 7月，缅甸政府又多次与美方交涉，保证会善待缴械士兵，并邀请美国驻仰光官员参观拘留营。同时，缅甸也放出风声，若李部拒不缴械，缅甸将于7月29日向联合国安理会提出控诉。②

在缅甸正式请托之前，美国就已就李部事与台湾当局进行了接触。驻泰国美大使史丹顿（Edwin E. Stanton）指出如事态扩大，恐中共将以剿灭国民党残部为由，对泰、缅不利。③ 7、8月间，缅甸不断要求美国向台湾施压，并试图将此事提交联合国，面对此种压力，美国多次同台湾当局交涉。

7月下旬，美国将缅甸欲在二三日内诉诸联合国之事告知台湾当局，劝其尽快令游击队缴械，以阻缅甸控台之举。顾维钧认为"联合国自公法与和平观点判断，恐将认我立场有不公"，因而主张配合美国要求。④ 虽然美国也认为，若缅甸将此事诉诸联合国，台湾当局势必陷于尴尬境地，为避免此种尴尬，理想的做法是立即令李部解除武装并接受缅方看管，⑤ 但"外

---

① Memorandum by the Deputy Assistant Secretary of State for Near Eastern, South Asian, and African Affairs (Hare) to the Assistant Secretary of State for Far Eastern Affairs (Rusk), July 1, 1950, United States Department of State, in *FRUS*, *1950*, *East Asia and the Pacific*, Vol. 6, pp. 244 – 245.

② The Secretary of State to the Embassy in China, July 28, 1950, United States Department of State, in *FRUS*, *1950*, *East Asia and the Pacific*, Vol. 6, p. 246.

③ 《外交部东亚司来电》（1950年6月23日发），顾维钧档案，档案号：Koo_0144_B81_0114。

④ 《顾维钧电叶公超》（1950年7月27日发），顾维钧档案，档案号：Koo_0144_B81_0109。

⑤ The Secretary of State to the Embassy in China, July 28, 1950, United States Department of State, in *FRUS*, *1950*, *East Asia and the Pacific*, Vol. 6, p. 246.

交部"并未认真考虑顾维钧和美方的意见。继 6 月 18 日"外交部"发出希望美方为"徐图迁移"进行斡旋的电文后，7 月 28 日，"外交部"又向"驻美大使馆"发出望"稍宽时日"的请求。台湾方面不但认为此事需要"徐图"，而且认为缅甸已承认中共，李部不应向缅甸缴械。① 几日后，又进一步解释说，"恐一经缴械，有被缅政府送交中共之虞"。②

7 月 28 日台湾再言"稍宽时日"时已不再说要潜入云南，而是表示正在与有关方面洽商新的落脚点。据台"驻泰代办"孙碧奇称，法国驻泰国官员曾有意允许李弥所部转入法国控制下的越南、老挝北部。③ 此时其实已颇紧迫，台湾方面已获悉缅甸政府即将在安理会发声的消息，但台当局并未慌乱答应美国关于速令李部和平缴械的劝告，而是试图为李部寻找新的落脚点。这个落脚点未能落实，法国拒绝了允许李部进入老挝的请求。此外，台湾方面还曾与泰国政府交涉，拟以弹药供应，使部队潜入云南，但泰国也拒绝了该项提议。④

在美国的调停之下，李部并未能顺利缴械，缅甸与李部仍在互相攻击。8 月 4 日，在驻美机构转达美方催促之意后，台"外交部"语气强硬，答复如下：

> 美外部：（一）我现正设法劝告我入缅部队，避免与缅政府继续冲突，觅致和平解决方法；（二）缅甸业已承认中共，如政府逼令该部国军向缅方缴械，恐引起该部官兵反感，命令执行难期顺利，甚或挺而走险，另滋事端；（三）盼美方婉劝缅政府勿操之过急，徒为中共或缅境非政府军队制造机会，希迅洽电复。⑤

8 月 8 日，美驻缅大使馆电称，缅内阁对向联合国控诉行动的展期颇多

---

① 《外交部电谭代办》（1950 年 7 月 28 日发），顾维钧档案，档案号：Koo_0144_B81_0108。
② 《驻美大使馆电外交部》（1950 年 8 月 9 日发），顾维钧档案，档案号：Koo_0144_B81_0104。
③ 《外交部电谭代办》（1950 年 7 月 28 日发），顾维钧档案，档案号：Koo_0144_B81_0108。
④ The Chargé in China（Strong）to the Secretary of State, August 11, 1950, United States Department of State, in FRUS, 1950, East Asia and the Pacific, Vol. 6, p. 249.
⑤ 《外交部驻美大使馆》（1950 年 8 月 5 日发），顾维钧档案，档案号：Koo_0144_B81_0105。

反对，决定：如 8 月 14 日前台湾当局不训令其军队缴械，则于 15 日提出于联合国。美国国务院中国事务办公室将此意转告台湾当局，称如提出联合国，必使台湾当局难堪。①

在缅甸政府的压力下，8 月间，台湾当局确也有要求李部撤出缅境的指示。但鉴于泰国边境交通一度封锁，李部粮食断绝，伤患收容请求被拒等因，李部未能按缅甸要求时间撤离。经交涉泰国边境重开，8 月 23 日，李部撤出大其力，向滇边进发。②

有研究认为美国自始即十分重视李部之事，基本上美国采取同情缅甸立场，反对李弥停留缅境。③从美国多次以不同渠道劝说台湾当局令李部缴械来看，这一结论似乎是成立的。然而，仔细观之，美国调处的措辞是婉转的，立场是倾向于理解的，劝李部缴械态度并不坚决。8 月 11 日，美国驻台临时"代办"蓝钦一行就李弥事访问台北"外交部"。在与美方洽谈时，台"外交部长"叶公超指出，曾与李弥沟通，李宁可辞职，不肯缴械。山高路远、联络不便；缅甸已承认中共，向其缴械确有苦衷；台湾当局不能完全控制李部；李部被缅甸军袭击……美方对这些困难均有所理解。蓝钦等人并向华盛顿建议，若缅甸向联合国提出控诉，可以说李部拒绝服从命令，可以回应说缅甸人采取军事措施对待李部，并表示欢迎联合国部队采取行动。④

联络不便、指挥不灵倒也是事实，在美国并不甚强硬的态度下，李弥本不情愿的撤退自然更加迟滞缓慢。当时李部已与反缅势力达成协议，获得基地与资助，⑤有在地生根之势。同时，随着东亚局势剧变，美国某些势

---

① 《驻美大使馆电外交部》（1950 年 8 月 10 日发），顾维钧档案，档案号：Koo_0144_B81_0103。因缅甸政府对提交联合国一事尚有种种顾虑，实则于 1952 年方在联合国大会口头控诉国民党当局侵略，1953 年 3 月正式提出控诉案。

② 台军方函电［《周至柔电外交部》（1950 年 9 月 7 日收），"缅境国军"，"外交部档案"，馆藏：11-01-09-06-02-009］称向滇边进发，实则滞留于缅甸掸邦东部城镇猛撒（Mong Hsat）。

③ 覃怡辉：《李弥部队退入缅甸期间（1950～1954）所引起的几项国际事件》，《人文及社会科学集刊》（台北）2002 年第 4 期，第 568 页。

④ The Chargé in China (Strong) to the Secretary of State, August 11, 1950, United States Department of State, in FRUS, 1950, East Asia and the Pacific, Vol. 6, p. 249.

⑤ 《外交部电国防部》（1950 年 7 月 11 日发），"缅境国军"，"外交部档案"，馆藏号：11-01-09-06-02-009。

力出于战略需要开始秘密支援李部，李部在缅泰边境滞留并发展。出于对美国居间调处仍怀希望等方面的因素，缅甸政府向联合国控诉之事拖延了两年有余。

二　神秘的助力

1950 年夏朝鲜半岛战火燃起，这一事件使美国对其远东政策进行调整。有研究认为，美国欲使李部牵制中共，以减轻美军在韩国战场的压力。[1] 不少西方研究描述了美国中央情报局在总统杜鲁门的支持下秘密援助李弥之事。[2] 台湾地区较有代表性的覃怡辉的研究认同这一说法，指出中情局向杜鲁门提出"白纸方案"（Operation Paper），并得到批准。从此，到 1952 年 4 月，中情局多次秘密为李弥所部提供援助。1951 年 11 月底美国国务院才从远东事务助理国务卿墨钱特（Livingston T. Merchant）整理的备忘录中获悉事件始末。[3] 然而，查阅档案后笔者发现有些说法颇有疑问。此行动在台"外交部"档案中也有提及，只是美国这一行动的名称与覃文有差异，为"Operation G"，且未指明是中情局所为，仅言"美方"。[4] 因笔者在中情局档案及《美国外交文件》（FRUS）中均未看到有关行动名称的资料，[5] 故无

---

① Robert H. Taylor, *Foreign and Domestic Consequences of the KMT Intervention in Burma* （Ithaca, New York: Dept. of Asian Studies, Cornell University, 1973）, p. 33.

② William M. Leary, *Perilous Missions: Civil Air Transport and CIA Covert Operations in Asia* （Alabama: The University of Alabama Press, 1984）, p. 129; Alfred W. McCoy, *The Politics of Heroin: CIA Complicity in the Global Drug Trade* （Chicago: Lawrence Hill Books, 1991）, p. 166; Daniel Fineman, *A Special Relationship: The United States and Military Government in Thailand, 1947 - 1958* （Honolulu: University of Hawaii Press, 1997）, p. 137.

③ 覃怡辉：《李弥部队退入缅甸期间（1950~1954）所引起的几项国际事件》，《人文及社会科学集刊》（台北）2002 年第 4 期，第 569~572 页。

④ 《孙碧奇电外交部次长》（1951 年 2 月 8 日发），"缅境国军"，"外交部档案"，馆藏号：11 - 01 - 09 - 06 - 02 - 009。

⑤ 有人指出，"白纸方案"实际上是美国在泰国和缅甸秘密从事的贩毒活动。启动"白纸方案"的决定是政策协调办公室（OPC）内部的一个小集团做出的，中情局支持该项目。因与官方反毒品的政策不一致，因而该活动保持绝密，即便是其中的重要事件也根本没有官方记录。在美国空运和武器支持下，李弥部队非法走私的毒品几乎占到世界鸦片供应量的 1/3。见 Peter Dale Scott, "Operation Paper: The United States and Drugs in Thailand and Burma," *The Asia-Pacific Journal*, Vol. 8, Issue 44, Number 2 （November 1, 2010）, pp. 1 - 2.

法做出判断。然而，从《美国外交文件》中可发现，美国国务院自1951年7月底经英方交涉，就发觉有美国人暗中支持李弥所部一事，且进行了调查，没有发现中情局参与的确切证据。在11月底墨钱特的文件中并没有中情局如何援助李弥的确切信息，也没有所谓事件始末。① 当时中情局的报告所言情况不但不能证明它支持李弥所部的活动，还恰恰相反地表明中情局希望杜绝中缅边境有限的军事行动。

1951年7月，英国大使馆公使史提尔（Christopher Steel）、参赞托姆林森（F. S. Tomlinson）与美国国务院远东局墨钱特、菲律宾及东南亚事务局局长莱斯（William S. B. Lacy）会谈。史提尔指出缅甸人确信美国参与武装并可能指挥中国国民党在缅甸的军队，英国政府担心，除非采取一切可能的措施将国民党军队赶出缅甸，否则在不久的将来，英美可能要面对中国共产党人和缅甸军队对国民党军队的一致行动。墨钱特认为英国政府也像缅甸政府一样，确信美国政府参与了武装李弥部队的行动。墨钱特声明并不知道任何美国参与李弥所部的事，并且他以为国民党军队大部已进入云南，在那里牵制中共，这对英美应该是个好消息。②

8月1日，中情局的备忘录认为国民党军队在中缅边境地区的存在，给缅甸政府以外交压力，甚至为中共军队进入缅甸领土提供了借口。由于无法成功镇压这种军事行动，国民党部队在缅甸的活动削弱了缅甸政府的威信，也有助于中共对缅甸共产党的援助。因此，中情局认为缅甸"边境地区有限的军事行动必须被视为持续的危险"。③

8月10日，墨钱特告诉托姆林森，他已在内部进行了彻查，无法确认英方提出的美国参与武装或指挥国民党留缅军队之事。墨钱特说，美国国

① 1951年11月28日墨钱特提供的备忘录确实提过，据人介绍，泰国总理提到美国中情局人员曾接洽过他，请其为李弥提供帮助。见 Memorandum by the Special Assistant for Mutual Security Affairs（Merchant），November 28，1951，United States Department of State，in *FRUS*，*1951*，*Asia and the Pacific*（in two parts），Vol. 6，Part 1，pp. 316 – 317。但这一情况经中间人转述，且并无详细内容或确切证据。

② Memorandum of Conversation，by the Deputy Assistant Secretary of State for Far Eastern Affairs（Merchant），July 31，1951，United States Department of State，in *FRUS*，*1951*，*Asia and the Pacific*（in two parts），Vol. 6，Part 1，pp. 277 – 278.

③ Memorandum by the Central Intelligence Agency，August 1，1951，United States Department of State，in *FRUS*，*1951*，*Asia and the Pacific*（in two parts），Vol. 6，Part 1，pp. 283 – 284.

务院收到过有关美国武器通过私人渠道从泰国偷运到李部的传闻，美国与英国一样对此不安。几周以来，美方一直在促使缅甸政府保持冷静；同时在台湾向国民党当局做出强有力陈述，以期台北向李弥发出指示——留在云南，并远离缅甸边境。①

8月22日，在给驻缅大使馆的密函中，国务卿艾奇逊明确表示已对美国支持李弥部队的谣言进行详细调查，基于这个调查国务院授权驻缅使节果断向缅甸政府否认美国政府目前或将来与该部队有任何官方或非官方的联系。此外，已采取有效措施消除和在将来防止美国公民以枪支或其他方式支持这些游击队员的可能。函中，艾奇逊表示美国并不掩饰对中国境内反共力量的希望，但李弥所部除外，美国和缅甸政府一样急于消除李部对缅甸国内安全构成的威胁。②

总之，从已公开出版的《美国外交文件》中可以看出，美国国务院虽然在1951年7、8月间就已应英、缅要求，调查美国与李部联系之事，但并没有确认此事，且表达了希望尽快平息李部在缅甸边境所造成威胁的心情。结合此间台湾方面档案观之，美国确实数次询问李部下落，望其撤离缅境，③ 与美方向英、缅方面的表述没有相悖之处。至于中情局在隐瞒国务院情况下秘密援助李部之事，联系到中情局提交的备忘录所示之意以及笔者在中情局解密档案中并未发现援助李弥的线索来看，似亦不存在。④

经整理出版的《美国外交文件》不但未能证实美方支援李弥的传闻，反有种种相悖之处。有三种可能：（1）中情局在极为机密之下援助李弥，且向国务院提供了并不能完全体现其真实态度的备忘录；（2）中情局若干

---

① Memorandum of Conversation, by the Deputy Assistant Secretary of State for Far Eastern Affairs (Merchant), August 10, 1951, United States Department of State, in *FRUS*, *1951*, *Asia and the Pacific* (*in two parts*), Vol. 6, Part 1, p. 287.

② The Secretary of State to the Embassy in Burma, August 22, 1951, United States Department of State, in *FRUS*, *1951*, *Asia and the Pacific* (*in two parts*), Vol. 6, Part 1, pp. 289 – 290.

③ 驻泰孙碧奇在函电中指出，美方对李弥事极为重视，数次造访，要求：（1）命令李弥部队撤离缅境；（2）命令驻泰"大使馆"不得以现金或军械接济李弥部队。见《孙碧奇电外交部》（1951年5月14日发），"缅境国军"，"外交部档案"，馆藏号：11 – 01 – 09 – 06 – 02 – 009。

④ 由上文提到的1951年11月28日墨钱特备忘录，美国国务院辗转得知，泰国总理曾言中情局代表联系过他，希望其帮助李弥。此为笔者看到的关于中情局有意援助李弥的唯一线索。这与中情局提供给国务院的备忘录中表达的意思是相悖的。

人员以私人身份对李弥部队持有同情，并暗中协助；（3）中情局1951年8月1日的备忘录并非最终观点，随着远东局势发展，中情局又有了新的看法。

经查阅有关资料，笔者又发现两则史料。1951年12月，中情局局长W. B. 史密斯（Walter Bedell "Beetle" Smith）致国防部长洛维特（Robert A. Lovett）一封密函，由于预期韩国可能出现军事停火，以及谈判破裂的可能性，W. B. 史密斯提出了对国民党当局及其游击队如何运用的建议。他认为应积极运用国民党的游击队，"在军事、经济、政治和心理上加强台湾作为反共基地的政策"。① 美国防部长将此信提交参谋长联席会议，要求从军事角度审查其建议，提出对策。参谋长联席会议表示从军事角度完全赞成中情局局长的观点，认为美国目前在远东（包括东南亚）的秘密行动计划应该继续，并应在可行的情况下加速。文件最后提到，参谋长联席会议注意到缅甸北部边境地区"中国国民党所固有的军事潜力"。② 由此可看出：（1）美国确有充分运用国民党散兵游勇的想法；（2）美国在东南亚确有某些秘密行动；（3）李弥部队对美国反共计划的潜在价值曾被参谋长联席会议肯定。基于这三点判断，似可看出美国高层并非对秘密支援李弥事毫不知情。但由于此事在机密状态下执行，美国政府也刻意地在公开的史料中抹去其痕迹，我们只能隐约看到一鳞半爪。

1951年初，关于李弥部队的传言不断，外传泰国已依照美国指示，将逃入泰国约三个师的国民党军队改编为一支反共军队。1月14日台《工商日报》刊载曼谷8日合众社电，台当局驻泰"代办"孙碧奇否认此传言，说"绝对不确"。③ 这只是对外之言，不足为信。从孙碧奇与台"外交部"的函电往来中，确实看到李弥部队接受了美方的若干援助。1950年7月初，

---

① Letter From Director of Central Intelligence Smith to Secretary of Defense Lovett, December 11, 1951, in *FRUS, 1950 - 1955*, *The Intellignce Community, 1950 - 1955*, pp. 230 - 232. 参见 https://history. state. gov/historicaldocuments/frus1950-55Intel/d98。该文件并未在已出版的 *FRUS* 中收录。

② Memorandum by the Joint Chiefs of Staff to the Secretary of Defense (Lovett), March 4, 1952, United States Department of State, in *FRUS, 1952 - 1954*, *East Asia and the Pacific* (in two parts), Vol. 12, Part 2, pp. 15 - 18.

③ 《外交部电陈诚、周至柔、王世杰》（1951年1月19日发），"缅境国军"，"外交部档案"，馆藏号：11 - 01 - 09 - 06 - 02 - 009。

美国派出考察团，访问印度支那、印度尼西亚、马来亚、缅甸、泰国和菲律宾，调查美国在这些地区所需军援多少、军援项目的优先次序，以及该地区需要美国军援咨询小组的特点。代表国防部长的军事小组组长是厄斯金（Graves B. Erskine）少将。① 9 月初，李弥与厄斯金接触，厄斯金密告若美海军部同意，将在援助泰军之外酌予接济。但此言只是假设情况下的意向表达。到 1951 年 1 月传言纷起时，尚未有美方曾提议派遣的视察员前往游击队，亦未有援助送达。② 但不久，孙碧奇致电表示，李弥于缅境修建一处机场，1951 年 2 月，首批美方军援由飞机运达。③ 在 1953 年 2 月李弥呈蒋介石的一封信中，也可了解到，1951 年美方为刺激中共促成朝鲜停战谈判，曾资助李弥部队军械武器若干，令其进攻云南，并派两美国人随行。在进攻云南时，又在沧源接受美方空投枪支弹药若干。④ 可见，李部确曾获得美方支援，只是这些支援是来自中情局还是美国私人，似难以查证。

在接受美方援助的同时，李部也在接受台湾当局军需品的供应。⑤ 1951 年 4 月 14 日、16 日，李弥所部自猛撒分兵两路向云南边境推进。5 月下旬开始进军云南。但 7 月下旬，李弥部队因枪械弹药和补给不足，部队缺乏训练，无法抵挡中国人民解放军的强大压力，只得再度退回缅境。做此尝试后，台湾方面向美方表示，李弥部队尝试进入云南旋又被迫回缅，表明再次命令李部返回云南是"毫无意义的"。由于缅甸集中营食物不足和虐待情况，缅甸的李弥部队不会自愿服从那里的拘禁。除了其他阻力外，由于必须穿越缅甸，李弥部队才能到达台湾、印度支那或泰国，所以那些尝试都将是不切实际的。⑥

---

① The Secretary of State to the Legation at Saigon, July 5, 1950, United States Department of State, in *FRUS*, *1950*, *East Asia and the Pacific*, Vol. 6, pp. 114 – 115.

② 《外交部电陈诚、周至柔、王世杰》（1951 年 1 月 19 日发），"缅境国军"，"外交部档案"，馆藏号：11 – 01 – 09 – 06 – 02 – 009。

③ 《孙碧奇电外交部次长》（1951 年 2 月 8 日发），"缅境国军"，"外交部档案"，馆藏号：11 – 01 – 09 – 06 – 02 – 009。

④ 《李弥呈蒋介石》（1953 年 2 月 26 日），"金马及边区作战（五）"，"蒋中正总统文物"，典藏号：002 – 080102 – 00104 – 009。

⑤ 《外交部电孙碧奇》（1951 年 2 月 16 日发），"缅境国军"，"外交部档案"，馆藏号：11 – 01 – 09 – 06 – 02 – 009。

⑥ The Chargé in China (Rankin) to the Secretary of State, October 3, 1951, United States Department of State, in *FRUS*, *1951*, *Asia and the Pacific (in two parts)*, Vol. 6, Part 1, p. 300.

台湾当局的表态令美国无可奈何。由台湾方面的资料看，美国某种势力确实对李部进行了援助；而《美国外交文件》显示，美国国务院调查无果，对缅甸并无令人信服的交代。缅甸政府不满于美方说辞，不断向美方表示，其并不相信美国与李部无关。英国作为与缅甸政府有着密切联系的昔日的宗主国，也不能接受美国的说法，并不断地表示关注和疑问。

1951 年 11 月 20 日，缅甸外交部长在与美国驻缅甸代办戴伊（Henry B. Day）的谈话中，对美国政府对共产党分子的威胁[①]如此关注表示惊讶，并表示他认为缅甸比以往任何时候都处于更强大的地位。缅甸外长认为美国可以做的最有帮助的事，就是促使台湾当局断绝与李弥军队的一切沟通和支持。缅甸政府对共产党分子的威胁采取乐观态度，并强调国民党军队带来的麻烦；美国驻缅甸代办认为，缅甸当局仍然怀疑美国政府以某种方式参与这些部队的行动，并向他们提供武器和装备，或者说缅甸相信美国政府本可采取更积极有效的行动。[②]

墨钱特 11 月中旬访问伦敦时，美国驻伦敦外交人员有多人向其询问美国与李弥部队是否有关系之事，墨钱特对此予以否认。然而，墨钱特获知，泰国总理颂堪（Plaek Phibunsongkhram）曾对英国大使说，美国情报部门的一名代表已接洽过他，要求其提供某些设施来支持李弥。[③] 泰国总理的说法无疑给英国外交人员以及美国驻英人员带来许多困惑。

11 月 28 日，美国驻缅甸代办进一步总结缅甸人对美国与李弥部队的看法，指出缅甸当局在缅甸境内捕获的国民党士兵手中，发现了现代步枪和其他美国制造设备。缅甸人认为这些武器来自美国向台湾提供的美援物资。被捕的国民党官员表示，美国正在帮助他们。在过去的一年中，一再有报

---

① 1948 年 1 月 4 日，缅甸脱离英国六十多年的殖民统治，正式成立缅甸联邦共和国，苏瑞泰为首任总统。1948～1958 年，以吴努为首的反法西斯人民自由同盟为缅甸联邦的执政党。吴努政府于 1950 年 4 月至 1951 年底，对缅甸共产党发动三次大规模进攻，缅共武装被迫全部转入农村。

② The Chargé in Burma (Day) to the Secretary of State, November 20, 1951, United States Department of State, in *FRUS, 1951, Asia and the Pacific (in two parts)*, Vol. 6, Part 1, pp. 311－312.

③ Memorandum by the Special Assistant for Mutual Security Affairs (Merchant), November 28, 1951, United States Department of State, in *FRUS, 1951, Asia and the Pacific (in two parts)*, Vol. 6, Part 1, pp. 316－317.

道说至少有两名穿着制服的美国人在缅甸看过李弥部队。人们相信这些传闻是真的。缅甸人得出的结论是，如果美国政府不是直接援助李部者，那么至少可以施压给台湾当局阻止他们向李部提供武器。缅甸人认为李弥是根据台北的直接命令行事的，美国政府本来可以采取坚定有效的措施，促使台湾当局中断与李弥之间联系。①

尽管美国政府一再向缅甸政府表达愿意与缅甸合作并希望有所帮助的善意，但相当多的缅甸民众及部分官员，以及英方部分官员认为美国在支援李弥部队的问题上难脱干系。在与美方交涉的同时，缅甸再次对李弥部队进行轰炸，② 并开始在联合国就此事发声。

三　美国态度在摇摆中转向明朗

1952 年在李弥留缅部队问题上，美国的态度在摇摆中转向明朗。起初，美国仍觉还有转圜余地，部分美媒及官员仍对李弥有所声援和期待，美政府在观望中并未施压给台湾当局。但随着英、缅等国对美国在李弥部队事上的信任与接受度日益降低，缅甸开始在国际场合谴责李部，苏联等国予以声援，美国承受的压力加大。在观察中，美国也越来越降低对李弥扰乱云南的期许，更加注意李部自身的种种问题以及它对东南亚及美缅关系可能造成的负面影响。经过摇摆和观察，1952 年冬，在美国远东事务助理国务卿艾利森（John Moore Allison）等人的推动和运作下，美国开始采取某些有实质意义的活动，如拟订遣返计划、进行多部门间的沟通等。

1952 年初，在巴黎联合国大会上，缅甸代表对李弥部队提出口头控诉，苏联外长维辛斯基（Andrey Yanuaryevich Vyshinsky）指责美国协助国民党军队输往泰国转入缅甸。《纽约先驱论坛报》社论驳斥，称维辛斯基"造谣生事"，并称国民党军队"首要职责惟在保台，但倘拒其参与世界抗共行动则

---

① The Chargé in Burma（Day）to the Secretary of State, November 20, 1951, United States Department of State, in *FRUS, 1951, Asia and the Pacific*（in two parts）, Vol. 6, Part 1, pp. 314 –315.

② 据李弥称，1951 年 11 月 8 日、9 日两日缅甸军对其部进行轰炸，其后数度轰炸。见《外交部电顾维钧》（1951 年 12 月 1 日发），顾维钧档案，档案号：Koo_0144_B81_0091。

属错误"，调用国民党军队"协助东南亚防务，实大有裨益"。① 2 月初，杜
鲁门的外交顾问杜勒斯在美国全国广播公司（NBC）节目中称美应撤除对
台湾军队的限制，"俾可反击中共"。② 同时，美国国务院仍在对缅甸施以拖
延之策。艾奇逊亲自写信给缅甸大使馆，指出国务院认为向联合国控诉国
民党军队没有任何作用，且会让缅甸政府和其他政府感到尴尬。根据国务
院获得的情报，李弥部队所获得的武器和装备已完全用光或减少到微不足
道。经国务院调查美国与李弥关系，未能找到任何涉及的美国公司。③ 此
时，美国舆论似乎出现对李弥部队有利的言论，美国政府似乎仍在坚持对
台湾当局和李弥部队的隐性庇护。

2 月 1 日，美国驻英大使吉福德（Walter Sherman Gifford）致函美国国
务院，指出李弥军队袭击云南可能给缅甸乃至整个东南亚带来的危险，远
大于它所取得的短暂而模糊的优势。驻英大使馆特别注意到谣言的持续存
在，尽管美国当局一再否认官方同谋，但仍有持续不断的报道指出美国国
民在继续参与援助这些国民党军队，这令美国政府的否认苍白无力。美国
飞行员不定期为李弥部队运输物资，泰国则提供港口作为国民党部队后勤
支援的集结区。李部对云南小规模的袭击给为中国共产党提供进入缅甸的
借口。更为重要的是，若美国帮助李弥的谣言不能澄清，会对东南亚国家
造成重大影响，美国将在这个问题上失去印度等国的支持，而维辛斯基仍
会继续对此加以谴责。④ 2 月 11 日，英外交部发言人称，英已向美缅两国建
议由联合国派员调查缅北国民党军队活动情形，并设法使其撤退。⑤ 2 月 15
日，美国驻缅甸代办戴伊向国务院提供了一份详尽的关于缅甸中立性⑥的报

---

① 《顾维钧电叶公超》（1952 年 1 月 7 日发），顾维钧档案，档案号：Koo_0144_B81_0090。

② 《顾维钧电叶公超》（1952 年 2 月 11 日发），顾维钧档案，档案号：Koo_0144_B81_0088。

③ The Secretary of State to the Embassy in Burma, January 15, 1952, United States Department of
State, in *FRUS, 1952 - 1954, East Asia and the Pacific* (*in two parts*), Vol. 12, Part 2, p. 3.

④ The Ambassador in the United Kingdom（Gifford）to the Department of State, February 1, 1952,
United States Department of State, in *FRUS, 1952 - 1954, East Asia and the Pacific* (*in two
parts*), Vol. 12, Part 2, pp. 5 - 6.

⑤ 《顾维钧电叶公超》（1952 年 2 月 12 日发），顾维钧档案，档案号：Koo_0144_B81_0087。

⑥ 1949 年 12 月，缅甸总理吴努宣布奉行独立和不结盟的外交路线，但该政策的出台有安抚
反政府的缅共之意，实际态度最初有明显亲西方的倾向。朝鲜战争后缅甸政府开始频繁强
调中立，表示不会介入冷战，维护国家独立和主权。

告。该报告指出缅甸大多数官员和人民仍在怀疑美国默许支持李弥的活动，因而怀疑美国对缅甸的劝说和努力的动机，不愿接受美国的主张。大使馆不断接到关于李弥走私黄金和鸦片的报告，李弥部队在当地人看来"与强盗没有太大区别"。若美国不能打消缅甸人的疑虑，对美国强烈的敌对反应会随之而来，缅甸政府如果不被亲共政权所取代，也会被迫从中立转为更加亲共。① 3 月 26 日，缅甸总理宣称因李弥部队留缅，缅政府"久感焦虑"，缅军已开始向李部进攻，必可将李部驱出缅境。②

李弥部队潜入云南的尝试在 1951 年已告失败，其走私活动在舆论界造成巨大的不良影响，为数不少的、不守法纪的残兵游勇给当地居民带来困扰和负担。英、缅等国对其可能给东南亚带来的动荡惴惴不安。美国若继续采取轻描淡写的态度，可能使缅甸政府转向更为亲共的状态或被亲共政权取代。在此情形下，美国政府不得不逐渐转变态度。1952 年 3 月底，美国务院发言人称缅政府已声明该政府对李弥部队有解除武装及予以拘禁之国际义务，该国"自有维持其境内法律与秩序之一切权利"。③ 当然，在一段时间里，美国仍处在观望期，此类貌似挺缅的声明实际并无多大意义。美国态度的真正改变从 1952 年底开始。

1952 年 10 月，在第六届联合国大会上，缅甸代表发言控诉国民党当局侵略，苏联及亚非各国表示认同，对国民党政权予以谴责。缅甸政府于 11 月 1 日宣布掸邦 24 个地区军事戒严，并接受英军事代表团建议，进一步于 12 月取消土司制度，建立九个军警区，分派高级警官担任各区长官，以断绝李部所能获得的地方援助。

与此同时，李弥部队在缅甸的活动增多，并更趋猖獗。有报道称，约有 500 名中国国民党军人进入孟休（Monghsu）地方政府所在地（距离肯东将近 150 公里），占领了执政的 Sawbwa 官邸并接管了税务。有报告还称，300～500 名中国国民党员已经转而效忠共产党，并在寻求与马来西

---

① The Chargé in Burma（Day）to the Secretary of State, February 15, 1952, United States Department of State, in *FRUS, 1952–1954, East Asia and the Pacific（in two parts）*, Vol. 12, Part 2, pp. 12–18.

② 《顾维钧电叶公超》（1952 年 2 月 26 日发），顾维钧档案，档案号：Koo_0144_B81_0086。

③ 《顾维钧电叶公超》（1952 年 4 月 1 日发），顾维钧档案，档案号：Koo_0144_B81_0084。

亚共产党人的接触。同时，李弥部队与克伦（Karen）族联盟的危险也仍然存在。将李部遣离缅境成为美国政府共识，各部门人员相继加入，制订和修改遣返计划，考虑如何应对台湾当局的不合作，考虑如何诱使李部士兵离开，等等。[1]

助卿艾利森认为李弥部队"对反共活动的潜在用处已被证明是非常轻微的，并且随着时间的推移越来越少"。台湾当局与泰国某些人员对李弥部队的援助损害了缅甸政府的权威。至少两年来，缅甸的信念越来越强烈，认为美国可以而且应该为解决这个问题做出贡献。来自缅甸官方和公众的意见压力正变得几乎无法忍受。为维护美缅关系，应以行动证明：美国与缅甸境内的国民党残部没有关系，并且美国在尽可能地帮助缅甸将他们清理出去。[2] 艾利森开始了积极的行动，一面试图说服台湾当局，一面联络中情局、驻曼谷及仰光大使及驻台北的"代办"。

10月30日到11月4日，艾利森赴台与蒋介石讨论李弥的问题。蒋介石要求援助这些部队，并且似乎非常反对任何疏散计划。艾利森表示，无论这些部队过去有过什么价值，很明显他们现在是东南亚的破坏性因素，应将其从缅甸撤回。[3] 艾利森也与叶公超进行了一次长谈，力劝台当局撤退李弥留缅军队，谓此事可能影响美缅关系，并谓若台湾接受建议，美方可保证李弥军队能携械安全退出。叶公超仍以台湾方面对李弥军队"实无调动控制能力"搪塞，且表示绝不赞成解散任何"反共"组织。[4]

11月初，缅甸国防部长巴斯瑞（U Ba Swe）向美国国防部副部长福斯特（William C. Foster）指出李弥部队的存在成为缅甸安全的主要问题之一，若李部不愿向缅甸缴械，可由美方作为中立的第三方，接受其投降，并通过空运

---

① Memorandum by the Assistant Secretary of State for Far Eastern Affairs（Allison）to the Under Secretary of State（Bruce），January 9, 1953, United States Department of State, in *FRUS*, *1952 - 1954*, *East Asia and the Pacific*（*in two parts*），Vol. 12, Part 2, pp. 42 - 46.

② Memorandum by the Assistant Secretary of State for Far Eastern Affairs（Allison）to the Under Secretary of State（Bruce），November 18, 1952, United States Department of State, in *FRUS*, *1952 - 1954*, *East Asia and the Pacific*（*in two parts*），Vol. 12, Part 2, pp. 36 - 39.

③ Editoral Note, United States Department of State, in *FRUS*, *1952 - 1954*, *East Asia and the Pacific*（*in two parts*），Vol. 12, Part 2, p. 35.

④ 《叶公超电胡次长转呈陈诚》（1952 年 11 月 25 日发），顾维钧档案，档案号：Koo_0147_B44 - 2b_0009。

和海运方式不借道泰国进行内部遣返。美国国防部所找的中间人将此遣返方式带话给李弥时，遭到了拒绝。① 这个方案成为美方考虑遣返计划的底本。后来，蓝钦等人又提出意见，认为从交通考虑，由肯东向南到曼谷而后通过泰国遣返要比从肯东翻过西南山脉到仰光简单；并提出可考虑给每个军官和士兵一笔钱，以诱使他们离开缅甸。总之，在蒋介石不愿召回李弥的情况下，美方认为有必要先研究出具体计划，然后使蒋介石接受。②

该月 18 日，艾利森向副国务卿布鲁斯（David K. E. Bruce）提交备忘录，建议授权国务院远东事务局与中央情报局接触，以确定其对拟议遣返李部计划的反应，寻求该机构的充分同意和合作。③

1953 年 1 月，李弥部队的消息仍不断从仰光流出，关于可能引起中共入缅猜测以及李弥与吉仁叛军④合作的报道尤令美国不安。30 日，美国副国务卿指示驻台北"大使馆"以有力措施来消除国民党留缅部队所造成的"爆炸性局势"。有力措施的第一步是向蒋介石强烈表达美国政府的看法。虽然美国理解和同情国民党对抗中共的愿望，但它不能成为李弥部队留缅的理由。⑤ 美方明确告知台湾方面，若此一问题在联合国大会提出，美国政府断难支持台湾当局立场。⑥

---

① Memorandum by the Assistant Secretary of State for Far Eastern Affairs（Allison）to the Under Secretary of State（Bruce），November 18，1952，United States Department of State，in *FRUS*，*1952 – 1954*，*East Asia and the Pacific*（*in two parts*），Vol. 12，Part 2，p. 38.

② Memorandum by the Assistant Secretary of State for Far Eastern Affairs（Allison），January 9，1953，United States Department of State，in *FRUS*，*1952 – 1954*，*East Asia and the Pacific*（*in two parts*），Vol. 12，Part 2，pp. 45 – 46.

③ Memorandum by the Assistant Secretary of State for Far Eastern Affairs（Allison）to the Under Secretary of State（Bruce），November 18，1952，United States Department of State，in *FRUS*，*1952 – 1954*，*East Asia and the Pacific*（*in two parts*），Vol. 12，Part 2，pp. 36 – 39.

④ 即克伦族，该族是一个分布在缅甸东部及泰国西部的民族，在安达曼群岛也有少量克伦族移民，总人口约 600 万，其中 40 万人在泰国境内，其余在缅甸克伦邦、克耶邦和掸邦。代表克伦族的政治组织——克伦民族联盟自 1949 年起以武装对抗缅甸中央政府，对抗的目的起初是独立，之后则为争取建立联邦制度。

⑤ The Acting Secretary of State to the Embassy in the Republic of China，January 30，1953，United States Department of State，in *FRUS*，*1952 – 1954*，*East Asia and the Pacific*（*in two parts*），Vol. 12，Part 2，pp. 48 – 49.

⑥ 《叶部长与美代办蓝钦公使谈话简要纪录》，顾维钧档案，档案号：Koo_0144_B81_0071。

四 撤退计划的制订

1953 年 3 月，缅甸政府因不能解决留缅李弥部队问题，到了几乎无法维持之地步，内阁总理拟辞职，或另组容共内阁。[①] 缅甸政府一面向美国摊牌，要在问题解决之前拒绝美援，一面正式向联合国提出控诉。美国不得不转向强硬，促使台湾当局撤回李弥部队。虽然美国态度明朗了，但台湾方面仍试图继续搪塞拖延，蒋介石不接受建议，李弥拒不离缅，继续交涉似困难重重。

3 月 17 日，缅甸外长藻昆卓（Sao Hkun Hkio）约见美国驻缅甸大使塞巴尔德，声明从 6 月 30 日起缅甸终止与美国技术合作署（Technical Cooperation Administration，TCA）的协议，直到国民党残部留缅之事解决为止。[②] 25 日，缅甸政府正式向联合国秘书长提出控诉国民党当局侵略案，案名为"缅甸联邦所提关于台湾国民党政府侵略缅甸之控诉"（Complaint by the Union of Burma Regarding Aggression against Her by Kuomintang Government of Formosa）。控诉案除说明李部侵略事实外，要求安理会对国民党当局的侵略行为予以谴责和制止。

自 1952 年 7 月，李弥收到最后一笔来自台湾当局之外的援助款项 25000美元之后，便不再有外援收入。[③] 美国的神秘助力消失，1952 年底美国务院开始积极介入。1953 年 3 月缅甸政府的表现令美政府再次感受到压力，唯有以更有效的方式继续推进已经开始的行动。

美方同台湾当局就李弥事的交涉是分两条线进行的，一条是同蒋介石以及李弥本人直接联系，一条是外交系统间的联络。据美方观察，李弥只听蒋介石一人的命令，因此，第一条线是最关键的，但也是最难有突破的。

---

① 《叶部长与美代办蓝钦公使谈话简要纪录》，顾维钧档案，档案号：Koo_0144_B81_0071。

② The Ambassador in Burma（Sebald）to the Department of State，March 17，1953，United States Department of State，in *FRUS*，*1952－1954*，*East Asia and the Pacific*（*in two parts*），Vol. 12，Part 2，pp. 74－75.

③ The Chargé in the Republic of China（Rankin）to the Department of State，March 3，1953，United States Department of State，in *FRUS*，*1952－1954*，*East Asia and the Pacific*（*in two parts*），Vol. 12，Part 2，p. 61.

蒋介石认为李弥是西南游击队的灵魂，即便如美国的要求先撤离李弥所部2000人，也会对东南亚的反共局势造成大的影响。蒋表示自己不会下命令撤离，除非事先征求李弥本人的意见。[①] 而李弥回台与蒋及美方人员面谈后，表示绝不会发出撤离命令。经过几年的发展，李弥部队从开始的几千人，发展到26000人。中缅未定界处的游击队皆唯李弥马首是瞻。为求生存，部队已在地化发展，从事农业，大部分人在云南有家庭，或者与当地妇女结合。李弥指出这些士兵都不愿离开。[②]

第二条线相对于第一条线而言是次要的，它的进行取决于第一条线的交涉。但第二条线的交涉涉及具体事项的讨论和落实，亦不能忽略。因细节繁多，此处就不详述，仅总结其概况如下。

第一，台湾当局"外交人员"欲继续拖延的意图明显。李部问题毕竟已成功拖延了大约三年，台湾"外交人员"已有思维惯性，想当然地存着继续拖延的心理。当然，这与最高当局态度有关，在蒋介石改变想法之前，"外交部门"只能尽力维持局面。叶公超曾向蓝钦指出，台湾当局虽曾屡召李弥回台报告，但该部队之生存并不依赖台湾当局之补给，且因李弥屡向当局请求接济而终未获得，故台湾方面对该部队之控制权从未建立。[③] 这与李弥自己所述事实有出入。李弥称每月从台湾当局拿到20万泰铢的补贴，且大约50名无线电操作员和其他技术人员从台湾乘机前往支援，还获得了台湾提供的21次每次大约1吨的医疗用品和通信设备。[④] 对于李弥部队无法依赖台湾当局所提供援助生存一点可能为事实，但叶公超的其他说法似有夸大。不难看出，以叶公超为首的外交人员在竭力应付美国的施压。因

① The Chargé in the Republic of China（Rankin）to the Department of State, February 22, 1953, United States Department of State, in *FRUS, 1952 - 1954, East Asia and the Pacific（in two parts）*, Vol. 12, Part 2, p. 57.

② The Chargé in the Republic of China（Rankin）to the Department of State, March 3, 1953, United States Department of State, in *FRUS, 1952 - 1954, East Asia and the Pacific（in two parts）*, Vol. 12, Part 2, pp. 61 - 62.

③ 《叶部长与美代办蓝钦公使谈话简要纪录》（1953年3月2日），顾维钧档案，档案号：Koo_0144_B81_0076。

④ The Chargé in the Republic of China（Rankin）to the Department of State, March 3, 1953, United States Department of State, in *FRUS, 1952 - 1954, East Asia and the Pacific（in two parts）*, Vol. 12, Part 2, p. 61.

"极峰（蒋介石）对即承诺下撤退命令一节不能同意",① "外交部"不得不支撑局面,有时会有言过其实的表现。

第二,台湾方面刻意强调对反共大局的影响,希望美国改变主意,不再促使李部离缅。台"外交人员"指出,"今若反将已多年久占滇缅边界艰苦支持之李军撤退,难保予我军心打击视为不荣誉撤退,此与美最近推进对敌心理战之政策,亦未免相背。且滇为我大陆西南后门重山峻岭,一朝退出,将来为我恢复大陆计,再欲派兵进占实非易事"。② "缅北十分之七已为缅共控制,而缅政府反共意志并不坚决,李部撤退后,缅北部是否即可解除共产党之威胁,抑或将全部赤化,此点对美领导东南亚反共将极重要。"③ 驻台北的蓝钦观察到,台湾当局认为美国的思想是短期的,考虑到美国在滇缅地区的政策波动,他们预计在未来六个月到一年,情况将会变化,届时美国或将欢迎李弥入侵云南。④ 因此,在目下刻意强调李弥部队对中共的现有的以及潜在的牵制作用,等待和加速美国政策变化,在台湾"外交人员"看来是应行之策。

第三,台湾"外交部门"竭力讨价还价。在1952年底1953年初美国方面经过讨论已决定先撤离李部的一小部分,也就是2000~3000人。⑤ 即便是一小部分,如果撤离成功,对美国也是有利的。因此在交涉中,美国并未要求一步到位,全部撤离。然而,在台湾方面看来,先撤离一小部分也是不愿接受的,许多细节成为讨价还价的内容。如台湾"外交人员"提出,"应听其携带武器回台"等。美方表示最切之希望是台湾当局"决定可以遣回台湾之原则,至于一切实施办法头绪纷繁,须与各方详为商定"。⑥ 在最高层决定原则上接受遣返建议之前,这种细节上的讨价还价是为拖延

---

① 《外交部电顾维钧》（1953年3月11日发）,顾维钧档案,档案号：Koo_0144_B81_0060。
② 《顾维钧电叶公超并呈转》（1953年3月4日发）,顾维钧档案,档案号：Koo_0144_B81_0066。
③ 《外交部电顾维钧》（1953年3月11日发）,顾维钧档案,档案号：Koo_0144_B81_0060。
④ The Chargé in the Republic of China（Rankin）to the Department of State, March 9, 1953, United States Department of State, in FRUS, 1952 - 1954, East Asia and the Pacific（in two parts）, Vol. 12, Part 2, pp. 66 - 67.
⑤ 这个数字较缅甸政府的要求有很大差距。
⑥ 《顾维钧电叶公超并呈转》（1953年3月4日发）,顾维钧档案,档案号：Koo_0144_B81_0066。

时间。后来，最高层虽然原则上接受遣返，但仍留有余地，希望只是"象征性"撤军，因此"外交人员"的讨价还价仍要继续，这使台美间就李弥问题的交涉显得十分艰难。

面对台湾方面由上而下不配合的态度，美方抛出撒手锏，提出此事与美援的关联。3月21日，蓝钦向蒋介石申明美国的立场是高层机构间的决定，在"可能存在增加或加速美国援助可能性"的当下，如果华盛顿讨论此类问题的气氛受到台湾方面拒绝接受美国本案愿望的不利影响，这将是最不幸的。同时，美方也退让一步，放弃此前要求蒋介石向李弥正式下达撤离命令一点，只要蒋介石原则上同意，并保证，不管最终能否实施，只要原则上同意，就不是他的错。① 蒋介石要求美方对其所言者做书面保证，然后再定。② 实际上已有让步准备。3月28日，"外交部"向蒋介石汇报说，缅甸政府已向联合国提出控诉。这也证明缅甸政府的决心，让蒋介石打消此前所抱有的"缅甸只是吓唬美国，不一定真会在联合国控诉"③ 的侥幸心理。当日，蒋介石对叶公超松了口，表示对美国要求李部撤退原则应允，但仍必须强调说明李弥为反共游击队，台湾当局无法指挥控制。④

联合国大会于4月23日通过将李部撤出缅境的决议案，由美、缅、泰与台湾当局在曼谷成立一个联合军事委员会，以讨论如何执行撤退李部的任务。此间，因蒋介石态度又有变化，执行的过程亦一波三折。

蒋介石在反共一事上抱有执念，并认为台湾当局高举反共大旗是美国所需要和欢迎的。在美国要求撤回李弥部队的问题上，蒋介石以为并非美国本意，而是"缅共所迫之使然，而英自亦从中怂恿"，"缅甸受俄共压迫与鼓惑之甚"。⑤ 6月，蒋介石向美国总统艾森豪威尔提出建立"亚洲反共国家组织"的建议，并调整对李弥部队的处理意见，决定以"象征性之撤

---

① The Chargé in the Republic of China（Rankin）to the Department of State, March 21, 1953, United States Department of State, in *FRUS*, *1952 – 1954*, *East Asia and the Pacific*（*in two parts*）, Vol. 12, Part 2, p. 79.

② 《蒋介石日记》，1953年3月21日。

③ The Chargé in the Republic of China（Rankin）to the Department of State, March 9, 1953, United States Department of State, in *FRUS*, *1952 – 1954*, *East Asia and the Pacific*（*in two parts*）, Vol. 12, Part 2, p. 66.

④ 《蒋介石日记》，1953年3月28日。

⑤ 《蒋介石日记》，1953年3月反省录。

退"来"容纳美政府之意见"，但"不能保证我民众对李部今后之断绝接济"。① 蒋介石以为美国只是被迫做出姿态，因此只以象征性撤退来缓解美国压力即可。由于台湾方面始终抱有侥幸，不肯轻易放弃在中国西南留下的这支孤军，李弥部队方面也对外表现出负隅顽抗的姿态，对撤退不予配合。因在撤退人数问题上争执不下，到 9 月 15 日联合国第八届常会开会之时，李弥部队还没开始撤退。

此种情况下，美国代表于联合军事委员会中，坚请台湾方面提出撤退人数估计数字，并谓如拒绝提出此项数字，会使人怀疑台湾当局企图"以象征性撤退敷衍联合国"。② 17 日，缅代表不满于台湾方面的态度，宣布退出会议。9 月 18 日台湾当局决定停止接济李弥部队，但不肯在撤退人数上让步，坚持撤退 1500～2000 人为"最大努力之结果，无法再增"。③ 30 日，美国务院主管远东事实助理国务卿面交顾维钧密函一件，嘱为转递。密函是艾森豪威尔写给蒋介石的，大意为其本人对李弥在缅游击队事至为关切，亟盼设法早得尽可能最大数额之撤退。④ "撤退计划"终于在 10 月 12 日完成签字。

"撤退计划"从 1953 年 11 月 7 日开始实施，到 12 月 7 日完成第一批撤退，共两千余人。在这个过程中，撤离士兵或故意逗留，或将武器留于猛撒委员会，以期重行组织别种队。缅甸方面继续施压，印度方面也认为蒋介石并没有"诚实地实施撤离"，只有少数强壮男子和可以忽略不计的设备被撤离。而各方均认为若美国愿意，完全可以迫使蒋介石做得更多。⑤ 美方不得不向台湾方面再加压力，望台当局表示诚意。⑥ 在美国压力下，加上李弥患重病，未撤之人生存困难，12 月 5 日，蒋介石令缅甸李弥部反共游击队参谋长柳元麟实行"全撤"。⑦

---

① 《蒋介石日记》，1953 年 6 月 7 日、10 日。

② 《外交部电顾维钧》（1953 年 9 月 15 日发），顾维钧档案，档案号：Koo_0144_B81_0036。

③ 《顾维钧电外交部》（1953 年 9 月 26 日发），顾维钧档案，档案号：Koo_0144_B81_0030。

④ 《顾维钧电蒋介石》（1953 年 9 月 30 日发），顾维钧档案，档案号：Koo_0144_B81_0023。

⑤ The Ambassador in India（Allen）to the Department of State，March 9，1953，United States Department of State，in *FRUS*，*1952 - 1954*，*East Asia and the Pacific*（*in two parts*），Vol. 12，Part 2，pp. 178 - 179.

⑥ 《顾维钧电叶公超》（1953 年 11 月 24 日发），顾维钧档案，档案号：Koo_0144_B81_0005。

⑦ 《蒋中正致柳元麟手谕》（1953 年 12 月 5 日），"筹笔——戡乱时期（二十一）"，"蒋中正总统文物"，典藏号：002 - 010400 - 00021 - 072。

小 结

国民党在大陆失败后，西南边境残部经李弥整合成为一支活跃于缅泰边境的孤军。缅甸欲将其驱离或使其缴械，美国是主要的调停者。美国几番劝说、催询，但调停作用有限。特别是在 1950 年 7、8 月间，美国的调停基本没有发挥实质作用。根本原因在于美国立场貌似中立，实则偏向台湾当局，对其借口与托词持同情理解的态度。对台湾当局偏袒的动机是出于美国在远东的利益，正如一份绝密文件所揭示，李弥部队一度被美国认为具有以游击作战潜入中国或防御中国共产党向东南亚发展的潜在价值。① 台湾当局不接受美国建议，甚至不惜在联合国面对尴尬，原因何在？一方面，美国态度并不强硬，且采取了对台当局理解的立场；另一方面，台湾当局认为李部留在中国西南边境有用。1950 年 6 月，朝鲜战争开始后，台湾方面舆论以及若干重要领导人都认为第三次世界大战不远，"另一次美苏摊牌即将在远东发生"。② 李弥所部在远东动荡的局势之中，承载了蒋介石的些许希望。

随着朝鲜战局发展，对李弥所部寄予希望的，不只是台湾当局，若干美国人似也成为秘密支援李弥的幕后者。在一段时间内，美国国务院对此事并不知情，后来辗转由泰国总理之口得知中情局人员曾参与此事。台湾方面资料显示，美国务院确实反对李弥留缅，也反对驻泰人员对其提供任何援助，但也确有某美方势力秘密援助过李弥。然而解密的中情局档案缺乏线索，美国外交文件中亦无确切证据。这一神秘力量的参与令美国在外交上颇显被动。美国国务院督促台湾当局令李弥离开缅境，却被台湾方面以种种理由搪塞。美国只能以"台湾当局是独立的，美国无法控制"答复缅方。③ 缅甸和英国对美国的作为颇为不满，认为美国至少可以施压给台湾

---

① Memorandum by the Assistant Secretary of State for Far Eastern Affairs（Allison）to the Under Secretary of State（Bruce），January 9，1953，United States Department of State，in *FRUS*，*1952 - 1954*，*East Asia and the Pacific（in two parts）*，Vol. 12，Part 2，p. 43.

② 《各方密切注视骤起暴风雨》，《中央日报》1950 年 7 月 9 日。

③ 1951 年 11 月 23 日，美国务院通知仰光大使馆，见 https：//history. state. gov/historicaldocuments/frus1951v06p1/d161，注 1。在经过编辑的 *FRUS* 中，并无该注。

当局，使之断绝与李弥的联系，或者至少可以采取措施防止美方某种力量给李弥支援。在表达此种不满的同时，缅甸再次对李部采取军事措施，并准备在联合国发声。美国虽不断向缅方表达愿意合作、积极促成之意，却已在李弥部队事上逐渐失去缅甸信任。美国某种力量的"阳奉阴违"使美国务院在远东遭遇尴尬；而台湾当局的"不配合"，使美国这一反共阵营的"老大"经历了一次不大不小的威望之挫。

随着缅甸、英国以及国际舆论给美国的压力加大，美国在摇摆观望中发生着改变。经过观察，美国认为李弥部队并不能在牵制中共兵力上发挥多大作用，而该部队缺乏纪律约束、参与走私、扰乱地方；更为重要的是，它可能使缅甸政府更为亲共，引起缅甸乃至东南亚的动荡，使美国在东南亚的反共立场得不到支持。此前，美国会为台湾当局的搪塞和自己的不作为找借口，诸如无法控制、无法撤离、不知情、不愿卷入等，但现在美国无法再以"查无此事"来敷衍外界对美方秘密援助李弥的质疑。国民党败退台湾，其地位已不同往昔，若说过去尚且需要承担一定大国责任，现在更倾向于孤注一掷。蒋介石态度强硬，不愿撤回缅甸孤军，美国若不想使更为严重的后果发生，只能以更为明朗的态度介入此事。

1952年夏，美方对李部支援的神秘助力撤出，该年冬，美国务院改变不痛不痒从旁调停的姿态，更为积极地介入此事，不但要说服蒋介石同意从缅甸撤出李部，还制订计划，承诺协助撤离。在最终达成"撤退计划"的过程中，美国起到关键作用。若不是美国表明这是共和党新政府的态度，若不是美国背后有巨大美援计划的诱惑，蒋介石断难同意撤回李部。然而，也应看到即便是在转变态度之后美国对台湾当局的态度也还是有一定谅解与默许的成分。在美国看来，事情只要做到可以过关的程度即可。正因如此，无论是交涉过程还是执行过程，台湾当局总有侥幸拖延或"象征性"实施的心理。当然，在各方关注之下，蒙混过关或是暗度陈仓是难以实现的。

第七章　奄美群岛予日事件

奄美群岛是琉球群岛的一部分，地理位置在北纬 27 度与 29 度之间，包括奄美大岛、德之岛、冲永良部岛、喜界岛、枝手久岛、加计留麻岛、与路岛、请岛、与论岛等岛屿。明洪武五年（1372），琉球中山国王向明太祖称臣。此后，琉球作为中国的藩属国达数百年。1609 年以后，日本萨摩藩开始染指琉球，强迫琉球在向中国纳贡的同时也向萨摩藩纳贡。日本明治维新后国力大增，于 1875 年强行中断中琉间的册封关系，1879 年侵占琉球，将奄美群岛划归鹿儿岛县大岛郡。二战后，琉球由美国控制。1953 年，美将奄美群岛"归还"日本，① 实为日本再据琉球的开端。

一　事件的发生

战后不久，美国远东司令部与国务院曾有将琉球行政管理权"归还"日本的主张。1946 年 6 月，国务院，陆军部、海军部协调委员会（The Statec-War-Navy Coordinating Committee）在 SWNCC 59/1 号文件中提议琉球群岛由日本保有，并解除武装。但该观点被主张美国应对这些地区单独托管的美国参谋长联席会议强烈反对。

---

① 学界对战后琉球问题的有关研究中，尤淑君《战后台湾当局对琉球归属的外交策略》（《江海学刊》2013 年第 4 期）、褚静涛《1951 至 1972 年蒋介石政权的琉球政策》（《安徽史学》2013 年第 5 期）从台湾当局的角度进行了论述；罗欢欣《琉球问题所涉"剩余主权"论的历史与法律考察》（《日本学刊》2014 年第 4 期），胡德坤、沈亚楠《对盟国的抵制与索取：战后初期日本的领土政策（1945～1951）》（《世界历史》2015 年第 1 期），隋淑英《战后初期日本对琉球的领土政策——兼论钓鱼岛问题》（《近代史研究》2013 年第 5 期）等则涉及"剩余主权"论及日本对琉球的领土政策等问题。这些文章对于 1953 年奄美群岛予日一事研究不充分。该事件是战后日本占据琉球的重要开端，有必要进行系统整理和再探讨。

1946 年 11 月，美国向联合国提出将琉球同小笠原群岛等交由美国托管。1947 年 4 月，联合国安理会通过《战略防区之托管决定》，同意美国提案，认为琉球群岛为无主之地，应交由美国托管。

1948 年，"防止日本军国主义复活"从美国决策层的考虑中淡出，在太平洋某些岛屿长期保有基地和军事设施，成为美国制定对日政策和未来和约方针的重要意图。3 月，美国国务院政策规划司形成两个政策报告 PPS28 和 PPS28/1，对美国对日政策的调整发生了作用。国务院开始支持在琉球群岛建设长久性军事基地，并谋求今后对群岛处置的国际的安排。① 10 月 7 日，国家安全委员会会议通过 NSC13/2 中除第 5、9、20 三段以外的内容，制定了美国对日本的一系列政策。其第 5 段是关于琉球处置的问题。26 日，代理国务卿洛维特致国家安全委员会执行秘书索尔斯（Sidney W. Souers）信函，提供了一份关于琉球处置的最新修改意见，指出美国应在冲绳及北纬 29 度以南的琉球群岛和马库斯岛（Marcus Island，也叫南鸟岛）、孀妇岩以南之南方诸岛（Nanpo Shoto south of Sofu Gan）长期保留设施，冲绳基地需立即发展起来。美国管理上述岛屿的部门需为经济和社会福利以及在一个实际的程度上为居民的最终自治，立即制订并执行一个方案。美国需在合适时机为对这些岛屿的长期战略控制谋求国际认可。②

1950 年 1 月 12 日，美国国务卿艾奇逊在对国家记者俱乐部的即兴讲话中指出，美国认为琉球群岛在防卫上占据着并将继续占据着重要地位，考虑到琉球民众的利益，美国会在合适时间将其交予联合国托管。③

1951 年 1 月 22 日，台湾当局驻美"大使"顾维钧致杜勒斯节略表示"中国政府对于琉球及小笠原群岛，置于联合国托管制度之下，而以美国为

① Memorandum by Myron M. Cowen, Consultant to the Secretary of State, to the Secretary of State, Jan. 25, 1952, United States Department of State, in *FRUS, 1952 - 1954, China and Japan (in two parts)*, Vol. 14, Part 2, p. 1117.

② The Acting Secretary of State to the Executive Secretary of the National Security Council (Souers), Oct. 26, 1948, United States Department of State, in *FRUS, 1948, The Far East and Australasia*, Vol. 6, pp. 876 - 878.

③ Memorandum by Myron M. Cowen, Consultant to the Secretary of State, to the Secretary of State, Jan. 25, 1952, United States Department of State, in *FRUS, 1952 - 1954, China and Japan (in two parts)*, Vol. 14, Part 2, p. 1117.

管理当局一节，在原则上可予同意"。①

9月，在未邀请中国政府参加的情况下，部分盟国与日本缔结的"旧金山和约"第二章第三条规定了琉球群岛的地位："日本对于美国向联合国提出将北纬29度以南之南西诸岛（包括琉球群岛与大东群岛）、孀妇岩岛以南之南方诸岛（包括小笠原群岛、西之岛、硫磺列岛）及冲之鸟岛与南鸟岛置于联合国托管制度之下，而以美国为唯一管理当局之任何提议，将予同意。在提出此种建议，并对此种建议采取肯定措施以前，美国将有权对此等岛屿之领土及其居民，包括其领海，行使一切行政、立法与司法权力。"②

10月17日，驻日盟军最高司令和远东美军总司令李奇微（Matthew Bunker Ridgway）将军向参谋长联席会议递交了一份关于美国对琉球群岛长期战略的研究报告，指出美国在西太平洋离岛链条上战略地位的安全并不依靠美国凭借托管等办法取得的对琉球群岛的政治控制，没有理由认为美日间不能达成一项使得美国长期控制参谋长联席会议所看重的琉球群岛有关设施的令人满意的协议。因此，他建议美国开始将这些岛屿"归还"日本。1952年1月25日，新上任的国务卿顾问考恩（Myron Cowen）致艾奇逊备忘录，详细介绍了上述研究报告的结论，建议国务院采取这样的立场：美国不应寻求对琉球和小笠原群岛的托管，而应就美国保留其军事设施控制权前提下将其"归还"日本的问题进行双边安排。③

1953年8月8日，美国务卿杜勒斯由韩赴日，与日本首相吉田茂在东京美大使官邸会晤。会晤中杜勒斯代表美国政府宣布了一项美国放弃在奄美群岛权利的声明。随后，杜勒斯向媒体宣布了同一声明，称："美国政府切望在它和日本政府完成必要手续后，尽速放弃和约第三条所规定其对于奄美群岛的权利，俾使日本恢复对该岛屿的统治权。"④ 随后，日本政府设立特别联络委员会，以准备接收奄美群岛。该委员会派遣实地调查队，调

---

① 《琉球地位问题说帖》，严家淦档案，中国社会科学院近代史研究所档案馆藏，尚无档号。

② 世界知识出版社编《国际条约集（1950～1952年）》，编者印行，1959，第335～336页。

③ Memorandum by Myron M. Cowen, Consultant to the Secretary of State, to the Secretary of State, Jan. 25, 1952, United States Department of State, in *FRUS*, *1952－1954*, *China and Japan* (*in two parts*), Vol. 14, Part 2, pp. 1116－1120.

④ 《杜勒斯抵日声明美放弃奄美群岛》，《中央日报》1953年8月9日。

查了解该岛现状，以便制定相应对策。① 11 月 25 日，日本外务省发言人田付景一宣称，美日关于"归还"奄美群岛的会谈已于 24 日正式开始。② 12 月 24 日，日本外相冈崎胜男与美驻日大使艾利森分别代表日美两国在协定上签字，奄美群岛被作为圣诞"礼物"移交日本。

二　日本蓄意为之

战后美军占领琉球，是着眼于其战略价值，但对其政治归属没有野心，也无定见。而日本则处心积虑，欲将琉球揽入囊中。20 世纪六七十年代日本野心终获实现，而奄美群岛归日为其重要开端。

为在关涉利益的问题上尽快达成一致并表明盟国的正义性，盟国在《开罗宣言》中表示："此次进行战争之目的，在于制止及惩罚日本之侵略。三国决不为自己图利，亦无拓展领土之意思。"③ 《波茨坦公告》也声明"吾人无意奴役日本民族，或消灭其国家"。④ 战后，日本在各种场合援引盟国的此类言论，确保自身独立完整和民族利益之意本无可厚非，但后来事实证明，日本在守住自身利益之外，还有更多的图谋。而《波茨坦公告》有"日本之主权必将限于本州岛、北海道、九州岛、四国，及吾人所决定其他小岛之内"一条，"及吾人所决定其他小岛之内"一语给日本部分有领土野心者留下了操作空间。

日本国内一股势力本就不甘于失败，战争结束后即开始秘密研究如何应对领土问题，如何最大限度地保住和重获太平洋岛屿。1945 年 11 月，日本外务省成立和约问题研究干事会。1946 年 5 月底，日本和平条约问题研究干事会提交了第一次研究报告，明确提出对于将由盟国决定的、日本本土附近的其他小岛，应基于各种理由，极力扩大日本的保有范围。关于琉球群岛，他们认为交与盟国共同托管或由美国单独托管的可能性最大，而

---

① 《奄美大岛交还日本美日即将谈判》，《中央日报》1953 年 10 月 13 日。

② 《奄美岛交日事美日开始谈判》，《中央日报》1953 年 11 月 26 日。

③ 秦孝仪主编，张瑞成编辑《光复台湾之筹划与受降接收》，中国国民党中央委员会党史委员会，1990，第 35 页。

④ 秦孝仪主编，张瑞成编辑《光复台湾之筹划与受降接收》，第 38～40 页。

成为"中华民国"领土的可能性较小。若是前者，则不加以反对；若是后者，应强烈主张其缺乏依据，即使作最坏打算也应力争以当地居民投票的方式决定归属。①

随着冷战局势发展，美国逐渐放松对日约束。1950 年以后，更欲逐步调整对日靖和的基调。日本对琉球群岛的政策也在随之调整，由较为隐蔽转为公开，并欲索取更多权益。10 月 14 日杜勒斯向记者透露对日和约七原则，在此次提出的七原则中没有表明其托管区域主权归属日本之意。很快，日本外务省就以伤害了日本"国民感情"为由表达了强烈不满。10 月 25 日，外务省提出《关于美国对日讲和七原则》，称："将小笠原、琉球群岛从日本分离出去，日本国民感情上难以接受。"② 12 月 27 日，外务省制订出"D 作业"的计划，准备在 1951 年 1 月杜勒斯访日时，对领土等问题提出意见，建议为顾及日本国民的感情，应决定小笠原、琉球群岛的归属。③ 1951 年 1 月 5 日与 19 日，外务省对"D 作业"又进行了两次修订，使其更能迎合美国心理。为获美国信任与支持，日本政府向美国表明"对抗共产主义势力"的立场，强调"在冲绳、小笠原群岛不得已而托管的情况下，无论以何种形式都要表明其军事上所需的地域应限制在最小范围，日本要成为共同施政方，进而在解除托管时，这些岛屿再次归属日本"。④

1 月 25 日，杜勒斯访日，美日启动关于战后媾和的领土议题的讨论。其间，吉田向杜勒斯提交《日方的见解》，希望美国重新考虑将琉球、小笠原群岛置于联合国托管之下的提案。倘若必须托管，则希望日本与美国共同托管，允许这些群岛的居民保留日本国籍，托管期满后将其"交还"日本。⑤ 在尝试直接索要琉球、小笠原被美拒绝后，日本以"抓小放大"的策略，改为要求将北纬 29 度以南地区划归日本，并掩盖其暴力侵占的历史，

---

① 外務省（編纂）『日本外交文書：サンフランシスコ平和条約準備対策』外務省、2006、95 ~ 96 頁。
② 外務省（編纂）『日本外交文書：サンフランシスコ平和条約対米交渉』外務省、2007、75 頁。
③ 『日本外交文書：サンフランシスコ平和条約対米交渉』114 頁。
④ 『日本外交文書：サンフランシスコ平和条約対米交渉』140 頁。
⑤ 『日本外交文書：サンフランシスコ平和条約対米交渉』183 ~ 184 頁。

称这些岛屿上的居民都是日本人。① 美国接受了其后来的提议。接着，日本又偷换概念，将"北纬 29 度以南的琉球群岛"改为"北纬 29 度以南的南西诸岛"。将"其以暴力或贪欲所攫取"的琉球群岛塞进日本的南西诸岛，掩盖其殖民扩张吞并琉球王国的侵略历史，将琉球群岛变成日本"固有领土"，为日后要求美国将琉球群岛"交还"日本埋下伏笔。②

1951 年前后，日本一面促使旅夏威夷群岛的琉球人比嘉秀平等人返回琉球，取得议会会长等职位，利用琉球议会中亲日的社会大众党议员策动"重归日本"运动；一面策动琉球左翼分子攻击美国，说美国占领琉球，欲将琉球变为美国殖民地，使琉球人以为自治独立无望，转而支持"重归日本"运动。③ 1941 年 8 月，美英参与签署的《大西洋宪章》有"不追求领土或其他方面的扩张"的承诺。④ 美国不愿卷入政治旋涡，一再强调美国对琉球无领土野心和殖民观念，并暗示以后可将此地"归还"日本。

1953 年 7 月，朝鲜停战协定签订后，日本更加速军国主义复活的进程。在日多次向美表达将"旧有领土"奄美群岛"归还"日本的意图后，美国终于开始实施满足其愿望的行动。日本宣称，"日本政府认为奄美群岛自历史上言，也有若干世纪为日本的领土"，因此，即便没有台湾当局的表态，美日关于移交奄美群岛的谈判亦可进行。⑤

三　冷战背景下的美日靠近

1947 年 9 月，日本以"天皇口信"向美方传递信息，希望美军继续在包括冲绳在内的琉球诸岛驻军，排除苏联势力与中国的权利要求；建议美国对冲绳的军事占领采取从日本长期租借的形式。此后，日本在允许美国于对日媾和之后继续保有琉球军事基地方面不断示好，主动表示愿意在和约中加上允许美军驻扎的条款，以解决美国不便自行提出的难题。以此，

① 『日本外交文書：サンフランシスコ平和条約対米交渉』225 頁。
② 参见胡德坤、沈亚楠《对盟国的抵制与索取：战后初期日本的领土政策（1945～1951）》，《世界历史》2015 年第 1 期，第 50 页。
③ 《日本处心积虑企图取得琉球》，《中央日报》1953 年 11 月 27 日。
④ 世界知识出版社编《国际条约集（1934～1944 年）》，编者印行，1961，第 337 页。
⑤ 《奄美岛交日事美日开始谈判》，《中央日报》1953 年 11 月 26 日。

日本将自己从战败国变为美国的"盟国"，以向美国提供军事基地的方式逐步换取了美国对日本保有琉球"领土主权"的认同。①

这一年，由于马歇尔在中国调停的失败，美国逐渐失去对国民党和动荡中的中国的信心。马歇尔回国后，出任国务卿，眼光转向日本，欲使日本取代中国，成为美国在亚洲对抗苏联的帮手。1948 年 2 月底，美国国务院政策计划室主任乔治·凯南赴日考察，其间向驻日的占领军司令麦克阿瑟游说，未来美国对日占领政策的核心是实现日本社会最大限度的稳定，强调恢复日本经济的重要性。② 返回美国后，凯南提交了一份报告，指出在日本推行社会改革和尽快缔结和平条约不应是美国的目标，美国应提高日本的自主能力，维护其社会稳定，防止共产主义者的渗透。凯南并提出继续在日本保持驻军和长期使用日本军事基地、让日本政府承担更多行政管理责任等建议。③

1949 年，中共中央采取向苏联"一边倒"的外交方针，苏联也在铁托等事件促使下向中共靠近。1950 年 2 月 14 日，《中苏友好同盟互助条约》在莫斯科签订，中苏正式结盟。④ 美国急于将日本塑造成美国政策的追随者和与苏联在亚洲对峙的阵地，因而在经济上扶持日本，在外交政策上施以恩惠、加以笼络，在战争责任上为日本减负，尽力弱化甚至解除日本的战败国地位，使其成为自己的忠实盟友。1949 年 5 月，美国停止日本的拆迁赔偿。1950 年 6 月，美国发动朝鲜战争后，日本发挥了美国军事基地与战争物资仓库的作用。11 月，美政府向远东委员会成员国提出参与缔结对日和约的各方放弃 1945 年 9 月 2 日以前因战争行为而产生的权利要求。

奄美群岛行政权最终予日与 1951 年的旧金山和会有密切关系，其实施的依据便是"旧金山和约"第三条。而这个对日靖和会议的实现形式在冷战背景下已有重大变异，与战时盟国的设想大相径庭。参加反法西斯战争

---

① 隋淑英、陈芳：《战后初期日本对琉球的领土政策——兼论钓鱼岛问题》，《近代史研究》2013 年第 5 期，第 7~10 页。

② Anna Kasten Nelson, ed. , *The State Department Policy Planning Staff Papers*, *1947 - 1949*, Vol. Ⅱ, pp. 187 - 196.

③ Anna Kasten Nelson, ed. , *The State Department Policy Planning Staff Papers*, *1947 - 1949*, Vol. Ⅱ, pp. 203 - 243.

④ 《人民日报》1950 年 2 月 15 日。

的 26 个盟国曾郑重发表宣言，表明要全面靖和，"不与敌人缔结单独停战协定或和约"。① 而 1951 年的旧金山和会却是苏联和中国（包括中华人民共和国和台湾当局）均未参加的片面靖和。为在战后占领和管制日本，苏美英莫斯科外长会议也在 1945 年决定设立远东委员会，其决议须经半数表决通过，美苏中英拥有否决权。事实上，却因美国在单独执行对日占领，美苏无法达成一致，远东委员会并未发挥应有的作用和履行职责，并于 1952 年 4 月"旧金山和约"生效后被美国单方面解散。"旧金山和约"的内容也丧失了对战败国的管制和剥夺（解除武装、赔偿等）之意，美国占领军亦未在和约生效后撤走，而是继续留驻日本。

在美国操纵下，1951 年 9 月，日本与以美国为首的数国签订了排斥中、苏等主要参战国的媾和条约，以及允许美国在日本几乎无限制地设立及使用军事基地的"美日安全保障条约"。旧金山和会中，因盟国对琉球意见不一，美国公开表示为协调分歧，应将琉球置于托管之下，同时准许日本保有"剩余主权"。② 此后，日本更不断表达琉球应早日"归还"日本统治的要求，声言："旧金山和约"第三条所规定应交付联合国托管之领土与第二条所规定日本应放弃主权之领土有所区别；琉球地位乃于第三条所规定，日本对其仍保有"剩余主权"。③

四 所谓"剩余主权"说

所谓"剩余主权"（residual sovereignty，有的地方译为"残余主权""潜在主权""残存主权"）说，是 1953 年美国将奄美群岛予日的一个关键说辞，也是后来美国陆续将琉球群岛"交还"日本的重要依据。④

---

① 见 1942 年 1 月 1 日中美英苏等 26 个反法西斯国家在华盛顿签署的《联合国家宣言》。王铁崖、田如萱、夏德富编《联合国基本文件集》，中国政法大学出版社，1991，第 1 页。
② 《琉球地位问题说帖》，严家淦档案。
③ 《琉球地位问题说帖》，严家淦档案。
④ 1971 年美日签订《琉球与大东群岛协定》，以日本拥有"剩余主权"为由将琉球及大东群岛区域"归还"日本。此时所称"剩余主权"与 1951 年提出的"剩余主权"虽是同样用词，内涵却并不一致，甚至有自相矛盾之处。参见罗欢欣《琉球问题所涉"剩余主权"论的历史与法律考察》，《日本学刊》2014 年第 4 期，第 73 页。

考察历史，在战时美英中等国商讨战后处置时并未有所谓"剩余主权"的考虑，《开罗宣言》《波茨坦公告》等重要文件中也没有"剩余主权"一说。战时及战后各主要同盟国的共识是琉球及日本本土四岛以外之其他岛屿，除非所有有关国家共同决定，否则均不复为日本领土。1951 年美国一手策划的对日多边和约第三条规定，关于琉球处置仅有两项办法："第一，在目前由美国对琉球及琉球人民行使一切行政、立法及司法之权；第二，在将来即将琉球置于联合国托管制度之下，仍由美国受托管理。"① 可见，"剩余主权"一词并无任何历史依据。而在法律意义上，有学者也进行过考证，认为杜勒斯提出的"剩余主权"概念在词语构成上与 reversion、reversionary 相似，"但它不过是将这些类似词语加以拼凑、混淆视听，其实质内涵在国际法上毫无渊源"，在国际法上既无先例，亦无特定内涵可言。② 该词的出现与日本扩大领土的野心与阴谋有关，是战后美日间利益交换的结果。③

一方面，"剩余主权"说源于日本领土野心驱使下割断中琉关系、混淆概念的阴谋。17 世纪，日本开始觊觎琉球。19 世纪后半期，因其实力增强而将侵占琉球的隐蔽性变为公开性，并于 1879 年将琉球国王掳至日本，强行"废琉置县"，以北纬 27 度为界，将北部奄美群岛等地划归鹿儿岛县，南部诸岛则改置为所谓的冲绳县。琉球王国被一分为二，琉球王国长期为中国藩属、中琉渊源深厚的历史联系被切断。此后，日本以"冲绳"一词取代原来的"琉球"，而被并入鹿儿岛县的奄美群岛与琉球王国的关系被掩盖，日本侵占琉球、"废琉置县"过程中的武力与阴谋④也被掩盖。另一方面，美国为笼络日本，选择相信日本的片面之词，认为奄美群岛不属于琉球，依仗强权违背国际公约自行处理群岛行政权。1951 年 3 月 27 日，日本政府提出关于对日和约草案的意见，指出奄美群岛不属于琉球，属于萨南

---

① 《琉球地位问题说帖》，严家淦档案。
② 参见罗欢欣《琉球问题所涉"剩余主权"论的历史与法律考察》，《日本学刊》2014 年第 4 期，第 75 页。
③ 有文指出所谓"剩余主权""是日美政治交易的怪胎"。见胡德坤、沈亚楠《对盟国的抵制与索取：战后初期日本的领土政策（1945～1951）》，《世界历史》2015 年第 1 期，第 51 页。
④ 参见米庆余《近代日本强行占有琉球》，《日本研究论集》1999 年第 1 期。

诸岛（Satsunan Islands），而南西诸岛（Nanseim Islands）则是包括了萨南和琉球诸岛在内的琉球和台湾之间的所有岛屿。① 美国接受了日本的说法，亦声称奄美群岛原属日本，故而在赠送"圣诞礼物"时竟有理直气壮之态。

"剩余主权"一说的诞生过程更将美日利益交换的意图暴露无遗。

1950 年 9 月 7 日，美国国务院与国防部为总统提供了一份联合备忘录，提出美国应着手与日本开始和平条约的初步谈判，谈判中美国须确保在北纬 29 度以南的琉球群岛、南鸟岛以及孀妇岩以南的南方群岛具有排他性的战略统治权。②

在与日本进行了某些接触后，杜勒斯想出既满足上述原则，又符合美日利益的解决办法，即提出"剩余主权"的说法。1951 年 6 月 27 日，杜勒斯在备忘录中指出，为履行 1942 年 1 月 1 日不扩大领土的诺言，美国自身并无意于琉球主权。如果日本被强制放弃主权后，没有对任何国家有利的倾向，特别是如果联合国不同意美国的托管提案，那么国际环境将会产生混乱。而日本已同意如果联合国同意琉球由美国托管，美国将在这些岛屿的土地、领水上和居民中行使行政、立法、司法之权，这完全符合 1950 年 9 月 7 日关于和约的联合备忘录的精神。如果日本对这些岛屿的主权完全放弃，则它许诺给美国的上述权利也将随之受到损害。在这一备忘录中，杜勒斯首次在文件中使用 residual sovereignty 一词，以期符合美国对某些区域"排他性战略控制"的要求。③

1951 年 8 月 10 日，杜勒斯致吉田的信中指出："在对日和约第二条与第三条的规定中，第二条要求日本放弃（朝鲜、台湾以及澎湖列岛的）所有权利以及请求权，而在第三条中则完全没有类似规定。也就是说，第三条对南西诸岛及其他南方诸岛的处置没有特别规定，我不认为第三条的措

---

① The United States Political Adviser to SCAP (Sebald) to the Secretary of State, Apr. 4, 1951, United States Department of State, in *FRUS*, *1951*, *Asia and the Pacific* (*in two parts*), Vol. 6, Part 1, p. 961.

② Memorandum for the president, Sept. 7, 1950, United States Department of State, in *FRUS*, *1950*, *Asia and the Pacific*, Vol. 6, p. 1263.

③ Memorandum by the Consultant to the Secretary (Dulles), Jun. 27, 1951, United States Department of State, in *FRUS*, *1951*, *Asia and the Pacific* (*in two parts*), Vol. 6, Part 1, pp. 1152 – 1153.

辞在日本拥有剩余主权这一点上毫无意义。"①

　　9月5日，在对日媾和的第二次全体会议上，美国代表杜勒斯对和约第三条解释说："自投降以来，这些岛屿（琉球与日本南方及东南方其他群岛）一直由美国单独管理。一些盟国强烈要求日本应当在和约中放弃这些岛屿的主权并同意美国的主权，另外一些则建议这些岛屿应完全归还日本。面对这些不同意见，美国感到最好的方案是允许日本保留剩余主权，而将这些岛屿置于联合国托管制度下，以美国为管理者。"②

　　按照《联合国宪章》第十二章所称"国际托管制度"，联合国把某些殖民地交付一个或几个国家或联合国本身，按照一定的程序和条件管理并监督，基本目的在于"增进托管领土居民的政治、经济、社会及教育的发展，及其逐步走向自治或独立的进程"。③ 既然托管目的是要被托管地逐步走向自治或独立，就不该有所谓"剩余主权"之说，托管国家也不存在对被托管地的主权享有，更无权将其移交或赠送。美国自知该说不符合国际法常规，因而未在和约或其他文件中明确写入，但又通过模糊措辞，在旧金山和会上征求若干国家的认可或默许，以减少将来实施行动时的阻力。

　　实际上，在抛出"剩余主权"说之前，美国已有琉球将会"归还"日本的暗示和行动。1950年4月，美国便允许日本在首邑名濑设置"南方事务所"，负责接洽办理"复归"事务。④ 因冲绳战略价值更为重要，美国已花大笔款项将其建为远东最主要的空军基地，琉球群岛中面积仅次于冲绳的奄美群岛就成了美国向日本表示诚意的第一份"礼物"。

　　此后，"剩余主权"说继续成为日美间关于琉球群岛的说辞和台湾方面不断抗议却无任何作用的一个痛处。1969年11月21日美日发表联合公报，声明在不妨碍美国对远东包括日本安全承诺的情况下，于1972年将琉球交予日本管辖。此举虽与"归还"奄美群岛一样仅是美日双方行为，并不符

---

① 『日本外交文書：サンフランシスコ平和条約対米交渉』611頁。

② *Conference for the Conclusion and Signature of the Treaty of Peace with Japan*, San Francisco, California, *Sept. 4 – 8, 1951, Record of Proceeding* (Department of State publication 4392, 1951), pp. 73, 77 – 79, 84 – 86, 转见罗欢欣《琉球问题所涉"剩余主权"论的历史与法律考察》，《日本学刊》2014年第4期，第68~69页。

③ 钱其琛主编《世界外交大辞典》下册，世界知识出版社，2005，第2036页。

④ 《杜勒斯送礼奄美群岛拟先交日》，《中央日报》1953年11月27日。

合国际法，但相关岛屿的实际管辖权由美移交于日本，为包括两岸在内的中华民族维护领土主权完整带来莫大困扰。

五 台湾当局的反应

在对奄美群岛的处置问题上，虽然中华人民共和国政府已取代台湾当局成为代表中国的唯一合法政府，但因美国对新中国采取不承认政策，将新中国政府排斥在远东委员会的工作和有关媾和的外交谈判之外，并仍支持台湾当局在对日媾和等问题上代表中国，故台湾当局的态度在较大程度上影响着事态发展。

整体而言，台湾当局在此事上并没有强硬立场，这也是1953年奄美群岛得以顺利予日的原因之一。台湾方面在战后一段时间内，根据与英美协商后的结果，认为琉球地位需要包括中国在内的主要盟国共同决定，而不能单凭美日间的交涉解决。在美国为应对冷战局势而拉拢日本、抛出有关琉球的不当言论时，台湾方面没有及时给予警惕和抗议。1951年以后事态发展渐趋明朗，台湾当局亦未能采取有效行动阻止奄美群岛行政权归日，究其原因，与台湾当局的尴尬处境与不敢开罪美国之心态有关。当时，中华民国已被新中国取代，退居台湾的国民党当局需仰仗美国的援助和在代表权问题上的支持。而中国在历史上仅为琉球王国的宗主国，琉球并非中国法理意义上的属地。为表明自己没有领土之心，台湾当局不敢在奄美群岛予日问题上强硬表态，为此事得罪美国过甚似更没必要。①

1953年8月，美国将向日本"交还"奄美群岛的声明发出后，台湾"立法委员"35人临时动议称此举有违《波茨坦宣言》及对日和约规定，并与中国有重大关系，自应不予同意，请"行政院"迅采有效措施。"行政院"复函辩解，称"琉球目前似尚未能具备完全独立之条件，恢复我国原有之宗主权，既为国际现势所不许，归还日本又非我国所甘愿，似唯有暂由美国继续统治，留待将来解决"。② 当时，台湾官方及舆论都未对此事做

---

① 参见1953年11月25日《立法院外交委员会函》中某些"立委"的发言，《反对将奄美岛交与日本》，"外交部档案"，馆藏号：11－01－02－13－01－016。
② 《反对将奄美岛交与日本》，"外交部档案"，馆藏号：11－01－02－13－01－016。

出有力回应。甚至在 10 月报界传出美日将展开关于奄美群岛移交谈判、下月中旬有望实施的消息时，舆论也没有重大反响。

在与日本进入正式谈判前，美国政府以简单的备忘录递交台湾"外交部门"，表示已经知会。11 月 15 日，"美国驻华大使"蓝钦致函台湾"外交部长"叶公超，称"旧金山和约"第三条未取消日本对琉球主权，并引述旧金山和会上杜勒斯的发言，说明美国将奄美群岛交予日本之依据。等待数日后，24 日，美日不管台湾当局是否表态而进入了谈判。同日，台湾方面才做出反应。"外交部"递交备忘录于蓝钦，指出依照"旧金山和约"第三条，美国政府将向联合国建议将琉球群岛置于托管制度之下而以美国为唯一之管理当局，在做此建议以前美国有权对此等岛屿之领土及居民行使一切及任何行政、立法及管辖权。但和约中并无任何规定，足以解释为授权美国得在该约第三条明文规定之办法以外另订关于琉球群岛之处置办法。奄美群岛直至日本武力侵并以前，为琉球群岛一部分，中国在 1372 年至 1879 年间对琉球群岛享有宗主权，美国政府承诺将奄美群岛"归还"日本，已引起中国人民之深切"关怀与焦虑"。建议在向联合国提出托管建议之前，维持岛屿现状和领土完整。"鉴于中国与琉球群岛之历史关系及地理上之接近，中国政府对于此等岛屿之最后处置，有发表其意见之权利与责任。关于此项问题之任何解决，如未经与中国政府事前磋商，将视为不能接受。"① 此后几日，官方报纸《中央日报》才有较多的介绍和评论，但已于事无补。

12 月 14 日，"美国大使馆"再次致函台湾"外交部"谓："旧金山和约"中，日本并未声明放弃琉球群岛，且根据和约第三条，日本被视为对琉球拥有"剩余主权"。此项立场已由美国代表在旧金山和会第二次会议中阐明，和约其他签字国政府及台湾当局均未提出异议。更为重要的是，1952 年 4 月 28 日达成的"日台双边和约"亦未提及琉球，仅证实日本业已放弃其对台湾、澎湖、南沙群岛及西沙群岛之一切权利、权利名义与要求。据此，美得对日本放弃其依据和约第三条所享有之权利。② 23 日，台湾方面答

---

① 《反对将奄美岛交与日本》，"外交部档案"，馆藏号：11 - 01 - 02 - 13 - 01 - 016。
② 《反对将奄美岛交与日本》，"外交部档案"，馆藏号：11 - 01 - 02 - 13 - 01 - 016。

复说，"旧金山和约"第三条仅规定美国管理琉球，并未赋予美国将琉球群岛交予日本或其他任何一国的权力。中国政府因未参加旧金山对日和会，未获得和约以外有关文件、记录，故不承认日本对琉球有所谓"剩余主权"。退一步言，即便出席旧金山和会各国对日本享有琉球群岛之所谓"剩余主权"一节予以默认，也不能增加或减少美国政府根据和约所取得之权利。"日台和约"未提及琉球，仅表明中国政府对琉球无领土要求，不表示放弃对琉球群岛未来地位的发言权与一贯立场。次日，叶公超发表声明，提出中国虽曾在琉球群岛享有长期宗主权，但"并无意对该群岛提出任何领土主权"，而是愿见琉球群岛居民逐步自治。其重申美国无权单独决定将奄美群岛或任何琉球岛屿交予日本或其他国家，对美国之举表示遗憾。①

不得不承认，台湾方面的抗议过于无力，特别是24日"外交部长"的声明，仅以"遗憾"一词表示立场，令人唏嘘。细读史料，叶公超等人面对此事已有无力回天、只得接受的心态。在叶公超答复"立法院"质询时，曾言"开罗会议时，我们的观念，所谓琉球系指鹿儿县治以外的其他岛屿"。因此美国有权据"旧金山和约"第三条将奄美岛交日。② 以开罗会议时的"观念"为由为"外交部"的不作为辩解，着实有些牵强。

台湾"外交部"未就奄美群岛"归还"日本一事与美进行顽强抗争，与蒋介石的态度有关。1951年4月，台湾当局发现美国对日和约稿中有将琉球与小笠原群岛"交还"日本的提议。蒋介石仅在日记中写道："此为美之求好日本，无微不至矣。"③ 4月8日，琉球与小笠原群岛皆将归还日本的消息由报纸刊出，蒋介石亦仅感叹"美国政府之无政策"，④ 并未有更多强烈的情绪。1952年，当美国开始就琉球群岛事与日交涉，并有预定于1954年将琉球"交还"日本、仅保留军事基地的表示时，蒋介石在日记中写道"琉球对台湾关系太大，不能不特别注重也"。⑤ 但1953年8月，美国向日本声明放弃奄美群岛时，蒋介石并无激愤表示，仅以一句话简单记下这一

---

① 《反对将奄美岛交与日本》，"外交部档案"，馆藏号：11-01-02-13-01-016。
② 《反对将奄美岛交与日本》，"外交部档案"，馆藏号：11-01-02-13-01-016。
③ 《蒋介石日记》，1951年4月7日上星期反省录。
④ 《蒋介石日记》，1951年4月8日。
⑤ 《蒋介石日记》，1952年6月28日。

事件。① 在蒋日记中，不乏对美国所为"痛斥"或不满之语，但对此事件，蒋介石似无愤慨之意，并不打算去力争改变。11 月下旬，蒋介石在日记中明确表示："对奄美交日不加反对，但琉球其他岛（尤其那霸岛及其以西各岛）我国应保留有与美共同处理之权。"②

1950 年代，蒋介石最重要的意图是建立和扩大远东反共联盟，以利于"反攻复国"。蒋介石希望美国介入领导远东反共阵线，并争取英国也能参与其中。1952 年 11 月，蒋发表声明，"只要英国立在反共阵线方面，虽其已承认中共，余亦不以其为敌"，对英示好，③ 希望英支持自己反共，至少做到不阻碍美国的反共决策。而亚洲的日、韩、菲、泰等国更是蒋介石力图拉拢的对象，"亚洲反共总方案之重点应置于中日韩"。④ 因日本为其力争笼络的对象，对日自然要示以善意，这就不难理解其在奄美群岛予日问题上的隐忍心态。

当时威权体制下，蒋介石个人意志在很大程度上影响着台湾当局的决策，蒋对琉球特别是奄美群岛的主张自然反映出台湾当局的政策倾向。究其缘由，除认为胜算不大外，还有一点就是他们认为"现时尚非根本解决此项问题之适当时机"，更鉴于来自中共的威胁"有加无已"，故仅主张最好能维持现状。⑤ 而若申诉立场无效，便只得接受事实，而图保留对于琉球其余各岛与美国的共同处理之权。此点想法近于天真。1953 年 12 月 24 日午夜，美国正式将奄美群岛移交日本管辖。随后，美国继续以"剩余主权"说为由，将琉球群岛各岛"交还"日本。

小　结

依据《开罗宣言》，日本"以暴力或贪欲所攫取之所有土地"均应被剥夺，⑥ 奄美群岛于 1879 年被日本强行占据，并划归鹿儿岛县，自然属于应

---

① 《蒋介石日记》，1953 年 8 月 7 日上星期反省录。
② 《蒋介石日记》，1953 年 11 月 25 日。
③ 《蒋介石日记》，1952 年 12 月 5 日。
④ 《蒋介石日记》，1953 年大事年表。
⑤ 《反对将奄美岛交与日本》，"外交部档案"，馆藏号：11 - 01 - 02 - 13 - 01 - 016。
⑥ 秦孝仪主编，张瑞成编辑《光复台湾之筹划与受降接收》，第 35 页。

被剥夺的范围。况且在日本吞并琉球后，清政府立即提出了抗议，并与日展开交涉。1887 年总理衙门大臣曾纪泽还声明，琉球问题并未了结。只是因为甲午战败，琉球问题被淹没在阴云之中。中国宣布废除《马关条约》后，根据《开罗宣言》，琉球问题应该再议。① 美国将琉球之一部——奄美群岛私相授予日本，缺乏历史与国际法的依据。

美国未顾及中国立场，忽略二战时盟国的共同诺言，不但单独处理琉球问题，还在无视历史的情况下随意抛出日本对琉球有所谓"剩余主权"的说法，为奄美群岛归日及后来的琉球问题埋下祸端。在就此事与美国交涉的过程中，台湾当局苦恼于美国错误的历史与地理概念，认为美国糊涂，难以沟通。殊不知，在这场交易中本是美国甘愿被日牵着鼻子走。日本混淆历史、偷换概念，恰为美国"送礼"提供了托词。同时，美国也在想方设法炮制"剩余主权"概念，并授意日本，以为配合。

曾在数百年间接受中国册封的琉球王国的一部分经盟国之手转予战败国，此事虽不寻常，但考虑到各方力量与当时情势，倒也并不令人费解。因觉无力回天，蒋介石与"外交部"态度消极，奄美群岛终于在 1953 年圣诞节前夕被作为"礼物"送了出去。台湾当局不便发声，固然有某些客观因素——琉球王国仅长期为中国藩属国，并非主权范围内的属地，为表明中国无领土野心，不便发声。然此点不堪推敲。琉球王国既然在历史上、地理上与中国关系密切，中国自然有权阻止将其"交还"日本。台湾当局确实是怀着善良的想法，想让琉球经过一段时间的托管之后，能够自治或独立。既然本无领土野心，何妨运用一切能力与资源，来阻止美日间的交易？

统观蒋介石执政时期的历史，在对内问题上，如是否防守金马，是否保留政工，是否撤换吴国桢、孙立人，等等，尚能抵制压力、坚持立场，并运用一定手段和策略达到自己目的。但在对外问题上，蒋介石对美国就显得更为顺服，其因在于：多有倚仗故而不愿得罪过甚。在奄美群岛予日的问题上，台湾方面没有强硬反对，自然还有不愿过于开罪日本的顾虑。

① 张海鹏、李国强：《论〈马关条约〉与钓鱼岛兼及琉球问题》，《台湾历史研究》第 1 辑，社会科学文献出版社，2013，第 29 页。

此时，"反共"是蒋介石心中最重之痴念，蒋希望向日本表示善意，使日本断绝与新中国的关系而与自己结盟，进而实现亚洲反共联盟的设想。因需依仗或是笼络，台湾当局对美日的交易采取了温和态度。岂料，交易一旦开始，便难以终止。十几年后，琉球诸岛及大东诸岛的施政权也被美日私相授受，此间，钓鱼岛亦纳入"归还区域"，由此造成中华民族利益的重大损失和中日矛盾的祸根。

第八章　吴国桢案与孙立人案

一　吴案与孙案

1940 年代末，国民党败退台湾。美国欲弃蒋保台，看好孙立人、吴国桢。吴与孙原本也曾为蒋看重。[①] 为获美国支持与援助，蒋介石投其所好，将二人委以台湾关键要位，任命孙为"台湾防卫总司令部总司令"，随后升任"陆军总司令"，吴为"台湾省政府主席兼保安司令"。1953～1955 年吴案与孙案先后发生。

由于任职不愉快且受到无形胁迫，1953 年 3 月，吴国桢提出病辞。蒋介石面慰，准养病一月后再定。[②] 4 月，蒋批准辞呈。5 月 24 日，吴携妻赴美，[③] 父亲和幼子被迫滞台。1954 年 1 月，报界盛传王世杰去职与吴有关，要求吴尽速返台。吴拒绝回台，并要求辟谣。因得不到答复，吴欲在台湾登报澄清，未能如愿，于是开始通过美国媒体向国民党发难。

1954 年 3 月，台湾"行政院"呈文称：吴国桢"借病请假赴美，托故不归，自本年二月以来，竟连续散播荒诞谣诼，多方诋毁政府，企图淆乱国际视听，破坏反攻复国大计，拟请予撤职处分"。并言，"据各方报告，该员前在台湾省政府主席任内，多有违法与渎职之处，自应一并依法查明究办"。3 月 17 日，蒋介石在国民党中常会检讨"用人不当"，指示中央"彻底检讨，研究改进"。中常会认为吴在美发表荒谬言论，肆意诋毁党与"政府"，触犯党章第七十一条第一、五两款。决议："吴国桢开除党

[①] 吴曾为蒋私人秘书，为蒋信任，几度出任重要省市长官。孙立人曾在抗战时立下赫赫战功，并为蒋介石在台湾训练军队，蒋对孙有一定的信任基础，对其才能有一定认可。

[②] 《蒋介石日记》，1953 年 3 月 4 日。

[③] "K. C. Wu for U. S. ，"（Hong Kong）*South China Morning Post*，May 25，1953，p. 16.

籍，并交从政主管同志依法查办。"同日，蒋发布"总统令"，称吴国桢"背叛国家，诬蔑政府，妄图分化国军，离间人民与政府及侨胞与祖国之关系，居心叵测，罪迹显著"，"应即将所任行政院政务委员一职，予以撤免，以振纲纪。至所报该吴国桢在台湾省政府主席任内违法与渎职情事，并应依法彻查究办"。① 台湾当局要求美国"引渡"吴回台，遭拒绝。

1955 年 6 月初，蒋准备在台南屏东阅兵。5 月 28 日，蒋获情报说孙立人欲借阅兵发动兵变。② 6 月 6 日，"总统府"卫队在阅兵前抵达校阅广场警戒，并检查现场。原定参加检阅部队被重新整编，阅兵时间被推迟，两栖作战演习亦被取消。当局称孙的老部下郭廷亮、江云锦等预谋在屏东阅兵时配发实弹，发动"兵谏"，因预谋不慎而被告发。台湾保安机构逮捕了郭廷亮等一百多名官兵，孙随后被监管侦讯。

8 月 3 日，台湾报刊登出孙立人的"辞职书"，说郭廷亮"利用职之关系肆行阴谋，陷职入罪，职竟未警觉，实为异常疏忽，大亏职责"。对"兵谏"问题，孙称："两年前鉴于部队下级干部与士兵中，因反攻有待，表示抑郁者，为要好心切，曾指示督训组江云锦等于工作之便，从侧面联络疏导，运用彼等多属同学友好关系，互相策勉，加强团结，以期领导为国效忠，原属积极之动机。不意诲导无方，竟至变质。该江云锦等不但有形成小组织之嫌，且甚至演成不法之举动。推源究根，实由职愚昧糊涂，知人不明，几至贻误国家，百身莫赎。"孙立人自请"赐予免职，听候查处"。③ 20 日，蒋介石以"纵容"部属武装叛乱、"窝藏共谍"、"密谋犯上"的罪名，革除孙"总统府参军长"职务。又指定陈诚、吴忠信、许世英、俞鸿钧、何应钦、黄少谷、俞大维、王云五、王宠惠等九人组成孙立人案调查委员会，进行审查。10 月，调查委员会提交报告，认为主犯是"共谍"郭廷亮，孙对"共谍"失察，客观上被敌利用。20 日，"中央社"电台播放全文。同日，蒋介石出具手令，说孙立人"久历戎行，抗战有功，且于该

① 《中国国民党第七届中央委员会常务委员会第九三次会议纪录》《中国国民党第七届中央委员会常务委员会第九〇次会议纪录》，斯坦福大学胡佛档案馆藏，Ruan Yicheng, Box No. 5, Accession No. 2007，C49 – 141.03/04。

② 《蒋介石日记》，1955 年 5 月 28 日。

③ 汪泗淇、戴健、钱铭：《孙立人传》，安徽人民出版社，1998，第 267 页。

案发觉之后，即能一再肫切陈述，自认咎责，深切痛悔，兹特准于自新，毋庸另行议处，由国防部随时察考，以观后效"。蒋随即软禁孙立人，将其部属亲信调离军职或查办，受牵连者达336人。①

二　案前种种之因

1950年代，吴案与孙案引起不小震动，拨开历史迷雾，我们发现它们的发生并非突然。

（一）福兮祸兮：吴、孙之美国背景

吴案与孙案之所以备受关注，不只是因为二人为台湾当局高官。他们的美国背景亦使两事件具有别样的意味。

孙立人与吴国桢是当时美国寄予期望的两个人。1949年11月，美方建议由吴国桢接任省主席，孙立人统率台湾军事，蒋介石清除累赘的政府组织，并除去旧式军人与政客干扰。② 在某种程度上，"托美国之福"，吴国桢成为国民党退台后第一任"台湾省主席"，孙立人成为"陆军总司令"。

1949年9月，美国国家安全会议曾有附条件提供美援之议。在此前后，美国抛出"台湾地位未定"论和由联合国"托管"台湾之说，还曾多次研究直接出兵占领台湾的可行性。但以艾奇逊为首的国务院认为，此举"政治上代价太大，不值得"。③ 在中国大变动的时代，应以观望态度"等待尘埃落定"，与蒋介石政权拉开距离以确保行动自由。这样，尽管12月吴国桢被委以要职，但因美国国防部与杜鲁门的援台计划为国务院所反对，美援并未到来。

1950年初，美国官方欲将台湾排除在远东防御体系之外，④ 但蒋介石在

---

① 刘育嘉：《五〇年代白色恐怖政治案件审判结果之研究》，（南投）《台湾文献》第56卷第2期，2005年6月，第344页。

② 吴昆财：《1949年的台湾：以〈美国外交文件〉（*Foreign Relations of the United States*）为论述主轴》，《中华人文社会学报》第2期，2005年3月，第33页。

③ 资中筠：《历史的考验——新中国诞生前后美国的对台政策》，载中美关系史丛书编辑委员会主编《中美关系史论文集》第1辑，重庆出版社，1985，第359页。

④ The President's News Conference of January 5, 1950, in *Public Papers of The Presidents of the United States* (Washington: United States Government Printing Office, 1965), p. 11.

感到压力的同时，深信美国不会真正放手，自记"艾其逊之政策在最近期内如不改变，则其政治必失败无疑"。① 不久，美国的摇摆政策在朝鲜战争的炮火中宣告终结。蒋与杜鲁门仍需继续打交道，但二人之间存有芥蒂。在杜鲁门任上，蒋始终有份提防美国对台疏远的小心。② 对于美国欣赏的吴与孙，蒋只得继续包容。

这种忍耐与小心在杜鲁门卸任时，终于获得释放。1952 年 11 月，共和党艾森豪威尔当选美国总统，蒋介石顿有扬眉吐气之感。虽然此后在具体问题上蒋对共和党也有不满之处，但至少在艾森豪威尔取代杜鲁门之初，蒋心情大悦，认为共和党政策坚定，③ 将会积极支持台湾。在此心境之下，长期以来蒋碍于美国而压抑着的对吴、孙的情绪也开始释放。

1953 年 2 月，艾森豪威尔任命蓝钦为首位驻台"大使"，4 月，蓝钦呈递"国书"。蒋松了口气，感叹"四年之苦斗与忍辱"终有结果，认为"从此国际地位亦将逐渐恢复"。亦在同日，他决心撤换吴国桢，改组"省政府"。④ 其日记中透出这样的信息：蒋撤换吴国桢与改组"政府"的想法由来已久，只是此前碍于美国态度尚未明确而不得不忍耐，美国的"尘埃落定"让他终于可以不必容忍。

美国对吴的支持，其实早就引起蒋之不满。1950 年，因为蒋提出的"财政部长"人选不能与"省政府"合作，吴要求自兼"部长"。美"使馆"亦间接表示支持吴。蒋介石认为吴多半受美国在台"使馆"人员的影响。蒋告诉吴，名单已定，且已提常会，不能改动。最终虽仍依蒋意通过原定名单，但蒋介石"心滋不快"。到 1954 年 4 月，令蒋更加恼怒的是，蓝钦刚走马上任，就关注到吴国桢之事，曾与王世杰、叶公超就此事进行沟通，认为应妥善处理，以免"美友之不良推测"。4 月 7 日，蒋在日记中

---

① 秦孝仪总编纂《总统蒋公大事长编初稿》第 9 卷，1950 年 1 月 5 日，中正文教基金会，2002，第 10 页。"艾其逊"即"艾奇逊"，蒋介石习惯写为前者。

② "杜鲁门并无一定之主张，难免他日不为彼艾（艾奇逊）所动摇，故危险仍在也。"《蒋介石日记》，1950 年 6 月反省录。

③ 《蒋介石日记》，1952 年 11 月 8 日。蒋在 1953 年 1 月 31 日上星期反省录中称："（爱克就职宣言深得其心）加之月杪杜勒斯所发表之外交宣言，直称俄国为美国之敌人，毫不顾忌，更可知美国共和党新政府之政策积极而坚决，不能再有退缩之余地。""爱克"即艾森豪威尔，因其在二战期间被士兵称为"艾克"（Ike），故蒋有此写法。

④ 《蒋介石日记》，1953 年 4 月 4 日上星期反省录。

流露出对此之不满，决定展期约见蓝钦，免其"干预人事之嫌"。8 日，报界传出蒋介石接受吴国桢辞呈，拟以俞鸿钧代之。9 日，蓝钦与陈诚交谈，其意与王、叶所谈相同，望给吴国桢留一余地，以免美对其友好者误解。虽蓝钦说不以"大使"地位说话，陈诚等人也说他出于善意，但蒋仍认为其"启干预人事之端"，决定批准吴国桢辞呈，以免夜长梦多。① 美国人的出面求情，反加速蒋下定决心。

关于吴案的研究，一般认为吴国桢去美之初，碍于儿子滞留台湾成为人质，并未有任何对台湾不利的言论。② 依照这样的说法，似有一疑点，既然吴已去美，且并未有对台湾不利的评价，那么 1953 年 11 月，因何传出吴国桢涉嫌非法套取巨额外汇的流言？1954 年 1 月受国民党资助的《民气日报》又因何有《劝吴国桢从速回台湾》的社论？蒋介石为何对已去职而对自己并无异议的下属还要穷追不舍？其实，1954 年 2 月之前，吴虽未借媒体大张旗鼓攻击台湾政治，但在其与美国友人的接触中，"台湾不民主"的看法早有流露，在蒋看来，吴国桢对台湾当局的不认同在美国人士中间产生了一定影响。1953 年 11 月 6 日，蒋介石晚宴美参议员 H. A. 史密斯，席间后者谈到对台湾政治的意见，以为台湾当局不民主。蒋以为"彼受吴国桢影响已深"，感叹"美国之士之先入为主，认吴为天下之第一等人才，而不知其欺骗美国人多少事也"。③ 随后王世杰案发生。王原是跟随蒋多年之人，屡任要职，时任"总统府秘书长"，11 月突遭免职，并未言具体事实真相。学界认为王世杰被免职与吴国桢有关，并认为系蒋介石打击政学系之举。④ 王案在当时引起诸多猜测，以致国民党中央特地强调："本案是单纯整饬纪纲、调免人事而已，并无其他政治因素在内，希党内同志不要迷惑于外电的误传和社会的谣言。"至于他免职的原因，能不能公布，或在怎样

---

① 《蒋介石日记》，1950 年 3 月 11 日，1953 年 4 月 7 日、9 日。另参见 "K. C. Wu Resigns,"（Hong Kong）*South China Morning Post*，Apr. 9, 1953, p. 1。

② 如李松林《晚年蒋介石》，九州出版社，2008，第 166 页。

③ 《蒋介石日记》，1953 年 11 月 7 日。

④ 如何明主编《国民党四十三位战犯的最后结局》上册，中共党史出版社，2008，第 408 页。另外，黄嘉树认为政学系对国民党退台后的各类改造不满，因而遭到排斥。在吴国桢事件前后，政学系其他主要成员如王世杰等也遭免职等处分，政学系虽仍有张群等个别元老未倒，但离决策中心越来越远，长期活跃于国民党政坛的政学系"无形有感"地消失了。见黄嘉树《国民党在台湾：1945～1988》，南海出版公司，1991，第 205～218 页。

的时机才能公布，须慎重考虑，不能感情用事。① 蒋在日记中，既未写明王世杰案与吴国桢的关联，亦未详细写出对王世杰做如此严重处理的理由，开始时仅称自己对王的"不尽职守蒙混舞弊"如何痛愤，后来偶然提到，"此次免职为余政策上有冲突，彼乃反对余反美之政策也"。② 确实，从"反美"之意看，两者是有关联的。处理吴是"反美"，处理王也是"反美"。蒋对下属"痛愤"之意的表达是常有之事，但不是每次都会给予免职处分，何况是追随自己多年的心腹之人。蒋介石离不开美国支持，但蒋与美之间在为共同利益所绑定的同时，也暗中进行着博弈。即便在台美最亲密的时期，蒋也会在日记中时而流露对美国某些做法的不满。1953 年是上台的美国共和党对台政策更为坚定之时，却也是蒋介石开始释放"反美"情绪的时候。虽然蒋对美的不满更多来自阻止其反攻之类的"大事"，但不可否认，吴国桢在美友面前对台湾民主的微词也是触发蒋抵触情绪的具体方面。

据陈诚回忆，王世杰去职后，吴听到一些小道消息，说他苛取巨额外汇，并与王去职有关。为洗刷冤屈，吴函请中央党部秘书长张其昀转呈总裁彻查，复又迫不及待地要在台北各报刊登澄清之启事，因未得及时登载，而开始大发"叛国谬论"。③

同样，孙立人与美国的亲密关系也令蒋介石感觉如芒在背。退台后，蒋在军中恢复"政治部"，而孙立人暗中较劲，且有"告洋状"之嫌。美国反对军中政工，希望蒋撤销"政治部"，让孙掌握全部军权。这是蒋孙矛盾的最大之处。

抗战结束后，国民党曾撤销政工，但几年后又把将领变节、士兵离心和大失败归为取消政工所致。退台后，蒋介石在台湾军中重建"政治部"，并让蒋经国负责此事。孙立人在此问题上不是很配合，且曾将不满流露于美国之前。蒋要抵制住美国的干涉，推行带有秘密色彩的政治工作，很忌讳孙"泄露机密"，时有愤懑之感。1950 年 6 月 26 日，蒋自记："严戒孙立

---

① 《中国国民党中央委员会工作会议第六七次会议纪录》，斯坦福大学胡佛档案馆藏，Zhong Guo Guo Ming Dang，7.4，Reel 5。

② 《蒋介石日记》，1953 年 11 月 17 日，21 日上星期反省录。

③ 《陈诚回忆录——建设台湾》，东方出版社，2011，第 269 页。

人阳奉阴违及招奸泄机各种不法行动，如其不改则不用他之意，明告之，姑视其果否悔改耳。"① 对于退台后的改革，一些人认为是大陆时期做法的翻版。蒋介石很介意别人这么讲，为图新生，他要在台湾从头做起。在听闻对军中恢复党部与政工的消极言论后，蒋一面对孙心生怨气，一面为"政治部"辩护，说军中重建"政治部"的改革与以往大陆作风不同，否则"等于侮辱领袖与全体将领"；要求孙停止"告洋状"之言行。蒋介石认为孙"几无东方军人之品格"，"不惟希冀挟外自重，而且密告内部之事，原定心迹乃为讨好外国，而其影响则无异诋毁政府、诬陷上官，其害所至将致卖国亡身而有余"。表示要防制"孙（立人）毛（邦初）等勾结外力要胁上官"。② 蒋似乎在脑中形成孙立人爱"告洋状"的惯性思维，一旦有军中机密泄露于美方，他很容易会认为是孙所为。③ 孙立人甚至成为将领中的反面典型。美国顾问来后，蒋准备再次告诫孙"毋依赖，毋骄矜，勿作挟外自重"，并通告各主官"不作越分亲外自贱以能交接外人自豪，应要自力更生"。④

美国对于在军中建立"政治部"之"苏派"做法亦不认同，在与台湾当局的交往中，不时有这样的意向表达：希望撤销"政治部"，将军权交孙立人。对于此点，蒋很警惕。美国非但未能帮孙拿到军队统帅权，反增添了蒋介石的戒心。1951年1月，孙立人表示辞职之意。25日，蒋认为孙"行态似有愤愤不平之心"，想以辞职相胁，其意是要获得国民党全部军队的指挥权，感叹孙"太不自量"，"仅借美国之感情保护而不知其本人之才德如何"。29日，蒋打算向孙表明他的才品声望皆不能作"反攻总司令"。⑤9月，台湾六十七师整编完成，开始美式训练。随着美国军援顾问团对台湾军队事务的更深介入，美对台的控制"日紧一日"。蒋对美做出让步，允许其参与军事预算，而美并不知足，仍提出撤销"政治部"、军权全交孙立人的要求。蒋介石很是气愤，表示别的都可协商，唯独撤销政工与孙统掌军

---

① 《蒋介石日记》，1950年6月26日。

② 《蒋介石日记》，1951年1月29日、2月3日、3月9日、3月10日上星期反省录。

③ 如1953年1月18日日记："据至柔报称，蔡斯面质我石牌高级班由日本教官秘密训练，认为对其日员不再作训练工作之诺言背信，并言我国陆军方面亦甚表不满云。此当为立人方面对美军顾问供给消息，其借外自重乃如此乎。"

④ 《蒋介石日记》，1951年4月29日。

⑤ 《蒋介石日记》，1951年1月21日、25日、29日。

权这一关涉"存亡"之事不能商量。①

孙立人与美交好，交友范围不局限于军方，这一点亦让蒋感到恼怒。1953 年 7 月，蒋听说孙立人宴请外国教授与不相干之军人，斥孙为"荒荡狂妄"，"非严教切戒不可"，并为此"心绪又不能安定"。②

艾森豪威尔就任美国总统后，表现出对台湾更多的亲近。1954 年他在对国会发表的新年国情咨文远东部分中，除韩越二战区以外，独提对台湾当局之军经援助，蒋对美援信心倍增，以为美国之民意与舆论有利于对台援助。在此情况下，虽然蒋介石为防孙的恼羞成怒而对其"傲慢无视"耐而不较，仍"期其自反自改"，但耐心是越来越不够了。他决定在警告孙的同时，亦警告美顾问"勿鼓励中国军官违法玩命者，以为助患于美国，须知其不忠于本国者必不能忠于友邦者，结果徒为其自累而已"。③

此时，蒋介石对孙立人的任用问题做出判断，认为若如美国所愿，任用孙为参谋总长，则美方会心情愉快，但美援绝不会因此增加；孙本来就"对上阳奉阴违，有恃无恐"，若再重用，则其气势更盛，对内影响恶劣，且会弄权自用，派系更大，"必形成尾大不掉之势"。这样，不但"复国"前途无望，而且"政府重心亦将动摇"。若将其架空，用为参军长，使其"无权可弄，无势可恃"，则可敷衍美国，惩戒孙本人，让其明白"决不能恃外势以维持其地位"。蒋决定调孙为有名无权之职位，"使之彻悟以转移其心理，一面再令其在左右学习训练，或可有成全之望"。蒋以为"与其养痈遗患，将有不可收拾之一日，则不如毅然断臂，早为自立之计"。即使美援受此影响，亦不能顾及。"与其受外援而动摇国本，则此外援无非饮鸩止渴，何足为虑。"况且，以目前美国内外情势，"决不以孙之关系而减少其援华之方针"。因此 1954 年 6 月，蒋不顾美方意见，任用桂永清为参谋总长。在美援大局稳定后，蒋决定在"陆军孙立人军阀形成之初期，乃决操刀一割，以绝后患"。④

为获美援，蒋介石重用亲美派，表面实行民主，但骨子里，蒋并不十

---

① 《蒋介石日记》，1951 年 9 月 30 日上月反省录。
② 《蒋介石日记》，1953 年 7 月 8 日。
③ 《蒋介石日记》，1954 年 1 月 9 日、9 日上星期反省录、11 日。
④ 《蒋介石日记》，1954 年杂录 6 月 31 日、1954 年 7 月 3 日。

分认同民主自由。① 在美国对台政策尘埃落定，美援纷至沓来，"大使级外交"亦开始实施的过程中，蒋介石逐渐失去对吴国桢、孙立人的忍耐力。加重吴、孙身价的砝码——美国背景，亦日渐变为促使其被排斥的负累。1954年前后，蒋介石逐渐做出判断，美援大局已定，美国不会因为一两个官员的用与舍而增加或中止对台湾的援助，不必再对吴与孙继续容忍。

（二）人际与个人

1950年代，台湾实行的是"法治"形式下的威权专制。在这样的社会中，官场的人际关系是个微妙而重要的问题。吴与孙处理这方面问题都不老练，他们在官场，尤其是在蒋身边不能如鱼得水。

吴国桢与"太子"蒋经国的矛盾由来已久。不但有吴任上海市长时的"打虎"风波，还有1950年逮捕王哲甫事件等，这些在已有成果中有过较多介绍。② 退台后的几年中，吴国桢因不赞同蒋经国、彭孟缉在执行情报与保安工作时的做法，多次提出抗议或辞职意向。

吴与"行政院长"陈诚的矛盾也很深。吴国桢称，在总理纪念周，陈诚指责吴国桢用欺诈手段获得"省主席"职位，即在美国掀起个人宣传，以自己能带来美援欺骗"政府"。这令吴国桢怒不可遏，从此不论制订什么计划都不同陈诚商量。③ 而据陈诚所述，当时对于吴，自己是仁至义尽。吴接任省主席时，曾引起社会上种种疑虑，大有"群疑满腹，众难塞胸"之势。"参议会"为厅长与省委人选，竟曾罢会。陈诚从中调解，但不知为何反引起吴的误会。④

1950年3月，蒋介石"复职"，首先要解决的是"行政院"改组。阎锡

---

① 蒋介石曾有这样一段话："胡适之来谈，先谈台湾政治与议会感谢，彼对民主自由高调，又言我国必须与民主国家制度一致，方能并肩作战，感情融洽，以国家生命全在于自由阵线之中。余特斥之，彼不想第二次大战，民主战线胜利而我在民主阵线中牺牲最大，但最后仍要被卖亡国也。此等书生之思想言行要得不为共匪所侮辱残杀，彼之今日犹得在台高唱意识之自由，不自知其最难得之幸运，而竟忘其所以然也。"《蒋介石日记》，1952年12月13日。

② 如孙宅巍《对台湾吴国桢事件的思考》，《学海》第2期，1991年4月，第84~85页。

③ 裴斐、韦慕庭访问整理《从上海市长到"台湾省主席"（1946~1953年）——吴国桢口述回忆》，吴修垣译，上海人民出版社，1999，第131页。

④ 《陈诚回忆录——建设台湾》，东方出版社，2011，第73~74页。

山去意已决，继任人选在局势艰危的情况下很费周折，蒋选中了对自己忠诚又任劳任怨的陈诚。拟任用陈诚出任"行政院长"时，吴国桢坚求辞职。蒋素知二人矛盾，认为是"意中事"，但当时美国对台仍只是尽量隔离的态度，台湾混乱动荡，蒋需要吴争取美援，亦需要陈披荆斩棘，这时唯有尽力使二人合作。因此蒋"恳慰"吴，设法使之安心，并邀吴国桢夫妇聚餐，"劝告其强勉忍耐，与陈合作"。① 陈诚也认为"国家到了今日的地步"，唯有"不惜任何代价"使吴留任并兼任"政务委员"。于是吴陈勉强共事，但终未能相处愉快。据陈诚回忆，吴国桢主台，有恃无恐，为所欲为，而自己恐被指为小气，对他尤为容忍，不料却助长了吴的骄横之气。② 有研究者指出，吴国桢在实力、权位、资望等方面都逊于陈诚，虽然在外有美国人撑腰，在内却相对弱势，但吴却做得非常强势和张扬，蒋吴决裂是迟早的事。③

在人际关系方面，孙立人也不圆通。

政工问题是孙与蒋氏父子产生矛盾的一个症结。1950 年 5 月 1 日，蒋经国任"国防部总政治部"主任，在军队推行政治工作。军队中设政治军官原是师俄的产物，1945 年，军队国家化的呼声越来越高，国民党乃取消军队党部。大陆失败之时，国民党将部分原因归咎于对军队政治工作的放弃。"复职"后的次月，在蒋介石支持下，"国防部"4 月 1 日公布《国军政治工作纲领》，恢复军中政工。④ 但"政治部"人员在军队落脚之初，就遭到孙的拒绝。蒋氏父子为此事曾有讨论。⑤

另一个节点是所谓"共产党间谍"问题。蒋经国主掌情报，抓捕"间谍"，曾被孙立人干涉。1950 年 3 月 22 日，蒋经国告诉蒋介石，孙包庇共产党"女谍"，不肯遵令解缴。蒋介石闻之，"心怀不平，颇愤激"。4 月 17日，蒋认为王氏姊妹实有重大嫌疑，而她们与孙关系深切，"可骇"。6、7月间，情报部门又在孙部发现"共产党间谍重案"，认为李鸿、彭克立等人

① 《蒋介石日记》，1950 年 2 月 27 日、3 月 6 日。
② 《陈诚回忆录——建设台湾》，第 74、269 页。
③ 左双文：《退台初期国民党高层人事纠纷几桩个案的再解读——侧重陈诚的角度》，《社会科学研究》2011 年第 2 期，第 152 页。
④ 唐振楚编《总裁办公室工作纪要》，载中国国民党中央委员会党史委员会编《中国国民党党务发展史料——非常委员会及总裁办公室资料汇编》，第 286～288 页。
⑤ 《蒋介石日记》，1950 年 5 月 12 日。

受共产党指使来包围孙立人，以便响应攻台，蒋感叹孙"野（夜）郎自大粗浅糊涂，不知如何结果矣"。1954 年蒋介石决定架空孙立人时，曾有一综合评价，认为"其性拖拉呆滞，好听细言，私植派系，用人复杂，心无主旨，受人愚弄，间接已受共产包围，环境险恶，对上阳奉阴违，有恃无恐，若再重用其掌握兵权，则后患难除"。①

孙立人与"国防部参谋总长"周至柔也有矛盾。1953 年 11 月底，在"国防部"军务会报中二人发生冲突。事后，孙被蒋介石训诫，理由为"恃外凌上"，说这是"最卑劣之人格"，并举二事为证，证明孙之"目中无人"，令孙向周至柔认错解释。② 孙之行为似乎时常被蒋与"恃外"二字相联系，不管孙是否真是出于"有恃无恐"的动机。

由于人际关系不佳，"美国人撑腰"在某种程度上成了吴与孙在国民党集团的"立身之本"，而这个"立身之本"其实并不牢靠。

在蒋看来，傲慢、固执是吴与孙的共同点。有美国支持本不是坏事——若他们能表现出对"领袖"的顺服和忠心，而他们没有。台湾需要美国，吴与孙其实也都有其过人之处，③ 因此，蒋介石其实是给过吴与孙"反省改过"的机会的，但他们并未变成蒋所希望的样子。

据吴称，蒋介石曾欲使他与蒋经国修好，让黄伯度带话给吴的岳父，若吴愿与蒋经国合作，便能取代陈诚执掌"行政院"，并兼管"省政府"。蒋介石并以 1 万美元资助吴国桢大儿子赴美留学。但吴并未因此改变态度，依然将蒋经国手下非法抓到的人释放。④

组阁之时，吴国桢不接受蒋介石提出的"部长"人选，在蒋表示无法变更时，他仍坚持己见，令蒋十分不悦。1953 年、1954 年，情况更甚。1953 年蒋介石认为吴国桢骄矜，"无革命与领袖之信心在其脑中"。4 月，蒋准备更换吴时，吴未有妥协服软之意。11 日，蒋介石决定批准吴国桢辞职，理由是吴国桢借美声援，有恃无恐，骄矜孤僻，"对余亦不在心目"。可见，吴对蒋的

---

① 《蒋介石日记》，1950 年 3 月 22 日，4 月 17 日，7 月 7 日、28 日；1954 年杂录 6 月 31 日。
② 《蒋介石日记》，1953 年 12 月 2 日。
③ 陈诚对吴国桢虽有成见，但亦承认吴"并非庸才"，在"行政院"会议中，其意见常受到重视。见《陈诚回忆录——建设台湾》，第 276 页。
④ 裴斐、韦慕庭访问整理《从上海市长到"台湾省主席"（1946～1953 年）——吴国桢口述回忆》，第 154～158 页。

态度是蒋决计撤换吴的重要原因。蒋希望下属对自己诚服，而吴没有做到。加上蓝钦对处理吴国桢之事的干涉，蒋认定吴是依恃美国、自抬身价。蒋希望他能悔悟，若能"痛改前非"，"则其才仍可用也"。直到 1954 年 2 月，蒋介石还有疏导、劝慰之言，自记"国桢言行渐近于威胁与越轨，态度仍应导之以理，使之觉悟复常，由晓峰（张其昀）代为劝慰之"。①

蒋介石对于自由主义并非完全缺乏容忍。出于政治家的精明与迎合舆论的需要，蒋在一些方面也表现出了"领袖的大度"，譬如对胡适的态度。1950 年代，蒋介石在日记中痛骂胡适与在公开场合中对胡的礼遇形成鲜明对比。有文章曾分析"强者"与"智者"怀揣不满携手共进的微妙关系。②如果说蒋掩饰内心真实想法对胡适施以克制与忍让，体现了他对学者的某种包容，那么似乎不能简单地说蒋介石的"心胸狭窄，不能见谅于吴国桢，使吴成了蒋氏父子权力重新组合下的牺牲品"。③吴国桢本人不能做到胡适的"圆通"，也是造成蒋"小器"的原因之一。

同样，孙立人的失势也与性格有关。孙生性简单，蓝钦对他的评价是忠诚，但有些"欠谨慎与幼稚"。顾维钧也有一致看法。关于孙案，顾维钧认为孙并非出于"不忠"，而多半是不小心或"可能有几分不自觉的放纵"。顾曾与孙谈话，劝他说话时应稍加谨慎和注意，因为不是每个人都能理解和重视他的观点和态度。但孙没有改变，仍保持坦率。④

孙立人不太会曲意迎合或掩饰观点。在军训班讲课时主张"军队国家化"，这与蒋的想法是不一致的。在高级军事会议中，孙公开指出上级遥控是军事失败的关键，听者自然想到是指蒋越级指挥。⑤在威权时代，孙立人是少有的敢于说真话的高官。而这些真话无疑是逆耳的。

孙立人西方式的率直与敢言，成就了他在美国友人心目中的良好形象，

---

① 《蒋介石日记》，1950 年 3 月 11 日、1953 年 4 月 11 日、1954 年 2 月 6 日。早在 1950 年 2 月 15 日，蒋介石便记曰，吴国桢"对余信所言虽勉强顺从，但并非诚悦，人才最重要者为顺理识体而不倚外自重也"。
② 参见陈红民、段智峰《差异何其大——台湾时代蒋介石与胡适对彼此间交往的记录》，《近代史研究》2011 年第 2 期，第 18 ～ 33、160 页。
③ 李松林：《晚年蒋介石》，第 168 页。
④ 《顾维钧回忆录》第 12 分册，中华书局，1993，第 574 ～ 575 页。
⑤ 陈存恭访问，万丽鹃等纪录《孙立人案相关人物访问纪录》，台北：中研院近史所，2007，第 42 页。

却开罪了蒋氏亲信。有研究者指出，蒋氏父子通过制造"郭廷亮匪谍案""屏东兵变案"，消除异己，同时平息了自己的亲信长期对孙的不满情绪。[①]

三 蒋介石在两案期间的心态与应对

蒋介石在日记中多次提到对吴国桢与孙立人两案的想法，有时自己需要陈列理由，反复考量，足见两案关涉重大。

（一）应对吴国桢案

1953 年 3 月，吴国桢提出病辞，蒋虽也有慰留，但随后在日记中发泄情绪，写道"吴国桢之不能诚矣，其玩弄手段至此，殊所不料。余以精诚待彼，而彼反以虚伪手段对余"。蒋认为吴骄矜虚诈，只图个人利益，无视领袖，[②] 明确表达了对吴的绝望之意。

4 月 4 日，蒋写下美国新"大使"呈递"国书"与决心撤换吴国桢、改组省政府之事。5 日，蒋开始追究吴此前抛售粮食之过。[③] 抛售粮食事无疑为"省主席"吴国桢所首肯，在决心撤换吴的次日，蒋将此事所致恶果上升到与 1947 年宋子文私自动用改革币制基金致使法币崩溃一事相等的程度。蒋并在 16 日的中常会指出，吴应对粮政失败负其责任。4 月中旬新旧"省主席"交接，并未影响美国对台态度，蒋介石对此很满意，以为这一情况"或国桢所不料及也"。事实上，美国对台援助非但未因吴国桢卸任而减少，反而还有增加。三个月后，美国两院对台军援经费增加 20%，并另拨总计排水量达 5 万吨之舰艇，"此属难能可贵特殊之举动"。[④]

1953 年 11 月 6 日，美国国家安全委员会提出 NSC146/2 号文件，指出保证台湾安全并免于被共产主义渗透是美国远东防御的基本要素，建议继

---

① 汪泗淇、戴健、钱铭：《孙立人传》，第 274 页。所谓"匪"字为当时国民党所惯用，此处引用为表述需要，下同。

② 《蒋介石日记》，1953 年 3 月 7 日上星期反省录、11 日。

③ 吴国桢卸任前，批准抛售台湾存粮五万吨，造成粮荒。蒋介石认为"今日之存粮无异大陆法币之基金"，吴抛售存粮没有事先请示，是为大错。《蒋介石日记》，1953 年 4 月 5 日。

④ 《蒋介石日记》，1953 年 4 月 16 日、4 月 18 日上星期反省录、8 月 1 日上星期反省录。

续向台湾提供援助。① 据 11 月 2 日蒋介石日记，在此前后，副总统尼克松访台，而一些原本反蒋的美国报纸也忽然登载对蒋推崇之文章。这些无疑确定了蒋的判断：去除身边亲美要员，不足以影响美国对台政策。

面对吴在美舆论攻势，蒋认为"吴国桢公开反动必欲损毁政府之险恶言行已经暴露"，应"设法防止"，指出吴"辞职诟病之真因"是其在任期间因抛空公粮，无法维持军民之食，并不是因为"政府"不民主。②

此时，"第一届国民大会第二次代表会议"正在召开，吴国桢 2 月 27 日致函大会，痛陈台湾之弊：一党专政，军队之内有党组织与"政治部"，特务横行，人权无保障，言论不自由，思想控制，并提出六点措施。③ 在蒋介石看来，吴以蒋氏父子为指责对象，认蒋为操纵"国大"之独裁集权者。"国民大会"主席团决定对该函"一面严词痛斥，一面不予受理"。④

3 月初，蒋介石认为若不从速惩治吴国桢，将来第二、第三之吴国桢必相继而出。应立即以违法乱纪罪撤职查办或准予辞职，至于任职期内之所有渎职事实，应交付行政人员惩戒委员会依法处理，包括上海任内及交卸情况、操纵贸易有否浑水摸鱼等，一并彻查。⑤

为更有力还击，蒋介石一面令"保密局"调查吴国桢抛售黄金弊案，一面令"立法院"从民间搜罗吴国桢贪污渎职证据。吴以前任职所为有疑点处被置于放大镜之下，不但"保密局""立法院"等政府机构对吴进行调查，党部内也进行着对吴的社会调查。⑥ 3 月 17 日，蒋发布"总统令"，要对吴在省政府任内"违法与渎职情事""依法彻查究办"。实际上，在此之前，对吴的调查已经开始，且被调查的不只是吴在"台湾省政府主席"任内之事。任显群曾为吴国桢任内的"财政厅厅长"。1953 年吴国桢赴美后，

---

① Statement of Policy by the National Security Council, Nov. 6, 1953, in *FRUS*, *1952 – 1954*, *China and Japan*, Vol. 14, Part 1, pp. 307 – 310.

② 《蒋介石日记》，1954 年 2 月 19 日。

③ 吴国桢手稿，黄卓群口述《吴国桢传》（下），台北：自由时报，1995，第 551～553 页。

④ 《蒋介石日记》，1954 年 3 月 8 日、11 日。

⑤ 《蒋介石日记》，1954 年 3 月 2 日。

⑥ 《党员社会调查报告对吴国桢案综合反映》（1954 年 3 月），Zhong Guo Guo Ming Dang，7. 4，Reel 5。

任显群也卸下公职。但因吴国桢事件牵连，遭情报单位跟监。"保密局局长"毛人凤与任显群谈话，任表示愿"制造"（日记所用之词）吴国桢贪污案，将功赎罪。11日，毛人凤汇报谈话结果，蒋认为不可，令三日内，任显群与外汇部门将抛售黄金有关情事从实呈报。同时，"立法院长"张道藩将台民对吴贪污证据交蒋介石阅览。13日，蒋介石召见吴任上海市市长时的警察局局长俞叔平查问吴在沪谎报卅万口户口配米之事。蒋断定果有其事。15日，蒋介石分别约见李寿雍、周宏涛、彭孟缉、毛人凤等，询问是否有重要证据发现，结果令蒋失望。17日，中央常会通过开除吴国桢党籍案，蒋介石"以用人不当，知人不明，深自引咎"。①

在发布查办吴国桢的"总统令"之后，蒋介石召见"行政院秘书长"黄少谷与"国防部副参谋总长"彭孟缉，指示应将吴案作为重中之重，以此工作为"第一之第一"。宋美龄的外甥孔令杰当时在美国协助蒋家搞外交，他认为对吴国桢应忍耐，以免影响对美外交。他劝蒋不必太依赖吴的罪证，"外人对政府处治失意政客，总认为政府依势欺人，虽其有贪污不法之确证，亦多不注意也"。而同时，蒋对吴罪证的掌握也并不充分，虽经多方努力，吴在任时违法渎职之事人证虽有，而物证甚少。②

吴国桢在美国的言论引起多方关注，美国舆论对吴多持同情。斯克里普斯－霍华德报系原本对台湾当局言论友善，刊出《警告蒋总统》一文。由于吴国桢与美国朝野关系密切，此次以"前台湾省主席"身份揭发蒋氏专制作为，抨击台湾不民主，其"反宣传"影响颇大，蒋介石甚为惶恐，认为这是1944年以来共产党"反宣传"后"最猛烈之一次"，"如美政府对我政策不能坚定，则必重蹈过去失败之覆辙"。③ 在台湾依赖美国援助谋得稳定发展与军事安全的情势下，吴国桢所为令蒋不安。

吴案发生后，美国政府出于战略考虑，态度比较温和，并未附和与指责。而周以德等历来支持国民党的"亲台派"仍然站在台湾当局一边。这些令蒋介石在担忧愤懑之余感到些许欣慰。④

---

① 《蒋介石日记》，1954年3月11日、13日、15日、17日。
② 《蒋介石日记》，1954年3月19日、20日上星期反省录。
③ 《蒋介石日记》，1954年2月18日、3月25日。
④ 《蒋介石日记》，1954年3月31日。

1954 年 4 月 5 日，蒋考虑了两种方案："犯而不校，示以宽大"；"依法起诉"吴之"违法渎职"罪状，使其宣传无效。6 日，经进一步考虑，蒋更倾向于"暂置不理"。因吴之宣传已"渐失效用"，若此时起诉，反重新引起注意。而美国国会尚未通过本年对台援助预算，此时行动恐影响国会决议；若待 7 月决议之后再行起诉，美国会有更多谅解。①

而这时，吴已连续发表多封致蒋信函，② 蒋以为其"更陷于蜗角穷境"，"不如任其狂吠，使美国迷信叛逆者自动悔悟"。9 日，在召见谢冠生、林彬、黄少谷之后，蒋了解到吴案准备仍未充分，有力证据不足，决定暂不起诉。③

看到美国政府并未受到舆论过多影响而改变对台政策，经过一段时间的喧嚣，舆论亦渐趋平静，而吴开始表现出对自己不利的偏执，蒋决定对吴暂置不理，以免弄巧成拙。而搜集到的关于吴国桢违法渎职情事可作为反击手段，减弱其宣传效应。但要待美援问题在美国国会决定之后，观其变而再做回应。

（二）应对孙立人案

相较于对吴国桢的高调舆论战而言，蒋介石对孙立人的处理似乎比较宽容和低调，但用心良苦。

孙为军事将领，蒋对他虽早有不满，但不得不施以一定怀柔。1954 年初，蒋介石自记："孙立人之傲慢无视态度于今为烈，因防其恼羞成怒，不顾一切之行动可虑，当慰勉之。"蒋认为孙与美国顾问过于亲密，他们对蒋经国在军中活动的抵制令蒋认为孙对自己不忠。孙立人不但握有军权，还能影响美援问题，蒋不得不投鼠忌器。直到 6 月，蒋介石对孙立人及各主要人事之方针甚费心力，决定"再不能重外轻内，危害国家前途，故宁无军援亦所不顾也"。④ 蒋决心架空孙立人，宁可以损失军援为代价，孙立人被

---

① 《蒋介石日记》，1954 年 4 月 5 日、6 日。
② 4 月 3 日，吴国桢再上"总统"书，希望蒋经国离台来美，在大陆"恢复"前，不必返台，以表明蒋介石无传子之心。见《陈诚回忆录——建设台湾》，第 275 页。
③ 《蒋介石日记》，1954 年 4 月 7 日、9 日。
④ 《蒋介石日记》，1954 年 1 月 9 日、11 日，6 月 19 日上星期反省录。

调任无实权的"总统府参军长"。

1954年12月，"台美共同防御条约"签字。美国将协防的范围划定在台澎地区，不准备协防金门、马祖，这与蒋意相悖。

1955年1、2月间，美国为使国民党撤防大陈，曾许诺以协防金门为条件，但后来背弃前约。蒋介石曾与之力争，不得已妥协，撤退大陈。4月，当美国政府要派太平洋舰队司令雷德福与国务院负责远东事务的助理国务卿饶伯森到台湾时，蒋介石认为其会要求撤退金马，于是决定直告，金马是"中国之灵魂"，台湾海峡是"中国一线之命脉"，美国不能强求台湾"出卖灵魂与命脉"。为此，蒋与雷、劳的交涉令其痛苦不堪。①

不可否认，对于不少美国人来说，蒋介石并不是理想的盟友。1955年5月，美国内部有人提议以吴国桢、孙立人或胡适取代蒋。蒋获知，美国务院令其情报人员密查孙立人在军队中势力如何，能否掌握陆军；吴国桢在除台湾人以外的中国人中有无拥护者。5月28日，孙立人欲借阅兵发动兵谏的情报被送至蒋手中，蒋自记："今以此案之发生究竟有否关系，并无证据，但国际环境之险恶已至相当程度，能不戒惧乎？"6月3日，俞国华报告其在美国所悉美中央情报局准备大肆利用台湾与岛内外中立派和反动派对蒋个人做诬蔑宣传，以为孙重建傀儡政府之张本。蒋认为，此与最近孙立人军训班之阴谋显然有关，当然亦为劳氏以蒋不顺从其放弃金马建议之第一步行动。几天后，孔令杰又报告说，美当局或将因台湾不民主之指责，期以推翻蒋政权。接着，蒋获悉，美国务卿杜勒斯致电蓝钦，欲保荐孙为参谋总长。② 可以推断，孙案与此间种种传闻不无关系。蒋获得美国方面对自己的不利消息，认为孙立人军训班与美国欲在台湾"改朝换代"的想法有关，对自己造成了威胁。6月6日对阅兵现场的搜查、"兵谏"风声的放出以及随后的一系列行动，皆与蒋在此时的戒备惊恐心理有关。

6月19日，蒋介石拟见蓝钦，询问华盛顿所盛传的美对台政策改变之意，并提到孙部谋叛败露时，欲逃往美"使馆"请求政治庇护之说。孙欲

① 《蒋介石日记》，1955年2月5日上星期反省录、4月20日。4月30日上月反省录记道："本周与劳勃生（饶伯森）等谈话的斗争实自卅五年与'马下儿'（马歇尔）激战以来最大一次之决斗。"

② 《蒋介石日记》，1955年5月30日上星期反省录，5月28日，6月3日、8日、10日。

逃往美"使馆"的消息增加了蒋的不安。历代君王对于"叛逆者"皆具宁可信其有的倾向，何况此时华盛顿又有种种颠覆蒋的传闻。这种情况下，蒋对孙有了一份主观的判定，认为孙并不清白。同时，蒋认为即便孙不是在美国的指使之下发动此事，至少也是"受美国之暗示久矣"。①

同时，蒋又认为孙被共产党"渗透"利用。6月28日，蒋审阅郭廷亮等人供词，断定这一事件背后有共产党因素。经一个月的调查，虽然所谓"共产党渗透"的证据并不充分，郭廷亮也未明确承认与共产党的关系，但蒋仍认定"此为一老共党员潜伏在孙之左右无疑"。从李鸿、陈鸣人等"共产党间谍"口供中，蒋介石推断孙立人早已蓄意"通共"，有心庇护所谓"匪谍"。②

关于对孙处置方式与尺度，蒋介石曾征询蒋经国、张群、俞大维等人意见。"国防部长"俞大维主张不加处分，仅以调职佯作信任。俞认为美国人不会相信台湾当局对孙案的说法，若此案公开，徒贻共产党与反对派以口实，使之以为国民党军队内部政工与派系之争，已呈不能控制之象。蒋介石认为俞"消极已极"，"此次叛变阴谋能事前扑灭而并未发生，乃是确能控制一切阴谋之表示，何损威之有耶？"但俞的看法"亦有其见地"，此案处置应重加考虑，"终以不暴露公布为宜"，在"反攻大陆"以前，"无论对内对外对敌对友不能不极端慎重免乱大谋，尤不可授美国政府以口实耳"。这是蒋介石对待吴国桢案与孙立人案不同之处。吴国桢在海外以言论攻击蒋氏专制，因而蒋须高调反驳；而孙立人本人没有对台湾当局和蒋氏父子进行舆论攻击，相反，为免"美国及其反蒋派引以为独裁之口实"，蒋介石需要对处理办法"慎重研究"，低调进行。③

7月5日，蒋认为应明告孙此案之经过供词、内中反党政口号之制造、郭廷亮与郑子东父子之关系。准备"以不信孙会主谋此案之态度"，免予追究，但孙应告假反省悔过，不得再与"共产党间谍"来往。孙可言行自由，不予拘束，但"对此案无论对任何人必须照此实情明告，不得另有托词假言，否则自将公审"。9日，蒋又有这样的考虑：令孙告假离职，待罪悔过，

---

① 《蒋介石日记》，1955年6月19日、30日，5月30日上月反省录。

② 《蒋介石日记》，1955年6月28日、7月9日上星期反省录、8月3日。

③ 《蒋介石日记》，1955年6月28日、30日上月反省录、7月30日上星期反省录。

但不开除其参军长原缺，派员代理；使其与战略顾问委员会副主任委员顾祝同对调，使其与"叛将"（白崇禧）并列；仍令其闭门思过，不得任意说话，"待其悔过自新以后另候任用"；江云锦自白书非至不得已时不令其参阅，暂不说破为宜，保留余地。15 日，蒋再次写到，应让孙告假，专心读书修养。在此之前，蒋对孙的处置问题考虑得相对宽大，主要的惩戒措施是让其告假反省，但还保留有一定职位。但 16 日，蒋的想法发生了变化，认为"应以公正事实为据，不能全以外人关系而置军心与纪律于不顾"，于法于理，对孙至少应停职候查或候审，或免职查办，"以息公愤，而维军纪"。原因是：

> 甲、此案为共匪早在国际上扬言台湾之渗透程度比所传者为更佳，是乃美政府在事前所获得之情报；乙、此案人证与确据皆有事实，不得已时皆可公开；丙、此案主动乃为共匪渗透颠覆而为我破获彻底，并未为共匪所算，孙不过是一被动盲从，故于政府之威信并无所损；丁、孙之美友以事实俱在，不能为其抱不平洗冤，或以此反对我政府；戊、此在美人心目中以有证据之事，而且为共匪所主动，不能认我为法息斯得也；己、现在美国不能放弃台湾，不能因此停止援助。①

虽然"对于利害与美国心理亦不能完全抹煞"，但蒋介石分析后认为，美国现在不能放弃台湾，不能因此停止援助，而此事不致招致非议，且可平息孙之美友反对之声。故决定施以惩戒，而不是佯装不信，仅使之告假反省。至此，蒋介石确定了"停职候查"的处置办法，但决定不公开案情。21 日，蒋介石以为对孙应仍以宽大之方针处之，可明告孙本人对本案内容并非出于本意。但此案重大，若未提前制止，"则国家一线之命脉完全被其斩绝"，故应"自请处分，负责引咎，乃予以停职反省以观后效处之"，如其不服则即照原拟方案，应即以"停职听候彻查"处之。②

经几番思考，蒋虽碍于美国关系，始终以较为宽大的原则考虑对孙的处置办法，但也明确对孙应有惩戒措施，以安定内部，且这个宽大的尺度

---

① 《蒋介石日记》，1955 年 7 月 16 日。
② 《蒋介石日记》，1955 年 7 月 5 日、9 日、15 日、16 日、16 日上星期反省录、21 日。

是有限的，并在几番考虑后又有紧缩和有限调整。当时，美国对中共和苏联有一定妥协之意，中美也在酝酿大使级会谈。6月间，蒋分析国际局势，认为在苏共和平攻势之下，美英必欲使蒋放弃金门以达彼等"苟安求和之期望"。"惟有在我者，才是可靠。"在处理孙案期间，蒋几度有"惟有在我"的类似表述。9月8日，蒋介石考虑"如何转移国人无外援不能反攻之心理"，认为应该特别宣传西班牙与土耳其之经历，使民众不过分依赖美援。11日，蒋与"外交部长"叶公超谈话，劝诫其对美援不必过于奢望，"美国外交如儿戏，冷暖无常，不足为奇，能否反攻，全在于自我也"。同时，"对联合国会员藉（籍）问题亦不必过于重视，当于其如侮辱过甚，则随时可以自动退出也，并可明示英美以此意"。虽然在共和党刚刚获得大选胜利和上台之初，蒋介石曾如释重负，以为几年来所受屈辱终于可以卸下，但随着形势发展，蒋看到"美国对华政策其内容与前无异，而且其培植第三势力与对朱毛为狄托（即铁托——引者注）之幻梦至今更烈矣"，随即产生"若不自强，何以复国"之念。① 两案期间，蒋介石不但有对"美国不会放弃台湾"这一判断更清楚的认识，也有"惟有在我"这一心理的日益明确，这是蒋敢于拿掉吴与孙的心理基础。

为使孙立人伏罪，国民党高官轮番上阵。在陈诚与之谈话未果后，叶公超、张群相继明告其不可强辩，应自请处分。7月28日，蒋接到孙立人报告，请求辞职候查，以求保全，但并不承认自己"包藏匪谍，图谋不轨"。蒋认为他"既无丈夫气，亦无军人气"，"实为张学良之不如"。②

由于孙不肯承认包庇"通共"之人，8月2日，蒋介石准备监视孙，并将其侍从陈良埙逮捕。3日，陈良埙亲笔自白书证明王善从所供孙在去秋派其二人到蒋后草庐住所侦察地形，设计包围之企图是实。蒋决定将此原件交孙审阅后再定最后处置办法。在黄伯度与孙立人谈话后，孙承认郭廷亮及其军训班致成今日恶果之过，但仍不承认其主动谋乱之大罪。只是并不如过去之强辩，只求保全赦免。蒋认为至此可告一段落，即照原定方针以停职（候处）彻查为第一步。③

---

① 《蒋介石日记》，1955年6月12日，9月8日、11日；1953年4月18日上星期反省录。
② 《蒋介石日记》，1955年7月26日、30日上星期反省录。
③ 《蒋介石日记》，1955年8月2日、4日。

5 日，孙立人呈递自认罪嫌重大，请求保全与辞职候处、闭门思过之辞呈。美顾问因此事为台湾当局内政，表示不愿过问。蒋本人仍顾虑重重：

> 甲、吴逆国桢对孙案免职查办时必在美作激烈反宣传，英国亦必助其宣传以引起美国舆论对我不利之新潮；乙、孙之美友如麦唐纳及若干议员记者亦必怀疑对我攻讦；丙、政府亦必乘机大事宣传；丁、对内部不致有何影响；戊、今孙既自呈其悔罪书，对此事发表不妨从缓……己、应令孙自动宣布之办法；庚、此案应在八月内公布，不可在联合国大会时或在美国会明年召集时发表也。①

20 日，"驻美大使"顾维钧与雷德福谈话，试探美方态度。雷说他十分敬重孙，丝毫不怀疑他的忠诚，建议调查委员会不要将调查局限于孙对于屏东事件可能的动机，而是调查该事件深层的原因以及对军队的影响。② 23 日，美国驻台北"大使"给美国国务院的电文指出，孙立人一直以来被美国认可，如果在此事件上放弃孙，会被许多人视为对朋友不忠。孙始终与美合作，为军援项目出力，在美国人看来，对他的指控几乎是难以置信的。③ 虽然美国行政助理国务卿亨德森（Loy W. Henderson）表示美国在此事件上不持官方立场，④ 但不难看出，美国官员大多信任、尊敬孙立人，不相信台湾当局对他的指控。这也是蒋在孙案问题上颇费思量的一个原因。

吴国桢趁势进行"反宣传"和英国可能给予的声援以及由此可能造成的美国舆论的不利倾向是蒋尤为担心之点。吴国桢隔海高调对抗是蒋无力回转的，而在孙案方面蒋的态度决定事态发展，因而蒋慎之又慎，"准备最为周到"。蒋不仅谨慎考虑处理方法，且几次亲自修正孙案新闻稿，以求稳妥。⑤

---

① 《蒋介石日记》，1955 年 8 月 6 日。

② Telegram from the Acting Secretary of State to the Embassy in the Republic of China, Aug. 27, 1955, in *FRUS, 1955 – 1957, China*, Vol. 3, p. 70.

③ Notes of Telegram from the Acting Secretary of State to the Embassy in the Republic of China, Aug. 27, 1955, in *FRUS, 1955 – 1957, China*, Vol. 3, p. 69.

④ Telegram from the Acting Secretary of State to the Embassy in the Republic of China, Aug. 27, 1955, in *FRUS, 1955 – 1957, China*, Vol. 3, p. 70.

⑤ 《蒋介石日记》，1955 年 8 月 20 日上星期反省录、17 日、19 日。

顾维钧、蒋廷黻等在美国从事"外交"的官员提议组织孙案调查委员会，8 月 15 日，张群、黄少谷、叶公超等人与蒋介石交谈，认为不可。因无此先例，且破坏军法系统。而蒋以为"总统府参军长"涉嫌此案，责任关系重大，可组织特别调查会，由王宠惠等法律权威参加，可减少国际误解，故准予设立调查会。①

孙案调查委员会成立后，意见分歧，工作不得要领。蒋对其加以指示，要求报告应求简明迅速，不必过分深入，但应做精详之另一准备，以备不得已时公布其部分重要罪证。②

孙立人免职令发布后，台湾当局通知所有新闻媒体暂不发表任何有关报道，③ 并随即派人赴美国解释和寻求谅解。沈昌焕带着郭廷亮和其他五名部下的供词，还有一组在宪兵队秘密受审时的供词，以及孙立人亲笔辞呈的复印件前往美国。孙在呈文中承认两点：他未能察觉郭的共党"间谍"活动；他未能有效监督部下的动向和活动。顾维钧、沈昌焕等人积极活动，尽最大努力将事件的影响减小到最低程度。④

经一番努力，免职令未引起美国舆论激烈反应，这让蒋介石放松了一些紧张的神经。在调查会审问得不到满意结果时，蒋开始露出不耐烦的情绪。9 月 18 日，蒋认为孙不会承认自己对此案负有知情不报之责任，并将其归因于依恃美国、有恃无恐心理。为使孙有"悔悟"表示，蒋指示调查会审问的方式与态度应有改正，不可再照原定以友谊关系为主的办法进行。当晚十二时醒后，蒋为孙立人"狡愚无知之言行""辗转苦思"，决定调查会传审时，只令宪兵正式护送。看各犯供词时，亦应改派军法局长正式监视，而不再派人以非正式关系陪送，使其感觉情势严重。如其再不悔改认罪，即将转入军法途径，不留余地。又于深夜电张群照此进行。9 月 21 日，蒋约见张群、陈诚与黄少谷，详询审问孙立人情形，得知孙虽未狡赖强辩，亦未否认六犯口供，但自辩其用心与作为皆出于忠贞而不承认有意叛变。

---

① 《蒋介石日记》，1955 年 8 月 15 日。调查委员会由陈诚、王宠惠、许世英、张群、何应钦、王云五、黄少谷、俞大维、吴忠信九人组成，陈诚任主任。

② 《蒋介石日记》，1955 年 9 月 5 日。

③ 《中央宣传指导小组第二十六次会议纪录》，Zhong Guo Guo Ming Dang, 7.3, Reel 7。

④ 《顾维钧回忆录》第 12 分册，第 573 页。

调查委员会以为孙知情不报之罪已可成立，无须再加追问。但蒋以为其供词所答非所问，不能澄清真相。如果发表，则大众必以为其真出于忠贞，会使舆论对其同情，而对自己不利。因此令调查继续进行，对孙每一答词应须有事实之证明。彻底澄清无疑会在宣传中掌握主动，"至处治宽严则另一问题"。但事实上，调查并不能做到每一答词都有事实证明。10月初，调查委员会提交报告书，蒋认为对孙主谋叛乱部分未能彻底查明，有避重就轻、为孙脱罪之意，但又认为此案唯有如此，无法继续深究。对于具体处置和发布命令的办法，蒋介石又费了一番斟酌：如处置太轻，一般将领未能心服；如依法惩治，则应免官判刑，国际舆论又会掀起轩然大波。思量之下，蒋决定转告孙应将其报效诚意详述无遗，彻底反省往日毁谤"政府"与"领袖"之言论，以及关于政工党务对美国顾问"自失体统之言行"，并检举平时对其策划鼓惑之可疑"共产党间谍"，以减免罪情。①

接着，孙案调查报告书与处理办法同时发表。蒋介石将此事设计为：孙立人因郭廷亮事件而自请查处，"总统"念在孙立人"久历戎行，于抗战有功，准予自新，不再追究，交由国防部察考，以观后效"。② 此处理办法之重点在最后二语，目的是限制孙出国。蒋自认对孙立人已算"犯而不校"，中外舆论会认为宽大，无所异议；且其对此事已煞费苦心，再无其他办法。③

学界一般认为由于孙立人屡立战功，帮助蒋渡过难关，蒋才对孙"犯而不校"，仅施以软禁。但笔者认为，蒋介石之"念旧"并不是对孙宽大的主要原因，蒋在整个事件的处理过程中，并未提及孙昔日战功。他所顾虑的主要是美国舆论及其可能影响到的美国对台政策，而非处理"有功之臣"可能引发的后果。而且，蒋介石亦认为"对孙个人之精神上处治比之较军法从事更为难堪"，此种处理办法，貌似宽大，实则并不宽大。

---

① 《蒋介石日记》，1955年9月18日、19日、21日、24日上星期反省录，10月4日、7日、12日、20日。
② 《宣传通报》第144号，Zhong Guo Guo Ming Dang, 7.3, Reel 7。
③ 《蒋介石日记》，1955年10月22日上星期反省录。

小　结

　　吴国桢与孙立人在国民党退台之际，因美国看好而居要位。但他们的某些理念与当政者不同，反与美国一致。这令蒋介石不安，不但将他们做的许多事冠以"恃外自重"之名，更猜疑美国对他们的"不忠"有所暗示。吴与孙有美国教育背景，其言行表现出与旁人的不同。但"骄矜""恃外""心目无领袖""不知悔改"，其实在一定程度上是蒋的臆断。蒋脑中似有一思维定式，对吴与孙的某些推测带有成见。即便他们有"悔悟"表现，也不被认可。① 从案前种种表现看，二人被排除在权力核心之外，并非偶然。

　　在具体表现和处理方式上，两案有所不同。对于远在海外、鞭长莫及的吴国桢，多是舆论战，因而重在对有利证据的建立，亦即吴违法乱纪罪证的搜集方面。蒋本欲指控吴国桢乃因违法渎职而辞职，以反击吴对蒋氏不民主的宣传，但因证据不足，经过一段时间后舆论渐息，决定不起诉。对于在自己控制之下的孙立人，蒋则显得更为小心，恐处置不当引起国际舆论的关注和美国的不利反应，因而反复考虑，在不断的思量中，其处理尺度和具体方式也几经调整。为求稳妥，在军法系统中虽无先例却也特设调查会，并在削其职权后又为其开脱，以貌似宽大的方式施以软禁。

　　退台后，蒋介石要建立的是威权体制。若林正丈认为，孙立人、吴国桢的失势，宣示了蒋介石强人威权体制在台湾逐步建立。② 其实此种威权在1950 年代初国民党的改造中即已出现，③ 而吴与孙的去职意味着时机成熟之际威权的强化。1952 年共和党入主白宫，艾森豪威尔改变了杜鲁门时期对台湾保持"一臂之遥"的政策，拉近与台关系，有意以"条约"形式加固盟友关系；并改变对蒋的不信任态度。这就意味着吴、孙不再是争取美援的必要条件。即便没有他们，共和党也会持续甚至增加美援。随着美国对

---

① 蒋曾记："晚接国桢手书表示悔悟，但其本质乃为一个官僚与政客之模型，不能望其改为革命党徒也。"《蒋介石日记》，1953 年 4 月 12 日。
② 若林正丈：《台湾——分裂国家与民主化》，洪金珠、许佩贤译，台北：月旦出版社，1994，第 106 页。
③ 参看冯琳《中国国民党在台改造研究（1950～1952）》，凤凰出版社，2013，第九章。

台态度日益明朗，美援大局稳定，吴与孙的自由民主理念终不能为当政者继续包容。

1953～1955 年，虽然台美关系更为巩固，但蒋与美之间某些矛盾在暗中激化，焦点之一即在"共同防御"的范围是否包括金门、马祖。美国不主张协防金马，而蒋介石决心坚守。此外，美国阻止蒋"反攻大陆"，虽解除"台湾中立化"禁令，实则限制更严；美国与中共开始官方会谈，并曾为朝战停火而在联合国代表权问题上有动摇表现……如此种种，使蒋介石对美不满之意频频流露。吴与孙两案，不但是蒋介石清除异己的行动，也是美蒋矛盾的体现，是蒋介石对美国底线的试探。而蒋之所以敢于试探，乃因台湾政经已有一定基础，"不致如过去随时可任人宰割"。① 这是蒋敢于有限度忤逆美国意愿的根本原因。

另外，拿掉美国最为看好的两位高官毕竟关涉重大，蒋介石在此期间每行一步都要小心观察媒体反应，仔细思量下一步如何进行才能尽可能减少舆论攻击，尽可能使自己看似更为有理。之所以步步为营，是要避免掀起舆论风波，进而影响美国对台政策。自国民党败于中共，"中华民国"在国际上的地位已失去法理基础。蒋不但需要美国协防台湾，需要美援发展军事和经济，更需要美国帮忙维持台湾当局在联合国的地位。因此从打算免职开始，追究任职过失，搜集"罪证"，准备足够材料以备需要时公布，这些都是蒋介石有意关注的细节；而处置尺度和程序步骤如何方显妥当，也是令蒋煞费心思之事。蒋如此大费笔墨记载两案，在其几十年日记中并不多见，足见蒋对此之重视程度。

———————————

① 《蒋介石日记》，1955 年 9 月 30 日上月反省录。

第九章　台美"共同防御条约"再探讨

　　1954 年台美"共同防御条约"的签订是台美关系中一个标志性事件，相关研究很多，① 资料也甚为丰富。关于"共同防御条约"的酝酿过程及其结果的讨论已较为成熟，学界普遍认识到在错综复杂的局势之下，美国既想使台湾成为一个反共基地，又不想因台湾的"反攻"而陷入战争；台湾既想将自身安全捆绑于美国，又不想受制于美而放弃"反攻"念想。以往较多研究片面突出台湾方面在缔约一事上的被动，郝天豪、刘相平的《退让与坚守：蒋介石在台美"共同防御条约"商签中的策略选择》指出蒋介石在商签条约中"主动争取和退让"、"隐忍不发"与"坚守底线"的多个面相，视角更为全面。然而，该文主要根据《蒋介石日记》及部分"国史馆"等台湾机构所藏档案而写，关于"力争"、"隐忍"或"坚守"的体现并不清晰。同时，学界除对台美"共同防御条约"约束台湾"反攻"一点

---

① 大陆地区的研究如：郝天豪、刘相平《退让与坚守：蒋介石在台美"共同防御条约"商签中的策略选择》，《台湾研究集刊》2018 年第 3 期；苏格《台美"共同防御条约"的酝酿过程》，《美国研究》1990 年第 3 期。台湾地区的研究如：林正义《〈中美共同防御条约〉及其对蒋介石总统反攻大陆政策的限制》，《国史馆馆刊》第 47 期，2016 年 3 月；张淑雅《中美共同防御条约的签订：一九五○年代中美结盟过程之探讨》，《欧美研究》第 24 卷第 2 期，1994 年 6 月；张淑雅《无碍反攻？〈中美共同防御条约〉签订后的说服与宣传》，《国史馆馆刊》第 48 期，2016 年 6 月；段瑞聪《从日本角度看〈中美共同防御条约〉》，《国史馆馆刊》第 49 期，2016 年 9 月；等等。现有成果多从某个角度切入研究"台美共同防御条约"及其影响，所用资料的侧重也各有不同。顾维钧是直接与美方交涉者，他的档案中存有大量资料，对此学者迄今并无充分利用。笔者拟从几个为学界忽视的角度，探讨台美双方对条约若干具体问题的考虑和互动，以便更清晰展现这一关键时期的台美关系。在大量占有一手档案的基础上，一些被淹没于历史尘埃中的重要史实浮上水面：譬如台湾当局基于平等原则要求对驻冲绳美军的行动拥有协商权，这一点是与人们通常所认为基于单方面依赖关系形成的不对等的台美关系相悖的；又如台美"共同防御条约"法理上对台湾主权的认定作用及对"台湾地位未定"论的否定一点，实为相当重要却为以往研究所忽略的事实。

有较多探讨外，若干重要面相不曾得到研究者的关注。事实上，该约在被美国国会批准之前曾遇到不小阻力，反对者包括前国务卿艾奇逊。反对理由的核心在于该约对台澎主权属于中国的认定作用，于是又有"三项了解"的产生。1949 年到 1950 年代中期，在大变动局势中，美国对台湾主权屡次擅做解释，此又是重要而被学界忽略的一次。

一　明知其弊而为之：约束"反攻"的负面作用

蒋介石率国民党集团退台后以"反攻大陆"作为号召，鼓舞士气，聚拢人心。美国虽有部分人士在不同背景和场合下表达过支持"反攻"的态度，但总体而言美国官方对这个问题是十分慎重的，鉴于美国可能被拖入战争的风险，美国大体上是在拉紧缰绳，控制与压制着台湾当局挑衅性的军事行动。继 1949 年与西欧、北美各国签署《北大西洋公约》、建立战略同盟后，美国开始在远东和大洋洲构筑防御体系，1951 年 8 月到 1953 年 10 月，美国先后与菲律宾、澳大利亚及新西兰、日本、韩国签订安全条约或防御条约。国民党在国共战争中失败后，军力不足以防守台湾，在中国大陆"解放台湾"的舆论攻势下，台湾人心不安。台湾海峡虽有美国的第七舰队巡游，但毕竟是会随时开走的。台湾当局担心美国的人事变更或其他什么因素会导致其对台政策的大变化，担心美国随时可能背弃台湾、承认中国大陆政权，因而急于谋求较为稳固的屏障来确保自身安全。台湾方面曾与澳、新、韩、菲等国接洽，希望加入已有的美澳新同盟或推动组建新的同盟，但均不顺利。美澳新同盟只愿维持现状，不拟邀请台湾当局参加。① 蒋介石试图商请菲律宾总统出面倡导，由韩、菲、泰及台湾地区为发起成员建立反共同盟，菲方不甚积极，美国也不愿幕后主导。② 由于韩、菲曾遭受日本侵略，有反日情绪，构建一个包括韩国、菲律宾、日本、台湾

---

① 台湾方面称为美澳纽同盟。《外交部电驻美大使馆》（1954 年 2 月 6 日收），顾维钧档案，档案号：Koo_0152_B21－2a_0113。
② 《叶公超电顾维钧》（1954 年 2 月 17 日发），顾维钧档案，档案号：Koo_0152_B21－2a_0112。

地区在内的反共同盟也是有困难的。① 同样，由美国参与其中的韩、日、台"防共联盟"亦难以建立。②

1953 年 9 月，美国参议院多数党领袖诺兰访台时，蒋介石即已提议台美订约。③ 11 月美国副总统尼克松（Richard Nixon）访台时，台湾方面非正式提出，台美间应仿照美菲、美澳新、美日各安全条约之例，尽速缔结一项双边安全条约。④ 随后，台湾"外交部"参照各项条约内容拟具了一份条约草案，于 12 月 18 日经由美国驻台"大使馆"转送美国务院参考。台湾方面拟具的草案送美国国务院后，美方没有很快响应此事。12 月底美国参谋长联席会议主席雷德福与国务院负责远东事务的助理国务卿饶伯森访台时，蒋介石与"外交部长"叶公超又提到订约之事，雷氏表示会予以襄助。1954 年 2 月，美"大使馆"非正式通知谓已接获国务院电告，美政府已开始初步研究"台美安全条约"草案，得此回复后，台湾"外交部门"在前期与各方接洽的基础上认为外交重心应集中到"台美条约"上来，"以全力促其早日观成，而暂缓推动太平洋反共组织之发起"，避免工作产生无效果的分散。⑤ 如此，与美国订约从而加入以美国为中心、由美国主导的防御体系成为台湾当局最重要的外交目标。

现有研究普遍认为台美"共同防御条约"约束了台湾方面"反攻大陆"。这一点是台湾方面未曾预料到的负面作用，还是意料之中之事？若在意料之中，交涉过程中有没有采取相应的策略以期规避？

通过史料，我们发现，台湾方面在交涉初期其实已经预测到美国可能会通过条约约束台湾"反攻大陆"。1954 年 5 月 13 日，"驻美大使"顾维钧

---

① 《叶公超电顾维钧》（1954 年 5 月 27 日发），顾维钧档案，档案号：Koo_0152_B21 - 2a_0089。

② 《叶公超电顾维钧》（1954 年 5 月 15 日发），顾维钧档案，档案号：Koo_0152_B21 - 2a_0091。

③ 《蒋介石日记》，1953 年 9 月 7 日。

④ 美澳新、美菲及美日条约均称安全条约，美韩条约称防御条约，性质上安全条约与防御条约无实质区别。台湾方面考虑到一般民众心理，参照各约拟具草案时采用的安全条约的说法。在交涉过程中，两种叫法都有，直到签约前一天台湾"外交部门"还在为"条约名称究为防御条约抑安全条约"之事进行请示，最后采用的是"防御条约"的译法。见《沈昌焕电驻美大使馆转叶公超》（1954 年 12 月 28 日发），顾维钧档案，档案号：Koo_0152_B21 - 2b_0113；《沈昌焕电叶公超》（1954 年 12 月 1 日发），顾维钧档案，档案号：Koo_0152_B21 - 2b_0098。

⑤ 《叶公超电顾维钧》（1954 年 2 月 17 日发），顾维钧档案，档案号：Koo_0152_B21 - 2a_0112。

给叶公超发去一封电文指出，"棠案①即使克日成立，于一般心理上固不无裨益，然实际于我保卫台澎及争取军经援助难期骤获进步，而于我军事上主要举动自由反攻加一契约上之拘束，权衡得失，似乎利弊参半"。鉴于此种预测，顾维钧请"外交部"明确棠案是否当局之"坚定政策"，以便决定自己的外交路线——若是"坚定政策"，当全力推进；若不是，就"轻描提询以视其反响"。② 这种认识不止顾维钧一人有，叶公超亦持有同样顾虑。③就连美方人员都提醒说：美对台每年已给大量军援经援，棠案之成立是否对台湾完全有利？④

　　既然对条约效用有所怀疑，对带来约束"反攻"行动负面作用的可能性有所顾忌，为何台湾方面还要努力实现签约目的？正如叶公超指出"主要目的在将双方现行互助防卫关系置于立法基础之上，并备参加扩大区域安全组织之地步，就作用言，政治实重于军事"。⑤ 在前面提到的背景下，台"外交部"认为应将美国对台湾防卫的责任法条化，并以此为基础形成美日台、美韩台、美菲台联盟，进而形成美、日、韩、菲、台联盟这样一个远东区域安全体系。为实现这一目的，即便该条约可能带来负面影响，也应全力推动。这样，在接下来的时间里，以顾维钧、叶公超为主要代表的台湾"外交人员"开始为如何实现签约、如何使条约最大限度地有利于当局进行"明知其弊而为之"的艰难交涉。

　　既然台湾方面在交涉之初已"知其弊"，在整个交涉过程中便为"避其弊"而殚精竭虑。"外交人员"在最初起草约稿时，已在注意回避可做此种解释之文字。叶公超认为倘能照台湾方面草拟的约稿商定，则"我反

---

① 1954 年 3 月中旬，台"外交部"为便于保密起见，决定以 CLARA 或"棠案"为"台美安全条约"密名。见《叶公超电顾维钧》（1954 年 3 月 15 日发），顾维钧档案，档案号：Koo_0152_B21‑2a_0100。

② 《顾维钧电叶公超》（1954 年 5 月 13 日发），顾维钧档案，档案号：Koo_0152_B21‑2a_0092。

③ 《叶公超电顾维钧》（1954 年 5 月 15 日发），顾维钧档案，档案号：Koo_0152_B21‑2a_0091。

④ 《顾维钧电叶公超》（1954 年 4 月 29 日发），顾维钧档案，档案号：Koo_0152_B21‑2a_0093。

⑤ 《叶公超电顾维钧》（1954 年 5 月 15 日发），顾维钧档案，档案号：Koo_0152_B21‑2a_0091。

攻大陆不属条约范围而不致更受拘束",故盼积极推动早日达成。①

为早日缔约,台湾方面顾及美方心理,约稿第四条适用地域范围虽规定为台湾当局控制下之领土,却未将"外岛"明文列入。② 在台湾当局看来,这已是让步。然,当时美国并不积极与台湾缔约。美国认为国共战争状态未止,若与台湾订约,适用范围等问题自多困难。大陆辽阔,日本曾欲行侵略,用兵十四年"仍不得逞,前车可鉴",美国不愿卷入对大陆的战争。为应对越南局势,美国希望与菲泰英澳等国形成集体防卫。虽然英国暂时不愿加入,美国拟先进行,建立基础,以待英改变想法。③ 5 月下旬,叶公超与蒋介石就"台美条约"事连日详谈,蒋又提出新的要求。他认为,台湾当局当时控制下的三十多个大陆沿海岛屿中,最主要的是上下大陈、马祖、金门三地区,希望美"至少将此三地区各岛之防卫包括于第七舰队责任范围之内",若美同意此点,台湾方面可承诺"目前不以各该岛为反攻基础"。④ 这自然更增加了美方的顾虑。若不将"外岛"包括在内,似有鼓励中国大陆攻取之意;若将其包括在内,美议院因惧怕被卷入大战,产生的反对之声可能会更加激烈。因此,到第一次台海危机即将发生之时,美方仍认为台美订约问题不是当前"活跃问题"。⑤

1954 年 9 月,第一次台海危机发生,美国为平息台海冲突,有意使新西兰出面向联合国安理会提出台湾海峡停火案,并为此与英、新两国秘密磋商。台海冲突本为中国内政,美国将其提交联合国并非正道,但在当时而言,在美国看来却是唯一选择。此举势必给国际社会造成"两个中国"的印象,美国料想依台湾当局立场断不会接受,于是在 10 月中旬派专员赴台游说。台湾方面反对在联合国提出台湾海峡停火提案,

① 《叶公超电顾维钧》(1954 年 5 月 15 日发),顾维钧档案,档案号:Koo_0152_B21 - 2a_0091。

② 《叶公超电顾维钧》(1954 年 4 月 28 日发),顾维钧档案,档案号:Koo_0152_B21 - 2a_0094。

③ 《顾维钧致叶公超并请转呈电文》(1954 年 5 月 19 日发),顾维钧档案,档案号:Koo_0152_B212a_0090。

④ 《叶公超电顾维钧》(1954 年 5 月 27 日发),顾维钧档案,档案号:Koo_0152_B21 - 2a_0089。

⑤ 《顾维钧电叶公超》(1954 年 8 月 26 日发),顾维钧档案,档案号:Koo_0152_B21 - 2a_0095。

但也留有余地，那就是若台美先签订"安全条约"，停火案之议才可考虑。在台海地区军事冲突压力下，为通过停火案化解危机，美国将与台湾订约之事提上日程。11 月，台美关于"安全条约"的议定进入紧锣密鼓的交涉阶段。

在条约商签过程中，顾、叶等人担心之事果然发生。发生的原因固与美国担心被台湾当局拖下水有关，也与台湾方面在"安全条约"问题上的态度和表现有关。1951 年，在商签对日和约时台美双方曾就适用范围问题进行反复磋商，最后采用了台湾方面的提法，即现在或"将来在其控制下之全部领土"。① 台湾当局认为台美"安全条约"也采用类似说法应无问题。② 然而，这种想法过于简单化了。台湾当局与日本签订具有结束战争状态意义的"和约"，对美国并无直接的法律效力，只需避免容易招致舆论攻击的字眼即可。比如，断不能明言适用于中国大陆，因为这样会招致舆论攻击与阻力。台湾方面提出具有暗示"反攻"含义的说法已是退了一步，此处具有暗示意义的说法对美国没有直接影响，亦没有拖美下水的效力。然而，台美"安全条约"则当别论。若仿照"日台和约"的说法，对台湾当局现在以及"将来可能控制下之领土"的攻击都将被视为对缔约双方的攻击，美国显然是有被卷入同中国直接的战争的风险的。因此，美国自然提出仅以台澎为范围的要求。台湾当局不甘心限于台澎，又提必须在协防台澎之下附加"协防台澎有关问题"等字样。③ 经力争，美国虽然同意附加上"以后经共同协议所决定之其他领土"的字样，④ 但既然是"共同协议"，就与台湾最初提出的说法大为不同，也为美国进一步限制台湾当局"反攻"而提出相应要求埋下伏笔。

正是在美国同意台湾方面关于在"台澎"之后附加表述要求的同时，华盛顿流出消息称，台美"共同防御条约"需附一项关于台湾当局不可向

---

① 《日台和平条约（最后文本）》，载《顾维钧回忆录》第 9 分册，附录十六，第 732～740 页。
② 《叶公超电顾维钧》（1954 年 5 月 27 日发），顾维钧档案，档案号：Koo_0152_B21－2a_0089。
③ 《蒋介石电叶公超》（1954 年 11 月 5 日发），顾维钧档案，档案号：Koo_0152_B21－2a_0076。
④ 《叶公超电蒋介石》（1954 年 11 月 7 日发），顾维钧档案，档案号：Koo_0152_B21－2a_0064。

大陆发动"挑衅性之攻击"的谅解。11 月 8 日，有社论以《条约乎？锁链乎？》为题，评论此项传闻，指出果如所传，则这一条约不啻美国给予台湾以"一种无理的束缚"。① 而这一束缚源自美国对卷入大战的担心，亦源自台湾方面虽明知有可能造成此种束缚却在交涉之初就过早流露出"反攻"意图。台湾方面对防约适用范围的表述及力争，在美国将台美"安全条约"提上日程之前的次数不多的交涉中，显得颇为突兀。美国警觉之下，将限制台湾"反攻"作为一项既定的交涉目标。在此情况下，虽然顾、叶等人力图避免防约对台湾的"锁链"作用，却也是无力回天。

二　反对片面规定，力求平等原则：要求冲绳美军行动之协商权

在 1950 年代台美实力悬殊的情况下，美国从开始就基于优势地位来对待台美订约之事，在条约处理方式、各相关文件及声明稿的措辞、条约文字的拿捏等方面均体现或隐含了不对等之义。国民党曾是中国的执政党，在距此并不久远的抗战时期曾以大国身份领导反法西斯斗争，败退台湾后虽面临迥异处境，但大国心态并未消泯。更重要的是，此时台湾民心不安，若条约体现出明显的片面性质，将不利于鼓舞士气，有违订约之初衷。因此，在交涉之初，台湾"外交人员"就十分注意尽力纠正和避免任何环节出现的片面性。

在正式启动台美"共同防御条约"的谈判后，双方拟发布声明稿，表示订约谈判业已开始。11 月初，美方提出的声明稿称：

> 中华民国与美利坚合众国兹已开始商议签订一项互助安全条约，该约目的在保卫台湾及澎湖以抵御对威胁其安全之武装攻击，并就任何此项威胁或攻击举行会商。就美国而言，该约将代替自一九五零年以来为此等地区之保卫所实行之措施。溯自韩战开始，第七舰队曾奉令常川保卫此等岛屿。该约内容除关于实施地区之规定外，将仿照美

① 《条约乎？锁链乎？》，报纸名不详，第 1 版，顾维钧档案，档案号：Koo_0152_B21 - 2b_0129_001。

国与菲律宾、澳大利亚、纽西兰及大韩民国所订立条约之一般方式。
该约将在以上所举各条约暨美日条约以及在马尼拉所订立之东南亚公
约等所已形成之锁链上更铸一环。凡此诸约将构成西太平洋区域抵御
侵略之共同防御躯干，现与中华民国议订中之条约将一如上述各约纯
属防卫性质，并无以任何国家或人民为其敌对之对象，而在重申两缔
约国尊崇联合国宗旨及原则之一贯立场。该约阐明美国对于台澎所受
之任何威胁或攻击予以抵抗之决心，自将有助于远东情势之稳定，并
对该地区之和平有所贡献。①

美方所提声明稿是基于国民党退台后的历史事实，似乎并无问题。然
而，若仅以此类简单事实的表述示人，恐不能达到台湾当局所期望的提振
人心的作用。台湾方面虽对台美订约问题甚是期望，却未采取草率被动、
一味迁就的态度，他们认为美方所提声明稿"多系片面之辞"，表示要修改
另提。② 后来声明稿进行了较大幅度的修改，不但显示出台美共同反共的意
义，且加入"经双方之协议将包括缔约国所辖其他领土"这样富有弹性的
表述。③ 1954年12月2日签约当日的凌晨，台美联合发表声明，表述如下：

中华民国与美利坚合众国兹已结束其缔结共同安全条约之谈判。
此项条约将仿照美利坚合众国在西太平洋所缔结其他各项安全条约之
一般形式。

此项条约将承认缔约国对于台湾与澎湖以及美国所辖西太平洋岛
屿之安全具有共同之利害关系，规定经双方之协议将包括缔约国所辖
其他领土，并以应付威胁此等条约区域安全之武装攻击为对象。对于
任何此项威胁或攻击，规定经常会商。

此项条约将于美国与其他太平洋区域国家业已缔结之各集体防御
条约所建立之集体安全系统，更铸造一环。凡此诸项办法，构成保卫

---

① 《叶公超电外交部转蒋介石、俞鸿钧》（1954年11月3日发），顾维钧档案，档案号：
Koo_0152_B21-2a_0079。台湾方面称新西兰为纽西兰。
② 《叶公超电外交部转蒋介石、俞鸿钧》（1954年11月3日发），顾维钧档案，档案号：
Koo_0152_B21-2a_0079。
③ 《外交部电驻美大使馆》，顾维钧档案，档案号：Koo_0152_B21-2b_0057。

西太平洋自由人民抵抗共产侵略之主要躯干。

　　中华民国与美利坚合众国此项条约，将一如其他各条约属于防守性质。该条约将重申缔约国对于联合国宪章之宗旨与原则之尊崇。①

　　在反对片面性问题上，最为关键的分歧是关于军事部署需共同决议一点。尽管蒋介石已迭次向美方保证将来对大陆采取大规模军事行动前，将先与美磋商，尽管台美外交人员就此问题谈话时亦曾有正式文字记录，美国仍不放心。在商定条约及其附属文件内容时，美方不但要对"使用武力"进行规定，还要对"军事部署"进行规定，以免因台湾方面擅自调兵而拖累美国。

　　为有效约束台湾当局，使得台美"安全条约"能够被国会通过，11 月 6 日，美方提出在条约之外形成"议定书"，对第六条规定所谓台湾当局在现在及将来所控制区域具有"固有之自卫权利"进行解释与限制，规定台湾当局在现在及将来所控制区域之军事部署及自此区域使用武力将影响另一缔约方，"除显系行使固有之自卫权利之紧急性行动外，将为共同协议之事项"。② 关于使用武力的规定虽然主要是针对台湾当局为"反攻"而进行的重大行动，但在文字上具有相互意义，表面上体现了平等。然而，关于军事部署，美方只单方面规定台湾当局在现在及将来控制区域的军事部署，并未规定对条约适用区域美军部署也需要"共同协议"，显然没有体现平等原则，是无理的片面规定。其实当时台湾方面并无单独"反攻"的能力，美方之所以要将此要求明确列入条文，是为了给反对大战的美国国会和民众一个交代。顾维钧考虑再三，将美方所提文字改为甲、乙两修正案，以甲案为优先。甲修正案为：

　　鉴于两缔约国在　　年　　月　　日所签订之中华民国与美利坚合众国共同防御条约下所负之义务以及任一缔约国自该条约第六条所称之任一区域使用武力将致影响另一缔约国，兹同意此项使用武力除显系行使固有之自卫权利之紧急性行动外，将为共同协议之事项。

---

① 《联合声明稿》，顾维钧档案，档案号：Koo_0152_B21 - 2b_0094。
② 《顾维钧电沈昌焕》（1954 年 11 月 6 日发），顾维钧档案，档案号：Koo_0152_B21 - 2a_0067。

中华民国有效控制该条约第六条所述之领土及其他领土对其现在与将来所控制之一切领土具有固有之自卫权利。

乙修正案为：

中华民国有效控制　年　月　日所签订之中华民国与美利坚合众国共同防御条约第六条所述之领土及其他领土对其现在与将来所控制之一切领土具有固有之自卫权利。

鉴于任一缔约国自上述两区域之任一区域使用武力将致影响另一缔约国，兹同意此项使用武力除显系行使固有之自卫权利之紧急性行动外，将为共同协议之事项。①

美方关于军事部署权的要求意味着台湾一般性军事调防亦须征得美国同意，更不必说对大陆大规模军事行动了。蒋介石闻讯，愤慨不已，"此种苛刻之无理要求，无法忍受"，"被侮如此，能不自强求存乎？"② 当天，蒋介石给顾维钧发去电报，声明自己不反对美国对国民党武装部队的使用拥有否决权，但对条约适用范围内的美国武装部队有必要使用同样说法，这是民众对维护主权平等的要求。③

台湾方面认为军事部署需要与美国协商一事牵涉面太广，是不合理的片面规定，因此提出对案，要求"联合控制驻扎在西太平洋岛屿上的美军"。12 日，在关于台美"共同防御条约"的第五次会谈中，助卿饶伯森指出台湾当局的对案是"不可接受的"，美国军事当局永远不会同意台湾当局或任何其他外国政府对美国在其管辖范围内的西太平洋岛屿上使用美国军队拥有否决权。顾维钧指出，原则上像美国可以关注台湾当局军事行动一样，冲绳美军的行动台湾当局亦有理由关注。"为建立真正的互惠，双方应有共同义务就在整个条约界定的地区使用部队进行协商。"随后，他提到

---

① 《顾维钧致蒋介石、俞鸿钧函》（1954 年 11 月 9 日发），顾维钧档案，档案号：Koo_0152_B21－2a_0040。

② 《蒋介石日记》，1954 年 11 月 11 日。

③ Memorandum of Conversation, by the Director of the Office of Chinese Affairs (McConaughy), November 12, 1954, United States Department of State, in *FRUS, 1952－1954, China and Japan* (*in two parts*), Vol. 14, Part 1, p. 890.

5 日路透社发出的来自香港的一则独立评论。这则评论指出，如果台湾当局同意不对内地采取任何行动，将在政治上和军事上产生"最严重的影响"。如果这样做，台湾当局及其在台湾的人民只会成为"美国目的的工具"，台湾当局不应该盲目接受美国的意愿。由于台美商议条约的消息不慎泄露，媒体获知美国限制台湾"反攻"的意图，并对此大加抨击，给台湾当局也带来了压力。顾维钧强调台湾方面的战争物资实际上已经几乎完全被美方控制，在实践中离开美国支持而进行"反攻"是不可能的，因而根本没有必要再明确列入军事部署条款。台湾当局无意否决冲绳和关岛美军的使用，只是反对美国单方面的规定。若美国无法同意以同样规定适用于西太平洋美国控制岛屿的军事部署，那么就应删除与军事部署相关的条文。①

顾维钧在台美"共同防御条约"第五次会谈时为军事部署一事的辩驳可谓已尽全力，为使美方删除片面说法不惜以大胆要求令美方不悦。双方相持不下，第五次会谈无果。随后，蒋介石又专为军事部署事亲电相关人员，说明必须予以删除的理由，并指示如美同意删除军事部署一点，可试提乙案。国民党退台后，以所谓"反共抗俄"作为基本政策、立身之本，蒋介石认为此点全赖"民心士气之支持"，美方对此不加顾及，逼人太甚。②

在台湾当局强烈反对之下，国务卿杜勒斯亲自修改文字表述，将军事部署一句改为"凡由两缔约国双方共同努力与贡献而产生之军事份子，未经共同核准不将撤离第六条所述之各领土"。③ 因台湾当局对于美国在西太平洋岛屿的军事力量并无贡献，自然不能参与对冲绳等岛屿美军部署的指挥。此种说法，以文字技巧回避了明显的片面表述，也保证了美国对西太平洋驻军的独家决策权，但仔细推敲的话其含义仍是片面的。因此，台湾

---

① Memorandum of Conversation, by the Director of the Office of Chinese Affairs (McConaughy), November 12, 1954, United States Department of State, in *FRUS*, *1952 – 1954*, *China and Japan* (*in two parts*), Vol. 14, Part 1, pp. 887 – 892.

② 《沈昌焕电顾维钧》（1954 年 11 月 14 日发），顾维钧档案，档案号：Koo_0152_B21 – 2a_0025。

③ 《顾维钧电沈昌焕》（1954 年 11 月 14 日发），顾维钧档案，档案号：Koo_0152_B21 – 2a_0069。加入双方意见，最后形成的文字是："凡由两缔约国双方共同努力与贡献所产生之军事单位，未经共同协定不将其调离第六条所述各领土，至足以实际减低此等领土可能保卫之程度。"见《叶公超电沈昌焕并转蒋介石、俞鸿钧》（1954 年 12 月 10 日发），顾维钧档案，档案号：Koo_0152_B21 – 2b_0049。

方面仍然希望美国能够充分顾及台湾士气，将该句删除。但迭经交涉，还是被保留了下来。美国担心台湾当局将台澎驻军全部调驻"外岛"，致使美国不得不派地面部队防守台湾，故执意坚持台湾的军事部署应与美方商量。①

三 退而求其次：要求"外岛"补给、换文保密

从整个交涉过程可以看出，美国以简单思维、强势立场处理"台美条约"之事，为达到自身目的，将台湾当局心态置于次要或完全不重要的位置。与美国订立"安全条约"是台湾当局既定目标，为达此目标，台湾"外交人员"只得尽力与美周旋，无法取得谅解和让步时，唯有退而求其次。

针对11月6日美方提出以议定书对条约第六条进行解释、限制台湾方面军事部署与使用武力的要求，台湾方面认为此种议定书"无异剥夺我反攻大陆之权利"，绝不宜采用。"最高限度我可考虑将我诺言内容采用换文方式，而不附于条约本身，当可不须参院批准。"② 议定书是用于解释、说明、补充或改变主意条约的法律文件。美方提出以议定书形式限制台湾当局的军事行动，台湾代表拒绝接受此项提议。为不使谈判中断，顾维钧提出最大限度可以用毋需批准的换文方式。美方同意以换文方式行之。虽然换文原则上不必由美国参议院批准，但美方表示，必须以此项补充规定作为向参院说明之根据。

美国要在换文中限制台湾方面军事部署与使用武力，这使换文成为台湾当局的包袱。如前所述，在使用武力方面，台湾倒是已经在美国要求下屡次做出保证，但军事部署也要与美国商量一点是以往没有的。在台湾方面强硬反对下，美国只是在文字上对军事部署的协商权进行了修改，但文字技巧掩盖不了其片面性的实质。

---

① 《叶公超电沈昌焕》（1954年11月17日发），顾维钧档案，档案号：Koo_0152_B21-2a_0015。

② 《顾维钧电沈昌焕》（1954年11月6日发），顾维钧档案，档案号：Koo_0152_B21-2a_0067。

为减少其害，蒋介石指示"外交部"向美提出保证台湾当局防守"外岛"所需供应的要求。台湾方面另拟新的换文修正稿，末段加上对防守"外岛"美允予供应上之全力支持一句，于 11 月 19 日送交美国务院中国事务办公室负责人马康卫，并谓若美方能做供应防守"外岛"之需的保证，则会建议当局接受美方对军事部署一事的意见。① 叶公超解释说，条约及换文仅以台澎为范围已使人民感到失望，若再于换文中保留限制军事单位调离之字样，则无异表示美方不但不协防"外岛"，还将限制台湾方面于必要时派军增援"外岛"，故提出此项折中办法。依台湾方面之意，解决办法最上者，自然为删除关于军事部署的规定；退而求其次者，则为在军事部署一语外加列美国对"外岛"补给的承诺以资调剂，或者两者均予删除。即便是折中方案，美方也不愿接受。饶伯森指出如将补给"外岛"字句列入必将为参议院外交委员会所拒绝，舆论界及民间亦必生反对之声，不愿因此"枝节问题"而影响整个条约之通过。②

"外岛"补给事被国务院助卿拒绝后，台湾当局还想通过在美国国会的友好关系来扭转局面。参议员诺兰表示愿从旁协助，但指出"外岛"两字范围广泛，不能提请将一切"外岛"包括在内，只可列举大陈、金门等数个重要"外岛"，其余"外岛"据军界人士言殊无军事价值，"失之亦不能谓为威胁台澎之安全"。③ 即便有友好人士对"外岛"补给事持有限同情，将此事加入换文的想法是实现不了了。台美准备订约之事，在双方尚未正式启动谈判时就已有传言，交涉过程中亦有数次从不同渠道的泄密。美国希望尽快订约，倘拖延过久，势必引起外间推测，谓台美"虽系盟友，彼此意见不易一致，此于双方均多不利"。④ 12 月 2 日，台美"共同防御条约"签订；12 月 10 日，台美举行换文，"外岛"补给事并未列入。

① 《叶公超电沈昌焕》（1954 年 11 月 19 日发），顾维钧档案，档案号：Koo_0152_B21－2a_0005。
② 《叶公超电沈昌焕转蒋介石、俞鸿钧》（1954 年 11 月 19 日发），顾维钧档案，档案号：Koo_0152_B21－2b_0138。
③ 《叶公超电沈昌焕转呈蒋介石、俞鸿钧》（1954 年 11 月 24 日发），顾维钧档案，档案号：Koo_0152_B21－2b_0118。
④ 《叶公超电沈昌焕转蒋介石、俞鸿钧》（1954 年 11 月 19 日发），顾维钧档案，档案号：Koo_0152_B21－2b_0138。

台湾方面没有放弃对"外岛"补给的要求。9月第一次台海危机发生后，台湾当局曾向美提出增加军事援助的"谢计划"（Hsieh Plan）。12月13日，在与美方就此计划进行的会谈中，叶公超奉蒋介石之命，向美方寻求对"外岛"补给的明确态度，提出台湾当局希望获得美国对"外岛"防御后勤支持的保证。美方认为在台湾事实上已经获得"外岛"补给的情况下，提出这一要求似乎没有必要。叶公超指出，从法律上讲，这方面存在一些问题。1951年的美国军援顾问团协议包含了"为台湾和澎湖的合法辩护"这一相当特殊的短语，没人能够对"合法"是什么意思做出令人满意的解释。军援顾问团官员曾以"协议不允许"为由，拦截台湾向"外岛"运送军用设备和物资。后来经与雷德福上将会谈后，情况虽然改观，但没有从根本上解决这一问题。美方允予认真考虑。[1] 几天后，美方答复，对台湾所请以书面保证予防御"外岛"之补给支持事，同意照办。[2] 后来究竟有无形成书面保证，笔者暂时没有查到资料。但无论如何，此项保证没有出现在防御条约所附换文之中，即便有此书面保证，其效力也已大打折扣。况且，从后面事实来看，美国对"外岛"的定位并未有提升表现。[3]

虽然台湾方面在换文之后获得了美方对"外岛"补给的谅解，但就与条约配套的换文而言，既没有删除关于军事部署亦需共同协议的规定，也没有加上美方对"外岛"补给的保证，实际上是带有屈辱与消极色彩的。台湾方面只得退而求次，尽力减少换文的影响。

关于条约以外另有换文以及换文内容，台湾方面始终力请美方保密，但"台美条约"签订后，换文尚未举行时，美方对换文草案内容似已"以条约实施部署之名"渐予透露。台湾方面恐消息泄露后引起民众强烈反对，难于因应，亟盼美方对换文一事能够保密。[4] 顾维钧也深以为虑，指出条约

---

① Memorandum of Conversation, by the Director of the Office of Chinese Affairs (McConaughy), December 13, 1954, United States Department of State, in *FRUS*, *1952–1954*, *China and Japan* (*in two parts*), Vol. 14, Part 1, pp. 1021–1022.

② 《沈昌焕电叶公超》（1954年12月18发），顾维钧档案，档案号：Koo_0152_B21-2b_0046。

③ 1955年1月，美国劝台湾当局放弃大陈岛，4月初，美国明确国民党占领下的中国沿海岛屿并非"要塞"，只是"前哨"，必要时可以放弃。

④ 《沈昌焕电顾维钧》（1954年12月6发），顾维钧档案，档案号：Koo_0152_B21-2b_0054。

批准事美政府拟于 1955 年 1 月向新国会提出，依照习惯每年年初总统必致函参众两院，对立法或各该院应办事优先程序有所建议，且参议院讨论条约时国务卿或其代表必须答问报告，届时即使另召非公开会议，恐仍不免泄漏。①

按照程序台湾当局订约后也要经"立法院"通过。为免美国国会讨论时，万一有反对意见会影响到台湾"立法院"的意见，台湾当局决定在美国国会审议条约之前，将该约送交"立法院"。1955 年 1 月 5 日、6 日，台"立法院"经讨论，普遍认为美方如予发表或透露换文，对台湾民心有极大不利，一般人民不能了解换文之背景，当局无论如何解释，也不能洗去"反攻"受到限制之印象，盼美方务予守密。② 但 8 日美国总统艾森豪威尔在咨文中提到换文的存在，虽然当时没有公布其内容，但记者已开始多方探听。且美国新闻处已明电将杜勒斯致艾森豪威尔的报告书及换文实质部分用明码发给美国驻外各使馆。美"使馆"已收到新闻，记者们便不难获得，事实上已无法补救。③

自始至终台湾方面多次请求美方对换文的存在及其内容保守秘密，实际上到后来审议讨论的阶段是无论如何也无法隐瞒的。何况此项换文实际上是按照美方的意思形成的，其内容有利于美国现任政府赢得民众及国会支持。事实上，因条约内容没有明文体现对台湾当局"反攻大陆"的约束，部分人士公开批评说"该约为牵引美国卷入战争漩涡之陷阱"。④ 1 月 8 日换文的存在经总统咨文得以泄露，应该不是无意的"不慎"之举。事已至此，台湾当局只得接受现实。

3 月 3 日，台美互换批准书，而后应是向联合国登记备案的程序。台湾方面表示愿予登记，但换文既非条约一部分亦非同时签字，不得包括在内。为防止美国将换文一同送联合国备案，台湾方面屡次交涉，⑤ 但美方表示，

---

① 《顾维钧电沈昌焕》(1954 年 12 月 8 日发)，顾维钧档案，档案号：Koo_0152_B21 - 2b_0053。

② 《沈昌焕电叶公超》(1955 年 1 月 8 日发)，顾维钧档案，档案号：Koo_0152_B21 - 2b_0034。

③ 《沈昌焕电叶公超》(1955 年 1 月 8 日发)，顾维钧档案，档案号：Koo_0152_B21 - 2b_0035。

④ 《叶公超电沈昌焕转蒋介石、俞鸿钧》(1955 年 1 月 13 日发)，顾维钧档案，档案号：Koo_0152_B21 - 2b_0030。

⑤ 《外交部电顾维钧》(1955 年 3 月 12 日发)，顾维钧档案，档案号：Koo_0152_B21 - 2b_0005；《顾维钧电叶公超》(1955 年 3 月 14 日发)，顾维钧档案，档案号：Koo_0152_B21 - 2b_0004；《叶公超电顾维钧》(1955 年 7 月 29 日发)，顾维钧档案，档案号：Koo_0152_B21 - 2b_0003。

国务院法律部门认为仅送条约而不送换文，不能视作履行《联合国宪章》规定，拒绝了台湾方面的请求。[①]

因实力悬殊，在重要问题上，台湾当局的诉求其实并不能起到多大作用。其退而求其次的做法，有时多少能取得一些表面上与暂时性的效果，却不能得到美国实质上的让步。在"防御条约"的商签过程中，台美之间的分歧不止于上述方面。除一贯有之的态度立场差异，还有一些因应新发事件的分歧，如截扣船只行动是否受条约限制等。1954 年 6 月 22 日，蒋介石下令截捕苏联油轮陶普斯号（Tuapse），这是国民党第一次截获苏联资助中共物资，[②] 此事引起苏联方面的情绪。在陶普斯号一案的交涉过程中，美国意识到因台湾截扣船只引起的紧张空气，提出台湾方面在公海上截留并搜索船舶的行动，亦应根据现行办法与美协议。为引起台湾重视，美方认为应在"使用武力"项下再做解释，明文规定截船亦包括在内。台湾方面拒绝另做解释，更不愿就此换文。声称截船时并未炮击，且截留的是用以攻台的物资，属于"自卫性质"，台湾方面巡逻范围并不大，目前亦没有能力扩大范围，不会牵连到美国。表示愿意"就截船事与美磋商，但此乃基于双方友好关系而并非基于条约义务"。在台湾方面保证不会因截船而影响台海安全、不会牵累美国的情况下，考虑到截留物资尚不足以引起中国大陆报复性行动，杜勒斯同意台湾当局的请求，不为此事形成文字。[③]

四　台美"共同防御条约"对台澎主权认定的作用

1955 年 2 月，美国参议院外交委员会将台美"共同防御条约"送参议院讨论时，曾提出"三项了解"：

（1）关于该约第六条所规定可适用于共同协议决定之其他领土一

---

① 《顾维钧电叶公超》（1955 年 8 月 2 日发），顾维钧档案，档案号：Koo_0152_B21－2b_0002。

② 《蒋介石日记》，1954 年 6 月 22 日。

③ 《叶公超电沈昌焕转蒋介石、俞鸿钧》（1954 年 11 月 22 日发），顾维钧档案，档案号：Koo_0152_B21－2b_0127；《叶公超电蒋介石、俞鸿钧》（1954 年 11 月 24 日发），顾维钧档案，档案号：Koo_0152_B21－2b_0124。

节，参院了解于实施时须先咨询参院之同意；（2）参院了解本约并不影响或改变第六条所指领土之法律地位及主权；（3）参院了解本约第五条所规定之义务仅适用于外来武装攻击同时任何一方采取由中华民国所据领土出发之军事行动须经双方同意。①

其中第二项了解提到"参院了解本约并不影响或改变第六条所指领土之法律地位及主权"。这句话有何背景？如何理解？

此项了解是为应对美国部分民主党议员对"台美防约"的质疑而产生的。1955 年 1 月 12 日《纽约时报》刊出一篇报道，描述了民主党议员向国会散发的一份有关台美"共同防御条约"的私人备忘录。前国务院参事寇恒（Benjamin V. Cohen）曾将自己对"台美防约"的意见初稿送请前国务卿艾奇逊、前国务院法律顾问费希尔（Adrian S. Fisher）、前驻菲律宾大使考恩、前国务院政策计划室主任尼采（Paul H. Nitze），可能还有前空军部长芬雷特（Thomas K. Finletter）等人研读，并提供意见。寇氏参酌这些意见完成的这份备忘录认为，批准该条约将首次正式承认台湾和澎湖为"中华民国"领土。另外，这种正式的承认将支持中国共产党人的主张，即对台湾、澎湖的武装攻击不会构成国际侵略，而只是中国的内战，其他国家强行干预的权力和目的将受到严重怀疑。这份报道引起美国高层重视，艾森豪威尔的安全顾问卡特勒（Robert Cutler）认为此事颇为重要，特意在国家安全会议提到这份备忘录。② 美民主党全国委员会以说帖形式将对"台美防约"的质疑密送参议院外交委员会，主张为自身利害计，美国应使台澎与中国大陆分开，不宜认定为合法之一体。③ 艾奇逊等人认为"台美防约"将"永久巩固台湾地位因而放弃美国对远东外交政策之弹性"，提醒参院审查该约

① 《顾维钧电外交部》（1955 年 2 月 8 日发），顾维钧档案，档案号：Koo_0152_B21 - 2b_0013。

② Memorandum of Discussion at the 231st Meeting of the National Security Council, Washington, January 13, 1955, United States Department of State, in *FRUS*, *1955 - 1957*, *China*, Vol. 2, pp. 20 - 21.

③ 《顾维钧电外交部》（1955 年 1 月 12 日发），顾维钧档案，档案号：Koo_0152_B21 - 2b_0029。

时必须审慎行事。①

对于卡特勒在国家安全会议所提备忘录，杜勒斯认为国务院已经考虑到这两点，所以选择了准确的语言来回避对台湾主权的承诺。② 当时为缓解台海危机，国务院正谋由新西兰向联合国提出台湾海峡停火案。订立"台美防约"正是台湾提出的接受美国安排的先决条件。经过大约一个月的紧密磋商，国务院认为条约及其换文达到了美国的主要目的：限制了"反攻"，且获得了军事部署协商权，此时的工作就是设法扫除障碍，使其通过。为此，杜勒斯先与参议院外交委员会主席乔治等国会主要人物进行了沟通，争取到其支持。接下来，共和党各领袖与民主党参议员乔治（Walter F. George）等人以全力防止任何修正案或保留案之通过。为消除部分人的疑虑，且为有助于美国对台湾主权地位的解释，上面提到的"三项了解"得以产生。乔治且称，此"三项了解"在形式上并非保留条件，然就该约之特殊情形言，是项了解在实质上等于保留条件。"三项了解""具有保留及解释之效力"，应加以尊重。③

台湾澎湖本为中国固有领土。经艰苦卓绝的抗日战争，中国人民打败日本侵略者，赢得国际上的尊重。二战后期的开罗会议、波茨坦会议对于台湾于战后归还中国均有明确共识，美国亦为参会大国之一。但战后部分美国人士为某种战略需要提出"台湾地位未定""台湾托管"之类的主张。为防止台湾落入中共之手，1950 年夏，美国官方对台湾地位尚"无法确定"进行表述，1951 年又一手策划结束对日战争状态的和约，将台澎主权表述为"由日本放弃"。④ 美国将台澎地位悬置、使台澎"中立化"的目的就是为干涉台海事务寻找借口。1953 年共和党上台后，曾声称要将台澎的"中立化""解除"。但其实"解除中立化"后并没有实质改变，美国仍然在约

① 《叶公超电沈昌焕转蒋介石、俞鸿钧》（1955 年 1 月 13 日发），顾维钧档案，档案号：Koo_0152_B21 - 2b_0030。

② Memorandum of Discussion at the 231st Meeting of the National Security Council, Washington, January 13, 1955, in FRUS, 1955 - 1957, China, Vol. 2, p. 22.

③ 《顾维钧电外交部》（1955 年 2 月 10 日发），顾维钧档案，档案号：Koo_0152_B21 - 2b_0012。

④ Memorandum Prepared by the Dulles Mission, Feb. 3, 1951, United States Department of State, in FRUS, 1951, Asia and the Pacific (in two parts), Vol. 6, Part 1, p. 850.

束台湾大规模的军事行动,且未改变"台湾地位未定"论的说法。此时,美国同台湾当局订约,自有承认台湾、澎湖等地为中国领土之意。无论条约及换文如何在文字上回避对台湾、澎湖主权的直接表述,台澎属于中国的法理意义都是回避不了的。美国参议院外委会妄图以"三项了解"进一步为美国任意解释台澎主权留下余地。但台澎主权归属问题以及某条约文件是否"涉及台澎主权"的问题当由事实与法理决定,不能够任由人解释。

参议院外委会称该约"不影响或改变第六条所指领土之法律地位及主权","不影响或改变"的法律地位及主权原本为何?若理解为台澎地位及主权一如此前,即美国所主张的台澎地位仍然未决,并不属于中国,那么与自称"代表中国"的台湾当局订约,且称台澎为其"领土"便是奇怪之事。况且,美国参议院外委会报告中又称,自中国"接管"台湾后美方"业已承认"其对台澎的合法权力,[①] 那么,是不是可以得出美国认为台澎属于中国之意?这自然不是美政府此时的用意,且是其刻意回避的。参与讨论寇恒所拟意见的艾奇逊、尼采等人曾是炮制"台湾地位未定"论与"台湾中立化"的主要人物,对台湾主权与地位问题自是敏感,担心因美台订立"共同防御条约"而使美国不便介入台海事务。主导订约的杜勒斯不是没有考虑到此点。杜勒斯曾任杜鲁门时期的外交顾问,也曾参与"台湾托管"等方案的讨论,深谙美国处理台澎地位之法。尽管与台湾当局订约在台澎地位的认识上有难以自圆其说的风险,但此时美国有更紧迫的局面需要应对,为使联合国介入台海冲突,他不得不推动美台订约,仅以文字技巧避免对台澎主权的直接表述。美国参议院外委会所提说法其实是空洞的,其意只是为美政府任意解释台澎主权与地位添一说辞而已。

小　结

战后,美国虽与太平洋地区若干国家签订防御性条约,但并未与一个正处于战时状态的国家或地区订约。[②] 与台湾当局的"共同防御条约"是个

---

① 《顾维钧电外交部》(1955年2月10日发),顾维钧档案,档案号:Koo_0152_B21-2b_0012。

② 美国与韩国的共同防御条约是在朝鲜停战协定达成之后才签订的。

例外。台湾自提出订约要求已有一年多，中间也曾托请多人，希望美国予以推动，杜勒斯并未提高此事的优先级。1954 年 10 月，为使台湾当局接受美国所策动的台湾海峡停火案，美方才启动台美订约的程序。虽启动了程序，美国并不打算在关键问题上让步，而是抱着必使条约利于美国的心理。① 在台湾方面来说，殷切希望早日与美订约的心理是存在的，但台湾当局的"外交人员"也没有打算为早日订约而一味妥协。订约之事主要由叶公超、顾维钧两人同美方交涉，两人皆是具有丰富经验的职业外交家。为达成尽可能对台有利的条约，二人同美力争、周旋，在若干问题上取得美方谅解与让步。然而，在制约台湾"反攻"等关键性问题上，仍是强势的美方获胜。台湾方面取得有限的胜利与美方谈判原则有关，美国要在自己满意的基础上对台适度让步，在不被卷入战争的情况下鼓励台湾所谓的"自卫权"，以使其达到"适当的平衡"（proper balance）。② 正是在这个时候，美国国家安全会议形成关于远东政策的文件 NSC 5429/3，表示美国要冒着战争风险，但不主动引起战争；维持非共产主义的台湾地区政治、经济和军事的逐步改善，防止被颠覆；与台湾当局签订"共同防御条约"，庇护台湾（不包括国民党控制下的离岸岛屿），通过联合国的行动维持离岛现状。③ 该文件订下了此后订约谈判的基调，也就是说台湾当局最关心的"反攻"与"外岛"问题正是美国订下的不能让步的底线。

　　美国与韩国的安全条约两日便达成，与菲律宾订约亦极迅速。相较而言，台美订约颇为波折。美国口头上称以平等姿态与台订约，"对于实力悬殊一点绝未提及"，④ 只为应付实际情势。貌似平等简单的处理方式却没有

① 1954 年 11 月，当被问及美国是否致力于签订"台美条约"时，杜勒斯指出："如果能够在美国政府满意的基础上达成协议，原则上我们就致力于签订条约。"［Memorandum of Conversation, by the Counselor（MacArthur）, November 5, 1954, United States Department of State, in *FRUS*, *1952 - 1954*, *China and Japan*（*in two parts*）, Vol. 14, Part 1, p. 868.］

② Memorandum of Conversation, by the Counselor（MacArthur）, November 5, 1954, United States Department of State, in *FRUS*, *1952 - 1954*, *China and Japan*（*in two parts*）, Vol. 14, Part 1, pp. 868 - 869.

③ Draft Statement of Policy, Prepared by the NSC Planning Board, November 19, 1954, United States Department of State, in *FRUS*, *1952 - 1954*, *China and Japan*（*in two parts*）, Vol. 14, Part 1, pp. 911 - 919.

④ 《叶公超电沈昌焕》（1954 年 11 月 17 日发），顾维钧档案，档案号：Koo_0152_B21 - 2a_0015。

带来平顺的效果，其因在于美国事实上的优势地位与强势立场。基于这样的立场，美国以带有明显片面性的文字对关键条款进行解释与限制，不但要将台湾方面以往对使用武力的保证法律化，还加上军事部署亦需商议这一无理要求，造成台美之间在订约过程中最尖锐的冲突。

在订立"共同防御条约"一事上，台美双方有建立"集体防卫"的共同利益，也有着本质上的利益冲突。台湾方面要求订约的一个重要的出发点是为鼓舞士气，因而条约在彰显有强大同盟共同反共之意的同时，要塑造当局的坚强高大，至少不应有"矮化"的体现。美国订约的一个重要目的是要捆住台湾当局的手脚，其目的与台湾当局的出发点是冲突的。1950年代，特别是国民党退台后的头几年，提振民心主要靠的是"反攻大陆"的蓝图和愿景，这一点恰恰是美国要防范的。台美本质上的利益冲突说到底是一个中国与"两个中国"的冲突。台湾方面的军队多从大陆过去，将士思归，蒋介石以"反攻大陆"作为凝聚士气之丹药。然而，尽量减少台海两岸的维系、维持"两个中国的事实"才是美国想要达到的战略目标。基于此，不但"外岛"不能列入条约范围，连提供"外岛"补给的承诺美国也不肯加入换文。为能达成条约，台湾方面退而求次，要求美国尽可能对换文保密，并尽量减少换文与条约关联性的体现，尽量减少其法律效力的体现。台湾方面的退让有时会得到美方暂时性的谅解与同情，但最终在关键性问题上美国并未做出妥协。

太平洋战争后，随着对远东事务越来越多的介入，美国不断有对台湾地位与主权的随意解释。十余年中，美国官方对台湾主权的看法也出现了数次变化，有时是大的跳跃，有时甚至是自相矛盾的逆转。台美"共同防御条约"签订后，有人质疑它会带来台湾主权地位的改变。为此，美参议院外委会提出"三项了解"，声明该约不影响或改变台澎法律地位和主权。此语的含义其实是含糊的，外委会报告的解释显出与杜勒斯的意图相悖之意，然而，它又匪夷所思地得到杜氏支持。就事实与法理而言，台湾、澎湖自始至终是中国固有领土，台美"共同防御条约"体现了美国对台澎主权属于中国的认定，是对其炮制出的"台湾地位未定"论的自我否定。此点大概是杜勒斯未曾想到的。尽管美国又拿出"三项了解"作为保留条件，为其任意解释台澎地位及主权留出退路，可是，台澎地位和主权当由历史事实与法理决定，岂容随意解释？

第十章 应对危机之"神喻行动"

1954 年 9 月 3 日,中国人民解放军炮击金门,第一次台海危机发生。在对金门进行密集炮击之后,解放军的打击重点转为以大陈为中心的浙东岛屿。1955 年 1 月 20 日,作为大陈门户的一江山岛被解放军夺回。28 日,新西兰向联合国安理会主席致函,提议召开会议讨论中国沿海岛屿停火问题。① 这一提案看似为新西兰一国主张,实则是美国背后主使,并有英国参与协调。美国为使提案顺利进行,更与停火案当事一方——台湾当局进行了多次交涉。1950 年代,台美在相当程度上是利益共同体。然而,关于停火案,台美却有种种分歧与纠葛。美国意欲何为? 台湾方面有何不满与顾虑? 美国手中有何筹码让台湾当局难以坚定地反对? 大陈撤退后台美双方态度又有何变化? 本章试对这些问题探讨一二。

一 美国的打算

台海危机发生后,美国内部立即进行了关于对仍在国民党手中的中国沿海岛屿对策的讨论,结果莫衷一是。部分军方人物的第一反应是主张美国干预,如参谋长联席会议主席雷德福、海军作战部长卡尼(Robert Car-

---

① 代表性的研究为台湾地区张淑雅的《安理会停火案:美国应付第一次台海危机策略之一》(《中央研究院近代史研究所集刊》第 22 期下,1993 年)。该文内容颇详,主要利用了美英外交档案,从美方对台策略角度进行讨论,缺乏台湾方面档案的运用,也缺乏对台湾当局心理和对策以及台美互动的研究。其他相关研究如: J. H. Kalicki, *The Pattern of Sino-American Crisis: Political-Military Confrontations in the 1950s* (London: Cambridge University Press, 1975), Chapter 6;余子道《第一次台海危机与台美关系中的"外岛"问题》,《军事历史研究》2006 年第 3 期;苏格《台美"共同防御条约"的酝酿过程》,《美国研究》1990 年第 3 期;檀江林《蒋介石力阻美国将台湾问题"国际化"》,《当代中国史研究》2004 年第 5 期;等等。这些相关成果没有对停火案进行较为完整的论述,仅涉及相关背景或对某一方面的研究。

ney)、空军参谋长特文宁（Nathan Farragut Twining），甚至国务卿杜勒斯也曾主张美国干预，以免该事件引起整个沿海局势的连锁反应，但代理国务卿 W. B. 史密斯、陆军参谋长李奇微等人持相反意见。[①] 李奇微等人认为，假如中共发动全面战争，要保住金门这些沿海岛屿就要动用大量军队，付出的代价与得到的好处并不相称。[②] 李奇微是主张不干预派的代表，沿海岛屿在军事上的重要性有限一点也被多数人认同。但多数派也强调，从心理影响而言，这些岛屿是有防守必要的。如果国民党驻军被歼，岛屿丢失，会对台湾军民士气与心理及美国在亚洲政策的执行有负面作用。[③] 同时，美国方面也看到，美国若动用军队参加金门防御，局势很可能会迅速发展成同中国大陆的全面战争，要使冲突局部化十分困难。[④] 如果不同中国大陆进行一次全面战争并在战争中获胜，金门是不可能一直被国民党所占据的。[⑤] 而总统艾森豪威尔确信，美国国会不会支持为守住"外岛"而进行全面战争。[⑥]

金门等沿海岛屿距离台湾岛较远，对国民党军队来说，并不具备单独防御的可能。同时，它们不像台湾岛及澎湖列岛那样，与大陆有一定间隔。由于距离大陆很近，要成功对其进行防御，就要使部队在一定程度上深入到内陆。它们的军事价值有限，不值得美国为其冒全面战争风险。可是，鉴于政治与心理上的因素，又不能轻易将其放弃。很快，美国高层在干预与不干预的纠结中，产生出另一种建议，即美国以台海局势威胁到国际和

---

① The Acting Secretary of State to the Embassy in the Philippines, Sept. 3, 1954, United States Department of State, in *FRUS*, *1952 – 1954*, *China and Japan* (*in two parts*), Vol. 14, Part 1, p. 558; The Secretary of State to the Department of State, Sept. 4, 1954, in *FRUS*, *1952 – 1954*, *China and Japan* (*in two parts*), Vol. 14, Part 1, p. 560.

② Views of the Chief of Staff, United States Army (Ridgway), in *FRUS*, *1952 – 1954*, *China and Japan* (*in two parts*), Vol. 14, Part 1, p. 605.

③ The Acting Secretary of Defense (Anderson) to the President, Sept. 3, 1954, in *FRUS*, *1952 – 1954*, *China and Japan* (*in two parts*), Vol. 14, Part 1, p. 556.

④ Views of the Commander in Chief of the Far East (Hull), in *FRUS*, *1952 – 1954*, *China and Japan* (*in two parts*), Vol. 14, Part 1, p. 610.

⑤ Memorandum Prepared by the Secretary of State, Sept. 12, 1954, in *FRUS*, *1952 – 1954*, *China and Japan* (*in two parts*), Vol. 14, Part 1, p. 611.

⑥ Memorandum of Conversation, by the Director of the Office of Chinese Affairs (McConaughy), Oct. 13, 1954, in *FRUS*, *1952 – 1954*, *China and Japan* (*in two parts*), Vol. 14, Part 1, p. 739.

平为由，将其交联合国安全理事会处理。中华人民共和国对国民党控制下的沿海岛屿采取军事行动，本为中国内政，但美国方面认为，中国人民解放军对金门等岛屿的行动是以武力夺取台湾为目的，而美国对台湾的防御做出过公开承诺，因而，炮击金门已不是内战问题。[①]

要将台海局势问题提交安理会，美国首先要考虑英国的态度。英国是美国最主要的盟国之一，且为联合国安理会常任理事国之一，但英国基于自身经济利益等方面的考虑，已在政治上选择了承认中华人民共和国，有可能会在联合国有关中国问题的讨论中发表不符合美国期望的言论，因此，在对沿海岛屿对策的讨论中，英国态度是美国关切之事。台海危机发生后的几天内，艾森豪威尔致电英首相丘吉尔，指出美国在道义上应该为自由世界的利益在台海危机中采取某些行动，这一点很令自己为难，询问英国有何意见。[②] 9月17日，杜勒斯借赴英国商讨欧洲防务之机，与副首相兼外交大臣艾登（Robert Anthony Eden）当面谈起美国欲使安理会介入台海局势的考虑。艾登表示出兴趣，但随后提出一些技术性和法律上的问题。[③] 经考虑，艾登提出由同为安理会成员国的亚太国家——新西兰提出有关中国沿海岛屿冲突的提案。[④] 随后，美、英、新三国就此问题进行了数次磋商，这一行动被冠以"神喻行动"之名，以示机密。

10月中旬，美、英、新拟出新西兰决议案草案全文：

> 安全理事会，
>
> 鉴于中华人民共和国与中华民国之间，最近曾在中国大陆海岸外若干岛屿区域，尤其金门区域内，发生武装冲突。
>
> 经认定此项冲突业已产生一项情势，其继续存在足以危及国际和平与安全之维持。

---

① Memorandum Prepared by the Secretary of State, Sept. 12, 1954, in *FRUS*, *1952－1954*, *China and Japan*（in two parts）, Vol. 14, Part 1, p. 612.

② The President to the Acting Secretary of State, Sept. 8, 1954, in *FRUS*, *1952－1954*, *China and Japan*（in two parts）, Vol. 14, Part 1, p. 578.

③ Memorandum of Discussion at the 215th Meeting of the National Security Council, Sept. 24, 1954, in *FRUS*, *1952－1954*, *China and Japan*（in two parts）, Vol. 14, Part 1, p. 659.

④ The Secretary of State to the Department of State, Sept. 27, 1954, in *FRUS*, *1952－1954*, *China and Japan*（in two parts）, Vol. 14, Part 1, p. 664.

爰要求中华人民共和国及中华民国立即停止此项冲突；

建议采取和平方法，俾防止此项冲突之再起；

并宣布本问题继续系属于本理事会。①

　　这样，尽管这一提案的提出方是新西兰，但背后的主谋却是美英两国。此时，美、英虽仍是盟友，但在对中华人民共和国的政治立场上是存在分歧的。为取得英国支持，美国不想牵扯出更多的政治议题，比如台海冲突的性质、何方应代表中国等。因而，新西兰决议案内容很简单，就是要求两岸在金门等沿海岛屿停火，并未涉及其他议题。美方的意图仅是借助联合国停止中国沿海岛屿的军事冲突，以解美国干预与不干预之困。美国设想，若能借助安理会实现停火，则美国可避免战争风险使两岸分离，台澎继续为美国所用，而若干沿海岛屿继续为台湾当局所占有。若中华人民共和国不接受停火建议，则至少可使美国赢得舆论同情，使苏联和中共承担战争责任。② 美国认为国会不会同意为中国沿海岛屿而战，台湾当局丢失"外岛"是迟早的事，那时美国在亚太地区会很没面子。因此，就算这一事件提交联合国后，得到的建议是将这些沿海岛屿归还中华人民共和国，美国在此情况下退出中国沿海岛屿，也比"夹着尾巴逃走要好"。③

二　台湾方面的不满与顾虑

　　当时，当事之一方——"中华民国"在美国的支持下仍占据着联合国安理会常任理事国席位，为取得台湾方面对该提案的理解和配合，美国对蒋介石等人进行了不少说服工作。1954 年 10 月 12 日，在与英、新达成基本共识的情况下，美国负责远东事务的助理国务卿饶伯森未先行通知，突然飞台访问。当日下午，饶伯森就要去拜见蒋介石，可见美急于借联合国

①　《杜勒斯电蒋介石》（1954 年 10 月 14 日），"外交——国际情势与中国安危"，"蒋经国总统文物"，典藏号：005 - 010205 - 00035 - 009。

②　《蒋介石与饶伯森谈话纪录》（1954 年 10 月 13 日），"外交——蒋中正接见美方代表谈话纪录（十）"，"蒋经国总统文物"，典藏号：005 - 010205 - 00072 - 002。

③　Memorandum of Discussion at the 215th Meeting of the National Security Council, Sept. 24, 1954, in *FRUS*, *1952 - 1954*, *China and Japan*（in two parts），Vol. 14，Part 1，p. 660.

摆脱两难困境之心。蒋约其次日面谈。13 日当日，饶伯森在驻台"大使"蓝钦、国务院中国事务办公室负责人马康卫的陪同下与蒋介石、张群、沈昌焕等人①进行了三次长谈。此后到 1955 年 1 月 28 日新西兰向安理会提出此案，台美间关于停火案又有多次交涉。然而，台湾方面对停火案始终不满并顾虑重重。

（一）不满提案的简单化

在解放军对金门、大陈的猛烈打击下，美国欲行干涉，又怕卷入战争；有心不管，又恐有损在远东的威望。因而，急于寻求联合国介入为自己解围。为求尽快使停火案通过，美国欲以简单提案方式减少阻力。所谓简单，即不涉及任何政治问题，不界定冲突的性质，不判定谁为正义谁为非正义，将提案限定于停止"危害国际和平的冲突"这一目的。最大限度地简单化处理停火案，是最有利于美国的。这不但可以使美求得与主要同盟——英国之间的最大公约数，可以减少同为安理会常任理事国——苏联的反对程度，更为重要的是可以阻止新中国解放台湾，并阻止会使美国陷入战争泥淖的台湾当局的反攻行为，将台澎安全置于美国翼下，为美国的远东战略服务。但，这一简单化的处理方式令台湾方面不满。

1949 年 10 月，中华民国政权为中华人民共和国政府取代后，原政府要人来到台湾，在美国保护下维持着"中华民国"政府构架，其代表继续占据着联合国席位。1950 年 3 月，蒋介石复职为"总统"。蒋等人抱定"不两立"的心态，以自己为正统，仇视中共，不承认新中国。虽然炮击金门为中国人民解放军打击美国干涉中国内政、打击台湾方面对大陆沿海的不断袭扰、解放台湾的正义行动，但台湾当局却希望美国运用影响力，在停火案中表明"中华民国政府为中国合法政府"，表明台湾当局的"正义"与"被侵略"立场，并对中国大陆加以谴责。

在 1954 年 10 月 13 日与饶伯森等人的谈话中，蒋介石明白地表达了对美国使议案简单化的疑虑与不满。他指出，为何北朝鲜攻打南朝鲜，联合

---

① 张群时任"总统府秘书长"，沈昌焕为"外交部政务次长"。因事关重大，第二次与第三次谈话加上了"副总统"陈诚、"行政院长"俞鸿钧。

国认为是"侵略",中共派兵援朝攻韩,联合国也认为是"侵略",而独独不将台海冲突定为"侵略"?并提出若停火案在文字上能指出共产党为"侵略者","则我不但不反对,且可予以支持"。如内容中实在不便提出,至少美国代表应在停火案提出后发言,表明该案之提出,系因中国大陆首先进行之"领土挑衅",乃是"侵略之行为",故美国对此案予以支持。美国若能做此声明,则台湾方面可接受美国建议,训令驻联合国代表团暂时不表示态度。①

饶伯森访台后,"外交部长"叶公超"迭次坚请"美劝新西兰根本打消停火案之提出,美虽未接受建议,但已告新彼仍与台在接洽中。在停火案暂时搁置之时,"外交部"除继续与美交涉,要求其在停火案中增加对"侵略"性质的判定等内容②外,还决定了万一停火案突然提出时应采取的对策:

> 甲、如纽案提出美方支持,而苏俄反对,暗示将行否决权,则我方拟单就苏联攻击我方各点予以驳斥。乙、如其发言亦有支持表示,则我方拟指出共匪始终对我侵略之政策,及引动此次金门等冲突,应由其负全责。丙、如苏联发言专对美国攻击,并不表示对纽案最后投票之态度,则我方拟暂不发言以观理事会中辩论之发展情形再定如何应付。③

直到1955年1月下旬,台湾方面仍在与美数次交涉,要求案文应声明台湾当局"为安理会永久会员国",中国大陆为"侵略者",联合国应设法制止。④

在台湾方面的考虑中,士气民心是一个重要因素。国民党退台后,官兵

① 《蒋介石与饶伯森谈话纪录》(1954年10月13日),"外交——蒋中正接见美方代表谈话纪录(十)","蒋经国总统文物",典藏号:005-010205-00072-004。
② 《我对纽西兰拟向联合国安理会提案之交涉纪录》,"外交部档案",档案号:11-11-04-02-001。
③ 《叶公超电蒋介石》(1954年11月6日),"对美关系(一)","蒋中正总统文物",典藏号:002-090103-00002-252。
④ 《叶公超、顾维钧电蒋介石》(1955年1月23日),"对美关系(一)","蒋中正总统文物",典藏号:002-090103-00002-269;《叶公超等电蒋介石》(1955年1月28日),"对美关系(七)","蒋中正总统文物",典藏号:002-090103-00008-015。

士气低落、民众人心涣散是一严重问题。台湾当局担心停火案只简单要求停火，并未有对"挑起冲突者"的制裁，会给士气民心带来致命性伤害。陈诚曾向饶伯森提出"是中共对金门发起的攻击，倘也限制我方反击，无法维持民心士气"。① 蒋介石也认为"如联合国一经讨论停火问题，则我士气民心认为外岛与台湾皆已等于失去一般，则外岛即使能保存一时，究有何益？"②

至少在退台初的几年中，"反攻复国"是台湾当局用以鼓舞士气、振奋民心的口号。台湾当局认为若不对停火案表示反对，而默认其提出，则不啻表示"放弃收复大陆之努力与意愿"，如此，则"不仅无以继续维系士气民心，且就吾人言，一切均将失去意义"。③

（二）会造成"两个中国"印象

炮击金门后不到一周，美国国务卿杜勒斯即亲赴台湾，与蒋介石面商阻止中国人民解放军解放台湾之事，并发表声明对中华人民共和国加以恫吓。④ 但是美国政府之意却并不符合蒋介石的心愿。退台后，蒋介石一心反攻，1954年前后推出"开案"计划，希望美国扩大对台军援，助其反攻。台海局势紧张后，蒋更有意借机实现"反攻复国"迷梦。9月初，他又一次试图说服美国支持其反攻行动，"反攻大陆就是保障台湾安全，亦可使美国避免为协防台湾而参战，以导致世界战争之危险"。⑤ 而美国不为所动，仍奉行着既往政策：不希望解放军攻击沿海岛屿，也不希望国民党"反攻大陆"。台海危机发生后，美国一边发表声明，表示台美会一致对共，希望对解放军产生震慑；一边又严防台湾借机扩大事端，不但不支持台湾提出的特别援助计划，就连此前曾应允的某些军援，也有推延搁置。⑥ 美国借口缓

---

① 《蒋介石与饶伯森谈话纪录》（1954年10月13日），"外交——蒋中正接见美方代表谈话纪录（十）"，"蒋经国总统文物"，典藏号：005 - 010205 - 00072 - 003。

② 《蒋介石与饶伯森谈话纪录》（1954年10月13日），"外交——蒋中正接见美方代表谈话纪录（十）"，"蒋经国总统文物"，典藏号：005 - 010205 - 00072 - 004。

③ 《蒋介石电叶公超》（1955年1月27日），"对美关系（七）"，"蒋中正总统文物"，典藏号：002 - 090103 - 00008 - 087。

④ 《我们一定要解放台湾》，《人民日报》1954年10月15日。

⑤ 《蒋介石日记》，1954年9月1日。

⑥ 蒋在日记中表示"我金门情势如此，而美则反而断绝接济，即前已答应之F-86机亦杳无消息，殊太不忍"。《蒋介石日记》，1954年9月21日。

和沿海岛屿局势，干涉中国统一，实有制造"两个中国"之意。同时，其他国家特别是英国的某些评论家，也在不断散布所谓"台湾交联合国托管""台湾中立化""台湾独立""两个中国"等谬论。美英所为及舆论，是与此时秘密进行的新西兰停火案互为配合的。台湾当局对此亦有警觉。

10月16日，蒋介石吩咐张群联系直接负责对美交涉的"驻美大使"顾维钧、"外交部长"叶公超，若停火案文字以台海两岸并称，"将成为两个中国邪说之根据，其文体如不修正，亦必反对此案，不能默认也"。[①]

20日，叶公超和"驻联合国代表"蒋廷黻等人与美国饶伯森、雷德福等人就停火案举行会谈，提出"外岛"战争将台海两岸相提并论，"一若共负其责"，实具有给中华人民共和国政权事实承认之含义，足以鼓励"两个中国"之谬论，"以为牵引该政权进入联合国之初步"。[②]

12月，美方透露说，法部长会议主席皮埃尔·孟戴斯-弗朗斯（Pierre Mendès France）回法后，与英首相密商在联合国提议承认"两个中国"案，美方已予拒绝。[③] 这一消息并未打消蒋介石等人对美国主张"两个中国"的疑虑。该月联合国秘书长为美国关系赴华访问一事，颇令台湾当局不安。

12月，中华人民共和国总理兼外交部部长周恩来与联合国秘书长哈马舍尔德（Dag Hammarskjold）有过一些接触。接触的目的是解决美国间谍阿诺德有关问题。当时，美国驻联合国代表洛奇（Henry Cabot Lodge）在交给哈马舍尔德的一份解释性备忘录中提到，美国间谍阿诺德等所乘坐的飞机是"在鸭绿江以南十五英里邻近北朝鲜顺川的地方受到袭击并被击落"。[④] 10日，哈马舍尔德表示要来中国访问，商讨此事。17日，周恩来复电，同意在北京会见哈氏，商谈有关各项问题。[⑤] 此事引起蒋介石对美国的怀疑，

---

① 《蒋介石日记》，1954年10月16日。

② 《叶公超电蒋介石、俞鸿钧》（1954年10月23日），"我与联合国"，"蒋中正总统文物"，典藏号：002-090103-00001-262。

③ 《叶公超电蒋介石》（1954年12月6日），"对美关系（六）"，"蒋中正总统文物"，典藏号：002-090103-00007-331。

④ 《美国间谍阿诺德等被捕的经过》，《人民日报》1954年12月8日。

⑤ 《周总理兼外长复电同意接见哈马舍尔德》，《人民日报》1954年12月18日。

加深了他对美国制造"两个中国"的警惕。

1955年1月21日，由于美国拒绝协防大陈，蒋介石不得已接受美国关于大陈撤退的建议。在对美放弃大陈主张再次表示不能认同之外，蒋提出，"我既接受美建议撤出大陈，已属万分痛心而不得已之事，我决不能再接受停火之建议。任何国家向联合国提出停火建议，我必坚决反对之"。同时，蒋质疑美总统建议撤守大陈，是由于哈氏与周恩来有秘密谅解，以此作为缓和美国与大陆紧张关系、解救11名美俘的条件。[①] 当日，叶公超、顾维钧奉蒋之命，立即约见饶伯森，谈话中叶公超明确表示，反对停火案的最大理由，"乃因此案有使两个中国之说法死灰复燃之危险。自报章纷传安理会将安排停火后，此类传说已属甚嚣尘上"。故"蒋总统"电示，"告以对此事之疑虑，及对此案之反对"。[②] 饶伯森解释说，"哈秘书长赴北平纯为代表联合国，美政府并未托其代达任何意见，据哈回美向杜勒斯报告也声明，对任何问题并未商及解决办法，亦无任何谅解，外间所传纯为报纸揣测。美政府并不抱两个中国观念，请勿怀疑"。[③]

28日，在新西兰向安理会提出停火案当日，叶公超仍在同美交涉，促其阻止该案提出。称为避免战争，已决定退出大陈，一时也不拟反攻，即欲反攻也会与美方事先洽商，停火案更无提出必要。如新西兰不接受意见，台湾方面必反对此案。请饶伯森转达杜勒斯，使其训令美驻联合国代表"在讨论此案时重申美赞成此案，不影响其一贯反对中共进入联合国与两个中国主张，并盼杜卿将我方态度转告英国"。[④]

除了上述顾虑之外，台湾当局还担心停火案并不能对中华人民共和国起到制约作用，中共很可能不理会这一提案，所以根本没有提出必要。[⑤] 自

---

① 《蒋介石电叶公超》（1955年1月21日），"对美关系（一）"，"蒋中正总统文物"，典藏号：002-090103-00002-275。

② 《我对纽西兰拟向联合国安理会提案之交涉纪录》，"外交部档案"，馆藏号：11-11-04-02-001。

③ 《叶公超、顾维钧电蒋介石》（1955年1月23日），"对美关系（一）"，"蒋中正总统文物"，典藏号：002-090103-00002-269。

④ 《叶公超等电蒋介石》（1955年1月28日），"对美关系（七）"，"蒋中正总统文物"，典藏号：002-090103-00008-015。

⑤ 《蒋介石与饶伯森谈话纪录》（1954年10月13日），"外交——蒋中正接见美方代表谈话纪录（十）"，"蒋经国总统文物"，典藏号：005-010205-00072-002。

然，美国对此也有预料，① 只是美国寄希望于舆论的转向，因而仍欲一试。②

三　美国的筹码

在 1954 年下半年至 1955 年初，台美间的交涉并不是对等的。台湾方面并不愿放弃大陈，但最终还是从大陈撤退；也不愿联合国中出现所谓停火案的提案，但终在缺乏力度的拒绝中迎来了新西兰的议案。究其原因，除实力不对等、台湾仰仗美援外，此时美国还有一重要筹码，那就是台美"共同防御条约"的缔结。

丢失大陆后，鉴于现实情况，蒋介石急求美国庇护，而美国对台政策常不能使其得到安全感。蒋时常抱怨美国对台"无政策"，"随时可变"。③因而，在 1953～1954 年，促成台美缔约可谓台湾当局重要的外交目标之一。

1953 年 3 月 29 日，顾维钧向杜勒斯正式提出关于缔结一项军事安全条约的建议。④ 因美国担心会被台湾拖入战争，签约谈判迟迟得不到推动。1954 年 5 月以后，解放军对沿海岛屿频频采取行动，占领了大陈 20 公里以内的一些岛屿。在沿海岛屿局势渐趋紧张而"台美条约"尚无实质进展的情况下，蒋介石主动让步。6 月 28 日，蒋与蓝钦会面，请其向艾森豪威尔及杜勒斯转达意见，在台美"军事安全条约"问题上台湾方面准备扩展其咨询义务，承诺在任何重大军事行动之前征求美国的同意。⑤ 即便这样，也未能立即开启"台美条约"的正式谈判。

9 月 9 日，台海危机已经发生，在与杜勒斯的会面中，蒋介石开门见山地指出，美对亚洲没有坚定政策，不愿像对其他国家一样与台湾订约即为

---

① 《顾维钧电蒋介石》（1954 年 11 月 29 日），"对美关系（六）"，"蒋中正总统文物"，典藏号：002 - 090103 - 00007 - 330。

② 《杜勒斯电蒋介石》（1954 年 10 月 14 日），"外交——国际情势与中国安危"，"蒋经国总统文物"，典藏号：005 - 010205 - 00035 - 009。

③ 《蒋介石日记》，1950 年 9 月 11 日、1953 年 11 月 5 日、1953 年总反省录；《蒋介石与饶伯森谈话纪录》（1954 年 10 月 13 日），"外交——蒋中正接见美方代表谈话纪录（十）"，"蒋经国总统文物"，典藏号：005 - 010205 - 00072 - 002。

④ 《顾维钧回忆录》第 11 分册，中华书局，1990，第 181 页。

⑤ The Ambassador in the Republic of China（Rankin）to the Secretary of State, Sept. 9, 1954, in *FRUS*, *1952 - 1954*, *China and Japan*（*in two parts*）, Vol. 14, Part 1, p. 582.

证明。如果台美订约，就能终止关于中国在联合国席位的争论，以及托管可能性的讨论，引领美国形成坚定的东亚政策。杜勒斯则指出台美订约还有一些困难，美国不希望将台湾当局冻结在目前状态下，已经与美订约的菲律宾人还羡慕台湾有第七舰队的实际保护，而不像他们在实施前还需要各种步骤。①

10 月中旬，美国开始为新西兰停火案之事与台交涉，其间，"台美条约"成为美国手中的筹码。而台湾方面则"将计就计"，为开始条约谈判事向美施压。

10 月 13 日，饶伯森等人在与蒋介石诸人的第一次谈话中，即明白亮出这一筹码。提出，停火案提出时，美国会重申美国支持台湾当局之坚定立场，并即宣布正与贵方商订双边条约，以此抵消停火案产生的心理影响。②

第二次谈话中，张群再次询问，是否通过新西兰提案时，美方可同时与台签订双边条约？而饶伯森答，艾森豪威尔与杜勒斯认为将"外岛"包括在条约中，恐不能得到国会批准。以停火案维持"外岛"在台湾手中，是为巧妙办法。停火案或于数日内提出，但并非即可投票决定。停火案之提出，可使"台美双边条约"更易于获得国会之支持。饶伯森应允向杜勒斯建议在议案提出时，美国即宣布在与台湾商讨双边条约；并且建议不论安理会讨论该案结果如何，台美间立即商订双边条约。而台湾需对停火案暂取保留态度，不表态反对。面对美国伸出的橄榄枝，蒋介石表示"余信美国必能劝阻纽西兰，不理出此案，除非美国欲利用此案，作为订立中美双边条约之理由，否则纽案之提出对我们两国只有共同害处，毫无益处可言"。③

第三次谈话仍旧围绕"台美条约"进行讨价还价，饶伯森针对蒋介石提出的应在停火案之前先行宣布"台美条约"正在谈判之事，回复说先行宣布与同时宣布效力相同。蒋介石提出，这一点固然可以商酌，但签订此

---

① Memorandum by the Ambassador in the Republic of China（Rankin）to the Secretary of State, July 8, 1954, in *FRUS*, *1952 – 1954*, *China and Japan*（in two parts）, Vol. 14, Part 1, p. 491.

② 《蒋介石与饶伯森谈话纪录》（1954 年 10 月 13 日），"外交——蒋中正接见美方代表谈话纪录（十）"，"蒋经国总统文物"，典藏号：005 – 010205 – 00072 – 002。

③ 《蒋介石与饶伯森谈话纪录》（1954 年 10 月 13 日），"外交——蒋中正接见美方代表谈话纪录（十）"，"蒋经国总统文物"，典藏号：005 – 010205 – 00072 – 003。

约之时间，实最为重要。"惟有在安理会对纽案有所决定以前签订此约，方能减少纽案之不良影响。"且"不论纽案提出与否，或如何决定，双边条约均需签订"。蒋质问美因何将"台美条约"事拖延至今，饶伯森表示，双边条约没有迅速决定，是因其措辞极费考虑之故。若将其适用范围包括"外岛"在内，则难得国会支持；但如明言不包括外岛，则不啻通知中共前来攻击。蒋介石答称，若顾及国会困难及不使中共知美国意图，约文内对包括"外岛"与否，似可不做明确规定。可在条约外另做谅解：第一，如中共来攻"外岛"，美方愿予台湾方面全力支持；第二，台湾方面在决定"反攻大陆"以前，同意与美方洽商。饶伯森表示第一点谅解会有困难，蒋则称，没要求现在承诺，请转告艾森豪威尔与杜勒斯，如有诚意即应立刻开始谈判，在美国的叶公超、顾维钧可为谈判全权代表。此时，蒋放出狠话，"如余之忠告，不为人所重视，美国不给吾人一条出路，必要强迫我选最后道路之时，余必将选择其正义公理之一路"。饶伯森追问："是否纽案提出以后而双边条约不签，则中国将自行其是？易言之，阁下所谓给一条路走，是否即指双边条约而言？"蒋答："自亦为可作如此看。"①

蒋介石强硬表态后，蓝钦、饶伯森等人立即将其意见反馈给美国政府要人。次日，副国务卿胡佛（Herbert Hoover Jr.）致电蓝钦，请其秘密转达杜勒斯的答复给蒋介石。答复称，由于国会的关键领导人不在华盛顿，至少三周内无法就台美"军事安全条约"事进行咨询，需要待国会选举结束之后进行。② 虽然仍未立即开始条约谈判，但此次答复已使台湾当局看到曙光。

会后，蒋指示张群明告顾叶二人，如美不能先行宣布双边协定声明，则对停火案应严加拒绝与正式反对。③ 此后，叶公超、顾维钧一直奉行这样的原则同美交涉：首先劝美打消停火案，如果实在要提出，也应在"台美条约"签字以后才能提出。鉴于台海局势及台湾方面施加的压力，美国终于在 11 月 2 日与台湾当局展开了关于"军事安全条约"的正式谈判。并在

---

① 《蒋介石与饶伯森谈话纪录》（1954 年 10 月 13 日），"外交——蒋中正接见美方代表谈话纪录（十）"，"蒋经国总统文物"，典藏号：005 - 010205 - 00072 - 004。

② The Acting Secretary of State to the Embassy in the Republic of China, Oct. 14, 1954, in *FRUS*, *1952 - 1954*, *China and Japan（in two parts）*, Vol. 14, Part 1, p. 761.

③ 《蒋介石日记》，1954 年 10 月 16 日。

一个月后，完成条约的签字程序。

在关于停火案的台美交涉过程中，台湾当局明白看到美国将"台美条约"当作促使甚至压迫其接受该案的重要筹码。台当局一度"将计就计"，反过来向美施压，促使美国立即开启对台条约的谈判，加速推进台美条约的签订进程。由于台湾方面始终持反对态度，并希望条约先签字、提案再提出，加上美方对停火案能否产生效力也有一些疑虑，而沿海岛屿局势也还可以再行拖延，停火案搁置了三个多月才正式提出。

四　事件的结局

美国为运作停火案，欲使台湾当局对议案暂取保留态度，在对台交涉中曾运用"台美条约"加以利诱。在台美"共同防御条约"签订之前，台湾当局为尽快达成双边条约，有利用美国所求反过来施压于美的倾向。因此，有关停火案的交涉往往与"台美条约"之事交织，台湾当局常有反对停火案，但若台美订约，还可接受之意。但后来的发展令台湾当局有苦难言。

1954年12月2日，台美"共同防御条约"终获签订，蒋介石等人焦虑的心理稍有缓解，但条约还需在美国国会获得通过，才算尘埃落定。十几天后，联合国秘书长哈马舍尔德与周恩来会面。此后月余，蒋介石对此还耿耿于怀，认为哈马舍尔德回美后完全为中共宣传，阻碍"台美条约"通过，欲邀请北京代表出席联合国关于停火案的讨论，为其联合国代表权做准备等。[①]他怀疑，关于哈马舍尔德的北京之行，美国对台湾方面并未坦言相告。[②]

1955年1月19日，因艾森豪威尔等人最终表态，建议台湾撤守大陈，美国予以掩护，台湾当局起草了一份声明，表明要重新部署驻扎于大陈等地的军队，弃守大陈。但为尽可能减少对台湾民众和官兵的心理影响，挽回些许面子，台湾方面有意公布台美即将结成军事同盟之事。1月27日，

---

① 《蒋介石日记》，1955年1月19日；《蒋介石电叶公超》（1955年1月27日），"对美关系（七）"，"蒋中正总统文物"，典藏号：002-090103-00008-087。

② Telegram From the Ambassador in the Republic of China（Rankin）to the Department of State, Jan. 23, 1955, in *FRUS, 1955-1957, China*, Vol. 2, p. 113.

叶公超、顾维钧将台湾当局关于重行部署大陈驻军之声明大意面告饶伯森。28 日叶、顾面见杜勒斯，杜提出：台美"共同防御条约"尚未通过，声明中提及该约之处不宜予人以该约业已成为事实之印象。① 这样，台湾当局撤出大陈时，并未能借"台美条约"挽回心理与面子的损失。

联合国秘书长为美国事访华，颇令蒋介石不快，而后，因美国不协防而被迫撤退大陈，蒋对停火案的反对变得更为强烈。1 月 22 日，蒋介石邀请蓝钦及美国军援顾问团团长蔡斯前往住所面谈，表达了对停火案的坚拒心意。② 蓝钦认为蒋的态度比三个月前更为强烈。他极力说明，他的军队已准备在大陈坚守，不经顽强抵抗就放弃，会给兵民造成十分严重的影响。如果这之后就停火，即意味着失败，多年来树立的战斗精神会立刻瓦解。如果停火建议在国会批准"台美条约"之前，其影响会更糟。③

然而，此时美国认为形势已足够严峻，不能再考虑台湾的感受。1955年 1 月，在解放距离大陈十余公里的一江山岛前后，"解放台湾"的口号在《人民日报》等官方媒体一再被提及。④ 美国也判断这些进攻是解放台湾的前奏。而美国政府认为从阿留申群岛经日本群岛、南朝鲜、琉球群岛、台湾岛、菲律宾、东南亚部分地区、澳大利亚，直到新西兰，这条线对于美国非常重要，必须努力避免其落入敌手。⑤ 1 月 20 日，艾森豪威尔在国家安全委员会第 232 次会议上指出，除非打算"彻底放弃台湾"，否则继续拖延只会导致局势急转直下。并称目前"危险的犹疑不决"更易导致与中共发

---

① 《叶公超等电蒋介石》（1955 年 1 月 28 日），"对美关系（七）"，"蒋中正总统文物"，典藏号：002 - 090103 - 00008 - 016。

② 《蒋介石与饶伯森谈话纪录》（1954 年 10 月 13 日），"外交——蒋中正接见美方代表谈话纪录（十八）"，"蒋经国总统文物"，典藏号：005 - 010205 - 00080 - 003。

③ Telegram From the Ambassador in the Republic of China（Rankin）to the Department of State, Jan. 23, 1955, in *FRUS*, *1955 - 1957*, *China*, Vol. 2, p. 112.

④ 《庆祝解放一江山岛的胜利》，《人民日报》1955 年 1 月 19 日；《华东军区各部队欢呼解放一江山岛的胜利》，《人民日报》1955 年 1 月 20 日。

⑤ Memorandum of Conversation, by the Assistant Secretary of State for International Organization Affairs（Key）, Oct. 18, 1954, in *FRUS*, *1952 - 1954*, *China and Japan*（in two parts）, Vol. 14, Part 1, p. 773; Memorandum of Conversation, by the Director of the Office of Chinese Affair（McConaughy）, Nov. 2, 1954, in *FRUS*, *1952 - 1954*, *China and Japan*（in two parts）, Vol. 14, Part 1, p. 845.

生全面战争。① 基于目前局势已对美国和整个太平洋地区的安全构成严重威胁，24 日，艾森豪威尔致函国会，希望能通过一个决议案，授权总统为防卫台澎根据需要调用武装力量。②

美国迅速做出决策：重启停火案之议，并使之尽快实现。杜勒斯指出，美国应鼓励，至少是默许联合国采取行动实现中国沿海停火。尽管现在距离美国与英国、新西兰共同商讨拟定停火提案已经过去几个月，英国人的态度是否还如当初有待确定，尽管中共不会接受联合国的决议一点也不令人意外，但无论如何，这一行动也许会对中共产生一定威慑作用。③ 在重新与英、新取得联系的同时，国务院也指示驻苏联大使馆，使其尝试说服苏联采取谨慎措施。④ 1 月 26～27 日，新西兰、英国及美国工作组就结束中国沿海岛屿冲突问题提出报告，准备由新西兰代表于 28 日以信件形式向安理会主席提交停火案动议。⑤

28 日，尽管台湾当局仍在表达反对意见，但停火案还是如期提出了。随后，苏联在安理会提出控诉美国的提案。30 日，苏联驻安理会副代表索波列夫要求安理会召开紧急会议，考虑美国在台湾地区对中国的侵略行为。⑥ 蒋介石认为苏联此举"无异为我解围"。⑦ 31 日，安理会决议将新西兰和苏联的提案都列入议程，并邀请中华人民共和国代表参加停火案的讨论。当天，胡佛致电蓝钦，请其向蒋介石转达，强调不要对新西兰提案发表挑衅性声明，否则，若提议失败，将要承担此项责任。⑧

---

① Memorandum of Discussion at the 232nd Meeting of the National Security Council, Washington, Jan. 20, 1955, in *FRUS*, *1955－1957*, *China*, Vol. 2, p. 76.

② 陶文钊主编《美国对华政策文件集（1949～1972）》第 2 卷（上），世界知识出版社，2004，第 429～432 页。

③ Memorandum of Discussion at the 232nd Meeting of the National Security Council, Washington, Jan. 20, 1955, in *FRUS*, *1955－1957*, *China*, Vol. 2, p. 72.

④ Telegram From the Secretary of State to the Embassy in the Soviet Union, Jan. 22, 1955, in *FRUS*, *1955－1957*, *China*, Vol. 2, p. 111.

⑤ Report of New Zealand－United Kingdom－United State Working Party, Jan 26 [27], 1955, in *FRUS*, *1955－1957*, *China*, Vol. 2, p. 133.

⑥ 《安全理事会必须讨论苏联的建议》，《人民日报》1955 年 2 月 1 日。

⑦ 《蒋介石日记》，1955 年 1 月反省录。

⑧ Telegram From the Acting Secretary of State to the Embassy in the Republic of China, Jan. 31, 1955, in *FRUS*, *1955－1957*, *China*, Vol. 2, p. 184.

2 月 3 日，周恩来复电，拒绝安理会的邀请，表示坚决反对停火案，指出"在没有中华人民共和国的代表在联合国安全理事会代表中国参加讨论的情况下，安全理事会对有关中国问题的决定都是非法的、无效的"。[①] 8 日，蒋介石在"总统府"发表演说，抨击新西兰停火案"不是挽救世界和平，而是断送世界和平"。[②] 14 日，在安理会对停火案的讨论中，所有代表都同意，在当前情况下，最明智的办法是休会，以便进一步探讨和磋商。[③] 其后杜勒斯虽仍不甘放弃停火提案，但英国的态度已有转变。4 月，周恩来在万隆会议上发出声明，表明中国政府为缓和远东紧张局势，特别是缓和台湾地区紧张局势，准备同美国政府谈判，台海危机解除，停火案由此搁置。美国精心策划的停火案并未达到其预期的目的便不了了之。

小　结

国民党丢失中国政权后，对美国的依赖骤然增加。美国对于国民党，不仅仅是援助问题，更重要的是身份认同与地位维持的问题。与美国签订"共同防御条约"无疑是有利的，由此不但能将自身安全捆绑于美国战舰之上，还能向国际昭示自己的"国家"地位。因此，退台后不久，国民党当局即将此事作为"外交"的一个重大任务。在动荡的远东局势中，美国政府有"走着看"的心理，不愿轻易做此捆绑。但在 1954 年，此项捆绑有了新的意义，就是助美解决"出手"与"不出手"的难题。1954 年的台海危机对美国来说是烫手山芋，"管"与"不管"皆有风险，而将联合国推到前面是美政府所能想到的最佳选择。"共同防御条约"的利益捆绑成为美国手中的筹码。得益于对这一筹码的反利用，国民党当局终于快速地实现了条约的签字；受制于这一筹码及双方不对等关系的存在，国民党当局虽反对停火案而又不能强硬表态，美国虽知道台湾方面的态度而又有恃无恐。最终，在美国认为危机已至、刻不容缓之时，美政府迅速推出停火案，并未

---

① 《周恩来给联合国秘书长的复电》（1955 年 2 月 3 日），载国务院台湾事务办公室研究局编《台湾问题文献资料选编》，第 79 页。
② 《当前国际局势》，载秦孝仪主编《先总统蒋公思想言论总集》卷 26，第 261 页。
③ 《顾维钧回忆录》第 12 分册，中华书局，1993，第 211 页。

顾忌台湾当局态度。而此前的搁置，与其说是美国考虑到台湾方面的反对，不如说是时机未到。① 美国作为战后资本主义阵营头号强国，四处插手他国内政，其对台湾的侵略已受到过苏联在联合国的控诉。故而美政府的行动多采取"走着看"的态度。1955年1月前后，配合一江山岛的攻取，中共进行着解放台湾的大力宣传，美国认为形势已无法掌控，因而迅速通过"台湾决议案"并促使新西兰正式提出停火案。可见，无论停火案的搁置还是推出，美国并不以台湾方面的意志为转移。

对于台湾当局对停火案所顾虑的种种，美国并没有进行调整或改变。台当局欲通过阻止停火案表明自己的"正义"立场，此点无疑会增加美国推动提案进行的阻力；对于造成"两个中国"印象一点，美国更不以为意，而在美方部分人士看来造成"两个中国"事实恰恰更符合自身利益。② 蒋介石虽通过对美国筹码的反利用达成台美订约的目的，但心理上并未能释下重负。联合国秘书长访华，令其疑心重重；美国劝其放弃大陈的建议，更使其痛苦万分。历经辛苦达成的"共同防御条约"并未将沿海岛屿纳入协防范围，订约不久美国舆论又开始热议"两个中国"的可能性，蒋介石注定要为沿海岛屿问题同美国继续斗争。

---

① 张淑雅认为美与英、新两国在停火案的目标上大相径庭，而联合国又介入中共监禁美战俘案，情况复杂，故而停火案一度被搁置。见张淑雅《安理会停火案：美国应付第一次台海危机策略之一》，《中央研究院近代史研究所集刊》第22期下，1993年，第61页。笔者认为，这些固然是其中因素，但关键一点是时机问题。

② 参见冯琳《美国"两个中国"的实践与主张及台湾当局的抗争（1954～1955）》，《社会科学研究》2017年第3期。

第十一章　弃或守：关于大陈岛的台美分歧与抉择

大陈诸岛位于台州湾口外，介于舟山群岛与南麂山列岛之间，由上、下大陈岛，洋旗岛及一江山岛等岛屿组成，面积 14.6 平方公里，西距椒江市区 29 海里，乃浙江东南海上之要塞。国民党在国共内战中败北，大陈岛成为浙中南国民党残部的主要据点。大陈对于台湾当局来说有重要意义，此点亦为美国所了解，但美国并未采取台湾方面所期望的立场。1953 年 7 月，美国突然撤离驻在大陈的情报人员。1955 年 1 月，作为大陈岛门户的一江山岛被解放军攻占。2 月 8 日至 11 日，台湾当局在美国帮助下从大陈岛撤退。自退台后，台湾当局在争取协防"外岛"问题上与美多次交涉，最终无果，被迫放弃大陈。[①]

一　"西方公司"无预商之撤退

败退大陆后，国民党试图保住一些离大陆近而离台湾岛远的沿海岛屿，如厦门的金门、福州的马祖、台州的大陈、广州的伶仃等。这些岛分为三

---

① 相关研究有：余子道《第一次台海危机与台美关系中的"外岛"问题》，《军事历史研究》2006 年第 3 期；金光耀《顾维钧与台美关于沿海岛屿的交涉（1954.12～1955.2）》，《史学月刊》2005 年第 6 期；郑伟《刍议一九五四年台海危机背景下的美、台大陈岛博弈》，《党史研究与教学》2014 年第 5 期；Bennett C. Rushkoff, "Eisenhower, Dulles and the Quemoy-Matsu Crisis, 1954 – 1955," *Political Science Quarterly*, Vol. 96, No. 3, 1981, pp. 465 – 480; Robert Accinelli, "Eisenhower, Congress, and the 1954 – 55 Offshore Island Crisis," *Presidential Studies Quarterly*, Vol. 20, No. 2, Eisenhower Centennial Issue, 1990, pp. 329 – 348; O. Edmund Clubb, "Formosa and the Offshore Islands in American Policy, 1950 – 1955," *Political Science Quarterly*, Vol. 74, No. 4, 1959, pp. 517 – 531, 等等。现有成果关于"外岛"的讨论较多，关于大陈的弃守问题并没有充分研究，且所用资料还有较大发掘余地。本章试以更充分的档案资料为基础，对大陈协防问题进行更为全面的探讨。

部分：以南麂山、大陈为中心的北纬 27 度至 29 度之间的岛屿；以马祖、白犬为中心的北纬 25 度 3 分至 27 度之间的岛屿；以金门为中心的北纬 24 度至 25 度 3 分之间的岛屿。

因为地理位置等方面的关系，国民党本身无力防守这些"外岛"。为保住此类小岛，以便于实施自己的"反攻复国"计划，台湾当局不断提醒美国，应对这些"外岛"给予关注。1950 年 6 月 27 日，因朝鲜战争爆发，美国总统杜鲁门发表声明，称已命令美国空海部队对韩国政府部队予以掩护和支持，并已命令第七舰队阻止潜在敌人对台湾的任何攻击，以保证太平洋地区的安全。并宣称台湾未来地位的决定，须待太平洋恢复安全、对日和约缔结或联合国的考虑。① 7 月 7 日，国务卿艾奇逊在电文中指出，台湾方面请美国注意其仍保有一些"外岛"之事，这些岛屿正在不断地受到来自大陆的攻击，要求美国表达对此事的意见。在这封电文中，艾奇逊并未明确美国政府的态度，而是表示对此做出决策时会另行通知。② 7 月 17 日，国防部长约翰逊致艾奇逊信指出，这一问题从军方角度看就是这些岛屿是否包括在 6 月 27 日总统声明中所宣布的美国负有协防责任的范围之内，以及当国民党利用这些岛屿向中华人民共和国发动攻击时美国应采取何种行动的问题。参谋长联席会议研究了这个问题，认为美国军队不应对这些岛屿承担协防义务，应通知国民党政权这些区域不包括在 6 月 27 日的总统声明设定的协防范围之中。防守这些岛屿是国民党政权的事，在台湾或澎湖的军事基地不能支持国民党从这些岛屿向大陆发起的攻击。但是，美国不应阻止国民党防守这些岛屿，也不应阻止国民党从台湾发起对此类行动的配合。③

1950 年以前，中国人民解放军没有可供渡海作战的海空军。1950 年 5 月，第一支海军舰队在上海组建，同时，在南京组成的第 4 混成旅是解放军第一支可用于实战的空军部队。但要确保渡海作战的胜利，还有船只与海

---

① Statement by the Pre sident on the Situation in Korea, June 27, 1950, in *Public Papers of The Presidents of the United States* (Washington: United States Government Printing Office, 1965), p. 11.

② The Secretary of State to the Embassy in China, July 7, 1950, United States Department of State, in *FRUS, 1950, East Asia and the Pacific*, Vol. 6, p. 371.

③ The Secretary of Defense (Johnson) to the Secretary of State, July 17, 1950, United States Department of State, in *FRUS, 1950, East Asia and the Pacific*, Vol. 6, pp. 379 – 380.

军装备等问题需要解决。6 月，因朝鲜战争美国调整对台湾海峡的政策，派出第七舰队；英国则取消了向中华人民共和国出售巡洋舰的计划。① 中央军委决定"陆军继续复员，加强海军、空军建设，推迟解放台湾的时间"，②暂不攻夺国民党占据的岛屿，集中力量抗美援朝。

1951 年 11 月以后，朝鲜战局渐趋稳定，而国民党军队对东南沿海袭扰不断。蒋军纠集海盗袭扰沿海岛屿，成为解放军华东军区的大患。华东军区经过调研，提议先攻打上下大陈，再图解放金门。1952 年 3 月，张爱萍被委以第三野战军暨华东军区参谋长之职，增强了对国民党占据下"外岛"的反击和警告。4 月 11 日，美驻台"大使衔代办"蓝钦③向国务院指出，当时，中国大陆对金门、马祖、大陈的攻击是自 1950 年中期以来最为严重的，守住这些岛屿对于防卫台湾、从军事和商业方面挫败中共的海上交通、搜集情报活动并支持抵抗大陆来说至关重要。这些岛被台湾当局的军队严密驻防，他们对自身的海上进攻能力尚有信心，但空中力量而言台湾空军已不敌大陆空军。美国已宣布这些岛屿不在其协防范围之列，胜败全由国民党承担。然而，问题是美国在多大程度上鼓励国民党防卫这些岛屿？美援是否能以后勤或其他形式直接或间接地用于国民党防守"外岛"？④ 作为回应，1952 年 5 月 6 日，参谋长联席会议主席布雷德利（Omar N. Bradley）致电国防部长洛维特，表示应指示蓝钦遵循以下原则：军事援助物资的数量应能供确保台湾澎湖不受危及的台湾军队使用；他要为同样目的提供军事建议；他应该清楚地懂得，没有其他计划外的军援物资供台湾军队守卫这些"外岛"；他不能对国民党当局在可支配范围内合理的军事部署强加反对。⑤

---

① 《萧劲光回忆录》，当代中国出版社，2013，第 254～255 页。萧劲光，时任海军司令员兼政治委员。

② 中共中央文献研究室编《周恩来年谱（1949～1976）》（上），中央文献出版社，2007，第 52 页。

③ 1950 年 7 月 28 日，蓝钦任"驻华大使衔代办"，1953 年 2 月 27 日，美参议院任命其为"驻华大使"，4 月 2 日到任。

④ The Chargé in the Republic of China（Rankin）to the Department of State, Apr. 11, 1952, United States Department of State, in FRUS, 1952 - 1954, China and Japan（in two parts）, Vol. 14, Part 1, pp. 42 - 43.

⑤ Memorandum by the Joint Chiefs of Staff to the Secretary of Defense（Lovett）, May 6, 1952, United States Department of State, in FRUS, 1952 - 1954, China and Japan（in two parts）, Vol. 6, Part 1, pp. 48 - 49.

6月11日，中央军委批准华东军区《关于对金门、上下大陈作战方针的建议》，同意9、10月间攻占大陈。15日，华东军区颁发《对解放上下大陈岛登陆作战的指示》。但彭德怀等人认为，若此时进攻大陈，美军亦可能会参与其中，进而使朝鲜战争局势复杂化。为避免此种情况发生，大陈登陆计划应待朝鲜停战后进行。1953年4月26日，朝鲜停战谈判恢复，6月初，各项议程均已达成协议，只待处理好技术工作后签字。此时，因李承晚仍在主张美军应占领整个半岛，顽固地抵制停战，停战谈判暂时陷入僵局。毛泽东、彭德怀决定推迟签字，再歼李军万余，以示惩戒。同时，决定开始进攻大陈岛。6月24日，解放军炮击距离大陈14公里的积谷山岛，使大陈处境紧张。

由于6月21日以来一些较小的岛屿已被解放军占领，大陈附近危机越发明显，国务卿杜勒斯认为大陈等主要岛屿可能不久就会落入共产党之手。[①] 7月上旬，美国在台湾当局毫不知情的情况下，突然撤走大陈岛的西方公司[②]人员。[③] 该公司职员实为美情报局人员。新中国成立后，特别是朝鲜战争后，美国想窃取中国大陆的军事情报，其情报局与台湾方面达成协议，由美国提供侦察机并负责培训，由台湾军方出人，组成"西方公司"。1952年，"西方公司"在大陈岛主办"东南训练团"，训练胡宗南领导的盘踞在浙江沿海岛屿的游击部队。该训练团三个多月一期，每期训练一个大队，共整编了六个突击大队、一个炮兵大队和一个专门从事情报、爆破、通信等活动的特务大队。经整编后的突击大队，由"西方公司"和"大陈防卫区司令部"共同领导，分驻大陈外围的一江山、披山、渔山、南麂等岛屿，武器弹药、通信器材等由"西方公司"供给。"西方公司"训练和掌握国民党游击部队的目的，是在中国东南沿海形成情报包围网，以便在新

---

① Memorandum of Discussion at the 153rd Meeting of the National Security Council, Washington, Jul. 9, 1953, United States Department of State, in *FRUS*, *1952–1954*, *China and Japan* (*in two parts*), Vol. 14, Part 1, p. 227.

② "西方公司"的全称是"西方企业公司"（Western Enterprises Inc., WEI），成立于1951年2月，直属于中央情报局内的"政策协调处"（Office of Policy Coordination, OPC）。台湾方面的负责人是时任"国防会议"副秘书长的蒋经国，美国方面的负责人是美国海军通信中心主任兼美国中央情报局的台湾代表克莱恩（Richard Klein）。

③ 《蒋介石日记》，1953年7月11日上星期反省录。

中国进行各种特务情报活动。① 1953 年夏，美国未事先通知台湾方面，撤离驻于大陈的西方公司人员，这令台湾当局感到"奇突与损害"。7 月 17 日，蒋介石向当时的美国驻台"大使"蓝钦提出要求，希望今后对撤退情报人员之类事件能有一预商过程，不应如此唐突。②

此间，美军顾问团曾草拟大陈报告书送呈蒋介石，麦唐纳（John C. MacDonald）准将认为该区陆海军指挥官人选不当。18 日，蒋介石与蓝钦会谈，除再次对西方公司人员未提前通知即行撤离表示不满外，蒋强调"若无能够确保之军事力量及计划，则虽更张人事，亦将无效"。他提出，台北距大陈 250 海里，中共的海空基地定海至大陈仅 121 海里，舰船 8 小时、飞机半小时即可到达，而温州机场距大陈更近，仅 36 海里，大陈随时可为解放军所包围。因此，希望美国对军援台澎之政策，能略加修改，使军援范围扩大到所有为台湾军队所守卫之外围岛屿；并声明第七舰队之巡逻范围，包括大陈在内，或谓"大陈从未置于第七舰队巡逻范围以外"。蒋介石相信，只要美国如此表示，则解放军就不敢进攻大陈。否则，若大陈为中共夺取，则"所费之人力物力将数倍于目前防守所需之力量"。蓝钦对大陈不在第七舰队巡逻范围表示遗憾，称"大使馆"及顾问团年来再三呼吁将第七舰队巡逻范围扩展至外围岛屿，但无具体结果。蓝钦坦承，美国总以为台湾与"外岛"之间有所区别。美方认为台湾今日之军力，加上若干美国海空军，可守住大陈，但中华人民共和国若决心不惜重大牺牲进攻大陈，则美国也无法确保此地。③

二　台海危机的发生

1953 年 7 月 27 日，朝鲜停战协定签订，中共中央乐见东亚形势的缓和，并为此采取了积极态度。一方面，解放军搁置攻打金门的计划，缩小

---

① 《西方公司"冒险生意"的失败——一江山岛解放官兵访问记》，《人民日报》1955 年 2 月 6 日。

② 《蒋介石日记》，1953 年 7 月 17 日。

③ 《蒋介石与蓝钦谈话纪录》（1953 年 7 月 18 日），"外交——蒋中正接见美方代表谈话纪录（十七）"，"蒋经国总统文物"，典藏号：005－010205－00079－011。

沿海作战规模；另一方面，中华人民共和国积极参与了 1954 年 4 月 26 日至 7 月 21 日有苏、美、英、法等国参加的日内瓦会议，促成宣告印度支那停战的最后宣言的达成，并主动向美国提出就交换双方战时被押人员进行直接谈判。会议期间，中美双方举行了四次会谈，开启了此后延续 15 年的中美会谈。

但美国并未表现出与新中国改善关系的足够诚意。日内瓦会议上，中国代表团为恢复印支和平，促成停火协议的达成，美国拒绝参与最后宣言。同时，台美为实现"共同防御"开始了积极交涉。对于台美的表现，中央军委表示担忧，深恐台湾问题固定化。为给台美以打击，7 月 23 日，毛泽东致电正从日内瓦回国的周恩来，提出为击破美蒋军事与政治的联合，须提出"解放台湾"的口号。同日，《人民日报》发表《一定要解放台湾》的社论，指出"台湾是中国的领土，中国人民一定要解放台湾"。[①]

为配合舆论，向国际社会特别是美国表明中国人民解放台湾的决心、突出新中国对台湾问题的重视，中央军委也在进行着军事上的部署，准备发起对国民党军占领下沿海岛屿的大规模打击。8 月，浙东前线指挥部成立，张爱萍出任司令员。因国民党在金门驻有重兵，且攻夺金门还须有福建地区的机场和铁路运输作为配合，决定先利用华东现有机场和海军基地攻打浙东岛屿，以保证首战告捷，利于积攒士气，并有利于海陆空三军协同作战经验的积累。形势紧张之下，美国命第七舰队在大陈岛附近巡游。8 月 24 日，杜勒斯在记者会上宣称，任何对国民党控制下沿海岛屿的攻击均可能引来美国的军事介入，[②] 妄图以此震慑中国人民解放军，使之不敢行动。美国的恐吓未使中共中央改变主张，31 日，浙东前线指挥部宁波会议确定一江山岛为攻打大陈的突破口。9 月 3 日和 22 日，解放军两次炮击金门，每次持续一个多小时。在炮击中，两名美军中校被击毙，引起美国朝野的骚动和恐慌。

在此情形之下，对国民党掌握下沿海岛屿的政策问题被提上美国政府

---

① 《一定要解放台湾》，《人民日报》1954 年 7 月 23 日。

② Memorandum by the Assistant Secretary of State for Far Eastern Affairs（Robertson）to the Acting Secretary of State, Sept. 4, 1954, United States Department of State, in *FRUS, 1952 – 1954, China and Japan（in two parts）*, Vol. 14, Part 1, p. 562.

各部门议程，并引发了激烈争论。① 9 月 4 日，负责远东事务的助理国务卿饶伯森向代理国务卿 W. B. 史密斯提交了一份备忘录，指出解放军不顾美国震慑而向沿海岛屿采取进攻，证明美国介入的威胁不足以阻挡中共的行动，如果不想看到这些沿海岛屿被解放军一个个拿去，如果想避免在这个地区政策的明显失败，美国就需要采取更为积极的行动。远东司认为中共对任何一个主要沿海岛屿的攻击都应受到美国积极而有限度的军事回应，因此，建议国务院将军事行动可行性的提议提交参谋长联席会议，如果认为可行，则由国家安全会议将其以高度优先级之决定权交予总统。② 同日，相关部门进行了特别国家情报评估，提出自朝鲜战争结束后，上海至广州之间的解放军已大为增加。虽然国共双方在大陈附近行动模式与 1953 年相似，但规模已有扩大，并且中共已将 MiG-15③ 运用于登陆行动的空中掩护。在宣传方面，中华人民共和国自 6 月就开始一场宣传战，高层领导人宣称要解放台湾和沿海岛屿，并警告说："谁胆敢干涉我们的内政，必将为此类侵略行为承担全部的严重后果。"在过去的三周，中共解放台湾主题在莫斯科的主要报纸上也有未加独立评论的显著报道。中共在华东华南地区兵力的补充和空军力量的增强，使台湾方面单独承担固守"外岛"的任务变得异常艰巨。美国若要直接介入，必将面临巨大的舆论压力；若任由国民党军在"外岛"自生自灭，则又是一件"丢面子"的事。④ 美国政府陷入两难之中。

为解决困境，美国拟将"台湾问题"提交联合国，使中国内政变成国际问题，压迫中共在台湾海峡停火，使两岸维持现状。美国试图让新西兰向联合国提出"台湾问题"提案。同时，为确保亚太安全，美国加紧了建立东南亚共同防御体系的进程。9 月 8 日，美与英、法、澳、新、泰、菲、

---

① 在美国国务院等部门共同参与的对策讨论之前，美国军方对保卫大陈态度颇为积极，王叔铭认为美方建议之动机"旨在借我确保大陈以掩护其琉球基地，亦有可能试我三军之战力"。见《王叔铭日记》，1953 年 8 月 5 日，王叔铭档案，馆藏号：063 - 01 - 01 - 010。

② Memorandum by the Assistant Secretary of State for Far Eastern Affairs（Robertson）to the Acting Secretary of State, Sept. 4, 1954, United States Department of State, in *FRUS, 1952 - 1954, China and Japan（in two parts）*, Vol. 14, Part 1, pp. 561 - 563.

③ 1940 年代末，由苏联米高扬设计局研制的第一代喷气式战斗机。在朝鲜战争中，MiG-15 首次大规模投入空战，显示出优良的飞行和作战性能。

④ Special National Intelligence Estimate, Sept. 4, 1954, United States Department of State, in *FRUS, 1952 - 1954, China and Japan（in two parts）*, Vol. 14, Part 1, pp. 563 - 571.

巴等8国在菲律宾马尼拉签订《东南亚集体防务条约》。[①] 但美国没有从联合国或者英联邦国家那里得到支持。

10月10日，周恩来致电联合国大会第九届会议，提出"控美案"，控诉美国武装侵略台湾，表示"解放台湾是中国的内政，决不容许他国干涉"。[②] 15日，《人民日报》发表社论："中国人民不能容忍台湾成为美国的殖民地和侵略中国的军事基地。"[③]

11月1日，解放军空军开始为最终攻克大陈岛而轰炸一江山岛。与9月间不惜声势地炮击金门以吸引国际关注的行动不同，这一次的行动是为达到攻占目的，中央军委并不想引发中美冲突。因此，中央军委采取措施限制作战规模，尽量降低媒体对夺取一江山岛的注意；同时，关注台美"共同防御条约"谈判进程，延缓夺取一江山岛战役发动的时间，争取做足准备一举成功，以免引起外交上的被动。14日，解放军击沉国民党海军的主力舰"太平"号驱逐舰。

随着中国人民解放军军事上的推进，美国不得不做出选择。在台海危机发生后美国政府各相关部门的讨论中，"面子"是一个经常被提到的字眼。在9月初炮击金门后次日进行的特别国家情报评估中，美国联合参谋部情报副主任（Deputy Director for Intelligence, The Joint Staff）[④] 就特别在最后提到沿海岛屿的"丢失"会在政治上和心理上在远东产生重要影响，特别是它意味着使美国"丢脸"。反之，确保了"外岛"则是使美国在东方"长脸"的事。[⑤] 9月11日，参谋长联席会议主席雷德福[⑥]致国防部长威尔逊（Charles Erwin Wilson）备忘录附上一份美国军方的观点，认为中共可以

---

① 1955年2月条约生效，东南亚集体防务条约组织（South-East Asia Collective Defence Treaty Organization, SEATO）正式成立。

② 《周恩来外长就控诉美国武装侵略台湾事致电九届联大》（1954年10月10日），中华人民共和国外交部档案馆藏，档案号：113-00192-01（1）。

③ 《我们一定要解放台湾》，《人民日报》1954年10月15日。

④ 联合参谋部（The Joint Staff）是参谋长联席会议的附属机构，在问题升级到参谋长联席会议之前预览或解决问题。其主任是参谋长联席会议的三星级官员，负责就军事事务向国防部长和总统提供建议。

⑤ Special National Intelligence Estimate, Sept. 4, 1954, United States Department of State, in *FRUS, 1952-1954, China and Japan (in two parts)*, Vol. 14, Part 1, p. 571.

⑥ 1953年接替布雷德利担任参谋长联席会议主席，1955年8月连任，1957年8月退役。

毫无限制地利用他们最好的南方港口上海，对台澎发起攻击，而就目前的判断而言，拥有金门对国民党来说不足以防守台湾，对中共来说也不足以攻取台湾，但它对台湾的防御有很大影响。马祖、大陈等岛亦如是。丢失沿海岛屿的负面作用，不能仅仅从领土或有形的军事资源方面看，还要从对国民党军队士气的影响方面看，这反过来对防卫台湾有至关重要的意义。①

为将美国牵入沿海战争，国民党一再试图将金、马等"外岛"的命运与台湾岛乃至美国在远东防御链条的安危联系起来。他们表示，若金、马撤军，将使士气大伤，台湾也行将不保。② 他们的说法成功影响到美国某些高官。美国参谋长联席会议的一些主要将领担心失去"驻扎着5万中国国民党军队的金门岛，将会产生十分严重的政治和心理上的影响"。③ 例如，当时的美参谋长联席会议主席雷德福主张扩大美国海空军负责协防的区域，将这些"外岛"包括进来。他认为，从"外岛"撤退会从心理上对防守台湾、从战略上对情报预测和反共游击活动影响至巨，④ 主张派驻军队协防"外岛"。杜勒斯也于解放军开始炮击金门之时致电国务院，强调控制台湾"外岛"的重要性，其重要理由是"金门的失手将会产生严重的心理上的影响，导致共产党进一步采取行动，挫败反共士气"。⑤

然而，沿海岛屿的重要性对美国来说似乎仅限于政治及心理影响方面，在其他方面的考虑中，有太多因素足以令美国裹足不前。

---

① Memorandum by the Chairman of the Joint Chiefs of Staff（Radford）to the Secretary of Defense（Wilson），Sept. 11, 1954, United States Department of State, in *FRUS*, *1952 – 1954*, *China and Japan*（*in two parts*），Vol. 14, Part 1, p. 603.

② 德怀特·D. 艾森豪威尔：《受命变革》，复旦大学资本主义国家经济研究所译，生活·读书·新知三联书店，1978，第519页。

③ The Acting Secretary of State to the Embassy in the Philippines, Sept. 3, 1954, United States Department of State, in *FRUS*, *1952 – 1954*, *China and Japan*（*in two parts*），Vol. 14, Part 1, p. 558.

④ The Ambassador in the Republic of China（Rankin）to the Department of State, Jul. 15, 1953, United States Department of State, in *FRUS*, *1952 – 1954*, *China and Japan*（*in two parts*），Vol. 14, Part 1, p. 229.

⑤ The Secretary of State to the Department of State, Sept. 4, 1954, United States Department of State, in *FRUS*, *1952 – 1954*, *China and Japan*（*in two parts*），Vol. 14, Part 1, p. 560.

三　美国的犹疑、顾忌与"借力"意图落空

（一）沿海岛屿的战略意义有限

参谋长联席会议认为，从纯军事角度，大陆沿海岛屿它们对台湾的防御并不是十分重要。这些岛上没有好的港口可以用作大规模两栖作战的基地，即便被解放军夺取，中共也不得不继续使用大陆上的港口作为进攻台湾的主要基地。如果中共愿意投入必要军队的话，他们可以占领任何一个目前在国民党手中的沿海岛屿。①

1954 年 9 月，解放军猛烈炮击金门后，美国高层迅速交换意见，美国总统艾森豪威尔等人判断，中国共产党愿意在夺取沿海岛屿进而宣告自己势必要解放台湾的政治目标上不惜牺牲，因而认为即便美国帮助国民党守住金门，也很难保证能长期守住，如此看来，帮助防守沿海岛屿会是一个大的错误。② 时任陆军参谋长的李奇微也认为假如共产党对金门发动全面进攻，美国为实现成功防御付出的代价要超出即将得到的军事上的好处。金门等沿海岛屿对防御台湾岛来说并不是必不可少的，目前军事上不存在防守的重要性。如果美国要参战，就必须为胜利而参战，为防御金门岛而调动美军会使其他地区可供调动的军队大大减少，从而严重干扰美国按照计划部署在远东的部队。"为一个一旦发生战争就可能被放弃的地方冒风险是不明智的。"③ 1955 年 1 月，在一江山岛即将被攻克时，国务卿杜勒斯、参谋长联席会议主席雷德福与总统艾森豪威尔谈话，做出了放弃大陈的决定。他们的共识是：金门以北各岛殊无战略价值，台湾方面无法自守，即使将台湾现有海

---

①　Memorandum by the Deputy Assistant Secretary of State for Far Eastern Affairs (Johnson) to the Acting Secretary of State, Aug. 3, 1953, United States Department of State, in *FRUS, 1952 – 1954, China and Japan (in two parts)*, Vol. 14, Part 1, p. 240.

②　The Acting Secretary of State to the Embassy in the Philippines, Sept. 6, 1954, United States Department of State, in *FRUS, 1952 – 1954, China and Japan (in two parts)*, Vol. 14, Part 1, p. 574.

③　Memorandum by the Chairman of the Joint Chiefs of Staff (Radford) to the Secretary of Defense (Wilson), Sept. 11, 1954, Enclosure "B", United States Department of State, in *FRUS, 1952 – 1954, China and Japan (in two parts)*, Vol. 14, Part 1, pp. 605 – 608.

空军全部用于大陈亦无济于事，美亦绝不会协防这些岛。据雷德福估计，"美方须用航空母舰两艘及若干陆战队方可勉强维持上下大陈及其附近各岛"。于是他们得出结论，金门以北的岛屿都没有防守必要，台湾应将兵力集中在台澎与金门之间。在一江山被夺取后，解放军很可能会直取大陈，"倘大陈失守，其影响较诸自动撤退自更不利"。①

不仅如此，如果行政部门为大陈等"显然并非防御台湾所必需的"沿海岛屿而动用美国军队，还会使政府遭受来自美国内部的严厉攻击，导致尖锐分歧。②

因此，对于同样在国民党掌握中的各个岛屿，美国给予截然不同的定位。中华人民共和国的成立及其与苏联的结盟大大改变了美苏力量在远东的对比，为与苏联阵营抗衡，美国不得不处心积虑、步步为营。美国政府决定在利用一切可行手段破坏中苏关系的同时，③ 不惜一切代价将台湾岛和澎湖列岛纳入美国在远东的防御体系，"阻止敌对力量控制它们，即使是冒着爆发全面战争的严重危险"。④ 但是对台澎以外的其他岛屿，则不需直接出面，只"在不承诺美军介入的情况下"鼓励、支持台湾当局防御共产党对其占领的沿海岛屿的进攻，并对中国共产党的领土和贸易活动进行袭击。⑤ 这个政策虽在不同时期的不同文件中多少有过调整，但基本思路和定位没有大的改变。

（二）卷入战争的危险

在美国决策层的讨论中，金、马、大陈等沿海岛屿的重要性相对于它们可能造成的危险而言，后者似乎是更该被考虑的。沿海岛屿对士气民心、情报战与游击战固然有其重要性，但其得失与台湾岛的防守不存在必然的

---

① 《金门马祖外岛防御问题》，"外交部档案"，馆藏号：11 - 10 - 08 - 01 - 016。

② Memorandum prepared by the Secretary of State, Sept. 12, 1954, United States Department of State, in *FRUS*, *1952 - 1954*, *China and Japan* (*in two parts*), Vol. 14, Part 1, p. 611.

③ U. S. Policy toward Communist China, United States Department of State, in *FRUS*, *1952 - 1954*, *China and Japan* (*in two parts*), Vol. 14, Part 1, p. 282.

④ Statement of Policy by the National Security Council, Nov. 6, 1953, United States Department of State, in *FRUS*, *1952 - 1954*, *China and Japan* (*in two parts*), Vol. 14, Part 1, p. 318.

⑤ Statement of Policy by the National Security Council, Nov. 6, 1953, United States Department of State, in *FRUS*, *1952 - 1954*, *China and Japan* (*in two parts*), Vol. 14, Part 1, p. 308.

联系，与美国在远东的基地及防苏链条的保有也不存在必然联系。而它们
到大陆的距离几乎可以被忽略，中华人民共和国对它们势在必得。[①] 若美国
直接防守这些岛屿，很有可能引发更大规模的战争，甚至引来苏联的武装
介入。因此，美国始终将其协防范围划定在台湾、澎湖列岛两地，而对沿
海岛屿的态度模棱两可。虽个别政要为鼓舞士气、恫吓中共曾抛出不排除
将武装力量用于沿海岛屿的可能性的言论，但正式文件和条约中并没有明
确过美国对沿海岛屿的协防义务。

自 1950 年 10 月中国人民志愿军参加抗美援朝战争，到 1953 年 7 月朝
鲜停战协定签订，其间在沿海地区的军事力量对比而言，国民党军队具有
相对优势。当时中央军委将主要兵力用于朝鲜战场，在其他地区虽维持着
一定数量的军队，但只有可供小规模作战的军事设备和供给设备。朝鲜战
争局势稳定后，中央军委开始调兵遣将，在沿海地区部署军队和设备，其
增长速度大大超过台湾方面在此地区的军事力量增长。美国人意识到，未
来对中国大陆领土的袭击"可能要付出很高的代价"。[②]

在 1954 年 8 月之前，美国不但从未做出对金马等沿海岛屿的承诺，而
且在尽可能地避免一切冲突，甚至对当地舰队司令官下达"如共产党开火，
不论任何情况都不能还击"的命令。[③] 8 月之后，虽然修改了命令，说可以
还击，但仍然很小心地不使还击具有进攻的意味。第一次台海危机发生后，
尽量维持战争的防御特点，维持冲突的局部化，是美国特别注意的一点。9
月 3 日，中国人民解放军对金门的炮击使美国意识到应采取一定的更为积极

---

① 1954 年夏，福建省第一届人民代表大会第一次会议全体代表决定"以坚决解放台湾和解放福
建省被蒋匪盘踞的金门、马祖等沿海岛屿为今后全省人民的中心任务，其他各项任务都要围
绕这一中心任务进行"（《福建省人民代表大会会议通过决议　坚决支援解放军解放台湾和沿
海岛屿》，《人民日报》1954 年 8 月 15 日）。1954 年 9 月的政府工作报告将解放台湾列为必须
完成的神圣事业，指出"中国人民一定要解放台湾。台湾一天不解放，我国的领土就一天不
完整，我国的和平建设环境就一天得不到安宁，远东和世界的和平就一天得不到保障"
（《政府工作报告（之二）》，《人民日报》1954 年 9 月 24 日）。

② The Ambassador in the Republic of China（Rankin）to the Secretary of State, June 22, 1954, U-
nited States Department of State, in *FRUS*, *1952 - 1954*, *China and Japan*（*in two parts*）,
Vol. 14, Part 1, p. 482.

③ Memorandum by Harry H. Schwartz of the Policy Planning Staff to the Director of the Staff（Bowie）,
Aug. 20, 1954, United States Department of State, in *FRUS*, *1952 - 1954*, *China and Japan*
（*in two parts*）, Vol. 14, Part 1, p. 543.

的反应，而不能只靠口头威胁来阻止中共的军事行为。但这种反应的限度应该是能达到成功防守这些岛屿的目的，而不是扩大冲突，因而仍要最大限度地使用国民党的军队，并继续避免做出守住或夺回任何岛屿的承诺。①

李奇微进而提出，应修改"与台湾的防御密切相关"这样含糊其词的说法，因为它很容易引起严重误解。认为金门防御"与台湾的防御密切相关"进而采取不当行动，会导致与中国大陆发生战争。如果美国做出防御金门的决定的话，在做出决定的同时就必须考虑立即采取一系列重要的行动，来应对与中国大陆的全面对抗和随时可能爆发的全面战争。这些行动至少应包括"向该地区部署必要的军队""扩大目前的军队""扩大训练基地""增加生产和收入"等。这些行动很必要，因为主要盟国不会同情美国对中国大陆采取这样的军事行动，不会向美国提供援助，很可能要由美国独自承受战争重担。②

远东指挥部总司令赫尔（John Edwin Hull）与李奇微一样对美国防御金马、大陈等沿海岛屿持反对态度。他认为，对这些沿海岛屿的成功防御最终取决于参与防御的国民党地面部队的能力和力量，如果这些地面部队不能担此任务，美国海空军的介入能否起到决定性作用就很令人怀疑。美国军队的介入就意味着与中国大陆发生战争，即便有心将其限制在有限作战的规模，恐怕后来的发展仍会失控。国民党丢失这些岛屿固然会打击士气，但倘若美国的介入也未能成功防御，那么这将会对美国在整个亚洲的威信产生灾难性影响。因而，如美国介入，就应为成功防御而不惜一切代价，包括必要时使用核武器。③

1954 年 12 月 2 日，美国和台湾当局签订了"共同防御条约"。美国在东南亚建起自己主导的对抗共产主义的战略体系，并通过台美同盟的建立，

---

① Memorandum by the Assistant Secretary of State for Far Eastern Affairs（Robertson）to the Acting Secretary of State, Sept. 4, 1954, United States Department of State, in *FRUS*, *1952 - 1954*, *China and Japan（in two parts）*, Vol. 14, Part 1, p. 543.

② Memorandum by the Chairman of the Joint Chiefs of Staff（Radford）to the Secretary of Defense（Wilson）, Sept. 11, 1954, Enclosure "B", United States Department of State, in *FRUS*, *1952 - 1954*, *China and Japan（in two parts）*, Vol. 14, Part 1, pp. 605 - 608.

③ Memorandum by the Chairman of the Joint Chiefs of Staff（Radford）to the Secretary of Defense（Wilson）, Sept. 11, 1954, Appendix to Enclosure "B", United States Department of State, in *FRUS*, *1952 - 1954*, *China and Japan（in two parts）*, Vol. 14, Part 1, p. 610.

将台湾也纳入其中。交涉过程中，蒋介石欲将金、马、大陈等"外岛"拉入条约，但未能如愿。对于美国是否负责协防国民党所占的大陆沿海岛屿问题，条约采用了含糊其词的说法。大陈等"外岛"距大陆海岸一臂之遥，对它们的干涉很容易引发同中华人民共和国的直接冲突，艾森豪威尔对此很是谨慎。在一次特别会议中，艾森豪威尔表示："我们现在不是在议论一场有限的'丛林'战，而是在议论跨进第三次世界大战的门槛。如果我们进攻中国，我们将不会如同在朝鲜那样，限制我们的军事行动了。""如果我们要进行一场全面战争，合乎逻辑的敌人将是苏联。"① 因此，在台美谈判"共同防御条约"的过程中，艾森豪威尔避免在公开场合宣布美国在台"外岛"问题上的决策。

据美国宪法，艾森豪威尔如不得国会许可，无权扩大第七舰队协防台澎命令的适用范围。同时，艾森豪威尔也认为如为保卫"外岛"不惜一战，绝不会得到国会支持，因而也不会向国会做此要求。但美国也不愿中华人民共和国获悉真实情况，故对"外岛"防卫问题，一般情况下美方的态度是不做肯定声明，而是让中共猜测。②

根据美国军方人士的估计，如中国大陆以全力来攻，除非美国愿冒全面战争之危险，否则即使有第七舰队协助亦不能守住外围岛屿。③ 这一观点为国务院所接受，解放军炮击金门后不久，美国即决定避免直接冲突，转而以外交手段争取使"外岛"继续为台所保有，炮制出由新西兰提出停火案的策略。10月，助理国务卿饶伯森奉命赴台与蒋介石进行了几次谈话，谈话中饶伯森与蓝钦等人便一再强调美国欲避免直接战争之意。谓"美方军事人员认为台湾守军与中共众寡悬殊，台湾将无法确守外岛"。即使第七舰队协防，也未必能确保"外岛"，除非美国与中共全面作战。这是艾森豪威尔总统所欲避免者。④ 美国的想法是借助联合国干预，使两岸停火，使台

---

① 《艾森豪威尔回忆录》（三），樊迪、静海等译，东方出版社，2007，第24页。
② 《蒋介石与饶伯森谈话纪录》（1954年10月13日），"外交——蒋中正接见美方代表谈话纪录（十）"，"蒋经国总统文物"，典藏号：005－010205－00072－002。
③ 《蒋介石与饶伯森谈话纪录》（1954年10月13日），"外交——蒋中正接见美方代表谈话纪录（十）"，"蒋经国总统文物"，典藏号：005－010205－00072－002。
④ 《蒋介石与饶伯森谈话纪录》（1954年10月13日），"外交——蒋中正接见美方代表谈话纪录（十）"，"蒋经国总统文物"，典藏号：005－010205－00072－003。

湾当局继续占据沿海岛屿。当然，虽经美国一再运作，其分裂中国的想法并未得逞，停火案遭到国共双方抵制（详下文）。

（三）侵略之名

战争是罪恶的，但在历史上非正义的侵略战争并非每次都能受到应有的谴责和制裁。人类在20世纪逐步建立起抵制侵略的国际共识，美国在该过程中起到重要作用。1928年8月27日，法国外长白里安在巴黎促成《非战公约》的达成，首次奠定了国家间互不侵犯的国际法基础，倡导和平解决争端。1933年2月，苏联在国联会议上建议制定"侵略"定义。二战前后，随着美国国际社会地位的不断提高以及在反法西斯战争中重要性的不断增强，它在构建新型国际秩序中的作用也更为显著。1937年，罗斯福总统在芝加哥演说，指出"必须唤起世界的道德良心，使它认识到尊重条约的神圣义务、尊重他人的权利和自由、终止国际间的侵略行为"。[1] 1941年8月14日，罗斯福、丘吉尔会谈后公布联合声明，即《大西洋宪章》，声明两国不追求领土或其他方面的扩张，不同意未经有关民族同意的领土变更。[2] 1942年1月1日，美、英、苏、中、澳、比、加等26国发表联合国家宣言，共同声明赞同《大西洋宪章》之目的原则，其后又有21国加入。[3] 1943年夏，美国又与英国商谈如何惩治战争罪行，并于1944年1月与其他15国成立战争罪行委员会。1945年10月以后，美国更在旨在促进国际合作、实现国际和平的联合国中发挥关键作用。应该说，在建立抵制侵略、倡导和平的国际共识和新秩序的过程中，美国是主要的发声者和行动者之一。为维护自己的国际形象、减少国内外舆论压力，美国的外交决策中有一项不言自明的准则，就是尽量避免给人以侵略别国领土、干涉别国内政的口实。但在1950年代中期中国沿海岛屿问题上，美国一度被重重扣上侵略的帽子。

为对解放军造成压力，阻吓中央军委解放沿海岛屿，美国曾在台海危机爆发之前就向大陈等沿海地区派遣了军队和飞机。但美国的震慑没有使

---

[1] 关在汉编译《罗斯福选集》，商务印书馆，1982，第154页。
[2] 世界知识出版社编《国际条约集（1934~1944年）》，第337~338页。
[3] 世界知识社编辑《反法西斯战争文献》，编者印行，1955，第34~36页。

中共畏惧，中共充分利用媒体，对美国的干涉和侵略进行了宣传，使美国不得不背负舆论压力，受制于侵略之名。1954 年 3 月 23 日，国民党派遣美国制造的飞机侵入福建沿海和内地达十三批十六架次。6 月 1 日，美国第七舰队的两艘航空母舰、一艘巡洋舰、六艘驱逐舰侵入大陈岛海面，美国飞机有四十九批一百三十四架次在大陈岛附近进行盘旋。[①] 8 月 19 日，美国巡洋舰一艘、驱逐舰一艘、护航驱逐舰四艘，军用飞机四十余批一百六十余架次，与盘踞在大陈岛的残余蒋军在浙江以东海面活动。其中有一批四架飞机，侵入浙东温岭以东海面上空及松门以北十公里地区上空进行侦察。[②]《人民日报》对美国行动的报道，对具体数据的公布，使美国干涉中国内政、侵略中国主权的罪行昭然于世。

在利用国内媒体充分进行宣传和抨击之外，中央军委还通过军事行动吸引国际舆论的关注。1954 年 9 月，炮击金门之举成功地吸引了大量外国记者和媒体，给美国施加了相当的压力，艾森豪威尔称这是他执政 18 个月以来遇到的最严重的问题之一。[③]

1954 年 11 月，台美 "共同防御条约" 即将最终达成。《人民日报》指出，"美国企图利用这种条约使它长期侵占中国领土台湾等岛屿的活动合法化，并且阴谋进一步干预中国人民解放沿海岛屿"。并披露《华盛顿邮报》的消息，指出早在艾森豪威尔上台之初，美国对金门岛和大陈岛就开始公开供应武器，鼓励国民党在这些岛上建立防务系统，甚至直接参加这项工作。[④]

中国共产党对美国干涉中国内政、侵略中国主权的事实进行及时而具体的报道宣传，利用精心策划的大规模军事打击扩大国际影响，对美国长期控制台湾、进一步干涉沿海岛屿解放的企图进行揭发，引起不少国际媒体的同情和声援，使美国面临自食其言、形象大毁的危险，增加了美国决策层的心理压力。

———————————

① 《不能容忍美蒋匪帮的侵略罪行和海盗罪行》，《人民日报》1954 年 7 月 16 日。
② 《美国海空军勾结蒋匪侵犯我浙东沿海地区　美国太平洋舰队司令和海军人员到台湾进行阴谋活动》，《人民日报》1954 年 8 月 20 日。
③ 德怀特·D. 艾森豪威尔：《受命变革》，第 518 页。
④ 《美国加紧和蒋贼谈判缔结军事侵略条约》，《人民日报》1954 年 11 月 29 日。

面对侵略事实，面对中共及国际舆论压力，陆军参谋长李奇微就有受制于"侵略"之名的心理。他指出，若授权指挥官根据自己的判断对构成重大威胁的中共的军事活动进行打击的话，会使美国海空军对中国大陆采取直接行动，并可能使用核武器。"不管这些行动在军事上多么合理，都会构成美国的侵略行为。"在全世界眼里，美国发动对中国大陆的战争是"有罪的"。①

（四）盟国的反对

为与苏联为首的社会主义阵营抗衡，谋取世界霸权地位，1950 年代前期，美国致力于亚太集体安全保障体系的建立。自 1950 年开始实施"太平洋协定"构想到 1954 年建立东南亚条约组织，美国在亚太构筑起抵御苏联军事威胁的盾牌。在美国对亚太的政策中，核心内容是构筑和维护亚太沿海岛屿防卫链，要达到这样的目的重要的一点就是与英联邦各成员国合作，特别是澳大利亚、新西兰等太平洋沿岸的英联邦国家。台海危机发生后，关于对沿海岛屿政策的问题美国不只是在内部进行了激烈讨论，而且与英国、新西兰等国也进行着密切沟通。而英、新等国均不希望事态扩大。

普遍而言，西欧、南亚、东南亚国家认为，国民党集团只是过去的残余势力，如果他们想返回大陆，没有多少人会支持他们。东南亚国家更对战火燃烧到自己存有畏惧。因此，这些国家对美国可能会扩大远东对抗局势的行为很是敏感。② 加之，英国已承认新中国，英、印、新等英联邦国家不想在沿海岛屿问题上触动中华人民共和国的底线，不赞成盟国为将集聚太多敌意的"保卫"沿海岛屿而战。英、印认为美国确保沿海岛屿是个糟糕的、具有挑衅性的建议。③ 第一次台海危机发生后不久，杜勒斯就在备忘录中指出，"几乎可以肯定，在当前形势下，参与对金门等岛屿的防

---

① Memorandum by the Chairman of the Joint Chiefs of Staff（Radford）to the Secretary of Defense（Wilson），Sept. 11，1954，Enclosure "B"，United States Department of State, in *FRUS*，*1952 – 1954*，*China and Japan*（*intwoparts*），Vol. 14，Part 1，p. 608.

② Statement of Policy by the National Security Council，Nov. 6，1953，United States Department of State，in *FRUS*，*1952 – 1954*，*China and Japan*（*in two parts*），Vol. 14，Part 1，pp. 324 – 325.

③ Special National Intelligence Estimate，Sept. 4，1954，United States Department of State，in *FRUS*，*1952 –1954*，*China and Japan*（*in two parts*），Vol. 14，Part 1，p. 569.

御会产生对我们不利的国际舆论，并严重损害我们与欧洲及澳大利亚、新西兰①的同盟关系。这更为真实，因为可能导致我们首先使用核武器"。②

9月24日，杜勒斯在第215次国家安全会议上提出，他已就沿海岛屿问题在联合国并于上周五在伦敦与英外交大臣艾登展开全面讨论，艾登在考虑了几天之后，托人答复杜勒斯说，虽然他认为美国反对中共夺取台湾的立场在联合国会得到广泛支持，但防守金门之事不会得到许多支持。③ 9月29日，经过两周的商谈后，杜勒斯与艾登达成共识，认为为维持现状应该把此事提交联合国安理会，以便为安定局势促成下一步行动。如果局势不能稳定，英美将不得不为守卫沿海岛屿与中共作战，或者接受"自由世界"威望下降和台湾安全受到的威胁。艾登提出，英国希望能邀请中共代表出席安理会阐述意见。新西兰使馆一秘科纳（Frank Henry Corner）直接指出若不进攻大陆，金门很可能是守不住的。④

11月10日，英国驻印度专员克拉特巴克（Clutterbuck）致函英联邦关系部（Commonwealth Relations Office），提到日前他与印度总理尼赫鲁（Jawaharlal Nehru）就金门与台湾问题进行了交谈。尼赫鲁认为当前局势是微妙的，在与北京方面的接触中，中共领导人均能冷静而公正，但台湾问题是唯一的例外。中华人民共和国不打算继续忍耐，但他们只想控制沿海岛屿，并不想攻击台湾岛。因为他们很清楚，攻击台湾岛会引发战争。尼赫鲁表示自己已经并仍将尽力缓解紧张局势。⑤ 美国意识到，若采取协防金

① 1951年9月1日，美国与澳大利亚、新西兰在旧金山签订《太平洋安全保障条约》，或称《澳新美安全条约》（ANZUS），该条约于1952年4月29日生效。此条约下所有签署国承认在太平洋地区对任何一方的攻击将危害他方的和平与安全，声明若任一方认为自己在太平洋地区的领土完整、政治独立或安全受到威胁时，各方将一同协商。

② Memorandum prepared by the Secretary of State, Sept. 12, 1954, United States Department of State, in *FRUS*, *1952 - 1954*, *China and Japan*（*in two parts*），Vol. 14, Part 1, p. 611.

③ Memorandum of Discussion at the 215th Meeting of the National Security Council, Washington, September 24, 1954, United States Department of State, in *FRUS*, *1952 - 1954*, *China and Japan*（*in two parts*），Vol. 14, Part 1, pp. 659 - 660.

④ Memorandum of Conversation, by the Director of the Policy Planning Staff（Bowie），Sept. 29, 1954, United States Department of State, in *FRUS*, *1952 - 1954*, *China and Japan*（*in two parts*），Vol. 14, Part 1, pp. 667 - 668.

⑤ The British High Commissioner in India（Clutterbuck）to the Commonwealth Relations Office, Nov. 10, 1954, United States Department of State, in *FRUS*, *1952 - 1954*, *China and Japan*（*in two parts*），Vol. 14, Part 1, pp. 893 - 895.

门的政策，美国将在没有盟国支持的情况下对抗中国大陆，[①] 并在远东政策上使美国与英、印的分歧尖锐化。[②]

（五）美国借助联合国意图的失败

台海危机发生后，在对中国沿海岛屿的解决方案的讨论中，美国政府内部有人建议，将其交联合国安全理事会处理。台海危机发生后，此种方案有了更多的讨论。他们的理由是，中国共产党炮击金门是以武力夺取台湾计划的一部分，而美国对台湾的防御公开表示过承诺，因此，这种情况就不只是内战问题，而是威胁到世界和平的国际问题。联合国安理会若能接手此事，美国不但能以《联合国宪章》第 40 条[③]为由，采取"临时行动""阻止局势的恶化"，且能严重破坏中苏关系。因为，不论苏联对此项动议采何种态度，都将对中苏某些方面有所损害：若苏否决，会不利于其"和平攻势"，从而使苏失去舆论支持；若苏不否决，中国共产党则可能做出敌对反应，从而在国际上陷于孤立。他们预测联合国干预的最终结果，"如果苏联同意的话，可能是台湾和澎湖列岛的独立"；如果联合国的裁决被拒绝接受，或者它的建议被苏联或中共否决，那么"自由世界"将在道义上恢复地位，对台海的军事措施"在很大程度上也会得到国际社会道义上的支持"。[④]

美国的设想是借新西兰之口向联合国安理会提出，且尽力使停火案简单化，以免节外生枝。为实现自己的目的，美国提前做了许多工作：对英交涉，望其能配合美国，将议题限于"外岛"停火，而不涉及任何相关的政治议题；与台湾当局交涉，望其充分了解美国用意，保证他们不在安理会否决此案。

1954 年 10 月，了解此事后，蒋介石明确表示，"纽西兰提案对中美皆

---

① 德怀特·D. 艾森豪威尔：《受命变革》，第 522 页。

② Special National Intelligence Estimate, Sept. 4, 1954, United States Department of State, in *FRUS, 1952 – 1954, China and Japan* (*in two parts*), Vol. 14, Part 1, p. 569.

③ "为防止情势之恶化，安全理事会在依第 39 条规定作成建议或决定办法以前，得促请关系当事国遵行安全理事会所认为必要或合宜之临时办法。"（余先予主编《国际法律大辞典》，湖南出版社，1995，第 276 页）

④ 《杜勒斯备忘录》（1954 年 9 月 12 日），载陶文钊主编《美国对华政策文件集（1949 ~ 1972）》第 2 卷（上），第 255 页。

无一利而只有百害。最好请美竭力劝阻不提、根本打消，此为第一希望"。如不能劝阻，则应申明台湾当局被中华人民共和国"侵略"之意，且应于停火案发表时，美国发表正式声明，表示台美正积极进行互助协定交涉，其原则大体已获同意。① 为说服台湾方面充分理解美国意图，并予接受和配合，美国方面多次与蒋介石、叶公超、顾维钧等人交涉。强调"纽西兰决议案之目的，在终止中共最近所发动之战争，由于美国承诺保卫台湾，此项战事对于美国实为潜在的威胁"。倘美国"主动扩大该决议案，则必引起一连串之反建议案"，可能使连带的各种问题被卷入安理会的辩论之中。因此为减少提案阻力，美国不拟使该决议谴责中华人民共和国为侵略者。至于"台美条约"是否能在蒋介石所期望的时间内迅速签订，也是个问题。为使该约在国会顺利通过，杜勒斯需根据11月国会议员选举结果，与参议院中共和党及民主党领袖做私人交谈，而在私人交谈之前，不宜公开发表互助条约之事。② 同时，为打消台湾当局疑虑，美国方面也向其表明，自己已做通英国方面的工作，使英国同意将停火案讨论内容限于"外岛"停火一点，而不涉及更广范围之任何政治问题。③

助理国务卿饶伯森等人专就此事与蒋介石等人进行多次交谈，欲使蒋相信停火案将有利于台湾，而并非如其所想的"百害而无一利"。他们指出，停火案若能通过，则"外岛"将继续由台湾方面所保有；更大可能是被中共拒绝，那时于台湾无损，而苏联、中共将成"和平罪人"，要承担一切战争责任。④ 艾森豪威尔与杜勒斯认为将"外岛"包括在条约中，恐不能得到国会批准。以停火案维持"外岛"在台湾手中，乃为一巧妙办法。⑤ 在利诱的同时，也有威压。饶伯森指出，美国在尽量劝告新西兰，使其提案

---

① 《蒋介石函叶公超、顾维钧》（1954年10月14日），"筹笔——戡乱时期（二十三）"，"蒋中正总统文物"，典藏号：002-010400-00023-031。
② 《杜勒斯电叶公超》（1954年10月14日），"外交——国际情势与中国安危"，"蒋经国总统文物"，典藏号：005-010205-00035-009。
③ 《蒋介石与饶伯森谈话纪录》（1954年10月13日），"外交——蒋中正接见美方代表谈话纪录（十）"，"蒋经国总统文物"，典藏号：005-010205-00072-002。
④ 《蒋介石与饶伯森谈话纪录》（1954年10月13日），"外交——蒋中正接见美方代表谈话纪录（十）"，"蒋经国总统文物"，典藏号：005-010205-00072-002。
⑤ 《蒋介石与饶伯森谈话纪录》（1954年10月13日），"外交——蒋中正接见美方代表谈话纪录（十）"，"蒋经国总统文物"，典藏号：005-010205-00072-003。

文字不伤害台湾当局。新西兰和中华人民共和国均不知艾森豪威尔总统无权扩大对第七舰队的命令，但若中共决心攻占一岛，而见美国并未协防，则必会将其余岛屿悉数攻占。蒋介石则表示，"无论有无美国之援助，吾人必须作战到底，准备作最后之牺牲"。①

当时，台美"共同防御条约"正在交涉之中，这一条约是近年来台湾当局重大的外交目标之一，将台澎安危捆绑在美国这条大船之上，对于缓解台湾军事压力、鼓舞台湾民心士气都将是一剂猛药。而此种情势对蒋介石等人来说，是一种无形的压力。经过多次谈话，蒋介石虽显无奈，却一直坚持停火案不应提出，且始终指示外交人员尽力劝阻美国不使新西兰提出此案。直到新西兰在联合国提出提案当日，叶公超、顾维钧等人还在同饶伯森交涉，指出停火案提出时台湾当局原有固守大陈决心，现在已决定退出大陈，一时也不拟反攻，即使反攻也会与美方事先洽商，停火案更无提出必要。② 但美国最终并未考虑台湾当局的感受。

1955 年 1 月 18 ~ 20 日，在华东军区参谋长张爱萍的指挥下，解放军陆海空军对大陈附近的小岛——一江山岛展开协同作战。19 日，艾森豪威尔在记者招待会上说，他愿意看到联合国进行"斡旋"，来"停止中国沿海的战斗"。③ 但他也表示，不确定联合国能起到多少实际的作用，因为战争双方很有可能坚持它只是一个内部问题。④ 28 日，新西兰政府抛出停火案，向联合国安全理事会建议，为避免"可能威胁国际和平和安全的保障"的敌对行为继续发展，应举行会议讨论中华人民共和国和国民党集团"在中国大陆沿海附近的某些岛屿的地区发生武装敌对行动"的问题。⑤

在新西兰正式提出议案之前，各国媒体已开始议论纷纷。一江山岛被解放军占领后，美国在大陈附近部署舰队，艾森豪威尔发表建议使用武力

① 《蒋介石与饶伯森谈话纪录》（1954 年 10 月 13 日），"外交——蒋中正接见美方代表谈话纪录（十）"，"蒋经国总统文物"，典藏号：005 - 010205 - 00072 - 004。
② 《叶公超等电蒋介石》（1955 年 1 月 28 日），"对美关系（七）"，"蒋中正总统文物"，典藏号：002 - 090103 - 00008 - 015。
③ 《美国阴谋利用联合国干涉我国解放台湾加紧安排对中国人民进行新战争挑衅》，《人民日报》1955 年 1 月 25 日。
④ The President's News Conference of Jan. 19, 1955, in *Public Papers of the President of the United States* (Washington: U. S. Government Printing Office, 1960).
⑤ 《联合国应该要求美军从台湾地区撤走》，《人民日报》1955 年 1 月 31 日。

的咨文。24 日，周恩来总理兼外长发表声明，宣告："中华人民共和国政府绝对不能同意同中国人民所唾弃了的蒋介石卖国集团实行所谓停火。""中国人民必须解放台湾，美国必须停止对中国内政的干涉，美国的一切武装力量必须从台湾和台湾海峡撤走。"① 25 日，《人民日报》对美国的企图进行了揭露，指出美国试图借联合国实行干涉：一来使自己不再背负干涉与侵略之名；二来可使两岸隔离，而美国得以长期控制台湾；三来可获得化被动为主动、"化侵略为道义"的转机；四来可打开将联合国卷入另一个"朝鲜战争式的冲突中去"的口子。② 25~26 日，以苏联为首的国家纷纷发文谴责美国的侵略行为。维·波罗夫斯基在《真理报》发表文章，抨击美国干涉中国内政，并准备直接对中国动用武力，扩大对中国的侵略。捷克斯洛伐克电台就美国要求通过联合国"斡旋台湾停火"的问题发表评论。伦敦的《工人日报》以"蛮横无理得没有边了"为题发表社论，评论艾森豪威尔的特别咨文。保加利亚的《祖国阵线报》、阿富汗的《革新报》、印度尼西亚的《印度尼西亚新闻》也纷纷发文谴责美国支持国民党发动战争，并欲利用联合国进行一场朝鲜战争式的侵略。③ 随后，越南、匈牙利、印度等国也发出对美国的谴责之声。

联合国安理会中，苏联指控美国在台湾地区制造紧张局势，要求美国立即停止对中国的侵略和对中国内政的干涉，并从台湾和属于中国的其他一切领土撤退美国军队。1 月 30 日，苏联驻安理会副代表索波列夫要求安理会召开紧急会议，考虑美国在台湾地区对中国的侵略行为。④ 31 日，安理会决议将新西兰和苏联的提案都列入议程，并邀请中华人民共和国代表参加停火案的讨论。2 月 3 日，周恩来复电，拒绝安理会的邀请，表示坚决反对停火案，指出"在没有中华人民共和国的代表在联合国安全理事会代表中国参加讨论的情况下，安全理事会对有关中国问题的决定都是非法的、

---

① 《坚决反对美国的战争挑衅》，《人民日报》1955 年 1 月 29 日。
② 《美国阴谋利用联合国干涉我国解放台湾加紧安排对中国人民进行新战争挑衅》，《人民日报》1955 年 1 月 25 日。
③ 《各国舆论谴责美国干涉我国内政》，《人民日报》1955 年 1 月 28 日。
④ 《安全理事会必须讨论苏联的建议》，《人民日报》1955 年 2 月 1 日。

无效的"。① 台湾方面为尽快签订"台美条约"，虽未对停火案进行足够强硬的抗议，但始终不赞成此案。最终尽管该案仍然被提出，台湾当局也表达了不满。2 月 8 日，蒋介石在"总统府"发表长篇演说，抨击新西兰停火案，称"这样'停火'的结果，不是挽救世界和平，而是断送世界和平"。② 在此情形下，该案无法进行，只得休会。

其后杜勒斯虽仍有推动停火案之心，但英国态度已有转变。4 月，周恩来在万隆会议上发出中国政府准备同美国政府谈判和缓远东紧张局势，特别是和缓台湾地区紧张局势的声明，引起美国内部的混乱和意见分裂。台海危机解除，停火案由此长久搁置。

（六）台湾当局的苦撑与撤退

不惜成本地保留远离台湾岛的大陆附近"外岛"，蒋介石的意图是明显的，就是要进而为其"反攻大陆"计划做准备，退而为台澎的安全保留一道屏障，并有证明"法统传承"、安抚人心之意。

1949 年国民党陆续撤退台湾，但仍在大陆保留了情报人员和游击队。③ 国民党当局千方百计与这些人员保持联络，指挥他们搜集情报、散布传单，并对大陆进行袭扰。蒋介石认为这是"反攻之先，最重要之一着"。④ 与大陆十分接近的沿海岛屿不但便于伞兵游击队的运用，也是国民党海陆空军队得以不断袭扰沿海交通及大陆目标的基地。国民党军队在正面交火之外，还利用"外岛"不断对大陆进行小股袭扰。1951 年 9 月，胡宗南化名秦东昌，被派赴大陈成立"江浙人民反共游击总指挥部"。1952 年初，国民党又以"以大吃小，速进速退"的新战术，集中相对优势兵力，选择大陆海防

---

① 《周恩来给联合国秘书长的复电》（1955 年 2 月 3 日），载国务院台湾事务办公室研究局编《台湾问题文献资料选编》，第 79 页。

② 《当前国际局势》，载秦孝仪主编《先总统蒋公思想言论总集》卷 26，第 261 页。

③ 国民党当局声称在大陆保留 150 万人的游击队，实际没有那么多。经中国人民解放军的有效行动，1951 年 12 月时，美国中情局估计大陆还有国民党散兵游勇 16.5 万人。见 Letter From Director of Central Intelligence Smith to Secretary of Defense Lovett, December 11, 1951, in *FRUS*, *1950 - 1955*, *The Intelligence Community*, *1950 - 1955*, pp. 230 - 232。参见 https：//history. state. gov/historicaldocuments/frus1950-55Intel/d98。该文件并未在已出版的 *FRUS* 中收录。

④ 《蒋介石日记》，1951 年 3 月 23 日。

薄弱点实行"打了就跑"的袭击。① 同时，若与解放军交战失利，"外岛"也可以作为保卫台澎的第一道屏障和有效防线。蒋介石曾声言："今日东南亚的金门，可比之如今日欧洲的西柏林及第二次世界大战期间的马尔太岛，这是一座反共的堡垒。""如果金门失守，马祖亦势必难保"，而台湾的"堤防亦将崩溃"。②

这些小岛的存在，还为蒋介石设置所谓的"福建省政府"和"浙江省政府"制造了理由。国民党为延续"法统"传承，在行政与党务方面均设置了中央与地方各级区划。1952 年 9 月，国民党当局以胡宗南为"省主席"在大陈岛设置"浙江省政府"，之下划分温岭、临海、平阳、玉环等四县及渔山、竹屿两个管理局③。实际上大多"县"尚未能包括原来一个完整的乡的建制。虽然所谓"浙江省政府"和"福建省政府"只管辖了少数小岛，但国民党当局把它们的成立视为"反攻大陆准备开始"，打算在未来部队登陆时，"省政府"随陆军登陆，以作为其他地区的示范。④

因此，"在以'反共复国'为基本政策的蒋介石当局的军事政治棋局中，'外岛'的地位和价值远远高于美国政府对它的认识和估量"。⑤ 在所有这些国民党所据岛屿中，大陈的地位是相当重要的。从蒋介石在这些沿海岛屿的军队和游击队部署来看，大陈的重要性仅次于金门。1954 年 9 月第一次台海危机发生时，国民党在大陈有大约 1 万人的正规军和 1000 人的游击队，附近小岛的游击队还有 3000~4000 人；南麂山有 3000 名正规军和1300 人的游击队；马祖和白犬有 5000 名正规军；金门有 4.3 万名正规军和1.1 万名游击队员。⑥

台湾当局在许多场合建议将沿海岛屿的防御与台澎融为一体，将沿海岛屿的防御部队与台湾岛的部队连为一体，形成统一的作战部队。但美国

---

① 徐焰：《五十年代中共中央在东南沿海斗争中的战略方针》，《中共党史研究》1992 年第 3 期，第 54 页。

② 王蓝：《蒋总统与中国》，台北：黎明文化事业出版社，1975，第 195 页。

③ 两管理局存在时间不长，便被撤销，改制为渔山乡和中兴村，分别并入临海县、温岭县。

④ 周宏涛口述，汪士淳撰写《蒋公与我：见证中华民国关键变局》，第 258 页。

⑤ 余子道：《第一次台海危机与台美关系中的"外岛"问题》，《军事历史研究》2006 年第 3 期，第 68 页。

⑥ Special National Intelligence Estimate, Sept. 4, 1954, United States Department of State, in *FRUS*, *1952-1954*, *China and Japan* (*in two parts*), Vol. 14, Part 1, p. 564.

并不愿扩大目前的训练计划，不愿将岛上的军队都包括到美国的计划中来。1953 年 4 月，美国参谋长联席会议指示雷德福，只有在台澎"同时遭到攻击时，美国军队才可以参与对中国国民党占领的其他岛屿的防御"。① 5 月 21 日，台湾当局向美国提交 1954 年共同防御援助计划建议概要，在所附备忘录中提出将沿海岛屿置于美国军事援助计划之下。② 此举自然也没有得到积极回应。

因美国政府始终没有将尚在国民党手中的沿海岛屿列入协防范围，且不允许将军援物资直接使用于这些岛屿，国民党的防御力量并不很强。1953 年 5 月，人民解放军加紧了收复沿海岛屿的行动。5 月 25～31 日，国民党军方代表与美军方进行了讨论，台湾当局迫切希望美国就"哪些具体条件可以解释为进攻台湾的严重威胁，可以成为立即动用美军积极参加防御的信号"进行表态。然而，得到的仍然只是"在遭受攻击的情况下进行防御"这样的一般性回答。③ 由于美国没有积极参与防御，国民党军无法抵御来自大陆的进攻。5 月至 8 月间，中国人民解放军相继解放了北部和中部没有防守或防守薄弱的许多小岛。1954 年 5 月以后，解放军再次对沿海岛屿频频采取行动，占领了距大陈 20 公里以内的一些岛屿。

1954 年 9 月台海危机发生后，美国内部在热烈讨论之后，莫衷一是，于是主张由联合国大会干涉、强迫金厦停战，以解自己的两难之围，蒋介石认为这是"美共之潜力未消与民主党台湾中立化阴谋之表现"。④ 在当时国共对立的情势下，蒋的用词与语言常有偏激之态，但其对美国意图的判断总体还是正确的。美国不想卷入战争，不想以过激行动给英苏等国以口实，因而欲借联合国实现停火、保全台湾，同时制造两岸分离之实。在主

---

① The Joint Chiefs of Staff to the Commander in Chief, Pacific (Radford), April 6, 1953, United States Department of State, in *FRUS, 1952 – 1954, China and Japan* (*in two parts*), Vol. 14, Part 1, p. 173.

② The Ambassador in the Republic of China (Rankin) to the Department of State, Jun. 21 [22], 1953, United States Department of State, in *FRUS, 1952 – 1954, China and Japan* (*in two parts*), Vol. 14, Part 1, pp. 233 – 234.

③ The Chargé in the Republic of China (Jones) to the Department of State, Jun. 19, 1953, United States Department of State, in *FRUS, 1952 – 1954, China and Japan* (*in two parts*), Vol. 14, Part 1, p. 212.

④ 《蒋介石日记》，1954 年 9 月反省录。

流意见倾向于依靠联合国干涉实现停火的同时，美国减缓了对台援助行动，并更为明显地流露出要防范国民党"反攻大陆"的意图。

蒋介石看到美国"以避战自保苟安自得为主"的现实政策，决心"彻底觉悟"，力求"自强、独立、复国"。他分析世界大战不会在十年内发生，即使在近期发生，也必然是"先欧后亚，徒以我为邻壑，最后仍必受其白人支配统制，故大战于我无益，且于我无关"。因此，应放弃借世界大战之机打回大陆的想法，"积极建立本身实力，埋头忍痛，加强基地，使之巩固不拔，以待乘机反攻"。①

11 月 1 日，为支援苏联在联合国重提美国侵华案，并试探美国对大陈岛的态度，中国人民解放军开始轰炸一江山岛。5 日，美国国会选举结束，两院皆由民主党控制，能给蒋介石更多支持的共和党失去了在两院的主导权。

1955 年 1 月，台湾当局军队在浙东岛屿岌岌可危。11 日，蒋介石电叶公超，嘱其见雷德福将军时，务请美国对大陈应否固守以及如何固守速做最后决定，以便台湾方面有所准备。蒋介石分析双方军力，认为"大陈实无单独防卫之可能，而且违反我战略之原则"。如照目前美国态度，大陈断难守住。若大陈丢失，则"不惟我国士气民心对以后其他岛屿与台湾产生重大之影响，即美国在东方之威望与信誉亦将遭受莫大之打击"。②

1 月下旬，艾森豪威尔致美国国会报告，指出虽然自己无意于扩大美国的防御范围，但"非常遗憾的是，针对那一地区的武装进攻威胁迫使我们考虑与此密切相关的地区和行动，这些地区和行动在目前的情势下可能会决定该进攻的成败"。③ 为此，艾森豪威尔向国会递交"授权总统使用武装部队协防台澎有关地区案"（又称"台湾决议案""福摩萨提案"），授予总统处理"外岛"问题的机动权。面对台湾"外岛"危机，美国国会很快批准了台美"共同防御条约"和"台湾决议案"，将金门、马祖等"外岛"

---

① 《蒋介石日记》，1954 年 10 月反省录。
② 《蒋介石电叶公超》（1955 年 1 月 11 日），"一般数据——民国 44 年"，"蒋中正总统文物"，典藏号：002 - 080200 - 00351 - 012。
③ 《美国防御福摩萨的政策——总统致国会》（1955 年 1 月 24 日），载陶文钊主编《美国对华政策文件集（1949～1972）》第 2 卷（上），第 430～431 页。

的安危与台湾岛的防御联结在一起。

相隔仅有十余公里的一江山岛是大陈的门户，在解放军对一江山岛的密集进攻下，台湾方面乱了阵脚。经"西方公司"整训的突击大队主力第四大队被调防到一江山岛，登陆排也被调来加强防务。台"国防部长"俞大维亲赴一江山岛鼓舞士气。但终未能挽回颓势。1955 年 1 月 18 日，解放军海陆空军对一江山岛联合作战，20 日，该岛为解放军攻克。这一胜利不但证明了新创建的中国人民解放军海空军具有不可低估的力量，同时使大陈失去外围屏障，解放军火炮射程可覆盖大陈岛。

19 日，在一江山岛即将丢失的时刻，蒋介石指示叶公超面晤杜勒斯，请美方对大陈问题明确表态，并请艾森豪威尔、杜勒斯及其他负责官员勿再做影响大陈军民心理之声明。杜勒斯答应允予考虑，当日中午与雷德福面见艾森豪威尔商谈。下午，杜勒斯面告叶公超，艾森豪威尔建议：台湾方面自大陈自动撤退，美可予以海空军掩护。① 在这次谈话中，杜勒斯甚至建议同时撤出马祖的台湾当局驻军，称美国不可能将防卫范围扩展至马祖，该岛最终也无法防守。台湾当局的军队集结和平衡部署的范围只可能在台湾岛、澎湖和金门之间。"坚守其他沿海岛屿，只可能造成国民党兵力的过分延伸。""为防守一群石块而出动主力毫无意义。"② 无奈之下，台湾当局起草了一份声明，表明要重新部署驻扎于大陈等地的军队，弃守大陈。但为尽可能减少对台湾民众和官兵的心理影响，并挽回一些面子，台湾方面有意公布台美即将结成军事同盟之事。当然，对此事的公布应征求美方同意。1 月 27 日，叶公超、顾维钧将台湾当局关于重行部署大陈驻军之声明大意面告饶伯森。28 日，叶、顾面见杜勒斯，杜勒斯提出：（1）台美"共同防御条约"尚未通过，声明中提及该约之处不宜予人以该约业已成为事实之印象；（2）"提及为保卫台澎所必守之外岛时不宜指出金门、马祖等具体名称"，应引用美国国会授权之文字；（3）"倘提及中美两国关系时似应

---

① 《金门马祖外岛防御问题》，"外交部档案"，馆藏号：11 - 10 - 08 - 01 - 016。
② 《国务院谈话备忘录》（1955 年 1 月 19 日），载陶文钊主编《美国对华政策文件集（1949 ~ 1972）》第 2 卷（上），第 409 页。

着重过去两国之悠远友好关系。"①

美国不主张为大陈牵动太多的力量或是为其承担风险，也不赞成台湾方面提前透露"共同防御条约"即将签订，即便这一消息会大大减轻台湾军民面对大陈撤退时产生的惶恐不安，然而这些并不代表美国对台支持的任何减弱。相反，美国为应对台海危机、确保台澎安全，启动了一项前所未有的授权。24 日，艾森豪威尔致函国会，要求授权总统在保卫台湾问题上拥有使用美国武装的权力。几天后，国会迅速通过了"台湾决议案"，参众两院决定授权美国总统，为确保台湾、澎湖不受武装进攻，在他认为必要时，得使用美国武装力量。

2 月 5 日，台湾当局开始实施从大陈岛全面撤退的行动。当日，美国政府发表声明：

> 中华民国政府兹已通知美国政府将其台湾以北二百英里之大陈附近岛屿部队重予部署，转移其他地区。并商情美国部队对于协助及掩护此项军队部署及愿离该岛平民之撤退予以协助。美国政府爰已下令第七舰队及其他美国部队协助此项动作。
>
> 美国政府并曾向中国政府申明为 1955 年 1 月 29 日国会所通过之决议案以确保台湾起见，凡认为对于确保台湾澎湖系属必要，现在中华民国政府统治下之有关地区及领土，美国政府协助中华民国政府予以防御。
>
> 美国政府希望此等步骤对于使共党停止攻击及恢复西太平洋和平与安全将有裨助。②

美国声明先行发出了，而台湾方面声明的措辞还未能在台美间达成共识。2 月 5 日，经"行政院副院长"黄少谷修改后的声明稿为：

> 中华民国政府为适应战略之要求，经本中美两国共同防御西太平洋两国领土之精神，与美国政府会商后，决定重行部署外岛军事，将

① 《叶公超等电蒋介石》（1955 年 1 月 28 日），"对美关系（七）"，"蒋中正总统文物"，典藏号：002 - 090103 - 00008 - 016。

② 《金门马祖外岛防御问题》，"外交部档案"，馆藏号：11 - 10 - 08 - 01 - 015。

大陈岛屿之驻军转移使用于金门、马祖等重要岛屿，以集中兵力，增强台湾澎湖及其外围岛屿之防务……①

6日，蓝钦看到修改后的声明稿，提出第一段仍有金门、马祖等字样，紧接"与美国政府会商"一语之后，恐美国政府难以同意。蓝钦表示要将该稿全文电达国务院，征求意见，但俞鸿钧、黄少谷、沈昌焕等人认为美方关于此事之声明业已发表，陆续见报，台湾方面的声明亟宜及早发表，至迟应于7日晨见报，而6日为星期日，美政府首脑或不在华盛顿，不能即刻答复，或答复而不表同意，但声明不能再等。于是将"与美国政府会商"从第一段抽出，另列为第二段，以示将大陈岛驻军转移于金门、马祖系台湾当局本身之决定，与美国无关。并拟待6日午夜，如美方仍无答复，或答复而不表同意，即将修正稿发表。于是，6日台湾当局终于将声明发出，如下：

中华民国政府为适应抵抗国际共产集团侵略之新形势，决定重行部署外岛军事，将大陈岛屿之驻军转移使用于金门、马祖等重要岛屿，以集中兵力，增强台湾澎湖及其外围岛屿之防务。

中华民国政府本中美两国共同防御西太平洋区域两国领土之精神，关于将大陈岛屿驻军转移使用一节，曾与美国政府举行会商。

美国政府为增进中美两国保卫台湾澎湖之密切合作，经向中华民国政府申明，凡认为对于确保台湾澎湖之各有关地区与领土，美国决定与中华民国共同防卫，美国并对我大陈区兵力之转移与部署，予我以协助与掩护……②

2月8日，台湾当局"国防部长"俞大维、"海军部司令"梁序昭、"国防部第三厅副厅长"蒋纬国等来到大陈岛，与蒋经国会合，巡视指导撤退作业。8日至11日，在美国海军协助下，国民党海军将军队2.5万人、岛上居民1.8万人运离大陈。彭德怀指示，此事牵涉国际关系，在国民党军

---

① 《黄少谷、叶公超等呈蒋介石》（1955年2月6日），"重要声明（三）"，"蒋中正总统文物"，典藏号：002-080106-00003-011。

② 《金门马祖外岛防御问题》，"外交部档案"，馆藏号：11-10-08-01-015。

撤退时，不做任何追击。①

8 日至 14 日，浙东前线指挥部所属部队先后进占北麂山、渔山、披山诸岛。22 日，开始轰炸南麂山岛，岛上守军于 25 日逃至台湾。解放军进占该岛，将浙江东南沿海岛屿全部收回，使国民党在大陆沿海只剩下金门、马祖两大岛。

大陈岛撤退后，美国曾有为鼓舞台湾士气，而动用核武器保卫金门、马祖之议。3 月 6 日，艾森豪威尔与杜勒斯达成一致意见，准备采用包括核武器在内的一切手段，来保卫金、马，防止中国大陆进一步进攻台湾。② 3 月 10 日，杜勒斯向美国国家安全委员会呼吁，应采取紧急措施创造一个更好的公众气氛，使美国得以在必要时为防卫台湾地区而使用原子弹。③ 当时，因美国干预，新中国对于收复台湾并无把握，对于解放金、马也没有必胜把握。解放军在沿海采取有限的军事行动，主要为惩罚国民党军，显示反对美国侵略台湾和分裂中国的决心。既然目的已达到，中央军委决定适时缓和台海紧张局势。1955 年 4 月 23 日，周恩来总理兼外长在亚非会议上就台湾问题提出："中国政府愿意同美国政府坐下来谈判，讨论和缓远东紧张局势的问题，特别是和缓台湾紧张局势问题。"④ 中共中央进入尝试以和谈方式解决台湾问题的阶段。

小　结

在协防大陈岛等沿海岛屿的问题上，美国有种种顾忌，不想明显参与其中，以落下更多侵略的罪名；不想提供大规模军援来防守"外岛"，以免为有限的利益而卷入战争；不想在得不到盟国支持的情况下在远东单独

---

① 王德等：《三军挥戈战东海》，解放军出版社，1985，第 51 页。

② Dulles Memorandum, Meeting with Eisenhower, Mar. 6, 1955, White House Memorandum, Box 30, 艾森豪威尔图书馆藏，Dulles Papers。

③ Memorandum of Discussion at the 240th Meeting of the National Security Council, Washington, March 10, 1955, United States Department of State, in *FRUS, 1955 - 1957, China*, Vol. 2, p. 347.

④ 《周恩来在参加亚非会议的八国代表团团长会议上的声明》（1955 年 4 月 23 日），载国务院台湾事务办公室研究局编《台湾问题文献资料选编》，第 80 页。

对抗中国大陆，以及背后的苏联……但美国又并非完全置身事外、毫无表示，不仅雷德福、杜勒斯等人明确表示过对失去沿海岛屿可能带来的不良后果的担忧，在行动上，美国也时常在形势紧张下做出某些有限的积极支持。1953 年 6、7 月间，大陈附近一些小岛相继为解放军夺得，美国总统提议请国会同意转让给台湾当局几艘轻型海军舰只，以应对危机。① 这个提议在 7 月 23 日的第 156 次国家安全会议上得到落实。② 8 月，参谋长联席会议又同意同国防部、国务院一起商议确定配给台湾当局合用的浅滩舰只，以及向其提供其他间接帮助，鼓励并支持其保住沿海岛屿。③

然而，这些首鼠两端心态中的有限支持确实没能扭转局势。说到底，美国不愿对沿海岛屿做出承诺，不愿对其承担责任，仅愿在不必承担责任的有限限度内，在背后给台湾方面撑撑腰打打气。这一点其实蒋介石也明白。在多次请求美国共同防御沿海岛屿而无果后，蒋介石请美国驻台代表蓝钦向美政府转达，希望美国发表一项关于"美国第七舰队对由中国政府（指台湾当局——引者注）军队或友好国家占领的浙江—福建沿海岛屿附近水域，正在并将继续加强巡逻和监视"的声明。蒋介石表示，这种声明的目的只是震慑中共，而不会使美国承担多余的责任，于美无损。④

在美苏全球对抗的冷战局势下，有较为重要的战略位置的国家地区在军事基地方面向美做出让步，往往还能换来其他方面的利益。1940 年代后期到 1950 年代前期，日本屡次表示允许美国于对日媾和后继续保有琉球军事基地，甚至主动提议在和约中加上允许美军驻扎的条款，以此赢得美国

① Memorandum of Discussion at the 153rd Meeting of the National Security Council, Washington, Jul. 9, 1953, United States Department of State, in *FRUS*, *1952 – 1954*, *China and Japan* (*in two parts*), Vol. 14, Part 1, p. 228.

② Memorandum of Discussion at the 156rd Meeting of the National Security Council, Washington, Jul. 23, 1953, United States Department of State, in *FRUS*, *1952 – 1954*, *China and Japan* (*in two parts*), Vol. 14, Part 1, pp. 235 – 236.

③ Memorandum by the Deputy Assistant Secretary of State for Far Eastern Affairs (Johnson) to the Acting Secretary of State, Aug. 3, 1953, United States Department of State, in *FRUS*, *1952 – 1954*, *China and Japan* (*in two parts*), Vol. 14, Part 1, p. 241.

④ The Ambassador in the Republic of China (Rankin) to the Department of State, Jun. 21 [22], 1953, United States Department of State, in *FRUS*, *1952 – 1954*, *China and Japan* (*in two parts*), Vol. 14, Part 1, p. 234.

的信任和好感，逐步换取了美国对日本保有琉球"领土主权"的认同。① 当时的台湾为获得美国在防御台湾等方面的支持，也不得不使自己成为美军任意使用的军事基地。② 即便如此，台湾当局还是无法将自己的利益与美国完全捆绑在一起。美国可以在紧急关头给台湾几艘小型舰艇，可以在不必负责任、冒风险的情况下对中华人民共和国加以恫吓，但始终不会在条约义务上承担起对大陈等沿海岛屿的责任。在利益权衡中，美国自身的利益与风险才是关键，除此无他。

美国军方和国务院虽然有人在不同场合表达了守住沿海岛屿才能守住台湾军队的信心、才能继续对大陆进行情报侦测和游击战的观点，但更多的人认为若美国不直接介入，与中华人民共和国进行一场全面战争，大陈等沿海岛屿是不可能长期被国民党占据的。国民党丢失这些小岛固然有损士气，但若美国出面仍丢失了小岛，那损失的就是美国在整个亚洲、整个远东地区的威望。因此，美国要么不介入，要么就必须成功。要确保成功就要为全面战争做紧急准备，而这些岛屿在军事上并无实质意义，其有限的政治、心理上的意义不值得美国为其兴师动众，从而影响美军在远东的整体部署和利益。

鉴于以上考虑，美国始终避免对这些沿海岛屿的承诺，避免直接介入，而在鼓励国民党靠自己力量实现防御之外，希望像朝鲜战争问题一样借助联合国的力量实现自己的目的。美国想借助联合国干预使台澎"独立"；美国认为，即便因苏联或中共的拒绝而未能达到目的，至少也能使美国争取到所谓"道义上的地位"和舆论对美国插手台海危机的支持。尽管美国为顺利实现自己的设想，与新西兰、英国、台湾当局等进行了多次交涉，但最终仍落得尴尬境地。中华人民共和国拒绝列席联合国安理会讨论停火案，并宣称没有中国参加讨论而做出的决议是非法无效的。同时，蒋介石也对停火之议进行公开抨击，加上苏联与诸多舆论的谴责，停火案只得暂时搁

---

① 隋淑英、陈芳：《战后初期日本对琉球的领土政策》，《近代史研究》2013 年第 5 期，第 7～10 页。

② 例如在 1953 年 6 月台美关于联合防御台湾的讨论中，美国军方提出的关于美空军和海军飞机使用台湾空军基地设备的所有建议都得到台湾当局同意。见 The Chargé in the Republic of China（Jones）to the Department of State, Jun. 19, 1953, United States Department of State, in *FRUS, 1952–1954, China and Japan（in two parts）*, Vol. 14, Part 1, p. 212.

置。后来，杜勒斯欲再次启动停火案，却因美英间分歧无法调和而受挫，停火案不了了之。

值得注意的是，尽管美国在游说台湾当局接受停火案时所列理由有"帮助台湾守住外岛""弥补共同防御条约之不足"，但后来的事实证明，这一点仅是美国的借口。撤退大陈是艾森豪威尔、杜勒斯、雷德福三位政府与军方核心人物于 1 月 19 日做出的最后决定，而此时新西兰提案尚未向安理会提出。在台湾当局无奈接受了撤退大陈的决定后，仍在劝说美国取消停火案，但美国方面并未接受建议，依然使新西兰在 28 日提出议案。可见，美国策划停火案，并未将台湾当局的利益和感受放在某一重要位置。不卷入战争而使两岸分离、将台澎置于美国控制之下，退一步讲，即便失败，却能使美国赢得道义上的主动地位，这才是美国所盘算之事。不幸的是，停火案提出后并未达到他们设想的效果。

美国最终选择了劝说台湾当局弃守大陈，但并不意味着美国对台湾任何程度的放弃。"台湾决议案"在几日内迅速通过，国会在战争决策权这一重大问题上对总统放权、让步，使总统能够相机应对紧急局势、动用美国武力来防守台湾。有此先例后，美国总统又陆续取得中东、古巴、柏林、东京湾等地的战争决策权，导致权力制衡机制一度混乱。可以说，美国不主张为那些远离台湾岛的"一群石块"耗费力量，但具有重大战略意义的台澎则另当别论。

在台美结成军事同盟之后不久，台湾方面失去一江山岛。继而，在中国人民解放军的有效打击以及舆论与苏联的外交声援下，美国未能扛住压力，劝说台湾当局放弃了大陈。中央军委对一江山岛和大陈岛的成功解放，回应了台湾方面对沿海的袭扰，更打击了美国在远东的势头。

第十二章　美国"划峡而治"
与"两个中国"的企图

1954 年 9 月第一次台海危机之前，虽然美国对"两个中国"的可能性有一定探讨并在某些行动上透露出分裂中国的意图，但总体而言，美国的此种意图仍维持在遮遮掩掩的状态之中。台海局势紧张后，美国"两个中国"的意图难以遮掩。为摆脱两难困境，美国着手运作新西兰停火案，这一行动实为对"两个中国"问题的一次重要实践。因各方抵制和不配合，停火案无法推动，美国调整对策，决定弱化"外岛"的意义，准备不得已时放弃，并为此游说台湾当局。美国舆论界与社会团体则出现关于"两个中国"的热议与各种活动。台湾当局坚决抵制美国"划峡而治""两个中国"的实践与主张，在外交上、舆论上及行动上做出回应，使美暂时搁置劝蒋撤退金马的考虑。

一　难以遮掩的意图

自新中国成立，美国官方就有探索"两个中国"可能性的打算，并为阻挠中国统一采取过一系列的动作。[①] 1954 年 9 月，为应对第一次台海危机，美国进行了"划峡而治"的重要实践，即前文所述炮制新西兰停火案。

美国对停火动议的设想本为使自己摆脱两难困境。由于地理位置的缘故，加上中国人民解放军在沿海的战斗力已大有提升，若中国大陆其有意攻取，则单凭台湾方面的力量无法守住这些远离台湾本岛的岛屿。朝鲜战

---

① 如派第七舰队封锁台湾海峡、在对日和约中搁置台湾归属问题等，参见王缉思《论美国"两个中国"政策的起源》，《世界历史》1987 年第 3 期。

争后，第七舰队奉命在台湾海峡巡游，但只负有阻止对台湾的任何攻击以保证太平洋地区的安全之责，并不负责保护"外岛"。蒋介石曾试图说服美国宣布大陈在第七舰队巡逻范围内，或至少宣布大陈从未置于巡逻范围之外，但未能如愿。① 在美国看来，台湾、澎湖与其他"外岛"是有区别的。台湾岛和澎湖列岛是曾被日本占领之地，而金马、大陈等沿海岛屿却与"结束中国内战有关"，如果美国协防"外岛"会被卷入与中国大陆无休止的战争中。② 同时，国务院认为，几乎可以肯定，目前形势下，投入对"外岛"的防御会产生对美国不利的舆论，并严重损害美国与欧洲或是与澳大利亚、新西兰的同盟关系。③ 然而，"外岛"也不能轻易放弃。国务卿杜勒斯认为，如果在中共军队的主动进攻下，国民党军队撤出"外岛"，就会在亚洲产生极坏的影响。④

因此，美国打算借助联合国介入而使自己脱离困境──将中国沿海岛屿的紧张情势诉诸联合国，使联合国出面要求停火，达到不直接与中共作战而使国民党保住"外岛"的目的。当然，使国民党保住"外岛"只是美国的一个希望，并非最终目的。其最终目的只是保住台湾与澎湖列岛，使台澎继续作为美国的军事基地，以连接其太平洋链条，稳固美国在远东的地位。换而言之，美国最重要的目的，只是使海峡两岸相安无事──此方放弃解放台湾，彼方放弃"反攻复国"，美国可以高枕无忧地控制台澎。至于"外岛"究竟归谁，美国其实并不在意。这一点在以后的发展中得到了充分证明。

9、10月间，美、英、新三国开始在秘密的"神喻行动"中拟出停火案草稿，提出"中华人民共和国与中华民国之间，最近曾在中国大陆海岸外

---

① 《蒋介石与蓝钦会谈纪录》（1953 年 7 月 18 日），"外交──蒋中正接见美方代表谈话纪录（十七）"，"蒋经国总统文物"，典藏号：005 - 010205 - 00079 - 011。

② Memorandum of Discussion at the 214th Meeting of the National Security Council, Denver, September 12, 1954, United States Department of State, in *FRUS*, *1952 - 1954*, *China and Japan* (*in two parts*), Vol. 14, Part 1, p. 616.

③ Memorandum prepared by the Secretary of State, Sept. 12, 1954, in *FRUS*, *1952 - 1954*, *China and Japan* (*in two parts*), Vol. 14, Part 1, p. 611.

④ Memorandum of Discussion at the 214th Meeting of the National Security Council, Denver, September 12, 1954, in *FRUS*, *1952 - 1954*, *China and Japan* (*in two parts*), Vol. 14, Part 1, p. 619.

若干岛屿区域，尤其金门区域内，发生武装冲突"，"其继续存在足以危及国际和平与安全之维持"，要求双方立即停火。① 三方决定在美国通知台湾当局、英方通知中华人民共和国与苏联后，由新西兰提出议案。② 为让台湾方面充分了解美方用意并尽快同意配合美方，助理国务卿饶伯森立即赴台访问。13 日，饶伯森与驻台"大使"蓝钦、国务院中国事务办公室负责人马康卫等人和蒋介石及相关幕僚进行了三次会谈。会谈中，饶伯森反复强调，美国之意是通过停火案使"外岛"留在台湾当局手中，美国无意造成"两个中国"。③

然而，1955 年 1 月 18 日，一江山岛战役打响，美国高层应台湾当局要求，对大陈防守问题给出明确答复：要求台湾当局撤出大陈，美国给予协助。"外交部长"叶公超等人就提出，既然美国口口声声说停火案的意图是为让台湾保有"外岛"，既然台湾方面已答应撤出大陈，停火案更无提出必要。但美国认为局势紧急，中华人民共和国解放"外岛"是其解放台湾的第一步，因而不顾台湾方面的坚决反对，仍紧急运作停火案，使新西兰于 1 月 28 日向安理会以书面形式提出该案。

在美国建议台湾当局撤退大陈时，曾有连同马祖一并撤退的建议。杜勒斯指出马祖"亦无防守之必要"，迟早必将为中共夺取，"莫若与大陈在美海空军掩护下同时撤退"。④ 其实，早在美国策划停火案之初，就有失去"外岛"的心理准备。当时他们认为台湾当局丢失"外岛"是早晚的事，就算停火案提出后，联合国会建议将"外岛"归还中华人民共和国，美国在此情况下退出，也比"夹着尾巴逃走"要好。⑤

---

① 《杜勒斯电蒋介石》（1954 年 10 月 14 日），"外交——国际情势与中国安危"，"蒋经国总统文物"，典藏号：005 - 010205 - 00035 - 009。

② Memorandum of Conversation, by the Deputy Director of the Office of United Nations Political and Security Affair (Bond), Oct. 10, 1954, in *FRUS, 1952 - 1954, China and Japan (in two parts)*, Vol. 14, Part 1, p. 728.

③ 《蒋介石与饶伯森会谈纪录》（1954 年 10 月 13 日），"外交——蒋中正接见美方代表谈话纪录（十）"，"蒋经国总统文物"，典藏号：005 - 010205 - 00072 - 002、005 - 010205 - 00072 - 003、005 - 010205 - 00072 - 004。

④ 《叶公超致总统府电三》（1955 年 1 月 19 日），"金门马祖外岛防御问题"，"外交部档案"，馆藏号：11 - 10 - 08 - 01 - 016。

⑤ Memorandum of Discussion at the 215th Meeting of the National Security Council, Sept. 24, 1954, in *FRUS, 1952 - 1954, China and Japan (in two parts)*, Vol. 14, Part 1, p. 660.

至此，美国此前遮遮掩掩的意图已无法遮盖。让台湾当局保有"外岛"其实不过是美国游说台湾的一个说法，充其量可说是美方一个附带的愿望，当其无法借停火案实现时，放弃"外岛"是为更现实的选择。台湾当局已接受放弃大陈的建议，而停火案仍要提出；建议撤退大陈时，美国又有撤退马祖建议一并提出，足可证实美国并非如同台湾方面交涉时所辩解的那般"清白"。美国策划停火案，与其说是让台湾当局保住"外岛"，不如说是为了美国在远东的根本利益——两岸"熄火"，维持"海峡分治""两个中国"，使美国不受干扰地享有台澎的战略价值。实际上，在 1 月 19 日的记者招待会上，当记者问到将台湾与中国大陆"分成独立国家"，总统有何评论时，艾森豪威尔毫不掩饰地承认美国在不断地研究其可能性。① 此前，美国官方对"两个中国"的主张尚且遮遮掩掩，此后不久便成为公开的讨论和行动。

二 遭遇困境与放下包袱

在 1955 年 3 月之前，美国虽曾有关于如何保证台湾"独立"的种种议论和设想，但总有一"包袱"放不下，那就是"外岛"。美国认为"外岛"并不是防守台澎所必需的，它们本身不具有重要的战略价值，但因关系台湾军民心理和美国在亚洲的威望，又不能轻易放手。因而，美国虽未将"外岛"列入第七舰队巡逻范围，又不明言其不在协防范围，想让中华人民共和国不明所以，不敢有所行动。但后来中国人民解放军没有被美国的震慑吓住，而是公开表明要解放台湾，并炮击金门、拿下一江山岛。1955 年 1 月，迫于紧张局势，美国不得不劝说台湾当局放弃大陈，并于 2 月协助台湾方面完成大陈撤退。大陈撤退后，美国认为中华人民共和国不会就此止住前进的脚步，短暂的平静只是更大的战争的序幕。然而，一度美国并不想让蒋介石一而再再而三地撤退。于是，美国一面试图再启停火之议，一面对中共进行核武器震慑。而两种尝试的结果只是带来与盟国关系的紧张和

---

① The President's News Conference of Jan. 19, 1955, in *Public Papers of the President of the United States* (Washington: U. S. Government Printing Office, 1960), p. 190.

美国内部的恐慌。在焦灼局势下，美国不忍放弃的"外岛"成为令其焦头烂额的包袱。

（一）再提停火案的尝试

英国在停火案问题上虽曾与美采取过一致行动，但实际上在"外岛"问题上，英美态度并不完全一致。美国希望"外岛""熄火"，并望"外岛"仍在台湾当局手中；而英国希望停火，希望美国不要介入"外岛"战事，最好能接受中共攻占金门的事实，或是通过协商将金门和平转移给中共，以此换取台海和平。在停火案交涉中，美国仅在"外岛熄火"一点上与英国谋得一致，以简单化的提案方式淡化了与英国目的上的差异性，使议案得以提出。但在中华人民共和国拒绝参加联合国有关停火案的讨论并拒绝接受任何没有中国代表参与讨论的决议之后，英美之间被暂时压下的分歧重新被摆上台面，并越发难以调和。

停火案因当事一方拒绝出席讨论而陷入僵局。杜勒斯不愿就此作罢，仍欲再度敦促将提案交议。但英国副首相艾登不想再有继续的推动，只想简单了事。面对杜勒斯的催促和警告，艾登表示，中共与苏联可能正希望看到美国为"外岛"而战，以分化美国与其盟国，并在公共舆论上将美国陷于不义，建议在探明中共真实意图之前，暂缓提出停火案。[①] 2、3月间，杜勒斯赴东南亚考察，感受到危机，认为台海地区暂时平静，是因为中共正积极备战。回美后，杜勒斯又为停火案之事联络英、新，态度更坚决。他指出自己感觉到更为严重的、很可能牵连美国的战争或许即将发生，尽管蒋介石强烈反对停火案，但美国仍需继续推动。[②] 艾登并未接受美国提议，反问若苏联否决停火案怎么办？若中共无视停火决议，美国是不是会要求联合国谴责中共"侵略"？既然英国认为"外岛"是中华人民共和国领土，势必无法投赞成票，岂不是要与美国公开决裂？况且，停火案的提出势必会中止现有的英国与苏联协商的渠道，届时对中共的约束岂不是又少

---

① Telegram From the Secretary of State to the Department of State, Feb. 25, 1955, United States Department of State, in *FRUS*, *1955–1957*, *China*, Vol. 2, pp. 308–309.

② Memorandum of a Conversation, Department of State, Washington, March 9, 1955, in *FRUS*, *1955–1957*, *China*, Vol. 2, p. 340.

了一层?①

为调和与英国的意见分歧,杜勒斯请法律顾问费立杰(Herman Phleger)重拟提案,并请英国方面建议一种可接受的说法。3 月 28 日,在国务院内部会议上,费立杰提出美国需要考虑两种可能:(1)若中共同意不进攻台湾,美国就要将金门、马祖送给中共,以便在日后防御台湾时使美国处于有利的道义上的地位;(2)若中共拒绝同意任何关于台湾安全的承诺(这种情况很可能会发生),美国就不得不去协防"外岛"。杜勒斯认同了费立杰,认为中共很可能不会同意放弃以武力解放台湾,故而提案或许就会造成美国必须以武力防御"外岛"的结果。此语引发关于是否应该武力协防"外岛"的激烈争论,并得出唯有核武才能确保"外岛"安全的共识。杜勒斯强调总统本人被整个局势困扰,希望能有任何可以带来和平而成功结局的尝试。因此这一提案虽好,却应谨慎提出。② 新停火案只得被束之高阁。

(二)核武器震慑的尝试

此时,美国并未考虑其他国家的建议,去压迫台湾当局从所有"外岛"撤离。相反,美国认为撤退的事只能做一次,否则台湾方面可能因信心丧失连台澎也难以保全。因而,美国仅在 1955 年 1 月做出撤离马祖的建议,且并未向台湾施加压力,让其自行决定。除此,美国并未要求台湾当局放弃全部"外岛"。不但如此,在台湾方面拒绝撤离马祖后,美方还有同时发表协防金马与撤离大陈的声明以挽回士气民心的表示。③ 大陈撤退前后,美国担心中国人民解放军进攻"外岛"的行动只是进攻台澎的第一个阶段,担心台湾方面承受不了压力与打击,对中华人民共和国的态度颇为强硬。1955 年 1 月 24 日,艾森豪威尔致函国会,称"福摩萨海峡的局势发展严重威胁到和平"与美国的安全,在联合国采取行动保障该地区和平与安全之

---

① Tel. 1034, 1035, Eden to Makins, March 12, 1955, FO371/115042, PRO.

② Memorandum of a Conversation, Department of State, Washington, March 28, 1955, in *FRUS*, *1955 – 1957*, China, Vol. 2, pp. 409 – 415.

③ 《叶公超、顾维钧电蒋介石》(1955 年 1 月 23 日),"对美关系(一)","蒋中正总统文物",典藏号:002 – 090103 – 00002 – 269。

前，请求国会授权总统在必要时动用武装部队，"确保福摩萨和澎湖列岛的安全"。①

大陈撤退后杜勒斯赴远东观察局势，最后一站是台湾。此次考察最令杜勒斯关注和担忧的也是台湾。3月6日，在向艾森豪威尔汇报亚洲之行情况时，杜勒斯提出不能坐视"外岛"的国民党军队被共产党摧毁，那样会对台湾及亚洲其他地区造成不良影响，并建议应协防之需使用核武器。这一提议得到艾森豪威尔的认同。② 两天后，杜氏在广播演说中，宣称美国并非共产党所宣传的"纸老虎"，美利坚准备坚持立场，并在必要时以美国"所拥有的更大的力量来对付敌对力量"。③ 10日，杜勒斯在国家安全会议上介绍远东观感，极力强调台海局势之紧张，认为该地区问题"十分严重且紧急"，中国人民解放军对台湾志在必得。为解决这一问题，美国也许将不得不在该地区打一仗。目前应采取紧急措施，创造舆论环境，使美国在必要时为防守台湾使用核武器。但在《伦敦—巴黎协定》批准前，应暂时避免与中共发生军事冲突。④《伦敦—巴黎协定》的批准还需40～60天，杜勒斯认为若在此期间使用核武器会对签约造成不良影响，因此要先尽量控制局势，做舆论准备。艾森豪威尔赞同"美国应尝试所有可行方案来帮助国民党保护自己"。如果美国必须干涉，应尽量通过常规武器，但也不排除使用核武器作为最后的选择，且须事先向盟友提出建议。⑤

美国对中国的核威胁虽在此前也会经某些官员或将领之口偶有流露或暗示，但并不像现在这样在高层间频繁地讨论着。杜勒斯的亚洲之行及其

① 《美国防御福摩萨的政策——总统致国会》（1955年1月24日），载陶文钊主编《美国对华政策文件集（1949～1972）》第2卷（上），第429～432页。

② Memorandum of a Conversation Between the President and the Secretary of State, Washington, March 6, 1955, United States Department of State, in *FRUS*, *1955 - 1957*, *China*, Vol. 2, pp. 336 - 337.

③ 世界知识出版社编《杜勒斯言论选辑》，编者印行，1959，第172～175页。

④ Memorandum of Discussion at the 240th Meeting of the National Security Council, Washington, March 10, 1955, United States Department of State, in *FRUS*, *1955 - 1957*, *China*, Vol. 2, pp. 346 - 347. 《伦敦—巴黎协定》是美国为建立西欧联盟并使德意志联邦共和国加入北大西洋公约组织而设计的协定。签署时间是1954年10月23日，但当时尚未批准。

⑤ Memorandum for the Record, by the President's Special Assistant (Cutler), Washington, March 11, 1955, United States Department of State, in *FRUS*, *1955 - 1957*, *China*, Vol. 2, pp. 358 - 359.

对局势的判断，使包括艾森豪威尔在内的决策者都接受了不得已时对中共使用核武器的可能性。但是如何做好舆论准备、消除民众的恐慌心理，这是个不容易解决的问题。3月25日，海军作战部长卡尼向新闻界透露中共会在4月15日攻打马祖，一个月后进攻金门。这本是军方某部门的预测，卡尼透露后，媒体将其解读为整个政府的看法。一时各种新闻媒体对可能爆发的核战争议论纷纷，引起美国民众恐战风潮。艾森豪威尔得知消息来自卡尼后，颇为生气，马上会见参谋长联席会议主席雷德福等人，要其阻止卡尼的不当言论。①

面对核战争可能引起的普遍恐慌，杜勒斯试图制造舆论使民众接受美国对中国使用核武器的想法变得越发不切实际。"外岛"问题似已成为一个无法获得圆满结局的无解难题。艾森豪威尔希望摆脱"外岛"局势困扰，在遭遇困境的情况下，杜勒斯与艾森豪威尔开始试着放下包袱。

（三）前哨而非要塞

1955年4月1日，艾森豪威尔与正副国务卿、财政部长、正副国防部长、参谋长联席会议主席等人在白宫就金马问题进行了讨论。与会者认为，考虑到道义与士气问题，立即撤回对金门、马祖两岛的国民党军队潜在的支持，会造成他们的溃败或瓦解，并对东亚、东南亚带来严重影响。另一方面，为守卫金马而使美国与中共全面作战又会有诸多不利，如"外岛"战事不利，会失去多数甚至全部盟友的支持，国内舆论会分裂，对经济也有严重的不利影响。故而，最好的办法是劝蒋介石主动从金马撤退，使其专注于台湾，等待大陆内部发展，并保持对中共政权军事及心理上的持续威胁。②

4月4日，杜勒斯与艾森豪威尔谈话，承认有关停火的"个别努力"失败了，同意找到蒋介石信任的某个人，让其劝说蒋，使蒋明白沿海岛屿

---

① Editorial Note, United States Department of State, in *FRUS*, *1955 – 1957*, *China*, Vol. 2, pp. 408 – 409.

② Memorandum From the Under Secretary of State（Hoover）to the Secretary of State, Washington, April 1, 1955, in *FRUS*, *1955 – 1957*, *China*, Vol. 2, pp. 439 – 441.

"是前哨，而不是要塞"。① 4 月 5 日，艾森豪威尔致杜勒斯备忘录，承认过去几年，特别是 1950 年 6 月之后，各种战事、谈判、声明和军事谅解都使国民党有理由猜想，美国可能会参加金马的积极防御行动。艾森豪威尔认为，由于过去对"外岛"政策的不明确，美国处于某种被动位置。在目前形势下，美国不得不做出抉择：在不放弃沿海岛屿的同时，声明无论蒋介石或美国都无义务完全防守金马，因此无论将来能否防守得住，"自由世界"在该地区的地位都不会坍塌。② 在当日的新闻发布会上，杜勒斯明确指出："除了台湾和澎湖的防御，美国不负有其他任何类型、种类或文字描述——无论明示或暗示——的义务。"③

4 月初，美国最高权力核心做出放下包袱的决定，一个关键因素是明确对沿海岛屿的定位。正如艾森豪威尔所说，此前，美国对沿海岛屿态度模糊，并在若干谈判、行动和声明中给人以美国可能会协防"外岛"的感觉。④ 虽然相关官员将其解释为美国想要迷惑中共的"战略"，⑤ 但其实是美国自身难以决断。在美方的考虑中，"外岛"本身的意义本不足以使人纠结——若论军事价值，沿海岛屿可挡住厦门及福州港出口，有助于防御台湾澎湖，但这一作用也可通过增加舰只封锁港口来代替。然而，最让美国游移不定的是，"外岛"在某种意义上近于一种象征——士气民心的象征。若"外岛"不保，台湾官兵将士气低落，民众将心意消沉，离开当地民众与地面部队的有效支持，台澎亦将面临危险。这一连串的可能令美国决策者在较长时间内无法冒着失去台澎的风险做出决断。

---

① Memorandum of a Conversation Between the President and the Secretary of State, Washington, April 4, 1955, in *FRUS*, *1955-1957*, *China*, Vol. 2, pp. 444-445.

② Memorandum From the President to the Secretary of State, Washington, April 4, 1955, in *FRUS*, *1955-1957*, *China*, Vol. 2, pp. 445-450.

③ Editorial Note, in *FRUS*, *1955-1957*, *China*, Vol. 2, p. 450.

④ 1955 年 1 月至 4 月，不但艾森豪威尔、杜勒斯等人在各种场合有明示或暗示，而且在军方的作战计划中也有体现。3 月第七舰队司令蒲赖德（Alfred M. Pride）与代参谋长彭孟缉协商联合作战计划时，以台澎金马为战区，由此，蒋介石认为金马在联防范围内应无问题（《蒋介石日记》，1955 年 3 月 12 日上星期反省录）。

⑤ 《蒋介石与饶伯森谈话纪录》（1954 年 10 月 13 日），"外交——蒋中正接见美方代表谈话纪录（十）"，"蒋经国总统文物"，典藏号：005-010205-00072-002。

　　但在此时，美国国务院和总统意识到，必须警惕奠边府①的教训，避免将仅具有过渡意义的前哨变成象征，以致该地区的意义被无限放大。一旦该地陷落，其他地区也随之倾覆。金门、马祖若非通过美国对中共的全面战争，势难确保，这一点是美国军方和行政部门已普遍认同的；美国为"外岛"发动全面战争，不可能获得国会、民众、舆论以及盟友的任何支持，这一点也是国务院和艾森豪威尔早已确信的。既然沿海岛屿无法在不做出巨大牺牲的情况下确保，就不能使其因成为象征而具有与自身不相称的价值。因此，国务院在1955年4月8日拟出官方声明草案，强调"沿海岛屿应被视为前哨加以驻守"，并根据有利的原则决定退或守。②

　　9日，国务院政策设计室主任鲍伊（Robert R. Bowie）致杜勒斯备忘录，再次明确：若美国和国民党不对沿海岛屿防守问题做出承诺，双方在政治和军事上都会更为有利。避免美国和国民党的威望卷入其中的解决办法就是劝说蒋把这些岛屿作为可放弃的前哨基地。在备忘录中，鲍伊更是明白指出，"对蒋来说，沿海岛屿之所以重要，不是基于防守台湾的考虑，也不是为展示国民党军力，而是因为它们最可能使美国和中共陷入敌对冲突，而这可为他提供反攻的机会"。③虽然这一看法有某种极端之处，未必能为美国官方完全认同，但毕竟反映出美方要人此时的一大顾虑。避免因蒋介石"反攻大陆"而将美国卷入战争泥淖，是美国一直以来的一个政策底线，鲍伊等人对蒋这一意图的察觉，是促使美国迅速采取行动从"外岛"脱身、放下包袱的一个重要动机。

---

①　1954年3月，在第一次印度支那战争中，奠边府的法军开始受到攻击，法国向美国求救。5月，在美国内部仍在为是否出兵争论不休时，法国在奠边府战役中败北。该役造成法国民众的厌战情绪，对结束法国殖民统治起到了决定性作用。在随后的日内瓦谈判中，法国承认印度支那殖民地国家独立，承诺退出越南。同意暂以北纬17度为界，北越归越共政府管理，法军退到南越维护其扶植的保大皇帝政权。随后美国深度介入南越统治，1955年后，美国和北越之间的战争延续约20年。

②　Draft Policy Statement Prepared in the Department of State, April 8, 1955, in *FRUS*, *1955 – 1957*, *China*, Vol. 2, p. 461.

③　Memorandum From the Director of the Policy Planning Staff（Bowie）to the Secretary of State, Washington, April 9, 1955, in *FRUS*, *1955 – 1957*, *China*, Vol. 2, p. 473.

三　对台游说和朝野热议

在明确将金马等"外岛"限于"前哨"作用、随时根据情况决定弃守的同时，美国政府最为关心的问题是如何在避免给人以压迫印象的情况下，使蒋介石接受美国对"外岛"的定位。事实上，在1月美国向台湾方面建议撤退大陈后，为使蒋介石等人不致过于消沉，杜勒斯与艾森豪威尔均有协防金马的表示。虽然很快美方就明确表示，不能公开做此声明，并对协防金马的表示进行了修正，说如果美国认为情况有变，可以随时收回承诺，[①] 但那些协防金马的承诺或表示毕竟出自总统与国务卿之口，时隔仅两个多月美国就要收回承诺，着实令美国当局头疼。

为使蒋介石自愿接受美国意见，艾森豪威尔与杜勒斯准备挑选一个深受蒋信任的美国人去完成说服使命。在1955年4月1日讨论"外岛"问题的会上，艾森豪威尔建议请魏德迈将军或是什么人尝试说服蒋介石接受美国的主张。4月6日，杜勒斯与素来亲蒋反共的众议员周以德联系，周以德认同美国政府准备与蒋交涉的意见，愿意与魏德迈赴台一行。此外，当初负责使蒋介石接受停火建议的助理国务卿饶伯森也是人选之一。不知是魏德迈自身的原因，还是美政府考虑到魏已退休，不能充分了解政府的全部意图和考量，后来主要是在周以德与饶伯森之间做选择。最终，饶伯森被选中，雷德福被指派协助。[②]

说服蒋介石主动为美国解套，这一任务的确不轻松。几个月前美国劝台湾当局放弃大陈，虽然不易，但毕竟那是第一个被放弃的岛屿，且已经过苦战，有台美"共同防御条约"作为"诱饵"，又有美国有意协防其他"外岛"的表示作为"安慰"，亦可算是简单明了。而这次是冒着出尔反尔之嫌去引导台湾当局主动调整对"外岛"的定位，并且要避免压迫印象，

---

① Message From the Assistant Secretary of State for Far Eastern Affairs（Robertson）to the Secretary of State, April 25, 1955, in *FRUS*, *1955 – 1957*, *China*, Vol. 2, pp. 510 – 517. 据蒋介石日记，1955年1月21日，叶公超告知他美方表示愿意协防金门，未提马祖。但蒋介石认为若攻金门，没有不涉及马祖者，故不需争辩（《蒋介石日记》，1955年1月21日、22日）。根据上述 *FRUS* 文件，杜、艾曾表示愿协防金马，不知是大致而言，还是在不同场合有不同表示。

② Editorial Note, in *FRUS*, *1955 – 1957*, *China*, Vol. 2, pp. 476 – 477.

避免将美国牵入任何责任。故而此次游说，美国顾虑多，缺乏决断，甚至要达成的目标也并不十分清晰。事实上，在派出说客之前，连美国最高当局对说服任务的描述都有点拿捏不准，① 并为此颇费了一番思量。4 月 21日，艾森豪威尔与副国务卿胡佛讨论给饶伯森和雷德福的指示时，口授了一则，胡佛认为这则口授指示与给两位说客的指示本身就有许多不一致之处，会让他们无法执行。因而，复经胡佛、国防部副部长安德森（Robert Bernard Anderson）的重拟与艾森豪威尔等多人的修订，最终形成第二份草案。22 日，胡佛给饶伯森、雷德福致电，向他们强调最终明确的任务内容，对其中的某些事项做进一步说明。胡佛指出，两位说客的使命是寻求台美都能接受的解决"外岛"问题的途径，双方应达成谅解，以免外界认为台美关系不牢靠。应向蒋介石申明使美国获得舆论支持对于双方都是必要的，故要避免仅为沿海岛屿而使美国陷入冲突。胡佛强调，"任何情况下，都应创造可能进一步沟通和协商的气氛，绝不能让人觉得是迫使大元帅（蒋介石）接受他不能接受的方针"。②

为使蒋介石接受美国的提议，艾森豪威尔考虑给台湾方面一些好处作为补偿。那就是，在蒋介石主动撤离沿海岛屿或是将其作为前哨防守而失守之后，美国将帮台湾当局控制台湾与大陆间的海域。为此，22 日，艾森豪威尔召集军方要人讨论此事的可行性。为回避更多的国际意义，众人认为应避免使用"封锁"（blockade）一词，而是用"海上区域"（maritime zone）这一灵活的说法。而在此之前，美国军方通过铺设雷区、派驻海面舰只、空中支援等手段建立和维持这一控制区。③

4 月 25 日，饶伯森、雷德福等人与蒋介石、叶公超等人进行了约 5 小时的会谈。为释放善意，饶伯森开场首先澄清美国不会支持台湾中立的计

---

① 艾森豪本人也表示，"考虑的问题过于复杂，无法用书面表达"。Memorandum of a Conversation with the President, Washington, April 22, 1955, in *FRUS*, *1955–1957*, *China*, Vol. 2, p. 503.

② Message From the Acting Secretary of State to the Assistant Secretary of State for Far Eastern Affairs (Robertson) and the Chairman of the Joint Chiefs of Staff (Radford), at Taipei, April 22, 1955, in *FRUS*, *1955–1957*, *China*, Vol. 2, pp. 501–502.

③ Memorandum of a Conversation with the President, Washington, April 22, 1955, in *FRUS*, *1955–1957*, *China*, Vol. 2, p. 503.

划，不会承认中华人民共和国，并将继续阻止联合国予以承认。饶伯森阐明了美国政府的意见和建议，请蒋介石自己做出选择。指出，如果台湾当局选择撤出金门、马祖，美国会提供掩护，同时艾森豪威尔会公开宣布：除非中国大陆宣布"放弃武力夺取台湾"，否则，"作为自身防御的措施，美国将与国民党联合，沿中国海岸线建立并维持南起汕头、北到温州的海上阻断，以控制所有禁运品与战争物资"。当被直接问到美国是否已改变协防金马的主意时，雷德福承认艾森豪威尔已改变 1 月 31 日发表咨文时有意参与"外岛"协防的主意。他解释道，若美国要帮助国民党守住金马，就要打第一枪，并须使用核武器，如此势必影响世人对美国的看法。如果爆发大规模战争，美国需要考虑盟国意见，以保留对抗苏联的实力。①

在艾、杜放下包袱的同时，美国朝野也逐渐形成热议"划峡而治""两个中国"的大环境。

美国人民民主行动会是 1947 年成立的规模不大却拥有众多知识精英与政界领袖的组织，在倡导不以武力防卫金马方面甚为活跃。1955 年 3 月 21 日，该会第七届年会要求召开联合国大会的特别会议，商讨整个"台澎防务及地位与终止金马战事"问题。该会认为金门、马祖"在法律上是中国的一部分，与大陆不能分离，对台湾的防卫并非必要"，它们可能导致美国在不获舆论支持和盟友协助的情况下被迫作战，因而，美国应该放弃这些沿海岛屿，不做武力协防的承诺。并赞成在"事实证明中共尊重国际义务及维持和平国际关系的意图"后，使中华人民共和国代表进入联合国。4 月 19 日，该会又公开发表包括罗斯福夫人在内的 47 名知名人士签署的致白宫的一封电文，要求艾森豪威尔总统明确宣布美国不为金马的防务而战，并"使用阁下一切力量阻止美国卷入保有金马的战争"。②

3、4 月间，《纽约时报》等媒体纷纷刊载建议蒋介石撤退金马的文章，国会民主党议员茅斯（Wayne L. Morse）等不断发声，反对美国协防"外

---

① Message From the Assistant Secretary of State for Far Eastern Affairs（Robertson）to the Secretary of State, April 25, 1955, in *FRUS*, *1955 - 1957*, *China*, Vol. 2, pp. 510 - 517.

② 《中央社参考消息央秘参（53）第 1606 号》，"两个中国问题"，"外交部档案"，馆藏号：11 - 07 - 02 - 04 - 164。

岛",主张迫蒋退出金马。①

4月24日,在万隆举行的亚非会议闭幕式上,周恩来向美国释放出谈判解决台湾问题的信号,指出"台湾地区紧张形势的和缓和消除,应该由中国和美国坐下来谈判解决,但不能丝毫影响中国人民行使自己主权——解放台湾的正义要求"。② 杜勒斯向艾森豪威尔建议,对此应有所回应。③ 4月26日,在记者招待会上,杜勒斯指出美国打算弄清楚中共提出谈判和平解决台湾问题建议的诚意。④ 经几个月的试探和接触,8月1日,中美大使级会谈召开第一次会议。在中美减少敌意、开始为和平而谈判的情况下,"两个中国"论调更加高涨。

10月7日,美国《新领袖》周刊刊载了两篇评论"两个中国"问题的文章。一篇称"台湾地位的重要性,不只是我们在西太平洋的一个重要防御连锁,这是一千三百万华侨心理归向的中心",台湾不可被放弃或由联合国托管。而另一篇则称"联合国的会员席次应给予一切有效的主权国家,不问其为民主、共产或法西斯",应停止对中华人民共和国进入联合国的阻止,使其放弃"解放台湾",实现自1949年10月起已经在事实上存在的"两个中国"的和平。⑤

1950年艾森豪威尔移任哥伦比亚大学校长时曾设立商学研究院,其言论与出版品对美国舆情具有相当影响。1956年11月15~18日,该院举行以"美国与远东"为讨论主题的大会,将北美政治家、企业家及其他领袖汇集在一起讨论可行对策。会前编印美国与远东讨论专集一册,其中关于"美国与中共"一章由巴奈特(Arthur Doak Barnett)主稿,"美国与台湾"一章由艾伦·怀廷(Allen Whitting)主稿。两稿均有分裂中国倾向,甚或主

---

① 《蒋介石日记》,1955年3月19日、4月13日。
② 《亚非会议胜利闭幕　周恩来总理在闭幕会议上发言》,《人民日报》1955年4月25日。
③ Memorandum of a Conversation Between the President and the Secretary of State, Washington, April 25, 1955, in *FRUS*, *1955 - 1957*, *China*, Vol. 2, p. 517.
④ 《杜勒斯在记者招待会上的声明》,载陶文钊主编《美国对华政策文件集(1949~1972)》第2卷(上),第506~507页。
⑤ 《中央社参考消息央秘参(44)第1677号》,"两个中国问题","外交部档案",馆藏号:11 - 07 - 02 - 04 - 164。

张在台湾举行公民投票，决定其将来地位。① 会议对台湾问题有详尽讨论，但避免在报告中有过多的涉及。中国大陆是否将取代台湾当局在联合国的席次，或是否能在联合国里面安排"两个中国"的席位，是其中一个讨论的焦点。② 会议得出结论：反对中华人民共和国进入联合国，"但认为美应接受大多数会员国之决定"；美国承认中华人民共和国尚非其时，"但美国应视其本身利益随时对此问题予以探讨"。③

1957 年，美国决策层和政论家有更多的人公开主张"两个中国"，而对中共的敌视特别是贸易封锁和禁运的问题已难以引起普遍关注。是年，英国决定放宽对中共的战略禁运，美国国会在复活节后复会时的会议中，诺兰发言抨击英国的这项决定，但并没有得到热烈的呼应，相反，只有"少数零落温和的抗议"。④

5 月 24 日，台北发生了因对雷诺审判不公而致群情激愤的反美事件。这一群众性反美事件是国民党退台后台美关系中的第一次，影响颇大。经媒体披露和情报部门调查，该事件似有种种疑点，舆论认为它并非台湾当局所声称和辩解的那样，是一单纯的偶发事件，不少人怀疑"太子"蒋经国参与其中。反美事件的一个后果是促使有关"两个中国"的议论被再度掀起。那些一向反对承认北京政权、反对中华人民共和国代表进入联合国的人——诺兰集团——因为需要为台北的群众事件解释和辩护，而突然处于守势地位。连倾向保守的媒体都认为美国已减少了对北京的敌意。6 月 15 日《民族评论》周刊指出：

> 国务院的许多官员现在都如此相信。因此，已有人郑重地讨论到加速华府与北平之间关系正常化的问题。说得具体一点，美国政府已在考虑让中共进入联合国的问题在今年秋天联大中提出表决而不必待

---

① 《董显光致电外交部》（1956 年 11 月 6 日），"两个中国问题"，"外交部档案"，馆藏号：11 - 07 - 02 - 04 - 164。

② 《中央社参考消息央秘参（45）第 1088 号》，"两个中国问题"，"外交部档案"，馆藏号：11 - 07 - 02 - 04 - 164。

③ 《董显光致电外交部》（1956 年 11 月 19 日），"两个中国问题"，"外交部档案"，馆藏号：11 - 07 - 02 - 04 - 164。

④ 《中央社参考消息央秘参（46）第 0986 号》，"两个中国问题"，"外交部档案"，馆藏号：11 - 07 - 02 - 04 - 164。

至一九五八年的可能性。美国政府的算盘，是联合国接受中共的代表资格，其交换条件则是毛泽东的谅解，尊重台湾的独立——美国希望维持台湾为一个军事基地。①

6 月 16 日，参议院外交委员、民主党人富尔布赖特（William Fulbright）在电视访谈节目中主张与中共谈判，并建议美国承认北京政权，以换取中共保证"台湾独立"之类的让步。当时美国参议院由民主党人掌控，而富尔布赖特是仅次于外委会主席——89 岁的葛林（Theodore F. Green）——的二号人物。而葛林也在 2 月 18 日的广播访问中有美国迟早应该承认中共的表示。6 月 17 日的《新闻周刊》报道说："若干国会议员私下表示，他们相信美国在外交上承认中共并同意其进入联合国，而将'独立的'台湾置于联合国托管之下——实际上，两个中国——的情形，已为时不远。"②

与政界保持着密切关系的知名评论家李普曼（Walter Lippmann）是主张"两个中国"最力者之一。他主张使台湾成为独立的中立国，由联合国保护，作为允许中华人民共和国进入联合国谈判条件的一部分。他甚至广为传播，艾森豪威尔总统本人也相信他的"两个中国"主张是正确的，只是为"与国会和平相处"，才要避免检讨对华政策。③

1958 年 8 月 9 日，美国国务院发表备忘录，重申"一向所持取的一个中国政策论点"。但这一备忘录并不表明美国放弃了 1956 年 11 月美国大会结论所述"弹性"政策的主张。事实上，1950 年代中后期，美国已经形成了这样的政策倾向：不承认中华人民共和国，拒绝其代表进入联合国，但不排除根据自身利益和多数盟国意见重新探讨这一问题的可能性。果然，在发表备忘录后不久，尽管第二次台海危机已经发生，杜勒斯在记者招待会中再次提到美国对华政策的"弹性"问题。④

---

① 《中央社参考消息央秘参（46）第 0986 号》，"两个中国问题"，"外交部档案"，馆藏号：11 - 07 - 02 - 04 - 164。
② 《中央社参考消息央秘参（46）第 0986 号》，"两个中国问题"，"外交部档案"，馆藏号：11 - 07 - 02 - 04 - 164。
③ 《中央社参考消息央秘参（46）第 0986 号》，"两个中国问题"，"外交部档案"，馆藏号：11 - 07 - 02 - 04 - 164。
④ 《中央社参考消息央秘参（47）第 1757 号》，"两个中国问题"，"外交部档案"，馆藏号：11 - 07 - 02 - 04 - 164。

四　台湾方面的抵制与坚守

表面上看，"外岛"面积小，防守成本高，战略价值有限，但对蒋介石等人来说，沿海岛屿已成为有象征意义的标志性地区。"外岛"是蒋介石延续"法统"口号的招牌，它们的存在使台湾当局得以维持"福建省"与"浙江省"的建制。更重要的是，在蒋看来，固守"外岛"就能固守台湾士气民心。丢失大陆后，国民党官兵及台湾民众的心理与斗志确是一个极需警惕的问题。在退台后的数年中，"反攻复国"是蒋介石用以鼓舞人心的一面旗帜，而与大陆近在咫尺的"外岛"被赋予"反攻基地"的地位。因而台湾当局对于尚且留在自己手中的少数"外岛"，大有不惜代价以求保住之心。为此，台湾方面不断努力游说美国支持反攻、将"外岛"纳入协防范围，至少是支持某些军事协助需求的计划。

离开美国的支持，"外岛"的丢失只是时间问题，此时不论美国还是台湾的权力核心都已有这样清楚的认识。面对美国官方的游说和舆论界的热议、各社团的活动，台湾当局的压力可想而知。但是，蒋介石坚持固守"外岛"、抵制"两个中国"主张的决心也是众人皆知的。在美国派人赴台游说之前，雷德福就对艾森豪威尔表示自己很是怀疑游说是否有用。①

在1954年10月美国为新西兰停火案之事与台湾当局接触时，蒋介石就敏锐地意识到，若新西兰案文字以台海两岸并称，将成为"两个中国邪说之根据"，指示叶公超，如其文字不加修正，必反对此案，不能默认。②

1955年1月21日，蒋介石接叶公超电文，得知美愿以协防金门换取大陈之撤退建议，决定接受。并表示如美果能表示对中共之强硬，"不惜使用武力以协防我外岛金马之决心与行动"，则"此次撤退大陈不啻以退为进之最后一次退却乎"？但没过几天蒋介石就得知美国不肯履行前约，发表协防金马之诺言，决定约蓝钦来谈，使其转告美政府切勿失信食言。台湾当局

---

① Editorial Note, in *FRUS*, *1955–1957*, *China*, p. 476.
② 《蒋介石日记》，1954年10月16日。

与美力争，相持不下，几逾一周，① 但最终未能改变美国的想法。艾森豪威尔向其说明需要国内舆论支持这一难处，但又承诺即使不公开声明，美国也会参加金马的防御行动。② 由于有了与美国的密约，2 月间英国主张美国使蒋放弃金马、实现"两个中国"时，蒋介石尚能保持镇定，不以为惧。③ 3 月 3 日，台美"共同防御条约"交换协定书。在正式会谈中，蒋介石向杜勒斯表明"死守金马决不停战，与反对两个中国在联合国"之志，甚以能畅所欲言为快。④ 但很快，蒋介石就越发感受到来自美国舆论及政界的压力。

　　3 月间，在英、印舆论及国际局势的影响下，《纽约时报》等美国媒体刊载了大量主张放弃金、马，反对美国协防"外岛"的文章。19 日，《纽约时报》记者沙资伯克（Cyrus L. Sulzberger）见蒋介石，蒋指出："协防金门与否，美国人如有主张，自不为过。但要我退出金马……此为不道义之主张。"沙氏回国后，虽将蒋介石之言据实报道，但最后按语认为蒋为好战之人，而对其加以攻击。此事令蒋颇受刺激。⑤

　　在舆论转向之时，美国国会下院出现台湾由联合国托管、将金马交与中共以及"两个中国参加联合国"等谬论。美国政府产生尝试不以武力解决"外岛"问题的新考虑，并开始忙于试探各盟友的态度。下旬，澳大利亚总理孟席斯赴华盛顿，名为商讨美澳新相互安全协约之事，外传则是商谈解决台湾危机新方案。23 日，"驻美大使"顾维钧赴国务院面见饶伯森，探询此事情况。饶伯森答称，报纸所传不足凭信，美方并无所闻，或系该方案极机密，故澳方甚至不愿告知美政府。但饶伯森也承认，会谈中确曾谈及台湾海峡及"外岛"之事。澳军方意见以为金马等岛靠近大陆，如欲固守恐代价不轻、得不偿失，但澳总理对美国立场深表同情，同意其保台政策。⑥

---

① 《蒋介石日记》，1955 年 1 月 21 日、22 日上星期反省录、29 日，2 月 5 日上星期反省录。

② Message From the Assistant Secretary of State for Far Eastern Affairs（Robertson）to the Secretary of State, April 25, 1955, in *FRUS, 1955 – 1957, China*, Vol. 2, pp. 513 – 514.

③ 《蒋介石日记》，1955 年 2 月 17 日、28 日。

④ 《蒋介石日记》，1955 年 3 月 5 日上星期反省录。

⑤ 《蒋介石日记》，1955 年 3 月 19 日、23 日。

⑥ 《我与越棉寮三邦建交》，"外交部档案"，馆藏号：11 – 01 – 06 – 05 – 02 – 005。

饶伯森并未向顾维钧透露美国对台政策的新动向，但蒋介石已从各方得知美有争取谈判解决台湾与"外岛"问题之意，且已获部分盟友的支持。除澳总理离美时对美新计划表示赞同外，美加间也就此达成谅解。此间，杜勒斯在加拿大演说，称如台湾海峡双方不以武力为手段，则"皆有其权利可用以正式解决问题"。而加拿大对外事务大臣 L. B. 皮尔逊（Lester Bowles Pearson）也发出"解决台湾难局的机会，直接谈判比任何其他方法都好"的声明。蒋介石认为杜勒斯之言是"两个中国在联合国之卑劣政策"的体现，而 L. B. 皮尔逊之声明显为杜勒斯访加时所获谅解之内容。蒋决定警告蓝钦，使其转告杜勒斯绝不能如此。但他认为此时美国政府对"两个中国"等主张至少有八成的同意，形势不妙。虽苦于"益露事急"却不知如何遏止。①

除了向美国表示抗议，继续劝说、交涉外，蒋介石能做的大概只有加强"外岛"防务了。4 月 14 日，蒋介石亲自视察马祖，当晚返回，而蒋经国继续留在马祖督导工作。此次视察对蒋介石来说，本为平常之举，但在当时美国开始主张放弃金马的政治环境下，反引起国际媒体的极大关注。②

对"外岛"政策的改变经征求盟友意见与高层明确后，美国政府开始有所行动，欲再次食言，收回对蒋介石秘而不宣的承诺，这次蒋的愤懑可想而知。4 月 20 日，蒋介石得知饶伯森、雷德福要赴台一行，"此心顿觉惊异"，推测二人此行目的是要求撤退金马、海峡停火，以应付美国内外之压力。蒋感叹"其行动幼稚无主，可笑亦复可怜"，打算直告其"整个大陆已为人所卖，现在仅存金马区区之岛屿，可是此等岛屿乃为中国之灵魂。此一海峡实为中国一线之命脉，若美国不愿协助保持，则美国可以自决，但不能强求我与匪敌停火立约，不可强我出卖灵魂与命脉"。③ 22 日，《中华日报》刊出《总统重申保卫沿海岛屿决心》一文，表明蒋介石抵制美国压力的决心。④ 24 日，蒋介石与饶伯森、雷德福会谈，二人对蒋分析利弊，指

---

① 《蒋介石日记》，1955 年 3 月 25 日、26 日、26 日上星期反省录。
② 《蒋介石日记》，1955 年 4 月 14 日、16 日上星期反省录。
③ 《蒋介石日记》，1955 年 4 月 20 日。
④ 《中华日报》1955 年 4 月 22 日，"美国协防外岛"，"外交部档案"，馆藏号：11－13－11－02－024。

出美国若对金马协防，则无法获得国内与国际的支持，且有扩大战争之虞。蒋介石闻之甚为不悦，回应指出，美方要求台湾方面撤退大陈时曾有协防金马作为交换条件，而今美国改变态度是道义与信誉问题。在 26 日的会谈中，对雷德福等人建议其与艾森豪威尔会面之语，蒋介石予以拒绝，称在要求撤离金马及与中共和谈等问题澄清前，此种会面有害无益。① 在蒋看来，丢失大陆后，"仅留此二岛为国家一线之命脉"，而今美国竟欲使其放弃，断难接受。而饶伯森等人不能理解，只管自说自话，实在"粗浅无耻"。② 面对美方压力，加上万隆会议后美国与中华人民共和国有开启谈判的迹象，蒋介石下定决心不为所动，扛过难关。嘱咐"副总统"陈诚、"行政院长"俞鸿钧、国民党中央委员会秘书长张厉生等人，如在金马问题上"坚定不挠，不为任何情势以及全世界之重压与遗弃不堪忍受之环境屹立不动，则不过三月之苦痛，仍可渡过此一最大之难关，但无最后之危险耳"。③

得知台湾方面态度后，美国决定与之妥协。5 月 4 日，蒋介石接蓝钦转来的来自杜勒斯的电文，表示美国已深知台湾当局之坚定立场，决定派员赴台协商如何增强防御力量，切望台湾方面继续相信美方诚意。蒋介石认为金马大战必将涉及台澎，因此，美国不要求撤退金马比其承诺协防金马更为重要，考虑再三，"只有忍痛而不追究其是否协防金马或参战"。④

尽管如此，台美矛盾并未结束。美方固然打算暂时搁置劝蒋撤退金马之议，但其对"外岛"的定位及原有看法并未发生大的改变。而蒋有了前段时间的经历，越发认为要在金马加强防务，以备不测。蒋介石要在金门增兵，遭到美军援顾问团的反对。6 月 18 日，蒋自记，美顾问团不同意增加一师兵力于金门，蒋认为这分明是要其不守金门，"甚为愤痛"，但事后思之，该事不值恼怒，最后彼必接受。⑤ 蒋执意增加金门兵力，不久，驻金门的国民党军队占到全部台湾军队的 1/3。

---

① 《蒋介石与雷德福、饶伯森会谈纪录》（1955 年 4 月 24 日），"外交——蒋中正接见美方代表谈话纪录（十八）"，"蒋经国总统文物"，典藏号：005 - 010205 - 00080 - 005、005 - 010205 - 00080 - 006。

② 《蒋介石日记》，1955 年 4 月 26 日。

③ 《蒋介石日记》，1955 年 4 月 28 日。

④ 《蒋介石日记》，1955 年 5 月 4 日。

⑤ 《蒋介石日记》，1955 年 6 月 18 日。

10 月，"两个中国"主张在美国舆论界甚嚣尘上，持此项主张者多为左倾知识分子、大实业家与商人、民主党部分领袖。台湾当局表示"不愿未经一战而被出卖"，在国际舞台上，台湾当局愿做一个棋手，"而不只是一件货物"。① 为扭转不利局面，10 月 20 日，叶公超致电蒋介石，建议加强对美宣传，一方面邀请具有影响力之人，包括教授、作家、工商、农界代表及劳工领袖访台，使其明了台湾实况；另一方面策动中美名流在美演说，重点向各研究远东问题的重要学府和学术团体，及对民主、共和两党有影响的社会团体宣传。②

1956 年 6 月，美方考虑到突然的大规模进攻将对驻"外岛"军官造成威胁，有将美军事人员从沿海岛屿撤到台湾的打算。22 日，蓝钦向"代理外交部长"沈昌焕提出这一建议，但表示迁至台湾后，美军援顾问团的顾问会经常访问"外岛"，美国也将继续对这些岛屿提供后勤援助。蒋介石得知此事后，于 7 月 7 日与蓝钦会谈，指出如美国不打算放弃台湾，就绝不能撤"外岛"的军事顾问。蓝钦又解释说，美国在台驻军过多，地方性问题不断增长，摩擦事件成倍增加，美国要减少驻台军官数量。蒋答，"外岛"军事顾问的数量可酌减，但其组织必须保留，否则对民心士气影响极大。由于蒋介石的坚持，美国军援顾问团采取了缓和的措施，准备通过不派员替代正常服役期结束的军官来逐步削减驻沿海岛屿的军事人员的数量。③

美国的"两个中国"之议，在某种程度上受到英国的影响。英国素重实际，在新中国成立不久即予承认。在台湾问题上，英国希望台湾方面"让出""外岛"以换得中华人民共和国放弃"解放台湾"的想法。台美"共同防御条约"签订后，英当局认为该约可稳定远东局势，渐致形成"两

① 《中央社参考消息央秘参（44）第 1677 号》，"两个中国问题"，"外交部档案"，馆藏号：11 - 07 - 02 - 04 - 164。

② 《叶公超电蒋介石》（1955 年 10 月 20 日），"一般数据——民国四十四年"，"蒋中正总统文物"，典藏号：002 - 080200 - 00351 - 097。

③ Memorandum of a Conversation, Taipei, July 7, 1956, United States Department of State, in *FRUS, 1955 - 1957, China*, Vol. 3, pp. 395 - 397；《蒋介石与蓝钦会谈摘要》（1956 年 7 月 7 日），"外交——蒋中正接见美方代表谈话纪录（十二）"，"蒋经国总统文物"，典藏号：005 - 010205 - 00074 - 010。

个中国"。① 在美国官方倡导"划峡而治"之前，英已有此论调，并对美国部分人士产生了一定影响。虽然英早已表明政治立场，但因其为美国重要同盟，台湾当局对英外交素来留有转圜余地。1957 年 3 月，英国友好访问团访台，并受到"副总统"陈诚的接见。陈诚强调"两个中国问题——事实上绝不可能"，"放弃金马——亦属绝不可能之事"。② 台湾方面试图通过缓和与英国的关系及改善英国舆论，来影响美国舆论和政策，其效果虽然有限，但也显示出台湾当局的良苦用心。

1958 年前后，在美国的支持下，以办报刊写政论文章宣扬政治理念的第三势力频频发声。如左舜生指出台湾为美之殖民地，台湾当局为美之傀儡，认为反攻无望。其言论在东亚、美洲等地造成相当影响。蒋介石认为其言论动摇了人心，为"两个中国"主张造势。③ 几天后，蒋接见日本记者访华团时，强调"确信我们在不久的将来，一定能达成反共复国的目的"。④ 在美国的压制下，蒋介石早已有重大军事行动前与美协商的承诺。随着时间推移，蒋用以鼓舞士气的"反攻复国"越来越显得苍白无力，但蒋仍固执地坚守着这一信念。无论效用几何，这也是其抵制"两个中国"言论的一个支撑点。

1955～1958 年，在国际社会充斥着有关"划峡而治""两个中国"言论时，蒋介石通过各国媒体不断表达着自己和台湾当局坚决反对此类主张的决心。如 1955 年 3 月 23 日，蒋通过《纽约时报》沙资伯格表达抗议，说"试图强迫我们不经一战而放弃沿海岛屿是不公正的"。7 月 12 日，蒋介石答菲律宾政论家郑良问，表示"金门、马祖与台湾、澎湖是不可分开的，欲保卫台澎，必须同时保卫金马"。7 月 15 日，蒋答日本《朝日新闻》记者河村博家问，表示台湾当局"保守金门、马祖之决心与信心，不因外援之有无而有所影响"。1956 年 10 月 2 日，蒋介石接见美国《前锋论坛报》特派员与日本英文《日本时报》董事长等人时，表示希望美国对亚洲各国反

---

① 《叶公超等电蒋介石》（1955 年 1 月 9 日），"对英法德义关系（三）"，"蒋中正总统文物"，典藏号：002－090103－00013－354。

② 《陈诚接见英国友好访问团谈话纪要》（1957 年 3 月 21 日），"副总统接见外宾谈话纪要（一）"，"陈诚副总统文物"，台北"国史馆"藏，典藏号：008－010301－00185－022。

③ 《蒋介石日记》，1958 年 2 月 1 日。

④ 《重申反攻复国的信心》，载秦孝仪主编《先总统蒋公思想言论总集》卷 39，谈话，第 93～96 页。

共领袖之见解多予尊重，尤其希望能信任台湾自行解决对中共问题，并再次表达对"两个中国"的反对。①

小 结

正如蒋介石经常在日记中所抱怨的那样，美国一定时期对台湾确实缺乏固定政策。1949年国民党退台前后和1950年代，美对台政策经常根据时局和具体情况做出调整。如对蒋介石"反攻大陆"的态度。在退台初期，美国有关人员曾对蒋介石有过支持反攻的表示。如1952年3月26日，美国家安全委员会议特使美尔（Frank D. Merrill）携中央情报局与国家安全委员会综合意见秘密赴台，称国务院对台政策有根本改变，唯恐蒋"持重保守，不肯冒险反攻"。② 但后来因种种顾虑，美方改为小心地提防着蒋介石的反攻之心。③ 再如对"外岛"的态度。为应对朝鲜战争的爆发，美国总统宣布第七舰队将阻止潜在敌人对台湾的任何进攻，而未明言是否将"外岛"包括在内。而后，关于协防范围之事，美国态度不能保持明确坚定，虽通知台湾当局美国政府将不参加目前处于国民党控制下的台湾岛与澎湖列岛之外的岛屿的防御，④ 但又时时在具体问题上显露出有可能参与的倾向。⑤ 在1954年9月台海危机发生之初，杜勒斯等美国高层有过对中共不惜一战的强硬表态，但很快就在对整个局势的研判中改变了主张。1950年代中后期美国对"划峡而治""两个中国"的实践与主张即在此种背景下发生。

大体而言，在1955年1月之前，美国对于"两个中国"的实践是在遮

---

① 《国军决心保卫军民马祖（一）（二）》，载秦孝仪主编《先总统蒋公思想言论总集》卷38，谈话，第347～350页；《我"绝难同意"所谓"台湾海峡停火"政策》，载秦孝仪主编《先总统蒋公思想言论总集》卷38，谈话，第359～362页；《驳斥"两个中国"谬论》，载秦孝仪主编《先总统蒋公思想言论总集》卷38，谈话，第363～366页；《摧毁匪帮即可避免世界大战》，载秦孝仪主编《先总统蒋公思想言论总集》卷39，谈话，第37～43页。

② 《蒋介石日记》，1952年3月26日。

③ 《蒋介石日记》，1953年11月8日。

④ The Secretary of State to the Embassy in China, July 22, 1950, United States Department of State, in *FRUS*, *1950*, *East Asia and the Pacific*, Vol. 6, p. 387.

⑤ 如1952年5月，美军援顾问团通知台湾方面说其军援范围及于金门、大陈等岛。见《蒋介石日记》，1952年5月25日。

遮掩掩中进行的。1954 年 9 月中国人民解放军炮击金门，将美国带入认真而密集的对"外岛"对策的讨论之中。但经过激烈争论，美国认为自己面临着可怕的两难选择：不予协防，会使台湾方面失去士气民心，美国失去威望；给予协防，则美国将必陷入对中华人民共和国的直接战争，会遭国会和舆论反对，会失去盟邦支持。于是，美国想出由其他国家向安理会提出台湾海峡停火建议、使联合国介入的第三种方案。此时，美国并未考虑使中华人民共和国在联合国拥有席位，只是想简单地实现两岸停火。然而，美国想通过冲突双方——中华人民共和国与台湾当局在联合国当面谈判以实现停火，并在历次文件中将两者并称；而其欲达到的目的——中华人民共和国放弃对解放台湾的诉求——更分明就是企图制造"两个中国"。这一点除遭到中共中央反对，也始终为台湾当局所反对。

关于"划峡而治"，美国在不同时期的主张也是有分别的。大体而言，在 1955 年 3 月之前，美国所主张的"划峡而治"是力争使台湾当局仍旧保有金马等"外岛"，在此情况下实现两岸停火。当然，此时美国也对失去"外岛"的可能进行了评估。他们认为若没有联合国干预，在美国想要避免全面战争的情况下，失去"外岛"是早晚的事；若有联合国干预，就算联合国决定"外岛"归中华人民共和国控制，也不会严重损害美国威望。当然，美国政府会尽力避免此种情况的发生，尽量达到仍使台湾当局占有"外岛"的目的。而 1955 年 3 月，美国政府在遭遇困难之后开始谋划谈判解决台湾海峡问题，并谋求各主要盟友的谅解。4 月初，美国政府明确"外岛"定位，强调其仅具有"前哨"而非"要塞"功能，并为此派员前去游说蒋介石。此时，美国所主张的"两岸分治"已变为将"外岛"排除在外的"划峡而治"，不对"外岛"的防守赋予过多的意义和责任，随时准备从中脱身。他们希望台湾当局能充分了解美国意图，主动为美解套，做好在不得已的情况下放弃"外岛"的准备。此举遭到视"外岛"为其命脉的蒋介石的强烈反对。蒋认为美国既然能不遵守撤退大陈时协防金马的承诺，若真放弃金马，美国也能再找借口不遵守现在提出的海上封锁的承诺。①

---

① Memorandum for the Record, by the Ambassador in the Republic of China (Rankin), Apr. 29, 1955, in *FRUS*, *1955 – 1957*, *China*, Vol. 2, p. 530.

通过蒋介石等人在外交上、舆论上及不断增加金马防御力量的行动上对美国方面关于"划峡而治""两个中国"的抵制和抗争，在1954~1958年，美国关于"两个中国"的谋划只能作为一种设想存在。其原因固多，有几点因素值得一提。

蒋介石等人一直在提醒美国注意台湾军民的心理，美国始终担心若施压过甚，会使台湾方面丧失斗志，以致台澎不保。故而，美国提出"划峡而治"的主张时，并未给予台湾当局太多的威压胁迫。正如1955年3月29日艾森豪威尔给英国首相丘吉尔的信中所说，他乐见蒋介石自动从"外岛"撤兵，但不想给蒋太多压力，以免蒋彻底绝望、斗志全无。毕竟台澎的保全无法离开台湾地面部队这一基本力量。① 在此情况下，蒋介石得以成功抵制美国压力，使"划峡而治""两个中国"的构想无法实现。

同时，美国对于"两个中国"的问题也有一定顾虑，正如1957年6月17日的《新闻周刊》"华盛顿之潮"专栏中所指出："承认在北京的中共政权将使每一个有许多华侨的亚洲国家的安全问题益加严重，特别是南越、泰国以及也许包括台湾本身在内的这些自由亚洲的前线防卫者。"② 当然，相较于台湾当局的态度而言，其他的顾虑皆为次要考虑。

台湾方面对"两个中国"主张的抵制之所以能够成功，还有一个重要因素是中华人民共和国对分裂中国行为的坚决抵制和打击。中共中央始终反对企图造成"两个中国"的言论和行动。在1955年美国试图借助新西兰停火案实现两岸相隔时，中共中央即以拒不出席、拒不接受没有中国代表参与讨论情况下形成的任何决议的声明挫败了美国企图。1958年8月，为打击美国"两个中国"阴谋、声援亚非拉民族解放运动，中国人民解放军再次炮击金门。9月15日，中美大使级会谈在华沙复会后，中国领导人很快觉察到美国试图以国民党金马撤兵换取中共和平解决台澎的承诺及这一交换可能造成的台澎与大陆永久隔绝的危害，及时调整对美谈判方针，并于10月初形成美国对华政策的对案：军事上继续保持有限强度，"打而不

---

① Letter from President Eisenhower to British Prime Minister Churchill, March 29, 1955, in *FRUS, 1955–1957, China*, Vol. 2, p. 420.

② 《中央社参考消息央秘参（46）第0986号》，"两个中国问题"，"外交部档案"，馆藏号：11-07-02-04-164。

登,断而不死","打打停停";外交中强调反对"两个中国",强调中国须收复包括台、澎、金、马在内的全部领土;同时,为免美国将台湾问题提交联合国,而与美国继续进行大使级会谈。[1] 在两岸均坚决反对的情况下,尽管到1960年代仍有关于"两个中国"主张的激烈讨论,但分裂中国的国际阴谋始终未能得逞。

---

[1] 牛军:《1958年炮击金门决策的再探讨》,《国际政治研究》2009年第3期,第182~183页。

第十三章　中美大使级会谈开启
背景下的台美交涉

　　中华人民共和国成立后不久，美国即将台湾拉入羽下，共同"反共抗俄"。然而，1955 年 4 月万隆会议之后，中美在英、印等国推动下走向直接谈判。8 月 1 日，中美大使级会谈①付诸实施。1956 年 1 月 21 日，美国首次发表声明说明中美会谈经过，其中的某些说法令台湾当局"骇异"。25 日，台湾当局提交备忘录申明立场。该备忘录措辞严厉，将台当局对美国的不满情绪暴露无遗。此前围绕中美会谈之事，台美间多有交涉，其分歧各点已有明确体现，中美会谈走向及台美交涉大势已显。此时的"驻美大使"顾维钧直接参与对美交涉，见证了中美大使级会谈开启前后的历史。学界有关中美会谈的研究多从较宏观的视角切入，本章拟以顾维钧档案为基础，探讨台美间关于中美会谈的互动与因应。②

---

① 因遭返在华美员问题，中美大使级代表在 1954 年日内瓦会议期间即在英方陪同下有过几次会面，但通常所说中美大使级会谈乃系自 1955 年 8 月开始的一系列谈判。1955 年 8 月之后，中美大使级代表在不依靠第三方的情况下直接谈判。虽中间有停顿和搁置，但大体而言是未具正式邦交的中美两国间常设的沟通机制。

② 张淑雅的《文攻武吓下的退缩：美国决定与中共举行大使级谈判的过程分析，1954～1955》（《中央研究院近代史研究所集刊》第 25 期，1996 年 6 月）是现有研究成果的代表。该文主要依据美方档案，探讨美国对于对华大使级谈判的决策过程，时段截至 8 月会谈开始之前。此外，还有陶文钊《有张有弛：1954～1958 年的中美关系》（《社会科学研究》1996 年第 6 期），章百家、贾庆国《对抗中的方向盘、缓冲器和测试仪：从中国的角度看中美大使级会谈》（《当代中国史研究》2000 年第 1 期），李秉奎《美国间谍案与一九五四年至一九五五年中美关系危机》（《中共党史研究》2008 年第 6 期），贺艳青《日内瓦四国政府首脑会议与中美大使级会谈的实现——兼论 1955 年前后的中苏关系》（《当代中国史研究》2011 年第 3 期），李春玲《中美大使级会谈研究（1955～1958 年）》（博士学位论文，华东师范大学，2006），等等。西方世界，特别是美国学界对中美会谈的研究也有很多，如 Kenneth T. Young, *Negotiating with the Chinese Communist: The United States Experience, 1953–1967* (New York: McGraw-Hill, 1968) 等。现有研究不论是对会谈作用、动机还是对谈判模式、决策机制的探讨，多限于冷战宏观背景，尚未见对于中美会谈开启前后台美交涉的微观考察。

一　中美走向会谈

中华人民共和国成立后不久，即与苏联正式结盟，中美之间作为对立面存在的局面已然形成。1950 年 4 月，美国国家安全委员会又在 NSC68 号文件中提出"全面、无差别遏制"的概念。美国向台湾海峡派遣舰队，向台湾提供各项援助，并在国际上维护台湾当局地位，与台湾当局共同推行所谓"反共抗俄"政策。朝鲜战争结束后，美国也没有放松对新中国的禁运及外交围堵。然而，这并不意味着美国对中共的彻底反对与绝不妥协。[①]只不过，这一阶段的"楔子"战略具有了另外的表现形式。美国国务卿杜勒斯推出"压力楔子"的政策，即将中共完全推向苏联，而当苏联无法满足前者需求时，中苏之间的裂痕便会产生。[②]

虽然美国刻意奉行"压力楔子"政策，避免与中华人民共和国有任何形式的直接接触，但其实并不能完全做到。因要达成朝鲜停战协议，自1951 年起美军代表不得不与中国代表在板门店接触。当然，此时美方人员代表的是"联合国军"，谈的内容亦为"国际事务"。1954 年，中美两国代表又同时出现在日内瓦会议会场。[③] 为遣返侨民及处理战俘问题，美国起初借助英国驻北京代办杜维廉（Humphrey Trevelyan）与中国交涉，但未有实质性成效。经向公众强调"保护美国人民"的重要性，并解释并无隐含承认中华人民共和国之意，6 月 5 日，参加日内瓦会议的美国驻捷克斯洛伐克大使约翰逊（U. Alexis Johnson）与中国代表王炳南等人在杜维廉的陪同下首次会面。日内瓦会议期间，中美进行了四次大使级会谈。为免私下交易

---

① 张淑雅：《文攻武吓下的退缩：美国决定与中共举行大使级谈判的过程分析，1954～1955》（《中央研究院近代史研究所集刊》第 25 期，1996 年 6 月）一文，对美国对华政策决策过程中的"迟疑与暧昧成分"进行了论述。

② John Lewis Gaddis 首先采用此词，见 *The Long Peace*：*Inquiries into the History of the Cold War* (Oxford：Oxford University Press，1987)，Chapter 6。

③ 与苏美英法并列作为五大国之一出席日内瓦会议对中华人民共和国颇具意义。尽管美国坚持在公报中写明不含外交承认的意思，"但实际上这是新中国成立以来，首次以大国身份参加国际会议，也是新中国在国际事务中发挥重要作用的一个转折点"（王炳南：《中美会谈九年回顾》，世界知识出版社，1985，第 5 页）。

的流言，杜勒斯坚持杜维廉每次都要在场。^① 为落实会谈结果，决定会后暂由日内瓦领事馆人员作为交换消息的渠道。此后到1955年8月，双方驻日内瓦领事馆人员又进行了十余次会面。因此，尽管美国尽量避免让外界认为有隐含承认中华人民共和国之意，并在四次大使级会面后即降低会谈级别，以免接触脚步迈得太快，但中美直接接触的渠道毕竟还是打开了。

第一次台海危机发生后，美国敦请英国促成新西兰对其政策的谅解与配合，代美国向联合国安理会提出台湾海峡停火案，以避免直接干预而致引火烧身。为使台湾当局接受美国安排，不在安理会表示异议，美国与台湾当局签订台美"共同防御条约"，结成军事同盟。但借助联合国干预来结束台湾海峡紧张局面的想法未能如愿，美国依然犹如头上悬剑，担心因台海冲突而使自己不得不卷入对中共乃至对苏共的战争。美国本为运作停火案而在"台美条约"上让步，未料停火案毫无效果。在试图重新启动停火提案却已无法再次获得英国支持的情况下，美国高层频繁讨论着运用核武器的可能与后果，但消息透露后出现的普遍恐慌令美国当政者不得不放弃这一想法。1955年4月初，美国高层终于放下包袱，明确对台湾"外岛"的定位"是前哨，而不是要塞"，并决定派人去说服蒋介石理解并接受美国的主张。^②

此时，尽管美国还在联合国竭力维护台湾当局地位，设法阻止中华人民共和国取得合法席位，但不可否认，美国已经在接受和制造事实上的"划峡而治"，这无疑是"两个中国"政策的一种表现。从策划两岸代表同时列席讨论沿海岛屿停火案，到明确台湾"外岛"并非必须固守的"要塞"，1954～1955年，美政府在"两个中国"问题的实践方面跨越了一大步。1955年2月，杜勒斯向顾维钧表达了这样的观点："事实胜于雄辩。现已存在两个中国，正如有两个德国、两个朝鲜和两个越南一样。"^③ 德国、朝鲜、越南的分裂原是冷战背景下各种势力相互妥协的产物，并非民族意

---

① 张淑雅：《文攻武吓下的退缩：美国决定与中共举行大使级谈判的过程分析，1954～1955》，《中央研究院近代史研究所集刊》第25期，1996年6月，第389页。

② 参见冯琳《美国"两个中国"的实践与主张及台湾当局的抗争（1954～1955）》，《社会科学研究》2017年第3期，第147～149页。

③ 《顾维钧回忆录》第12分册，第200页。

志的合理体现，美国以此为借口阻碍中国统一，显然是极其荒谬的，但这反映了当时美国高层较为普遍的看法。正因为美政府决策层有了这样的思想基础，才使美国不会坚决排斥与中华人民共和国面对面谈判。尽管美国多次向公众强调，与中国的谈判并不暗含承认之意，但这样的解释其实只是为减少阻力和安抚台湾当局的自欺欺人的说法。中美会谈之所以能成为十几年中两国接触的较为固定化的渠道，与美国政府"两个中国"的心理基础有关。而在中美大使级会谈正式开启的阶段，这种心理基础更发挥了重要作用。

在美国心理发生改变的同时，苏联积极斡旋，试图促成中美直接谈判来解决台湾问题，缓和远东局势。[①] 1955 年元旦，中华人民共和国外交部答复苏共中央，表示同意苏方提议，在台湾问题上"应该把主要力量放在促成中美直接谈判上"。[②] 3 月 22 日，刘少奇在中国共产党全国代表会议上表示：为有把握地解放金门马祖等沿海岛屿，"在军事上我们还要做不少的准备工作，在外交上也要进行严重的斗争……假使有可能在不妨害我们解放台湾的条件下，经过国际谈判使蒋匪军撤出沿海岛屿，显然是对我们有利的"。一江山岛的解放成功逼迫美蒋从大陈岛和南麂列岛撤退，证明了在形势逼迫下美蒋从金马撤退的可能性。我们要避免同美国发生武装冲突，但也要对美国的武装干涉有足够的估计和准备。[③] 4 月，中国外交部部长周恩来在万隆会议上表示，"中国政府愿意同美国政府坐下来谈判"。[④]

到 1955 年 4 月下旬，中美大使级会谈的开启已具备了必要的条件：中美已经有了一些接触的经验；美国借助联合国干预台海冲突的企图无法实

---

① 苏联外长莫洛托夫还于 2 月 4 日主张召开由中、美、英、苏、法、印度、缅甸、印度尼西亚、巴基斯坦和锡兰（即今斯里兰卡）参加的十国会议。但因在是否应有台湾当局代表列席的问题上无法协调中国与英美矛盾，该会未能举行。中国政府的意见是：同意召开苏联提议的没有台湾当局代表参加的十国会议，若美国希望加上泰国与菲律宾，中国也同意。见 Memorandum of a Conversation, Department of State, Washington, June 13, 1955, United States Department of State, in *FRUS*, *1955 - 1957*, *China*, Vol. 2, p. 592。

② 《关于四国政府首脑会议答复苏共中央稿（1955 年 1 月 1 日）》，"外交部档案"，馆藏号：111 - 00065 - 02。

③ 《在党的全国代表会议上的发言》，载中共中央文献研究室、中央档案馆编《建国以来刘少奇文稿》第 7 册，中央文献出版社，2008，第 136 ~ 138 页。

④ 《周恩来年谱（1949 ~ 1976）》（上），第 470 页。

现；美国逐渐形成"接受事实上中华人民共和国的存在"的心理；中华人民共和国伸出橄榄枝。面对困境与机会，美政府自然有一番思虑与盘算。亦不难想见，台湾当局对于中美谈判可能性的高度紧张与不安。美国在与中共讨价还价的同时，对台湾当局的安抚、周旋亦随之展开。

二 会谈开始前的台美交涉

1955 年 4 月 23 日，周恩来在国际场合释放愿意同美谈判的信号，这一表态受到亚非国家以及美国的欧洲盟国的欢迎。美国国务院做出回应，表示台湾当局须以"平等地位"参加有关这个地区的任何谈判，且中共应先表示诚意，如立即释放滞留大陆的美国侨民，并接受正在虚悬着的联合国安理会停火提案，参加讨论停火问题。① 美国国务院将台湾当局平等参与作为首要条件提出，貌似考虑到盟友的权益，实则为其自身利益打算，是此间其制造"两个中国"立场的体现。这一表态并未获得台湾当局任何感激或谅解。《中央日报》很快发出社论，申明台湾当局不与中华人民共和国代表同席开会，反对中美直接谈判。②

顾维钧一度将美国国务院对于周恩来讲话的回应理解为美国拒绝了中国的提议。③ 其实并非如此。美国提出的一些先决条件只是要做做姿态，并没有打算坚决执行。继参议员乔治（Walter F. George）表达了即使在台湾当局缺席的情况下美国也应坐下来与中共谈判的观点之后，26 日，国务卿杜勒斯对记者表示，"这取决于我们在谈论什么，以及是否有证据表明双方会真诚地进行这样的对话"。中美早在板门店和日内瓦就有过接触，谈判已不是什么"新鲜事"，如果台海有停火可能，美国会与中共谈判。④ 美国将原本为中国内政的沿海停火问题指为"中美之间"的问题，自然是荒唐的。为谋求台湾"外岛"问题的和平解决，以免将自己置于战火边缘，美国不

---

① Memorandum From the Acting Assistant Secretary of State for Far Eastern Affairs（Sebald）to the Secretary of State, April 25, 1955, in *FRUS, 1955 – 1957, China*, Vol. 2, pp. 507 – 509.

② 社论《汉贼不两立》，《中央日报》1955 年 4 月 25 日。

③ 《顾维钧回忆录》第 12 分册，第 274 页。

④ Possibilities of Cease-Fire in Formosa Strait, April 26, 1955, *Department of State Bulletin*, Vol. 32（Jan. – June 1955）, pp. 755 – 759.

惜很快地将盟友台湾排除在外。

1955 年，台湾当局对于坚守金门、马祖的决心表现得十分强烈。因美国力主放弃大陈，而一江山岛已经被解放军攻占，台湾当局在极为无奈的情况下被迫撤退大陈驻军。但与此同时，为挽回一些士气，台湾当局不断向公众表示誓死保卫金马。而美国在 1955 年 4 月初已决定放下包袱，做好在不得已的情况下让出金马的准备，并派参谋长联席会议主席雷德福与负责远东事务的助理国务卿饶伯森赴台实施劝说工作。值此，蒋介石已抱有决心抵抗到底。他在日记中表示，中美要谈判解决海峡停火问题注定会没有结果，因为其关键在金马二岛。"如我坚定不撼，不为任何情势以及全世界之重压与遗弃不堪忍受之环境屹立不动，则不过三月之苦痛，仍可渡过此一最大之难关。"①

杜勒斯 26 日对媒体的谈话使顾维钧看出美国的举棋不定。他在致主管台湾当局"外交事务"的叶公超的电报中指出，美国务院大概为应付反对派宣传及美国国内惧战心理，已向公众表示，即使台湾当局代表不参加谈判，"只须不损害其利益，美亦愿与中共商谈停火办法"。② 杜勒斯接见记者后，一些亲台的议员不满其说法，准备在参议院质问。杜氏连忙前往做秘密解释工作，并保证美国"绝不会出卖盟国"，恳请参议院放心。顾维钧将此情况告知叶公超，认为美国对台湾还是有深厚"好感"的，而政府则在摇摆不定。同时，他判断，在目前美国国内外不惜一切结束台湾海峡危机的主导环境下，美国将无法拒绝同中共的谈判，某种形式的谈判势必要进行。③

杜勒斯对中美会谈表示出积极态度后，在一段时间内美国采取了"无为"的对策。美国寻求中美谈判最主要的目的，就是解决"外岛"紧张局势。但事实上，自 1955 年 2 月底以来，"外岛"基本处于"事实停火"的状态。④ 美方认为没有必要匆忙采取行动，目前球已抛回中共，美国处于有

---

① 《蒋介石日记》，1955 年 4 月 28 日。
② 《顾维钧电叶公超》（1955 年 4 月 26 日），顾维钧档案，档案号：Koo_0150_B11 - 7_0060。
③ 《顾维钧回忆录》第 12 分册，第 283、286 ~ 287、292 页。
④ 1955 年 2 月台湾当局从大陈撤走驻军时，美国想以中共答应不以武力解放沿海岛屿作为条件来交换蒋军的撤退。为更好地完成解放沿海岛屿的任务，中共中央认为还需要在军事上做充分准备，在外交上进行不懈斗争。特别是周恩来在万隆会议表态后，解放军在东南沿海的军事行动暂告段落。

利地位，一切皆等探明中共意图后再说。①

然而，印度、缅甸、巴基斯坦、印度尼西亚等参加过万隆会议的国家领袖纷纷表现出积极促成中美谈判的态度，都曾试图向美国建议。② 5月中下旬，印度驻联合国大会代表团团长梅农（Krishna Menon）与印度尼西亚总理阿里（Ali Sastroamidjojo）先后访华。梅农于5月12日至20日与周恩来举行6次会谈，向中国政府提出他对解决台湾问题的想法，即"梅农计划"。随后梅农将自己的建议传达给杜勒斯，督促美国也向中国释放善意，逐步撤出金马，并通过英、苏、印外交官与中共接触，先由侨民战俘问题谈起，再涉及其他。③ 6月13日，印度尼西亚驻美大使慕加多（Moekarto Notowidigdo）也将阿里与周恩来的谈话结果传话给美国，建议美国放松禁运，以回应中共善意。④

相较印度尼西亚、缅甸等国而言，美国更信任英国，英国在中美会谈的事情上起到关键作用。虽然英国推动会谈的初衷是使美蒋"让出"金马以换取中国放弃解放台湾——此点固为中国坚决反对，但中共中央乐于利用英国不欲使台海紧张局势影响到自身利益的心理，使其积极促成中美会谈。这也是刘少奇曾在全国代表大会上提到的"利用印度、压迫英国，逼使美国退却"⑤这一外交方针的体现。7月，在英国的推动下，开启中美大使级会谈之事有了实质性进展。16日，杜勒斯将美方同意的中美共同声明稿告知英国外交大臣麦克米伦（Maurice Harold Macmillan），请其转达周恩来。在中方提供的声明稿基础上，美方修改了两个地方：将"中国与美国"改为"北京与华盛顿"，并将中方提议的开始会谈时间7月21日改为8月1日。⑥

---

① Memorandum From the Deputy Under Secretary of State（Murphy）to the Secretary of State，April 29，1955，in *FRUS*，*1955－1957*，*China*，Vol. 2，p. 532.

② 《顾维钧电叶公超》（1955年7月26日），顾维钧档案，档案号：Koo_0150_B11－7_0057。

③ Memorandum of a Conversation，Department of State，Washington，June 14，1955，in *FRUS*，*1955－1957*，*China*，Vol. 2，pp. 595－602.

④ Memorandum of a Conversation，Department of State，Washington，June 13，1955，in *FRUS*，*1955－1957*，*China*，Vol. 2，pp. 591－593.

⑤ 《在党的全国代表会议上的发言》，载中共中央文献研究室、中央档案馆编《建国以来刘少奇文稿》第7册，第137页。

⑥ Letter From the Secretary of State to British Foreign Secretary Macmillan，July 16，1955，in *FRUS*，*1955－1957*，*China*，Vol. 2，p. 660.

7 月 24 日，美参议院外交委员会主席民主党人乔治在电视节目中公开主张中美直接谈判及美国放宽对中共禁运。此事引起台湾当局注意，叶公超请顾维钧查明，此项发言是否仅属应付民主党左翼压力之举，抑或有白宫和国务院背景。[①] 此时，台湾当局对中美会谈事似缺乏应有的心理准备和足够的警惕。在美参议院民主党领袖发表这样的言论时，叶公超、蒋介石等人的直觉是怀疑部分人在有意施压。叶公超令顾维钧求证外，蒋介石则认为乔治主张年内举行中美大使级会谈，是"出于其美共与左派为难其共和党政府之手段"。[②] 他们推测，中美会谈是民主党左翼向参院领袖乔治施压，而乔治在向执政的共和党施压。实际并不尽然。保持耐心、维持"和平"，虽然做起来较为困难，但也要如此坚持，身为总统的共和党人艾森豪威尔在数月前就表明了这样的态度。[③]

7 月 25 日，中美声明正式发出，指出：为有助于双方平民互遣"并有利于进一步讨论和解决双方之间目前有争执的某些其他实际问题"，中美大使级代表第一次会晤将在 1955 年 8 月 1 日在日内瓦举行。[④] 随后，美国国务院又发布另一份更详细的声明，说明为继续进行在华美国公民回国的谈判，应数国建议将此前的领事级谈判升级。当然，该声明的一项重要意图是表明美国的外交立场并安抚台湾当局。末尾云："这些谈话和以前同中共进行的磋商一样，并不涉及外交上的承认。"[⑤]

声明发出时，为尽量减小媒体掀起的舆论风波，美国国务院发言人劝告记者们避免对中美会谈做过多推测。《纽约时报》《华盛顿邮报》等大报

---

① 《叶公超电顾维钧》（1955 年 7 月 25 日），顾维钧档案，档案号：Koo_0150_B11 - 7_0056。据顾维钧分析，"有人怀疑美当局或曾授意使其出面主张此说，似不确真"。见《顾维钧电外交部》（1955 年 7 月 27 日），顾维钧档案，档案号：Koo_0150_B11 - 7_0055。

② 《蒋介石日记》，1955 年 8 月反省录。

③ Statement by the President, Dec. 2, 1954, in *Statement by the President*（*Dec. 2, 1954*），*Department of State Bulletin*, Vol. 31, Part 2（Oct. – Dec. 1954），pp. 887 – 889. 1954 年 11 月，参议员诺兰呼吁，若中共拒绝遣返战俘，美国应封锁中国大陆。艾森豪威尔认为这是不负责任的说法［Extract From the Diary of James C. Hagerty, Press Secretary to the President, Nov. 29, 1954, United States Department of State, in *FRUS, 1952 - 1954*, *China and Japan*（*in two parts*），Vol. 14, Part 1］，继而向媒体做该项维持和平表示。

④ 《为解决平民遣返问题和其他实际问题中美两国同意在日内瓦举行大使级会谈》，《人民日报》1955 年 7 月 26 日。

⑤ 《顾维钧回忆录》第 12 分册，第 354 页。

在报道声明内容时，也说明美国官员表示，会谈将讨论在华美员之遣返，不涉及一般性远东问题。但更多的媒体没有听从政府劝告，许多不利于台湾当局的推测纷纷流出。① 为平息台湾当局的焦虑，美国务院指示代理助理国务卿马康卫会见台湾当局驻美代表，加以解释。因顾维钧不在，25 日下午，谭绍华"公使"与马康卫进行了面谈。谭绍华问，声明中有"为进一步讨论和解决双方目前正在进行的某些其他实际问题提供便利"（and to facilitate further discussions and settlement of certain other practical matters now at timebetween both sides）一语，范围似甚广泛，不知如何定义？马答，就其所知将包括美所不满之中共在大陆各种行为，如拘禁美侨、美商遭受损失、宗教文化事业被取消等。总之，所谈之事将不牵涉台湾当局之权益，而"仅限于双边关系问题"（Only on matters of bilateral relations）。关于留学美国的中国学生居留问题，马康卫表示，美国一向将其作为行政问题处理，若中共要求某学生返回大陆，需提出具体姓名，由美国做具体判断。马解释说，美国认为，"中共不能自认有权保护现居美国之中国国民"。② 声明发表之初，美国官方发言人拒绝明确回答某记者提出的是否将讨论台湾海峡停火问题，外交人员对台湾方面的解释也是强调中美将只讨论"双边关系问题"，不会涉及台湾当局的地位和权利。对于在美中国学生身份认同，亦认为其为台湾当局所属，中共"无权保护"。所有这些，皆表明美国对台湾这一远东盟友的安抚之意。

安抚之意固然甚明，但实际作用微小。尽管美政府一度对会谈是否涉及台海停火问题回避不谈，或向媒体示以"朋友不在场时不宜讨论有关朋友之事"，③ 但这并非秘而不宣之事。26 日，杜勒斯招待记者时透露中美会谈可能商及台湾海峡停火问题。④ 26 日、27 日一些报纸写出"美已允商台湾问题"这样的标题。此种消息自然颇令台湾当局不安。倘若美国在此方面对中共做出任何妥协，对于台湾当局而言都将是动摇其根本的事。而 24

① 《顾维钧回忆录》第 12 分册，第 354～355 页。
② 《顾维钧电叶公超》（1955 年 7 月 26 日），顾维钧档案，档案号：Koo_0150_B11-7_0057。
③ The President's News Conference of August 4, 1955, in *Public Papers of The Presidents of the United States*（Washington：United States Government Printing Office, 1960），p. 185.
④ 《顾维钧电外交部》（1955 年 7 月 28 日），顾维钧档案，档案号：Koo_0150_B11-7_0053。

日乔治公开主张美国放宽对中共的禁运，也是台湾方面甚为关心者。若放松禁运，则表示美国对中共态度有变，此举不但表明美国自身政策有更不利于台湾的调整倾向，而且将使若干视美国政策为风向标的国家跟着改变政策。故此，顾维钧小心打探美政府态度，据告知参加会谈的美方代表约翰逊接到的训令是，不得讨论关涉台湾当局权益之各问题，"只能听取共方之陈述"，而乔治所言并非国务院之意见，杜勒斯亦认为"乔治之主张，并无充分理由"。① 当然，这只是宴会场合下为求宽慰效果的话，次晨，在另一场合下饶伯森指出，因为美国希望"中共声明对台湾问题放弃用武力以谋解决"，即便中共不先提及台海问题，美国也会提。② 在中美会谈正式开启的前几天，顾维钧忙碌奔走，面见美国各主要高官探听消息。29 日，顾维钧与参议院外交委员会主席乔治晤谈。中美会谈将涉及台海停火问题这一点在乔治这里也得到确认。乔治称："此因美主一切问题因采和平方法以谋解决，希望中共亦能声明放弃武力政策。"只要实现中共声明在台湾海峡放弃武力这一目的，美国便会在其他有关台湾的问题上均坚持须由台湾当局代表参加会议或由台湾当局委托第三方代理谈判。③

美国试图以讨论中美"双边关系问题"的说法缓和台湾当局的心情，此一说辞其实是经不起推敲的。此时，美国对中国政权的认同是错位的，由于这一根本性问题的存在，所谓"双边关系问题"根本无法作为"双边关系"来谈。且不说中国留美学生回国的问题如何解释，在更为重要也是美国更为在意的台湾海峡停火问题上，这一说法更显得荒诞。7 月 28 日，针对中美将商谈台海安全的消息，顾维钧向饶伯森提出："所谓停火问题……美并未参加，则美如何能与中共商谈停火？"饶伯森答称，因有台美"共同防御条约"的存在，"若非成立停火协定，势必牵涉美卷入战争漩涡，此非美民所愿"，故"凡足以引起国际战争者不能认为完全内政"。④ "台美共同条约"是台湾当局颇费心力争取而来，其关注点在获得美国的军事协防保障。美国以此为凭，"代理"台湾事务，此点恐怕是台湾当局始料未及

①《顾维钧电叶公超》（1955 年 7 月 28 日），顾维钧档案，档案号：Koo_0150_B11 - 7_0054。
②《顾维钧电外交部》（1955 年 7 月 28 日），顾维钧档案，档案号：Koo_0150_B11 - 7_0053。
③《顾维钧电外交部》（1955 年 7 月 29 日），顾维钧档案，档案号：Koo_0150_B11 - 7_0052。
④《顾维钧电外交部》（1955 年 7 月 28 日），顾维钧档案，档案号：Koo_0150_B11 - 7_0053。

的。实力决定论之下，台湾当局在交涉中足显"无力"之态，除向美方表达焦虑、反对，促请美国重视亚洲外，[①] 并无有效的外交途径来阻止中美谈判。

在此间的台美交涉中，台湾地位问题再次浮出水面。1951 年在商议对日和约时，美国为使今后对台湾的干涉有所谓的法律依据，有意不说台湾由日本归还中国，而是用了模糊的说法："台湾澎湖由日本予以放弃。"[②] 美国这一无视他国主权的做法原本就是荒谬之举，而此时又被其拿来运用，以行干涉之便。在与饶氏的谈话中，顾维钧指出，《开罗宣言》、《波茨坦公告》、日本受降条款均明白规定台湾交还中国，在各文件中美国均为签字国，当无问题。饶伯森回避顾维钧的反驳，又拿出所谓"事实上的两个中国"说事，且表达美国对台湾的重视之意，鼓励台湾当局等待时机返回大陆。[③] 先压后拉的方式似乎成为此时美国对台的惯常手法，台湾当局离不开美国的"看重"与"支持"，只得被迫接受其无视国际法理与正义的说辞。

三 会谈开始后的台美交涉

中美大使级会谈正式开始后，台湾当局运用各种关系，设法获悉谈判内容、实际进展。台湾方面最为关心者主要为几个问题：会谈是否谈及金马；是否将继续升级；在美中国留学生是否会为中共所掌控；是否涉及承认问题；是否放弃使用武力的声明。

（一）是否会谈及金马

中美会谈将涉及金马，这一点虽已为顾维钧等直接在外交一线工作的少数人所感知，但公众尚不知情。美国为平息国内外极端反共人士及台湾方面的愤怒，屡屡做出绝不出卖盟友的保证。但会谈是否果如传言一样涉及金马，中美间是否会做出有损害台湾方面利益的"秘密交易"，这样的疑

---

① 《顾维钧电外交部》（1955 年 7 月 29 日），顾维钧档案，档案号：Koo_0150_B11－7_0052。
② 参见冯琳《对日和约问题上的蒋美分歧及蒋之因应》，《抗日战争研究》2016 年第 1 期，第 140 页。
③ 《顾维钧电外交部》（1955 年 7 月 28 日），顾维钧档案，档案号：Koo_0150_B11－7_0053。

问笼罩在焦虑恐惧者的心头。

中美会谈开始后，美国狂热反共主义者、共和党人麦卡锡（Joseph Raymond McCarthy）在参议院发表演说，指控艾森豪威尔"计划出卖"台湾当局。其过激的言辞并未得到什么呼应，反而遭到数位参议员的反对，但亦足以刺激台湾方面敏感的神经。共和党领袖诺兰随即于白宫对记者答复麦卡锡的指责，声明艾森豪威尔曾保证不背弃盟邦，并代表政府否认美国"刻在出卖或卖出我们亚洲的盟友"。① 诺兰本为美国国会"台湾帮"的代表，此次连他都站出来为美国政府辩解，可见舆论压力之大。同时，驻台美"代办"于 8 月 2 日、3 日对记者谈话，解释美国对华立场并无变更，并以"共同防御条约"之实施、美军援顾问团之扩充及第十三航空队一部分移驻台湾等事实为证，盼台湾不要过分猜疑。② 但这些声明和保证并不能掩盖国际上敦促中美扩大谈判的声音。

中华人民共和国最高人民法院军事审判庭于 1955 年 7 月 31 日决定将1953 年美国 11 名乘飞机偷入中国国境进行间谍活动的罪犯提前释放，并通知执行机关即日办理释放手续，送出中国国境。8 月 3 日《印度快报》评论"中美日内瓦会谈的范围必须扩大"，因中国的行动已为此种扩大创造了气氛。美国许多报纸也认为，双方将转入讨论中美之间现有的其他实际问题。③ 台湾当局立即采取措施，缓解舆论带来的恐慌。3 日的《中央日报》头版除部分广告版面外，全部为关于中美会谈的内容：叶公超保证"决心保卫金马绝无问题"、38 名"立委"声明如涉及台湾权益绝不承认、杜勒斯断然声明不谈金马问题等。④

9 月中旬，中美两国在平民回国问题上取得共识并发表了声明，中方提议进入第二个议程，讨论美国对华经济封锁和禁运，并为更高一级会谈进行准备，缓和台湾地区的紧张局势。美方同意进入第二议程，但提出的议题是：在朝鲜战争中失踪的美国士兵的命运；放弃使用武力；偿还美国在

---

① 《艾森豪曾保证未背弃盟邦》，《中央日报》1955 年 8 月 3 日。
② 《外交部电顾维钧》（1955 年 8 月 5 日），顾维钧档案，档案号：Koo_0150_B11 – 7_0043。
③ 《各国重视中美会谈和我释放美间谍的决定》，《人民日报》1955 年 8 月 4 日。
④ 《中央日报》1955 年 8 月 3 日。

中国大陆的外交财产。① 尽管双方期望的议题相差甚远，但不管在哪一方的议题中，金马问题都是避不开的。

自中美发表关于平民返国的声明后，蒋介石就已有心灰意冷之感，认为"美国外交如儿戏冷暖无常，不足为奇，能否反攻，全在于自我"。② 蒋不理会美国放弃"外岛"的意见，加强金马防务，亲拟督导，下发手示多种，并巡视金门。③ 台湾"外交部门"亦明白，劝说美国不要与中华人民共和国谈论金马是徒劳的。美国以负有台湾防务之责为借口"全权代理"台湾事务，在台湾尚无法真正离开美国扶持的情况下，台湾"外交人员"也就无法在这一问题上据理力争。台湾方面唯有适机要求美方尽早停止中美谈判。④ 谈判停止，金马"外岛"才可能不再出现在会谈议题当中。弱势一方向存在依附关系的强势方进行所谓交涉，其效果可想而知。在金马随时可能被"出卖"的情况下，蒋介石唯有以行动尽可能防止"外岛"丢失，并不断告诫民众自立自强，以示不屈。

（二）是否继续升级

1955 年 7 月 30 日，周恩来在全国人民代表大会会议上发言，主张亚洲和太平洋地区的国家，包括美国在内，签订一个集体和平公约来代替目前的对立性的军事集团。这一发言被英国等国媒体认为是温和而具有和解性的。⑤ 中国将美国 11 名间谍提前释放的决定亦被艾森豪威尔等人给予充分肯定，参议院外交委员会主席乔治亦称："这证明日内瓦会谈是值得举行的。"⑥ 乔治曾在 24 日电视讲话中主张中美进行外长会议，⑦ 起初美方解释说，那不是美国国务院的意见。但会谈开始前后中美互释善意，此种局势令舆论猜测不断。若真升级为周恩来与杜勒斯的谈判，外交承认之意更加

---

① 陶文钊：《中美关系史（1949～1972）》修订本，第 2 卷，上海人民出版社，2016，第 202 页。
② 《蒋介石日记》，1955 年 9 月 11 日。
③ 《蒋介石日记》，1955 年 9 月反省录、10 月 1 日上星期反省录。
④ 《沈昌焕电叶公超》（1955 年 9 月 24 日），顾维钧档案，档号：Koo_0150_B11-7_0024。
⑤ 《各国重视周总理关于我国外交政策报告》，《人民日报》1955 年 8 月 2 日。
⑥ 《我国提前释放美间谍的决定引起广泛反响》，《人民日报》1955 年 8 月 3 日。
⑦ 《顾维钧电外交部》（1955 年 7 月 27 日），顾维钧档案，档号：Koo_0150_B11-7_0055。

彰显，台湾当局甚为忧虑紧张。

8月2日，杜勒斯答记者问，说并无升级必要。然台湾当局并不能安心。3日台"外交部门"嘱美"代办"再就此事联系国务院。5日，又令顾维钧通过美国务院及国会"酌探"美方可能采取的对台有利的行动。① 顾维钧随即拜会饶伯森，请美政府酌予一较有力之保证，以书面文件、信函或节略等外交文书说明美方意思。饶伯森表示，关于美不拟与中共商谈有关台湾权益之问题，除非有台代表参加或先征得台湾方面同意一点，早经美方一再声明保证。按目前情形，除非中共方面忽有意料外之变更，外长级会议绝无可能。若谈保证，则艾森豪威尔与杜勒斯之声明均有记录（transcript），且系对国际公开之声明，较任何对台湾的声明都更为有力。关于此种记录，饶伯森答应送一份给顾参考。② 即便如此，台湾当局仍然怀有疑虑。③

在9月14日的第15次会议上，中方代表王炳南就结束第一阶段议程并为更高级别会谈做准备的事提出建议。中方认为，只有举行中美部长级会议才是解决两国争端切实可行的途径，特别是要解决台湾地区紧张局势这样重大的问题。尽管美方代表约翰逊一再向新闻界强调，在全部美国平民得到释放之前讨论这些问题为时过早，但仍无法打消记者们的种种推测与解读。美国政府为减轻压力，也试图在内部统一意见。21日，饶伯森与乔治就关于中美举行外长会议一事交换了意见。乔治表示，若中共能声明放弃武力政策，则中美举行外长会议"当属不远"，但他也认为中共未必能做此声明。④

约翰逊的谨慎言论和乔治的预设前提并不能体现在所有舆论之中。蒋介石等人已如惊弓之鸟，他感到会谈升级将被国际认为是美国朝着承认北京政府的方向迈出"确切的一步"。⑤ 19日，杜勒斯同意进入第二议程。对于会谈升级一事，美政府未曾给出明确的官方否认态度，而是留有余地。24

---

① 《外交部电顾维钧》（1955年8月5日），顾维钧档案，档案号：Koo_0150_B11 - 7_0043。
② 《顾维钧电外交部》（1955年8月9日），顾维钧档案，档案号：Koo_0150_B11 - 7_0040。
③ 《蒋介石日记》，1955年8月13日上星期反省录。
④ 《顾维钧电外交部》（1955年9月30日），顾维钧档案，档案号：Koo_0150_B11 - 7_0021。
⑤ 《顾维钧回忆录》第12分册，第423页。

日，"外交部次长"沈昌焕致电正在纽约访问的叶公超，请其向杜勒斯当面表达坚决反对之意，并请顾维钧接洽美国务院。① 胡佛副国务卿向顾维钧透露美政府对外长会谈提议的态度，说美国对王炳南的答复是，此系程序问题，此时不谈。虽然乔治曾有外长会议的提法，但那是"此翁年迈忠厚所言，显未曾将其可能包含之意义预为防阻而加以说明，致一般新闻记者擅自申引其意而惹起各方误会"，乔治本意并非如此。美政府认为中美外长会谈"在能预见之将来为不可能之事"。②

此后，每当顾维钧等人询问中美会谈是否会升级时，美方的答复总以"此系程序问题，不在会谈范围之中""此非属于日内瓦谈判范围，系完全另一问题"之类搪塞。③ 尽管台湾当局对此甚为焦虑，盼能得到美方官方的回绝保证，却盼之不得。美方不打算在此问题上断了后路，是以准备与中共谈下去的拖延心理为背景的，他们以为若中共愿意保证在台海放弃武力，会谈升级之事还是可期的。至1956年1月，台湾当局不得不发表一则备忘录，声明：此项会谈如提高至外长级，则足以进一步显示对中共政权"事实的承认"，"并为中共进一步提出其他要求另辟途径"，④ 请美国政府慎重考虑。

与举行外长级会议问题交织的，还有对中共取消贸易禁运的问题。与前一问题一样，台湾当局对后者也是坚决反对的。然而，英、法、意等西欧国家和远东的日本在敦促美国部分解除此种禁运，特别是对中共非战略性物资的禁运，使对中共的禁止贸易清单保持在与苏联同等水平。这些国家在向美国施压，如果美国不修订对华禁运物资种类，不解除对非战略物资的禁运，他们就可能径自与中华人民共和国进行非战略物资的交易。因此，美方认为不如拟就一份禁运清单，将400项禁运物资减少为150项。⑤ 在此项问题上，美国亦更多地考虑国际大势与自身利益，未以台方意见为虑。

---

① 《沈昌焕电叶公超》（1955年9月24日），顾维钧档案，档案号：Koo_0150_B11-7_0024。

② 《顾维钧电外交部》（1955年9月26日），顾维钧档案，档案号：Koo_0150_B11-7_0023。

③ 《顾维钧电外交部》（1955年10月20日），顾维钧档案，档案号：Koo_0150_B11-7_0017；《顾维钧函蒋廷黻》（1955年11月9日），顾维钧档案，档案号：Koo_0150_B11-7_0014。

④ 《备忘录》（1956年1月25日），顾维钧档案，档案号：Koo_0150_B11-7_0011。

⑤ 《顾维钧回忆录》第12分册，第612页。

(三) 在美中国留学生遣返问题

对于中国留学生，特别是从事军事技术研究的留学生，美国禁止其离境。杜勒斯认为应按照 1952 年《移民法》进行审查。[①] 争取中国留美学生回国是中美大使级会谈第一阶段重点要解决的事。王炳南在 1955 年 8 月 2 日的会谈中指出，在日内瓦领事级会谈中，美方通知中方有 27 名留学生可以回国，但只回国 21 人；4 月 8 日美方通知中方有 76 名留学生获准归国，但因美方未提供名单，无法确认回国情况。王炳南反对美国移民署要求中国留学生限期返国，否则就须申请永久居留权的做法，要求美方提供在美中国侨民（包括留学生）的名单，取消中国人回国的禁令和限制出境时间等做法。[②]

因台湾当局自视为中国"唯一代表"，认为中华人民共和国"无权控制"全体中国留学生。美国与中共开始讨论中国留美学生遣返大陆问题后，叶公超 4 日于记者招待会上声明，不反对美政府许可少数在美留学生自请回返大陆，但美政府绝不能违反当事人意志做强迫遣返大陆之举。[③] 台当局驻美"大使馆"发表声明，指斥中共"企图控制留学生及威胁华侨"，并请美国不要直接或间接承认中共对留美学生全体有"任何干涉之权"。[④] 驻美"大使馆"与其所谓"文教顾问委员会"主办的"中美友谊会"及部分侨团共同发起抵制活动，策动美国重要社团如退伍军人会等分头进行抗议，并使电视广播电台等媒体邀请反共之中国学生代表讲话。[⑤] 希望以此类活动煽动留学生和美国民众的反抗情绪，以影响美国政府。在奉"外交部"指示进行各方策动外，驻华盛顿"大使馆"分电驻纽约、旧金山等地"领事馆"，使其各尽所能进行活动，并提醒各地分支机构在策划活动时特别注

---

① Memorandum From the Secretary of State to the President, April 1, 1955, in *FRUS*, *1955 – 1957*, *China*, Vol. 2, p. 443.

② Telegram From Ambassador U. Alexis Johnson to the Department of State, Aug. 2, 1955, United States Department of State, in *FRUS*, *1955 – 1957*, *China*, Vol. 3, p. 9.

③ 《外交部电驻美大使馆》（1955 年 8 月 6 日），顾维钧档案，档案号：Koo_0150_ B11 – 7_ 0042。

④ 《顾维钧电外交部》（1955 年 8 月 5 日），顾维钧档案，档案号：Koo_0150_B11 – 7_0039；《顾维钧电外交部》（1955 年 8 月 9 日），顾维钧档案，档案号：Koo_0150_B11 – 7_0040。

⑤ 《顾维钧电外交部》（1955 年 8 月 11 日），顾维钧档案，档案号：Koo_0150_B11 – 7_0037。

意："策动侨团学生务须缜密不露痕迹，与学生接洽时尤宜小心，以免及贻人以指摘我方策动之口实。"①

在留学生遣返问题上，台湾当局在与美交涉时一个重要的意图是尽量缩小所涉及范围：首先不能是全体侨民；其次在留学生方面，不能是即将毕业回国的全部中国留美生。既然不能是全部中国留学生，那美国自然不能满足中方要求，向其提供名单。这一意图无非是要表示中国留学生不应由中华人民共和国控制，侨民更是如此。此点说到底仍是"法统"问题，是争夺"中国代表权"的问题。其间传闻美国将对中共妥协，使印度等第三者代中共处理在美一切事宜。此举涉及全体侨民，亦有外交承认的含义，台湾当局自然又添一层忧虑，顾维钧遂就此事与美交涉，要求美国公开予以保证。美方表示，假如发表此类保证宣言，将增加与中共谈判的困难，可能无法使被扣美国公民全部被释放。若要发表宣言，可由台"驻美大使馆"酌为表示。②

经过14次会谈，中美大使关于双方平民回国问题的声明在9月10日公布。双方声明，在本国的对方国家平民愿返国者，"享有返回的权利，并宣布已经采取且将继续采取适当措施，使他们能够尽速行使其返回的权利"；英、印分别被委托对愿回国的美、中平民提供协助。③ 这是在持续了15年的中美大使级会谈中唯一形成文字的成果。随后，美国务院发言人向报界说明，"所发宣言系双方相互通知之办法，并非国际协定，且无其他暗藏意义，此外亦无秘密协议或谅解，并说明此次所定办法并无包含承认中共之意，亦无允许中共对在美华人伸张其控制权之意"。④ 美国此举为一贯的两面手法，此类说明仅为堵台湾当局及其他反共人士之口，其欲盖弥彰之意甚明。事实上，宣言中所提华人并未专提留美学生，其范围涉及全体中国侨民。美方在提供留学生名单一事上亦未如台湾当局所愿，而是提供了已

---

① 《驻美大使馆电驻纽约使馆》（1955年8月12日），顾维钧档案，档案号：Koo_0150_B11－7_0036。

② 《顾维钧电外交部》（1955年8月26日），顾维钧档案，档案号：Koo_0150_B11－7_0029。

③ 《中华人民共和国和美利坚合众国两国大使协议的声明——关于双方平民回国问题》，载中华人民共和国外交部编《中华人民共和国条约集（第四集，1955）》，法律出版社，1958，第1页。

④ 《顾维钧电外交部》（1955年9月10日），顾维钧档案，档案号：Koo_0150_B11－7_0026。

经声明愿返大陆之学生名单，共 76 人。关于第三方代理的问题，中美达成协议：在美华人如有欲返大陆而被阻者，可向驻美印度大使馆申诉代为交涉；如有旅行上的需要，亦可由该大使馆予以经济上的协助。在遣返留学生问题上，台当局同美国的交涉没有发生多大的效用。

（四）是否涉及承认问题

虽然美政府一再声明中美会谈不涉及对中华人民共和国的承认问题，但中美大使级会谈消息一经公布，成为令世界震惊的大新闻，[1] 解决中华人民共和国在联合国席位问题的主张随之热烈起来。日本参议院议员大山郁夫对记者表示："许多国家都认为应该举行一个有中国参加的五大国会议。没有中国的参加不能完满解决世界重大问题，尤其是远东问题。"并主张"中国在联合国的席位应该迅速恢复"。英国的《每日先驱报》社论指出："美国同中国正式打交道，说明美国认识到中国的力量和重要性这个事实。这应该最后导致中国被接纳进联合国的步骤——这是英国所希望的。"[2]

台湾当局以"正统"自居，鼓吹"反攻复国"，反对国际上有关"两个中国"的主张。在美国与中国谈判一事上，有关其隐含的承认之意，台湾当局甚为在意。8 月 4 日，叶公超对媒体称，会谈开始前美已做出书面及口头保证，此项会谈绝不隐含对中共任何程度之外交承认，台湾当局深信此项保证之可靠。[3]

中美会谈的举行使美国在 9 月联合国大会中的表现备受关注，媒体纷纷猜测中华人民共和国的席位问题是否会在该届大会中得到解决。8 月 4 日，美国驻联合国常任代表洛奇指出，美国将继续在下个月的大会中反对中华人民共和国加入联合国。6 日，艾森豪威尔本人也公开重申不承认中华人民共和国的立场。[4] 大会当月，美国务院答复前来探询情况的顾维钧，表明对台湾当局的绝对支持，并言国务院在起草一份秘密通令指示美国各使团注

---

①　王炳南：《中美会谈九年回顾》，第 46 页。

②　《各国重视中美会谈和我释放美间谍的决定》，《人民日报》1955 年 8 月 4 日。

③　《外交部电驻美大使馆》（1955 年 8 月 6 日），顾维钧档案，档案号：Koo_0150_B11 - 7_0042。

④　《美政策仍不变》《艾森豪强调中美友谊》，《中央日报》1955 年 8 月 6 日。

意这一事实。① 9 月 20 日，在联合国大会第十次会议上，在美国授意下，大会通过了其提出的不对中国席位代表权进行变更的提议。

虽然如此，美国同中共谈判的事实，毕竟已使一些国家如比利时、法国、意大利、叙利亚等开始改变对中华人民共和国的态度，拟先谋求恢复经济关系，有的国家甚而在联合国席位问题的立场上产生犹豫。据意大利驻日内瓦总领事馆称，中意谈判颇有进展，还有传闻说中意两国可望举行贸易会议。故台湾当局认为，美方虽声明中美谈判不影响台湾权益，但事实上已予中华人民共和国以未曾有之国际外交关系。顾维钧请美政府接洽各国，表明用意。②

（五）是否放弃使用武力的声明

在台湾地区放弃使用武力，是美国与中共谈判的一个主要目的。③ 在 1955 年 9 月 14 日中方提出将禁运问题和准备进入外长级会谈作为第二项议程的议题后，美方拒绝对这两项议题进行实质性讨论。直到 10 月 8 日，美方提出中美应首先发表放弃使用武力的声明。

中方认为，"如果说，所谓放弃使用武力的问题就是中美两国应该根据《联合国宪章》的宗旨和原则，和平解决两国之间的争端而不诉诸武力，那么，这正是中国所一贯主张的……但是，在中美两国的国际关系中不使用武力的问题，绝对不能同中美两国中任何一国的国内问题混为一谈。就台湾问题来说，美国侵占中国的领土台湾是中美两国之间的国际争端；中国人民解放自己的领土台湾，这是中国的主权和内政。虽然中国政府曾经一再声明，愿意在可能的条件下，争取用和平的方式解放台湾，但是，这个中国内政的问题，绝不可能成为中美会谈的题目"。

10 月 27 日，王炳南提出中美关于放弃武力问题的声明草案，表示：根据《联合国宪章》相关条款，中美同意"用和平方法解决它们两国之间的

---

① 《顾维钧回忆录》第 12 分册，第 415 页。
② 《沈昌焕电叶公超》（1955 年 10 月 18 日），顾维钧档案，档案号：Koo_0150_B11-7_0018；《顾维钧电外交部》（1955 年 10 月 20 日），顾维钧档案，档案号：Koo_0150_B11-7_0017。
③ 《顾维钧电外交部》（1955 年 7 月 28 日），顾维钧档案，档案号：Koo_0150_B11-7_0053；《顾维钧电外交部》（1955 年 7 月 29 日），顾维钧档案，档案号：Koo_0150_B11-7_0052。

争端而不诉诸威胁或武力",为此中美应举行外长会议,"协商解决和缓和消除台湾地区紧张局势的问题"。美方不同意中方草案,11 月 10 日,美方提出的对案称:"除了单独和集体的防御外"放弃武力。美方欲混淆"中美两国在台湾地区的国际争端同中国政府和蒋介石集团之间的国内问题,要求中国承认美国侵占中国领土台湾的现状,放弃解放台湾的主权",这是中华人民共和国绝对不能接受的。由于美国坚持所谓"单独和集体的防御权",中方在 12 月 1 日提出的对案也被否定,1956 年 1 月 12 日,美方提出对案再次强调"单独和集体的防御权"问题。①

台湾是中国领土,对于美国来说,根本不存在任何"防御权"的问题,美国如此要求,是企图继续控制台湾。面对美方的拖延与无礼,1 月 18 日,中华人民共和国外交部发言人发表声明,公布中美会谈经过并说明中方立场。21 日,美国国务院做出回应,从美方角度解释会谈经过,并声明美国立场称:"美国已经完全表明,放弃使用武力,任何一方也没有放弃其目标和政策,而只是放弃用武力实现这些目标和政策。"② 在答记者问时,针对中方认为美国在台湾不存在"自卫"权的问题,饶伯森指出,"自卫应有权利"为台美"共同防御条约"所明白规定,"美军事领袖无一不认台湾为美国安全席中一重要锁链",并称"台湾之主权问题自日本放弃后始终尚无法律上之解决"。③

美国提出在台湾地区不使用武力一点后,中共本不愿与之讨论。④ 为不使谈判破裂,中共提出根据《联合国宪章》,同意用和平方式解决中美之间争端的说法。中美之间争端的范围,在中华人民共和国看来是不包括台湾地区的。这是美国不愿接受中方说法的分歧点。在台湾问题为中国内政问题的看法上,台湾方面与大陆的看法一致。两岸的努力方向都是避免台海

---

① 《中华人民共和国外交部发言人发表声明公布中美会谈的经过并说明中国方面的立场》,《人民日报》1956 年 1 月 19 日。

② US State Department Declaration (Jan. 21, 1956), in *Department of State Bulletin*, Vol. 34 (Jan. -Mar. 1956), pp. 164 – 166.

③ 《驻美大使馆电外交部》(1956 年 1 月 21 日),顾维钧档案,档案号:Koo_0150_B11 – 7_0009。

④ 《顾维钧电外交部》(1955 年 10 月 20 日),顾维钧档案,档案号:Koo_0150_B11 – 7_0017。

问题成为国际问题。1955 年 11 月 16 日，叶公超致函杜勒斯，声明台湾当局反对中美讨论"放弃诉诸武力问题"的立场，[1] 但始终未获答复。

1 月 21 日美国的声明使台湾当局得到这样的印象：中美就"放弃武力问题"达成双边协议，不但等于事实上承认中共，且暗示美国不反对中共解放台湾，打击了台湾士气，助长了"两个中国"论调。[2] 饶伯森就该项声明的发言，虽非美方官员第一次如此表态，但其随声明出之，加重了对台当局的打击。美方的说法是缺乏法理支撑并与历史事实和历来国际重要文件相悖的狡辩。而"美军事领袖无一不认台湾为美国安全席中一重要锁链"竟然也成为理由之一，足证其荒诞。

忍无可忍之下，台湾当局决定发表备忘录，对公众说明立场。备忘录指出，细察业已发表之会谈通过情形，此项谈判与美国迭次对台之保证不符，实已与台湾权益"发生重大关系"。并重点谴责美国与中华人民共和国讨论"放弃武力"之害，指出"会谈过程中美国曾迭向中共保证，说明中共如允放弃使用武力，决不足以妨碍其在台湾区域以和平方法推行中共政策"，台湾方面"对此一事实之揭露实深骇异"。重申台湾当局"收复大陆之政治目标保持不减"。[3]

此后，关于"放弃武力问题"如何表述、如何界定仍是中美会谈的一个焦点，但双方无法达成共识，陷入胶着。1956 年 7 月，王炳南向约翰逊提议，会谈进入其他议题的讨论，如贸易禁运问题，暂时搁置争议。

四　三方得失与困境

1950 年以后，美国刻意避免隐含"承认"之意的美中接触，但其实并不能真正做到，特别是到 1950 年代中期。因朝鲜问题的板门店谈判，美国打着联合国的旗号与中方代表接触；1954 年日内瓦会议期间，由于遣返美侨美俘问题，美国拉着英国与中国谈判；1955 年 8 月，中美大使级会谈终

---

[1] 《叶公超电顾维钧》（1955 年 11 月 16 日），顾维钧档案，档案号：Koo_0150_B11 - 7_ 0012。

[2] 《顾维钧回忆录》第 12 分册，第 642 页。

[3] 《备忘录》（1956 年 1 月 25 日），顾维钧档案，档案号：Koo_0150_B11 - 7_0011。

于拉开序幕。尽管美国否认会谈具有承认中国之意，对台湾当局保证不会损害其权益，并以"保护人民"为由与中国接触，以侨民战俘的回国问题切入会谈，事实上美国只是在以此种外交手段为自己解套。通过第一次台海危机后的讨论和尝试，美国意识到台湾海峡的危机并不是有强大实力和核武器就能轻易解决的。事实上，美国已经陷入不得其法的困境。与中华人民共和国直接谈判，在避免战争的情况下将台澎留在自己手中，此时对美国而言是最有利的机会。尽管这一目的与谈判对手的想法并不吻合，但以谈判争取更多的和平时间还是有希望的。"以静制动"，拖延办法，等待时机是美政府对中国所抱有的一种想法。等待中国内部发生变故以取得时机，这也是此间美国阻止蒋介石"反攻大陆"的理由和说辞。① 自然，这一想法落空了。中美会谈进行了十几年，而后迎来美国对中华人民共和国的承认与双方建交。而中美大使级会谈的进行，不管美国如何辩解，事实上就是对中华人民共和国政权的承认。② 从这个意义上说，中美大使级会谈的正式开启，是中华人民共和国外交胜利的体现。

中美大使级会谈是中国外交的胜利，也是冷战背景下中国外交的无奈。中华人民共和国要解放台湾、解放沿海岛屿，在美国干涉下，只能一边进行军事准备，一边积极开展外交上的斗争。中国愿意坐下来同美国谈判，也不排斥以不包括台湾当局代表在内的国际会议形式商谈，但拒绝与台湾当局同时出现在联合国进行谈判，因为那样带有"两个中国"的意味。台海紧张局势本是中国内政，国共双方本应直接谈判解决。周恩来曾向英国表示，中华人民共和国在任何时候任何情况下都反对台湾当局参加国际会议，但并不拒绝、事实上还建议与台湾当局直接对谈。③ 然而，美国自认为承担了台湾的防务，认为美国应代表台湾出面谈判缓和台海局势，竟不以

① 《顾维钧电外交部》（1955 年 7 月 28 日），顾维钧档案，档案号：Koo_0150_B11 - 7_0053。

② 有学者认为中国以"文攻"与"武吓"双重压力施加于美国，使其不得不一步步退让，与中国举行"含有高度承认意味的大使级谈判"。故无论美国如何自圆其说，"终难改变其实力难以施展，随着中共音乐起舞的事实"。见张淑雅《文攻武吓下的退缩：美国决定与中共举行大使级谈判的过程分析，1954～1955》，《中央研究院近代史研究所集刊》第 25 期，1996 年 6 月，第 379 页。

③ Memorandum of the substance of a Conversation, Peking, May 26, 1955, in *FRUS*, *1955 - 1957*, *China*, Vol. 2, p. 582.

为这是干涉他国内政，反而公然进行。在美国插手甚至在某些时候包办台海事务的状态下，中国政府只能选择先与美国对谈，在就某些方面达成一定共识之后，再与台湾当局直接谈判。① 中国内政的"国际化"是美国霸权主义、强权政治在远东的体现。中国政府欲先进行中美谈判再进行两岸谈判来解决台湾问题，实为实力不足之下最能维护中华民族利益的选择。由于美国抱定台湾应为自己控制的立场，中美谈判并未能在台湾问题上取得实质进展，两岸谈判亦没有进行。此为后话。

"台湾法律地位未定"本是美国强权操纵下形成的一个并不符合历史事实与国际法的概念，是对日和约结束战争状态时美国有意留下的一个口子，目的就是为干涉、侵略之便。最初公布中美会谈时，美国以谈论中美"双边关系"问题为辞，当台湾方面提出台海停火如何成为中美间的问题时，美国指出：台湾地位未决，台美有"共同防御条约"在，美国理应出面。1940 年代明确规定了台湾归还中国的几个重要文件，虽然都有美国签字，美国却都可以无视，反而以美国操纵下的、没有中华人民共和国代表参加的对日和约为根据，来堵台湾当局之口。台湾当局曾经为自身安全而苦苦争取的台美"共同防御条约"，此时看来亦成为美国"代理"台湾的一个堂而皇之的理由。

随着中美会谈的推进，"台湾法律地位未定"不但成为美国干涉中国内政的借口，也成为其以模糊政策周旋在两岸之间的一个幌子。1956 年 1 月，美国声明对"放弃使用武力"问题的立场，指出不妨碍各自的目标和政策，实际上暗示中华人民共和国对台湾有提出要求的权利。声明发出后，美国务院官员又提出台湾地位"未定"的说法。而此说不但违背二战结束前后的几个重要文件，与台美"共同防御条约"也是相悖的。②

所谓"事实上的两个中国"是美国堵台湾当局之口的另一致命武器。至少在两蒋时代，台湾当局是坚决反对"两个中国"主张的。蒋介石早在1950 年就有退出联合国的想法，不与中华人民共和国同时出现在联合国，③

---

① Memorandum of a Conversation, Department of State, Washington, June 13, 1955, in *FRUS*, *1955 - 1957*, *China*, Vol. 2, p. 592.
② 《顾维钧回忆录》第 12 分册，第 644 页。
③ 《蒋介石日记》，1950 年杂记 10 月 14 日。

以免造成"两个中国"。此后，他这种想法更为明确，并在日记中多次表达。① 可以说，虽然 1971 年台湾当局才正式退出联合国，但在此前 20 多年间蒋介石一直有这样的心理准备，且从未出现过接受所谓"两个中国事实"的念头。1950 年代中期，美国出现过关于"两个中国"的讨论热潮。在就某些重大问题与台交涉的过程中，美国要人时常拿出所谓"两个中国事实"的话制造无形的威压与震慑。蒋介石虽有退出联合国的心理，但这毕竟是迫不得已时的选择，具体执行"外交事务"的顾维钧等人更不会轻易本着"宁为玉碎"的心理来操作。台湾拥有亚洲第二强的反共力量，美国对台自会尽笼络之意。尽管在具体交涉中，美方人员一般会对台湾当局代表和颜悦色，然而"事实上的两个中国"字眼一出，体现的却绝非"友谊"。美国很清楚台湾当局反对"两个中国"，也很清楚台湾当局一直认为台海停火问题乃是中国内政，② 但仍然要将其解释为所谓"国际问题"，让台湾当局不敢以强硬态度反对的一把利剑就是美国在"两个中国"问题上不动声色的威慑。

此时，获得中共不在台湾海峡使用武力的保证是美国最重要的目的。虽然美国为顾及反共阵营的马首形象，有时对中美会谈拿出一定姿态，似乎并不是那么热衷，但其实在中国人民解放军的炮火逼迫下，美国已别无选择。1950 年杜鲁门声明与 1954 台美"共同防御条约"，已将台澎的安危与美国捆绑在一起，然而台湾"外岛"并不在其列。若因金马等岛屿而与地处远东、地广人多的中国作战，美政府断然无法说服民众与盟友支持，因此，美国必须设法避免面对此类难题。这是美国政府的决策，并非民主党给亲台的共和党制造难题。虽然 4 月底以后，中美会谈的预期已经在形成之中，但在中美会谈消息正式公布前，台湾当局并未做好充分心理准备，也没有形成有力对策。在会谈消息公布后，台湾当局对美国准备怎样进行会谈仍毫无把握，交涉内容主要是探明真相。足见美国在整个决策过程中并未充分顾及台湾方面的意见，反而有刻意隐瞒的倾向。与此相应，台湾当局则在中美会谈一事上表现出强烈的"无力感"。

---

① 如《蒋介石日记》，1953 年 5 月 21 日、1954 年杂录等。
② 《顾维钧电外交部》（1955 年 7 月 28 日），顾维钧档案，档案号：Koo_0150_B11 - 7_0053。

小 结

1954 年中华人民共和国代表成功出席日内瓦会议，并在会议期间在英方陪同下与美国代表进行谈判，此事造成了一定的国际影响，开始影响到一些国家对中国的态度。台湾当局自始至终反对中美接触，但这种反对并不能产生足够效用。第一次台海危机的爆发一度将美国逼入进退维谷的困境。1955 年春，美国借助联合国干涉解决台海紧张局势的企图落空。4 月初，美国已经决定放下包袱，将金门马祖等"外岛"视为可有可无之地。因此，在 4 月下旬周恩来在万隆会议上对和平谈判表态之时，美国其实已经具备接过橄榄枝的主客观条件，且已意识到接过橄榄枝为其从台海危机中脱身的唯一途径。尽可能地保持与中共的谈判状态，这是美国在会谈开始之前就定下的基调。[①] 台湾当局试图终止中美会谈，只是徒劳。

若不能劝说美国尽早结束会谈，台湾当局能否在议题与美方谈判对策上起到实质性作用呢？事实证明，这亦为空想。美国为达到在避免卷入战争的同时占有台湾的目的，不惜在盟友面前出尔反尔，违背不在盟友缺席情况下谈及盟友事务的保证；不惜违背自己签署过的多个重要国际文件和声明，将台湾地位变为"不确定"；不惜持两面政策，以模糊说辞伤害台湾当局，而为继续与中华人民共和国的谈判留下退路；不惜以所谓"事实上的两个中国"作为要挟，使台湾当局无法继续向美国争取权益。若说在其他一般性事务上，台湾尚可接受美国干涉，然而，中美会谈中的许多问题实属关涉台湾当局权益的大事，台当局不得不再三向美接洽。在会谈开始后的半年间，台湾当局为不损害其所谓"正统"身份，为不造成"两个中国"而与美国进行着一场台面下的"暗战"。只不过，这场战斗因实力悬殊、处境迥然，主客已定，收效甚微，台湾方面的苦苦劝说并未能阻止或改变美国在若干具体问题上的态度或言论。

表面上看，台湾方面无疑是这场"暗战"的输家。然而，从更深层次和更长远的视野看，却未必如此。

---

① 在会谈开始前，杜勒斯就口授约翰逊，尽可能地将会谈持续下去。见 Letter From the Secretary of State to Ambassador U. Alexis Johnson, July 29, 1955, 注 1, in *FRUS*, *1955 – 1957*, *China*, Vol. 2, p. 685。

中美会谈开始后的半年中，围绕一系列问题，台湾当局与美国展开外交角逐，其细节与表象繁杂，而实质的核心问题却很简单明了，那就是"两个中国"问题。金马"外岛"紧邻大陆，是台湾岛与大陆紧密关系的维系点。在此前美国尝试劝蒋放弃金马以平息台海局势时，它们与"两个中国"问题的关联便已明了。中美会谈升为外长级的预期，对国际社会而言，显然表明了美国对中华人民共和国政权"事实的承认"，在美国并未否定台湾当局的情况下，此项承认自是造成"事实上两个中国"之一步。留学生回国问题看似事小，也是表明"事实上承认"的一个方面。中美大使级会谈开始于联合国大会之前，它对联合国席位的影响令台湾当局十分紧张。此时美国尚未有放弃在联合国支持台湾当局"代表"中国的想法，在此阶段台湾方面对席位的担忧并非被"代替"，而是"两个中国"的同列。当然，这同样是中华人民共和国政府所不能接受的。在放弃使用武力问题上，台湾当局主要关注的是美国似有不反对中共解放台湾的暗示，而其背后的忧虑是美国的暗示会严重打击台湾地位，鼓励其他国家"两个中国"主张，因此再次重申"打回大陆"的决心，以鼓舞士气。

在不致造成"两个中国"的问题上，中华人民共和国也在谈判桌上与美方坚持着斗争，始终声明台湾问题为中国内政，坚决否认美国在台湾地区有所谓"自卫权"。这是在台美外交战场之外的另一场没有硝烟的战争。自国民党退至台湾，美国经过一个短暂的犹疑期后便积极地投入台海事务之中。美国对国民党的支持并非无条件的，它在对台湾提供援助的同时也将其牢牢地控制在自己的掌控下。美国不希望共产党统一中国，也不希望国民党打回大陆。美国所要的结果只是国共安于现状，即便金马"外岛""让"于中共，似乎也不是多大问题，只要台澎"安全"、台海平静就好。1954 年台海危机发生后，美国将对"事实上两个中国"心理上的接受发展成行动，有意推动"两个中国"变为事实，先是在联合国炮制台海停火案，继而劝台湾当局撤离金马换取和平。可是，以蒋介石为首的台湾当局坚决抵制住美国的压力，对公众严正表态，并坚守金马。① 接着，在中美会谈一

---

① 参见冯琳《美国"两个中国"的实践与主张及台湾当局的抗争（1954～1955）》，《社会科学研究》2017 年第 3 期。

事上，台湾方面在"暗战"无果后发表备忘录，再次申明一个中国立场。继两岸一致反对美国所炮制的台海停火案之后，国共在中美会谈事上再次在一个中国问题上形成呼应。国共共同反对以美国为首的西方国家制造"两个中国"事实的默契更进了一步。

美国希望中华人民共和国声明放弃使用武力解放台湾，但也明白这一目标基本是空想。若无法达到这一目的，最好的办法就是将中美会谈尽量拖延下去。在谈判中，台海紧张局势自然缓解，以非武力的方式维持两岸分离现状，这是符合美国利益的。为保持会谈之门不致关闭，美国常持以暖昧态度，并不在一些重大问题上做出可能触怒中共的公开声明。尽管私下里对盟友台湾百般安抚，官方言论则往往避重就轻、闪烁其词。关于会谈是否将升级为部长级等事，台湾当局十分在意，多次与美交涉，美方人员仅以程序问题不在讨论之列作答；关于放弃使用武力的声明，美国确信中华人民共和国不可能放弃解放台湾，因而对放弃武力之说加上"无碍各自目标和政策"的说明，尽管这种说明损害了台湾当局的权益；而蒋介石极为盼望的美国对中国"唯一合法政府"的声明，或对自身"坚定"立场的表明，自然是望之不得的。美国游走于大陆与台湾之间，其模糊政策、"走着看"的态度取决于自身利益的需要。

终于，在经过了大约半年的交涉后，台湾当局明白劝说无用、阻止无效，唯有对公众申明立场，谴责盟友的背信弃义。1956年1月25日，台湾当局备忘录的提出是前一阶段中美大使级会谈背景下台美交涉的一个小结。此后，前面提到的一些问题，如禁运问题，如放弃使用武力问题，仍在中美谈判中持续进行着，但就台美交涉而言，中美大使级会谈开始后的半年可被视为一个关键的初始阶段。在这个阶段中，围绕中美大使级会谈的台美矛盾集中得到展现，双方对有关问题的立场有了明确的各自表述，而交涉的结果、会谈的发展等问题大势已显。对酝酿期及这个关键初始期的台美交涉加以微观的考察，学界可获益良多。

第十四章 "五二四"事件后的台与美
——兼及"反美"之辩

    1957 年 5 月 24 日发生于台北的"五二四"事件,是国民党退台后第一次大规模群众性事件。"五二四"事件将台美关系推至风口浪尖,媒体对其中疑点颇有猜测,进而对台湾战略地位、台美长期关系甚至"两个中国"问题提出讨论。它可能带来的后果令台湾当局呈现惶恐与不安之态。相关部门纷纷检讨,"行政院"受到不小冲击。美国官方采取了慎重态度,但不同个体对事件有不同的理解与反应。蒋氏父子对事件的处理有基于兼顾盟友态度与台湾民心的考虑。台湾官方无意以暴力"反美",但对事件的发生负有一定责任,有宣泄民意及借机规范美军行为之意,而后来的发展有失控倾向。蒋介石有意将事件引向"中共参与"的议题上,以此化解台美间隙;民众心理和舆论导向在事件的化解上起到不可忽视的作用。美政府虽表示不会因此改变对台政策,但双方心理被投下阴影。美方通过此事意识到自身问题,是其积极影响。有关事件发生原因、过程及其对台美关系的影响等方面的研究较为充分,[①] 但有些重要问题仍缺乏探讨。如台湾当局内部反应如何?这场暴动被许多媒体解读出"反美"之意,甚至将蒋经国指为幕后主使或是负有责任者,美方所获情报对蒋经国也多有不利。美方对事件性质判断如何?面对美方有关人士的疑虑,蒋氏父子如何解释澄清?

---

① 栗国成《1957 年台北"五二四事件"及 1965 年美军在华地位协议之签订》(《东吴政治学报》第 24 期,2006 年)对事件经过和各方反应有详细描述,并特别论述了由此事引发的台美关于美军在台地位的交涉。冈栋俊《"五·二四"事件中的台美矛盾研究》(《国际政治研究》1998 年第 3 期)从台美关系方面对该事件进行了解读。林桶法《从刘自然案论述一九五〇年代美军顾问团的问题》(载黄克武主编《同舟共济:蒋中正与 1950 年代的台湾》)除运用《蒋介石日记》详述包括蒋介石在内的各方反应外,还论述了该事件对美军援顾问团的影响。

"五二四"事件的发生有无官方意图在内？这一事件曾引世人极大关注，但事件的解决似乎又显得轻描淡写，其中有何原委？下文拟探讨一二。

一　事件发生与双方反应

1957 年 3 月 20 日夜，"革命实践研究院"少校学员刘自然在美军眷属宿舍 B 区一号附近，被驻台美军顾问团上士罗伯特·雷诺（Robert G. Reynolds）连开两枪击毙。雷诺称，向刘自然开枪射击，是因其偷窥他妻子洗澡；而开第二枪，是因其欲以木棍袭击雷诺。阳明山警察所韩警官勘查现场后，并未发现所称木棍，仅由美宪兵在竹林内找出一长约 60 厘米、拇指般粗细的樱树枯枝，雷诺不能确定是否刘自然手持之物。在阳明山警察所警察侦查勘验现场并对雷诺进行询问时，美军宪兵军士长麦克金肯（E. R. Mcjunkins）亦到达现场，该军士长以雷诺为美军人员，享有外交豁免权为由，要求自行处理。参照 1943 年 10 月 1 日国民政府公布之《处理在华美军人员刑事案件条例》第四条第二项"美军人员经查明确有犯罪行为或嫌疑时，应即将其犯罪事实或嫌疑通知有关之美国军事当局，并将该人员交该当局办理"之规定，阳明山警察所将雷诺交该军士长看管。①

因 1951 年台湾当局接受美援时双方有换文，规定美军援顾问团人员为"大使馆"之成员。3 月 22 日晨，"外交部"向美"大使馆"正式表达对该案关切之意。因美军援顾问团有以自卫行为视之、欲不了了之之说，"外交部政务次长"沈昌焕等人多次向"美使馆"表达重视之意，请其饬令顾问团依照军法审判，不应敷衍了事。

4 月 12 日，"外交部"将台北"地方法院检察处"送来的侦查结果连同凶器证物等送达"美使馆"。5 月 20～22 日，在圆山美军援顾问团教堂内，美军事法庭对雷诺枪杀刘自然案进行审理。23 日，经陪审员投票，宣判雷诺无罪。

根据台北"地方法院检察处"移送美方之意见书及证据，无论依照中国法律或美国法律，雷诺均应负刑事责任。一般揣测，美军事法庭即便偏

---

① 《关于五月二十四日台北市不幸事件检讨报告汇编》，严家淦档案。

颇，不过是处刑较轻，断无无罪释放之可能。5 月 23 日，美方的审讯结果令舆论哗然，台湾当局亦无法接受。24 日晨，"外交部长"叶公超即约请美"大使馆代办"，要求复判或重审此案。

24 日 10 时，刘自然遗孀奥特华手持中英文标语牌到美"大使馆"门口抗议，群众开始围观，并有记者到场采访。奥特华哭诉冤情，声泪俱下，记者将实地访问录音播出，引来更多群众。人越聚越多，呼叫怒骂。13 时，人们收听广播，传雷诺已于 12 时半飞离台湾，群情顿时激奋，无法遏止。开始有人冲向"使馆"，投掷石子。14 时 20 分，"大使馆"院内院外楼上楼下已被群众挤满。有人将美国旗撕扯下来，捣毁"大使馆"，砸毁馆中汽车、家具，烧毁文件。17 时，延平南路美新闻处也遭围攻。台糖大楼因驻有美方机关而险遭波及。晚间，台北市警局亦被包围，群众冲入，门窗玻璃尽被捣毁，车库车辆被纵火燃烧，并有警员被击伤亡。台湾当局宣布实行"宵禁"，并调集 3 个师的兵力进入台北，协助警察、宪兵镇压抗议民众。

美国驻台"大使"蓝钦当日不在台北，18 时前后自香港返回，当即向叶公超提出口头抗议，要求道歉赔偿。"外交部"急电"驻美大使"董显光，令其向美政府致歉，并说明此事系因雷诺宣判无罪而激起。

25 日，"行政院"召开临时院会商讨此事对策，决定由"国防部"督同主管机关根查事实真相，于文到三日内拟具翔实报告，公布周知。同时查明肇事分子，依法追究。还授权"外交部"办理向美方道歉及赔偿事宜。① 蒋介石本也不在台北，但得知有人捣毁美"使馆"、撕毁美国旗，意识到事件严重性，"感觉此案如不速即合理解决，必将引起严重后果"，决定速回台北处理该案。②

该日下午，蓝钦以书面形式"照会"叶公超，重申前一晚之口头声明，正式提出"最强硬之抗议"，要求"充分道歉"和对所受损失的"全部赔偿"。在"照会"中特别指出，"警方迟迟未能采取适当行动，以保护此等

---

① 《行政院会议议事录》第 115 册，"行政院档案"，台北"国史馆"藏，档案号：105 - 1/
  115；1957/5/25。
② 《蒋介石日记》，1957 年 5 月 25 日。

建筑物及其他美国财产，尤属难辞其咎"。① 并会晤沈昌焕"次长"，指出他们判断"五二四"事件"最初系无组织之群众，随后即为有组织有计划的破坏行动"。②

25 日晚，"外交部"正式以书面答复蓝钦，同意赔偿美国政府及其人员在该事件中所受之财产损失。③ 同时，董显光访晤美国国务院东亚事务助理国务卿饶伯森，就"五二四"事件表示歉意。

26 日，蒋介石召见台北卫戍司令黄珍吾、台北市警察局局长刘国宪、台湾省警务处处长乐干等人面询事件经过。蒋认为彼等负地方责任，只顾个人地位与名位，而对于其职责应尽者则不敢执行，几至束手无策，目睹暴徒冲进美"使馆"捣毁一切，且已撕毁美国旗而仍不敢下令使用武器，负责压制，甚恐伤害群众受到处分，如此者三小时之久，而刘仍推托卸责，能不痛愤。决定将其三人免职。之后，蒋介石致电美国总统艾森豪威尔，表示歉意，强调此案乃是因为对刘案判决不公而引起群愤，并无反美因素在内。不料，美国方面对于治安三官员的撤职这一处置结果并不满意，暗示另有高层需负重责。蒋介石知其所言为蒋经国，但"假作不知其所指，以免当面破裂"。④

当时，有人猜测蒋经国是幕后主使，根据是事件发生时，蒋经国的特务系统未出面干预；美国"大使馆"的保险柜被打开，这不是一般群众能干得了的；成功中学学生到美国"大使馆"示威，该校校长潘振球是蒋经国的弟子；等等。包括蓝钦在内的美方人员受此类猜测影响，在与台湾当局交涉中不乏言下之意的表示。美国方面对蒋经国的怀疑令蒋介石很是愤懑，27 日，他召见张群、叶公超、沈昌焕，表示应由"外交部"面责其狂妄美员无理胡说，并须对事实彻底根究。但怒气过后，蒋又觉不妥，再召沈昌焕，指示其对蓝钦说话要旨，嘱咐其不必为此特召蓝钦急斥，待另有他事时顺带指斥，"以免此时对暴动案更添一层黑影也，惟有暂忍而已"。⑤

———————————

① "行政院长"俞鸿钧于 1957 年 6 月 14 日在"立法院"第十九会期第二十七次会议上关于台北市不幸事件处理经过的报告，《立法院公报》第十九会期第八期。
② 《五二四事件外国报纸造谣》，"外交部档案"，馆藏号：11 - 07 - 02 - 14 - 02 - 002。
③ 《行政院会议议事录》第 115 册，"行政院档案"，档案号：105 - 1/115；1957/6/6。
④ 《蒋介石日记》，1957 年 5 月 26 日。
⑤ 《蒋介石日记》，1957 年 5 月 27 日。

　　当日，叶公超举行记者招待会，重申"五二四"事件系民众抗议判决不公，而非普遍反美情绪之表现。针对幕后操纵者另有其人的传言，叶公超辟谣，称经过彻底调查，"发现并无任何政府机关或政治组织在任何方面鼓动或指挥这次事件"，而据"大使馆"人员了解，"那几个被打开的保险公文柜可能是用在大使馆内拾起的笨重物件所敲破的"。①

　　美国舆论本来就有同情中共、对国民党不满者，"五二四"事件发生后，对台当局攻击之声再起。有人重提台湾地位，主张托管；有人倡言承认中共，原本对台友好的议员为自身计亦不得不表示不满。蒋介石认为，"此一趋势如不设法消弭，则我根本计划与复国大业必将成为泡影"。②

　　6月1日，蒋介石为"五二四"事件专门发表书告，深刻检讨并奉劝民众做"现代国民"。蒋称："五二四"事件是其"平生一件莫大的遗憾"，"任何现代文明国家的国民，断不该捣毁外国的使馆，撕毁代表他们国家的国旗；因为这种暴行，在自己的国法上是犯罪的行为，在对外的关系上，是把自己的国家民族陷落到最不荣誉的地位"。在反共斗争中应"明是非，辨敌友"，"为贯彻反共抗俄的国策，惟有与世界民主集团领导者的美国站在一条阵线"。③ 在对待"五二四"事件上，虽然蒋介石为其子受到美方猜忌而颇受刺激，但最终仍选择了"极端忍耐、慎重处理"的方式，"凡我所应为和所能为者，无不自动实行，期能消除美国之误会，以减少不利之影响"。蒋在书告中强调做"现代国民"的同时，指出台美是在同一战线上，劝告民众不能因小事"反友为敌"。两者相较，其重点似乎更在后者。书告的目的是要打消民众"愤恨与冲动再发之情绪"，使美国反蒋派不能借此"毁华扶共"。④

　　当时，美方还质疑"五二四"事件是"有计划"的。他们提出，起初聚集在"大使馆"的主要是中学生，他们只想和平示威，后来来了些年龄

　　① 李义虎主编《台湾十大政治案件》，黑龙江人民出版社，1993，第45页。
　　② 《蒋介石日记》，1957年6月5日上星期反省录。
　　③ 《"五二四"不幸事件告全国同胞书》，载秦孝仪主编《总统蒋公思想言论总集》卷33，书告，第179~183页。
　　④ 《蒋介石日记》，1957年5月31日上月反省录。

大的人，包括一批组织者，混进人群，唆使群众攻击"大使馆"；① 当警察让暴民不要放火时，局势被控制，但他们似乎在意的是不让美国人受到重伤，据说警察得到指令保护美国人和中国人的生命，而不是美国的财产。②

针对事件是有所预谋的猜测，台湾当局尽力辩解，强调该事件完全是"自发"的，是"无组织无计划之群众盲动"。综合"国防部""外交部"等机关截至 6 月 11 日所呈送的有关报告，"行政院"编具文件，向"立法院"报告并予公布。"行政院"的报告说"截至目前止，尚未发现此次骚动系出自有计划有组织之策动的迹象，相反的，有甚多事证足以认定此乃一偶发之群众冲动行为"。该报告认为群众心理、民族情感形成后，"一经有意或无意的煽动或刺激，便发为失去理智的行动"。从刘妻奥特华在美"大使馆"门前抗议三个半小时之后，才有人遥掷石块，四小时二十分钟后，才有冲入"大使馆"之行动来看，"如谓有组织有计划，不致发展如此迟缓"。③

6 月 3 日，台北卫戍司令部解除"宵禁"，但仍实施戒严。5 日，蒋介石指示将"五二四"事件涉事人员交军法审判，并期公布全案内情及审判结果。④ 11 日，"行政院"核定复"美国大使馆"处理办法七项，由中美各派代表组成委员会处理该事件。经审讯，26 日宣判。"五二四"事件似乎就此解决，但实际上这一事件关涉问题甚多，下面拟对其中几个问题加以讨论。

二 "反美"之名下的不安

"五二四"事件发生后，引起很大震动，震动的表现不只在台湾、美国

① Memorandum of a Conversation, Taipei, May 27, 1957, United States Department of State, in-*FRUS*, *1955－1957*, *China*, Vol. 3, p. 538.

② Telegram from the Ambassador in the Republic of China（Rankin）to the Department of State, United States Department of State, in *FRUS*, *1955－1957*, *China*, Vol. 3, p. 537.

③ "行政院长"俞鸿钧于 1957 年 6 月 14 日在"立法院"第十九会期第二十七次会议上关于台北市不幸事件处理经过的报告，《立法院公报》第十九会期第八期。

④ 《雷诺枪杀刘自然案美方审判不妥发生台北"五二四"不幸事件交理经过》，"行政院档案"，档案号：071/165－2，第 18、75 页。

及世界各地的媒体，更在台湾当局和美国政府高层的心理。在军事失败、外交困难、经济紧张的危局中，美国的各项援助和"外交支撑"是国民党在台湾稳住脚跟并渐图发展的救命稻草。在此背景下，不难理解 1957 年"五二四"事件的突然发生及其可能引起的台美关系的变更带给台湾当局的冲击效应。台湾方面除进行一系列"外交"上的补救外，还进行了内部全面检讨。该事件的一些细节引起美国方面的种种猜疑，台湾当局的解释和道歉未能完全消除他们的疑虑。鉴于台美关系大局，美国没有在实质上改变对台政策。但它暴露出的内部问题却让台湾当局有"不攻自乱"之态。"行政院"及"阁魁"俞鸿钧受到"立法委员"较为激烈的指摘，似为数月后俞鸿钧被迫辞职的前兆。

（一）权责难以追究

事发第二天，"行政院"临时院会决定彻查议处有关机关对该案之责任。[①]"中央宣传指导委员会"、"国防部"、"外交部"、"司法行政部"、"宪兵司令部"、台湾省保安司令部、台湾省警务处、阳明山警察所等相关单位均就各自责任做了深刻检讨。通过检讨，暴露出许多行政权责和治安权责方面的问题。

在谁该为"五二四"事件负责一事上，出现了责任推诿的情况。"国防部"认为"应对刘奥特华未予安置，致任其向美使馆请愿而肇成事端"，"类此事件应由警察单位予以适切之安置，并予精神及物质上之安慰"。台北市警局亦认为"阳明山警察所对其家属应负监护之责，尤当宣判无罪后，对其家属行动尤应密切注意，并与有关单位切取联系，对该所迄未将此情形通知本局，刘奥特华何时进入台北市区无从得悉，致失去跟踪、监护及适时劝导安慰之机会"。但阳明山警察所认为，"渠（刘奥特华）非居住本辖，事后尚有类似事宜，应由上级指定之专责处理涉外案件之单位负责注意"。[②] 一些单位将责任推到阳明山警察所这一基层单位，而阳明山警察所说"刘自然事件"虽然发生在自己的辖区，但引发"五二四"事件的主角

① 《行政院会议议事录》第 115 册，"行政院档案"，档案号：105-1/115：1957/5/25。
② 《五二四对美大使馆骚动事件综合检讨重点试拟》，严家淦档案。

未居住在其辖区，不能将事件归为阳明山警察所之过。并说"刘自然事件"发生后，阳明山警察所已会同有关单位勘查现场、初步侦查，呈报省警务处，并搜集有关该案资料供上级参考，已经尽到自己的责任，为改进工作，以后应指定某一机构专门处理此类涉外案件。①

颇为滑稽的是，台北卫戍司令部认为"今后属于涉外之我国民被害事件，其被害人及其家属，似应由当地地方政府迅速调查处理"。警务处亦认为"今后对美军肇事事件，应由当地政府机关提出资料，送请外交部负责处理"。"警察机关对本案可能之发展，只能就保护外侨方面加以注意，涉外案件似应由外交部统筹决定对策。"但自刘案发生以来，阳明山警察所未报告阳明山管理局，台北市警察局未报告台北市长，警务处未报告有关政府，甚至保安司令部原为主席兼任司令，乃亦未向主席报告。②

此一类事件原属地方突发事宜，台北市警察局系属于台北市政府，台湾省保安司令部由主席兼任司令，台湾省警务处属于台湾省政府，何以台北市长、台湾省政府主席均未及时接获报告？台湾省保安司令部的解释是："事件酝酿之始，本部李副司令即密切注意事态之发展及作必要之处置，迨事件突发后，始终与卫戍部黄司令、宪兵部刘司令及警务处乐处长集会于卫戍部黄司令办公室，全神贯注事件之处理，故未及时向兼司令严主席报告。"③ 归结为一句话就是：因为忙着办事，所以忘了报告。这一解释显然牵强。学界普遍认为1950年代台湾是蒋氏威权政治，蒋经国势力渗入军队和情报系统，"忘了报告行政长官"之事似乎在某种意义上验证了这一点。

治安机关之权责方面，据"国防部"所称，"保安司令部负责肃奸、防谍、缉私、稽查及全有（除卫戍区外）之治安任务"；"卫戍司令部负责卫戍区内作战、警备及治安任务"；"宪兵司令部负责宪兵勤务之督导执行"。因此，台北卫戍区的治安全在于台北卫戍总司令部。但据台北卫戍总司令部报告，台北市之治安机关有四：一为保安司令部，二为警务处，三为宪兵司令部，四为卫戍司令部。警务处受保安司令部指挥，而保安司令部、

①《阳明山警察所对五二四事件检讨报告》，严家淦档案。
②《五二四对美大使馆骚动事件综合检讨重点试拟》，严家淦档案。
③《台湾省保安司令部对五二四事件检讨报告》，严家淦档案。

宪兵司令部、卫戍司令部皆不隶属该部,此次事件中卫戍司令部亦未接获任何单位报告。

就 5 月 24 日当日经过而言,警局报告警务处,警务处先后报告"国家安全局"、台湾省保安司令部及"外交部",至 14 时后始报告卫戍司令部。宪兵司令部报告"参谋总长","马副部长"指示保安司令部迅采防范措施,保安司令部则仅建议宪兵司令部及卫戍司令部速调宪兵镇压。迨参谋总长指令卫戍部统一指挥后,始由警务处、保安司令部、宪兵司令部纠集卫戍部会同处理,但不幸事件则已酿成。①

(二)"行政院"受到冲击

1950 年代美国是台湾最重要的援助者和国际地位的支撑者,"五二四"事件中群众砸毁美国驻台"大使馆",其后果之严重令关涉最大的"行政院"如临深渊。案发后的次日上午即决定"院长、副院长与全体政务委员""引咎辞职"。②

6 月 14 日,"行政院"俞鸿钧在"立法院"第十九会期第二十七次会议上报告该事件处理经过全文。6 月 18 日,"立法院"第十九会期第二十八次会议对俞鸿钧的报告进行质询。质询中,"立法委员"对"行政院"提出多项指责。对"外交豁免权"的指摘以往已有不少论者,此处不赘。而在"外交豁免权"问题之外,仍有许多对"行政院"的责难之声。

"立委"潘廉方提出,"这件事完全是因政府事前事后均疏于防范,有亏职守",并摆出六点理由,如雷诺杀人案判决无罪以后,各晚报纷纷记载,人们有不平之感,而"行政首长"没有任何反应等。赵惠谟提出,"事情发生在十二点钟,美国驻华大使蓝钦正在香港,能于五点四十分就赶到了台北,而我们负责当局在台北的怎样却不能及时处理?弄到事件扩大到如此地步?行政当局应当感到惭愧和不安"。还有人说,假设台北市 9 时半空袭警报,有"中共战机来袭",台湾的军队于 16 时 40 分才赶到台北市,台北市还有没有?王德篯人未到场,则以书面指出,其"阅读行政院对台北

---

① 《五二四对美大使馆骚动事件综合检讨重点试拟》,严家淦档案。

② 《行政院会议议事录》第 115 册,"行政院档案",档案号:105 – 1/115:1957/5/25。

市不幸事件报告书后甚表失望，尤其是第一章叙述简略直看不出政府对于刘自然之被雷诺兹枪杀曾向美国有何严重交涉"。①

包华国进而提出，"行政院"不能在答复质询后便就此了事，行政上应有必要的改革。主张应将"行政院"报告书交"内政""外交""国防""民刑商法""教育"五委员会审查。李公权对于包华国的提议提出加法制委员会会同审查的意见。经表决，有49人附议，满足法定人数，无人表示异议，因而其提议成立。后因马委员济霖提出不同意见，包华国同意将其提议改为临时动议，可以进行讨论。数人提出，不对"政府报告"进行审查，改为将"报告内有关政府各机关组织权责及今后外交之改进事项交内政、外交、国防、民刑商法、教育、法制等六委员会研讨"。也有人主张不必交付审查。因无法达成统一意见，决定下次会议继续讨论。②

6月21日，"立法院"第十九会期第二十九次会议继续讨论"行政院"关于"五二四"事件处理报告是否要接受审查的问题。该次会议上，杨觉天等20人对包华国的动议提出修正案，改为"因五二四不幸事件所引起之有关内政、外交、治安、教育等应行改进事项，交内政、外交、国防、教育、民刑商法、法制六委员会审查"。但仍无法达成一致。后来，有人提出应先讨论"行政院"交付完成立法程序的几个法案，包华国的临时提案并不是紧急案件，留待以后再议。该提议获得多数人同意。③

对"行政院"报告审查的提议虽然最终未能在"立法院"立案，但在365人出席的"立法院"会议中附议包华国提议者有49人，亦是不少的人数。在包华国提议前后更有为数不少的"立法委员"对"行政院"的各种问题进行攻击，反对其提议者亦有一部分人是出于审查之事难以操作的考虑。由此看出，"五二四"事件在一定程度上暴露出"行政院"的危机。

有的"立委"对"行政院长"俞鸿钧的攻击很是尖锐，说"内阁"请辞只是"奉行故事"，根本不会"倒阁"，"因为行政院长根本没有打算走，如果有政治家的风度，在民意场合受到无情的指责说他腐败无能，是已对

---

① 《第一届立法院第十九会期第二十八次会议速记录》，《立法院公报》第十九会期第八期。
② 《第一届立法院第十九会期第二十八次会议速记录》，《立法院公报》第十九会期第八期。
③ 《第一届立法院第十九会期第二十八次会议速记录》，《立法院公报》第十九会期第八期。

政府失去信任，失去信任的行政院长是无法再恋栈的，但是他竟充耳不闻"。① 言辞之直白犀利令人咂舌。

时隔几个月，台湾"监察院"以罕见语气，公布了一份弹劾案公文，罗列俞鸿钧"六大罪状"，准备对其弹劾。"监察院"公开弹劾"行政院长"可谓当时政坛罕有之事，此事令蒋介石伤透了脑筋。② 这一弹劾案持续约两个月，1958 年 2 月底，俞鸿钧被迫辞职。台湾高层的矛盾与异动在"五二四"事件时即已露端倪。

三　美方对事件的判断

1950 年代，在台美关系格局里美国处于优势地位，在台美军与驻台机构的利益始终处于被保护状态。"五二四"事件令美国利益受到了损失，美国在台人员地位受到打击，这在美国朝野引起不小震动。事后，美国不少人士对刘自然家属及台湾民众心理抱有一定同情，但对"五二四"事件中的某些疑点颇有猜测，骚乱中的部分细节被放大推敲。舆论进而对台湾战略地位、台美长期关系甚至"两个中国"问题提出讨论。美国官方有人私下里对台湾当局要人表达了指责与不解，但在公开场合对事件深层的背景和连带的影响有所考虑，在台美长期关系方面不愿轻易做出改变。不管在民间讨论中还是在相当一部分官方人士心里，蒋经国不可避免地成为被质疑的焦点。由于对各方情报与信息的接受度不同，美方高官不同人对"五二四"事件又有不同的理解，且在不同时间亦会发生改变。

在事件发生后最初的几日，受到某些情报的影响，美国驻台"大使"蓝钦等人对台湾当局表现出颇多质疑。在 25 日下午蓝钦致叶公超的"照会"中，特别指出，"警方迟迟未能采取适当行动，以保护此等建筑物及其他美国财产，尤属难辞其咎"。③ 并会晤沈昌焕"次长"，指出他们判断

---

① 《第一届立法院第十九会期第二十九次会议速记录》，《立法院公报》第十九会期第八期。

② 《蒋介石日记》，1957 年 12 月 24 日、1958 年 1 月至 2 月相关日记。

③ "行政院长"俞鸿钧于 1957 年 6 月 14 日在"立法院"第十九会期第二十七次会议上关于台北市不幸事件处理经过的报告，《立法院公报》第十九会期第八期。

"五二四"事件"最初系无组织之群众，随后即为有组织有计划的破坏行动"。①

26 日，美国国务院中国事务办公室负责人马康卫致助理国务卿备忘录指出：暴动有事先计划迹象。虽然围观民众很多，但破坏是由小部分人看似有计划地进行的。他们在"大使馆"安置标语，刘自然妻子在"大使馆"前抗议，举着中英文标语牌，而大部分破坏是由少数学生造成的。暴动发生时，"大使馆"附近有许多警察，却不能采取有效行动控制局势。在当晚军队开始镇压之前，暴动得以自由发展。出现危险征兆时，美国"大使馆"就寻求更多警力保护，且整个下午都在向"外交部"寻求保护，但直到晚上台湾当局才有有效行动。② 国务卿杜勒斯接到的情报亦是如此，他因此得到的印象是：这一事件是精心策划的，刘自然之妻有官方背景。台湾当局在开始阶段没有明白而有效的行动以维持秩序。直到晚上 7 点军队到来，美国"大使馆"一直是处于少数警察疏于保护的状态。③

对于警力方面的质疑，台湾方面解释说：因过去多年没有发生过严重骚乱，担心"二二八"事件重演，故而犹豫不决。美方认为，这是"合理的但不是充分的理由"，这些情况无法得到解释：起初不使用更多警力（实际骚乱中守护美国"大使馆"的警察从未超过 20 个），据说警察被命令不得使用武器，台湾当局用了长达几个小时调集军队。④

事件发生几天后，美国报界出现对更深层的台美关系问题的讨论高潮，一般论调均觉台北事件已使对台友好之美国政要声望大减，美国对台政策当有彻底检讨。《纽约时报》载军事评论家鲍德温（James Baldwin）专论，认为台湾虽因心理及战略关系不能放弃，但并非美国极端重要之基地。且

---

① 《五二四事件外国报纸造谣》，"外交部档案"，馆藏号：11 - 07 - 02 - 14 - 02 - 002。

② Memorandum From the Director of the Office of Chinese Affairs（McConaughty）to the Assistant Secretary of State for Far Eastern Affairs（Robertson），May 26, 1957, United States Department of State, in *FRUS*, *1955 - 1957*, *China*, Vol. 3, pp. 534 - 535.

③ Memorandum of Discussion at the 325th Meeting of the National Security Council, Washington, May 27, 1957, United States Department of State, in *FRUS*, *1955 - 1957*, *China*, Vol. 3, p. 541.

④ Telegram from the Ambassador in the Republic of China（Rankin）to the Department of State, May 26, 1957, United States Department of State, in *FRUS*, *1955 - 1957*, *China*, Vol. 3, p. 537.

台湾之军队年龄日增，就地新征兵员已无必返大陆之志。台湾地位势必要提出检讨，美国最终必将考虑承认"两个中国"。①

美国方面也看到还有一个反美的因素存在，那就是：台湾当局"内阁"成员大多有西方教育背景，他们被大多（至少是许多）旧式学校所怀疑。"外交部""教育部"因支持美国和其他外国利益而受到攻击。雷诺事件正好提供了拒绝他们，并使内阁向传统路线转变，甚或容纳旧时代军方人物的机会。另外，刘自然所在的"革命实践研究院"没有直接从美援项目中受益，虽然还没有可靠的证据，但美方推测，研究院某些成员可能已事先做好准备利用军事法庭的裁决来加强人们的不满情绪。②

在种种议论中，蒋经国成为被怀疑的焦点。作为"太子"及台湾安全的实际负责人和青年的领袖，蒋经国若不能令美方释疑，实际上也就证明了该事件是台湾当局有意的反美运作，这一点自然要撼动台美关系大局。因该事件而汇集于蒋经国身上的疑点，成为最敏感而重要之点。

据杜勒斯言，对蒋经国的指控来自国民党的一位高官。此前几年中，台湾当局与数位党内高官发生过公开的对立甚至相互指控，蒋经国也曾与一些同僚产生龃龉，国民党党内高官首先向美方指控蒋经国倒也不难理解。在事件发生之初，蓝钦就在蒋介石面前有所暗示。26 日，面见蒋氏时，蓝钦不满于治安三长官的撤职这一处置结果，暗示另有高层需负重责。蒋介石知其所言为蒋经国，但"假作不知其所指，以免当面破裂"。③ 对于该项指控的合理性，杜勒斯等美国高层倒也并未完全相信，④ 只是在不同程度上心存疑虑。

因蒋经国在救国团及安全部门所具有的至高权力及其在台湾的特殊地位，美国报界也显示出饶有兴致的揣测。5 月 28 日，合众社记者白朗

① 《张群呈蒋介石》（1957 年 5 月 30 日），"对美国外交（十三）"，"蒋中正总统文物"，典藏号：002 - 080106 - 00035 - 008。

② Telegram from the Ambassador in the Republic of China（Rankin）to the Department of State, May 26, 1957, United States Department of State, in *FRUS*, *1955 - 1957*, *China*, Vol. 3, p. 536.

③ 《蒋介石日记》，1957 年 5 月 26 日。

④ Memorandum of Discussion at the 325th Meeting of the National Security Council, Washington, May 27, 1957, United States Department of State, in *FRUS*, *1955 - 1957*, *China*, Vol. 3, p. 541.

（G. M. Brown）指出："美国人士推测，暴乱之中一部分蒋经国中将之反共救国团人员介入，但中国方面信息表示美国人因受暴动过度干扰而致敏感。"当日，《芝加哥日报》新闻稿指出："最能解释这次反美暴动的台湾人物是蒋帅长子蒋经国，他是国府政权安全方面最高负责人，也是本岛最恐怖、反共最激烈、权力伸展至政府每一个部门的唯一人物。"①

另一方面，与蓝钦、马康卫等美外交人员态度不同，美国军方部分人员对台湾方面表现出更多容忍与谅解，甚至是在某些方面的赞许。美军协防台湾司令殷格索（Stuart H. Ingersoll）中将指出：新闻报道过于感情用事，一般民众缺乏新闻来源，思想往往循新闻报道方向。各国刑事法律基本原则不同，美英刑事法，非经确实证明犯罪有据者，被告即系无罪。法国非经确实证明无罪有据者，即系有罪。台湾当局如能发表适当说明，亦可使一般民众较为理智。并表示本案之发生"决不影响美军对华既定之军事政策，中美军事合作之政策，有其深远之效用，明识之士均应了解，并予美方驻台文武首长已下令所属不做无谓之议论与猜测"。此外，殷格索对彭孟缉表达了称许之意。在得正式许可前，彭果断行动，使台北市其他美军机构如台糖大楼、军援顾问团团部、协防司令部以及其他地点得以保全。② 太平洋区美军总司令兼太平洋舰队总司令史普敦（Felix B. Stump）上将认为除去为中共增加了宣传的资料外，"五二四"事件对于台美关系毫无影响。当然，他也表示，一般美国人认为类似骚动如在华盛顿发生，必可于1小时内予以解决，对于台北事件中警察过少、部队到达过迟之事实，彼等无法理解。③

事件发生后的一两个月内，各种情报、消息接踵而至，台美人员有着不同渠道的交流，美国各方的态度又有变化。蓝钦、殷格索等人的个别言论仅能反映彼时美国国务院与国防部部分人的态度。月余后，台湾当局也得到国防部一位高官有不利言论的情报，④ 似与先前军方人员较为谅解的态

---

① 《枪杀刘自然案》，"外交部档案"，台北"国史馆"藏，典藏号：020－099909－0003。
② 《蒋介石与殷格索、鲍恩谈话纪录》（1957年5月30日），"军事——蒋中正与美方将领谈话纪录（三）"，"蒋经国总统文物"，典藏号：005－010202－00090－008。
③ 《蒋介石与史普敦会谈纪要》（1957年6月27日），"军事——蒋中正与美方将领谈话纪录（三）"，"蒋经国总统文物"，典藏号：005－010202－00090－010。
④ 《五二四事件中央社参考消息》，"外交部档案"，馆藏号：11－07－02－14－02－001。

度有所不同。无论如何，这反映了美方不同高官对"五二四"事件的不同理解与反应。

四 蒋氏父子对美交涉

"五二四"事件使媒体热烈地讨论着台美关系、台湾地位和蒋经国，国会中的亲台议员声望受损，这种态势对台湾当局特别是蒋氏父子不利。面对质疑，蒋介石提醒自己隐忍处之，并抱着"凡我应为和所能为者，无不自动实行"的心态，① 一面为自己未能及时阻止和"政府机关"的效率低下表示歉意，一面强调治外法权的历史记忆已引发民众足够情绪，并试图将美国视线转移到"有中共搅局"一点上。而蒋经国也亲自出面对美方有关人士和媒体做出解释，示以诚意。

美驻台"大使"蓝钦最初的态度是对台湾当局颇为不利的，尤其是他对蒋经国的质疑令蒋介石十分气恼。很快，蒋介石意识到不能"痛愤躁急"，而应"急事缓处"，不能因此给问题的解决再添阻碍，同时决定尽可能采取一切行动消除美方误会。6 月中旬，蓝钦态度有所转变，似有悔悟。②

5 月 27 日，蒋介石、宋美龄、"外交部政务次长"沈昌焕、英文秘书 James Shen 与蓝钦在士林官邸进行了谈话。蒋表示因自己未能及时阻止事件发生而不安，但他补充说暴动显然是自发的，希望台美之间能维持一如既往的友好关系。当蓝钦为雷诺案辩解说自己也认为应判无罪时，蒋比会谈其他任何问题时都要激动，说美国的军事法庭不该出现在中国的土地上，它让每个人都想起治外法权。蒋介石请蓝钦向艾森豪威尔总统和杜勒斯国务卿传达深切歉意，保证"五二四"事件不是反美事件，只是对军事法庭审判的愤恨。③ 30 日，蒋介石在接见殷格索中将与美军援顾问团团长鲍恩少将时，再次表示如过去三周未曾离开台北休假，或可事先制止事件发生；并强调，雷诺案在台设庭审判，实为不当，百余年来，中国对外国在华之

---

① 《蒋介石日记》，1957 年 5 月 31 日上月反省录。
② 《蒋介石日记》，1957 年 5 月 28 日、5 月 31 日上月反省录、6 月 15 日上星期反省录。
③ Memorandum of a Conversation，Taipei，May 27，1957，United States Department of State，in *FRUS*，*1955 – 1957*，*China*，Vol. 3，pp. 539 – 540.

治外法权有深切痛恨，此案之中美官员忽视此种情绪，实为失策。① 此后，美方人员表明美国民众疑问时，蒋介石也以"部分政府机关效率低落"进行解释，提出台美应加强合作。②

可见，蒋介石在对美国表示因"自己不在"和效率低下而致事件发生、激化的歉意时，强调的重点是美国在台湾设置军事法庭，有治外法权之嫌，此事引起了国人愤怒，美国也有责任。

在当时国共对立背景下，事件之后，台湾当局即调查有无中共因素在内。但经初步调查，并无确切证据。于是指出该事件初系民众自动行动，但骚动之中及事后难保无中共分子混入，希望全台美军官员务须保持高度警觉，与当地驻军保持密切联系。且提醒美国中共会乘机大加宣传，须密切注意，勿使台美友谊受到破坏。③ 对于台湾方面的"提醒"，起初美方并不认同。马康卫认为，"在各种可能中，共产党煽动是最不可能的"。④ 杜勒斯也认为目前确实没有共产党参加的明显证据。⑤ 6 月初，台湾当局为事件供词的宣布做准备工作。6 日，蒋介石指示：

> 甲、追问与自由中国傅正等有否关系；乙、宣布共匪参加之供词时应与最初无共匪关系之说法相配合，不可为美方反对者所反驳；丙、宣布以前应与美方协商办法；丁、定星六以前宣布；戊、审判方式凡有匪谍关系者交军法，其他人犯交法庭，何如？⑥

为找出事件与中共的关联，使结果更有利于台湾当局，6 月 7 日，蒋介石特意指示要重点审问在场指挥煽动者及带头转向台湾省政府新闻处与美

---

① 《蒋介石与殷格索、鲍恩谈话纪录》（1957 年 5 月 30 日），"军事——蒋中正与美方将领谈话纪录（三）"，"蒋经国总统文物"，典藏号：005－010202－00090－008。
② 《蒋介石与史普敦会谈纪要》（1957 年 6 月 27 日），"军事——蒋中正与美方将领谈话纪录（三）"，"蒋经国总统文物"，典藏号：005－010202－00090－010。
③ 《蒋介石与殷格索、鲍恩谈话纪录》（1957 年 5 月 30 日），"军事——蒋中正与美方将领谈话纪录（三）"，"蒋经国总统文物"，典藏号：005－010202－00090－008。
④ Memorandum From the Director of the Office of Chinese Affairs (McConaughty) to the Assistant Secretary of State for Far Eastern Affairs (Robertson), May 26, 1957, United States Department of State, in *FRUS*, *1955－1957*, *China*, Vol. 3, p. 535.
⑤ Memorandum of Discussion at the 325th Meeting of the National Security Council, Washington, May 27, 1957, United States Department of State, in *FRUS*, *1955－1957*, *China*, Vol. 3, p. 541.
⑥ 《蒋介石日记》，1957 年 6 月 6 日。

军协防台湾司令部者，并详觅其与中共关系线索。①

　　"五二四"事件后，一些指控指向蒋经国。美国方面特别是军方派人调查，蒋经国先后与数人面谈详情，进行解释。仅 5 月 27 日下午，蒋经国先与孟波尔将军面谈，接着又接受蓝日会（两人头衔及英文名不确）的详细询问。蒋经国指出，"本人在后支持此一事件"之谣言实为可笑，称自己于此事发生后，"不眠不休者达数日夜，力求平息，岂能支持此事！"表示愿意接受美方会同台湾方面非外交形式之调查，以示清白。他不断提醒，"国内外敌人正多"，即便美方情报工作人员中也有对台湾当局素无好感者，此时正为彼等批评台湾之大好机会，故若欲获公正了解，须慎恶意中伤。蒋经国在对美方关于救国团等多处细节的提问进行解答之外，借机表明自己对美国以及对蒋介石的忠诚，称"与美国人合作乃是为了国家，为了我的父亲，为了我对美国的文化有高深的兴趣，绝非为了想自美方取得任何个人的利益"。②

　　在对若干事件过程中可疑之点的澄清之余，面对各方因自己权力过大而产生的疑虑，蒋经国再三强调自己的赤诚之心。当记者询问他是不是当今台湾最有权力之人时。蒋经国"闻而大笑。但谓渠为一爱国者，亦为一爱父者。渠从不作超越权责之事"。③

　　体现了种种不公的"五二四"事件激发了台湾民众的民族感情，使积累了数年的对美军特权地位的不满情绪得到发酵和爆发。事件后，台"外交部"收到多封信件，呼吁当局强硬交涉，借机改变劣势地位。在此情形之下，挽回盟友信任固然至关重要，然而，若过分示弱显然是有失民心的。蒋介石在适度致歉的同时，强调治外法权对民众情绪的影响，暗示美方责任，并强调同盟关系的牢固对于"反共"事业的重要性；而蒋经国不厌其烦解释细节，表明忠诚之心和愿意接受调查的坦荡，这样的处理有基于兼顾盟友态度与台湾民心的考虑。

---

① 《蒋介石日记》，1957 年 6 月 7 日。

② 《蒋经国演讲稿（二十五）》，"蒋经国总统文物"，典藏号：005 – 010503 – 00025 – 004、005 – 010503 – 00025 – 003。

③ 《大埔西报》1957 年 6 月 6 日，"蒋经国言行剪辑（二）"，"蒋经国总统文物"，典藏号：005 – 010401 – 00012 – 010。

五　"反美"之辩

在由台美军人个体冲突引发的"五二四"事件中，美国"大使馆"、新闻处等机构和人员遭到台湾民众攻击。由此，台湾有媒体认为该事件是"反美爱国"的活动。[①] 香港与大陆不少媒体将其定性为"反美示威"。[②] 学界一般亦会强调其"反美"的一面。[③] 然而，不论蒋氏父子对外解释还是各部院报告和内部讨论均强调此事件"纯系由于雷诺兹杀人判决无罪而引起的一种群众愤慨"，绝无反美因素在内。[④] 究竟是否"反美"？"五二四"事件的发生是否有官方意图在内？

不可否认，在各级官员及民众意识中，美国确是台湾最离不开的盟友。台海紧张局势下，在台美军对于台湾的安全和军事建设固然是有益处的，对于民众起到了定心丸的作用。客观而言，"反美"一词自然不是主流，更不是可以放在台面上被提倡的字眼。蒋介石曾自记："此事（雷诺被判无罪）本可为我国交涉处于优势地位，不幸翌日无端发生……暴动，以致国家反受重大损害与耻辱……"可见"五二四"事件演化成群众骚动，应不是台湾当局有意造成。对于撕毁美国国旗、捣毁"大使馆"等行为，蒋介石也是不赞成的，认为是"损毁国际公理者，乃是国家最不荣誉之野蛮行动"。[⑤] 平心而论，造成"反美"印象对于台湾当局并无好处。若说台湾当局有意运用刘自然被杀案进行"反美"活动，缺乏史料支撑。从蒋介石对撕毁他人国旗等行为的不满来看，"五二四"事件的发展确实超出了台湾当局的预料。

那么，如果说"五二四"事件的发生并无任何官方意图，是否准确？

雷诺枪杀刘自然后的两周内，一些台湾报纸已流露出愤懑之情。根据现场勘验的结果，台北市一些报纸认为雷诺枪杀刘自然乃有意为之，

---

① 如台湾《新生报》1957 年 5 月 26 日。
② 香港《文汇报》1957 年 5 月 25 日社论；《人民日报》1957 年 5 月 28 日。
③ 如李义虎主编《台湾十大政治案件》，第 31 页。
④ 潘廉方发言，《第一届立法院第十九会期第二十八次会议速记录》（1957 年 6 月 18 日），《立法院公报》第十九会期第九期。
⑤ 《蒋介石日记》，1957 年 5 月反省录、6 月 5 日上星期反省录。

并驳斥美军杀人后捏造的诬罪之词。认为刘自然被枪杀是"一件不可忽视的事",要求对"外籍凶手"不可"在法律之内有例外"。① 但在3月底媒体大体是趋于平静的,美方认为当时媒体也许是得到当局指示。②

虽然在审判过程中,媒体或许在"当局指示下"表现出了平静之态,但事实上,台湾当局并未对美方的审判听之任之。台湾的"司法行政部"派出了观察员,对美方的历次审判列席观察。台湾民众对于美方检察官起诉雷诺的手法在法庭宣判前就有不满的表示。5月23日美军事法庭宣判后,"司法行政部"发言人表示,据报告,"其审判经过,关于法律之援用、证据之取舍,则颇多显失公平之处"。观察员正整理资料,准备拟具书面报告。该发言人代表"司法行政部"声明"该军事法庭之审判,如果有偏袒之处,则现时美军顾问团人员一律比照外交官待遇不受我国法权管辖一节","应有重加考虑之必要"。③ 23日傍晚,刘自然妻奥特华对记者哭诉美军事法庭并不对案件三个最大疑点进行调查。④当晚台北群众即已上街,在草山怒骂美国人。⑤ 24日中午以前,台湾各媒体纷纷对美方无罪释放雷诺的决定进行报道和评论,民众情绪悄然酝酿。

美国有报纸评论说台北舆论界有鼓动的嫌疑。⑥ 27日,在美国国家安全会议第325次会议上,杜勒斯指出,从宣判雷诺无罪开始,台湾报界就要求惩罚,语调越来越愤怒。军事法庭宣告无罪触动了中国民族感情的痛处——对治外法权的痛恨。很可能是台湾当局有意让示威开始,以向美国施以少许压力。后来局面才致失控。⑦ 美方认为当地报纸煽动性评论此事,

---

① 据《人民日报》1957年4月2日介绍台湾媒体所报道的情况。

② Memorandum From the Director of the Office of Chinese Affairs(McConaughty)to the Assistant Secretary of State for Far Eastern Affairs(Robertson), May 26, 1957, United States Department of State, in *FRUS*, *1955 - 1957*, *China*, Vol. 3, p. 524.

③ 《中央日报》1957年5月24日。

④ 《中央日报》1957年5月24日。

⑤ 《新晚报》1957年5月24日,"外交部档案",馆藏号: 11 - 07 - 02 - 14 - 02 - 003。

⑥ 董微发言,《第一届立法院第十九会期第二十八次会议速记录》(1957年6月18日),《立法院公报》第十九会期第九期。

⑦ Memorandum of Discussion at the 325th Meeting of the National Security Council, Washington, May 27, 1957, United States Department of State, in *FRUS*, *1955 - 1957*, *China*, Vol. 3, p. 541.

酝酿反美情绪和示威，最终导致 24 日中午对"大使馆"的攻击。① 事实如何？以台湾官方媒体为例。24 日早晨的《中央日报》第 3 版用 1/3 的版面对雷诺案的结案、奥特华的哭诉、记者及民众的不满与抗议等进行报道，并配上奥特华怀抱婴儿的照片。从这样的报道方式至少可以看出，台湾官方无意于隐瞒事实、疏导民愤。

在"立法院"开会讨论"五二四"事件时，青年党"立委"董微指出，台湾的新闻是统制的，并以青年党所经历之事作为例证。青年党为整顿党务成立整理委员会，但新闻稿送出后，各报都不肯刊登。董微问报馆何以不登，报馆说中央党部第四组不让登。经与中央党部第四组交涉，后者答复要请示国民党中央委员会秘书长张厉生。辗转至张厉生，得到的答复则是"不能登"。②

1949 年 5 月，为应对国共内战的败局，国民党宣布台湾地区进入戒严状态。27 日，台湾省警备司令部颁布《戒严期间新闻杂志图书管理办法》，媒体消息需经审查，政府有权对有异端言论的报刊施以停刊处分。当时的国民党在相当程度上是可以控制舆论的，特别是对作为党报的《中央日报》等媒体是有控制权的。那么，为何不在群众情绪有一定酝酿时控制一下雷诺案的宣传呢？从这个角度讲，台湾当局在雷诺案问题上是有某种倾向的。《中央日报》提到应重新考虑美军援顾问团人员一律比照外交官待遇不受台湾法权管辖一事，但也以"一美军上士函慰刘夫人"的方式为美国法律"宁可漏判不能错判"的原则进行了辩解，并提醒台美"反共抗俄"的共同事业。③ 似可看出，台湾当局既希望借机规范美军行为，提升自己的形象，又不希望过激而致破坏台美关系。此点意图在蒋介石的日记中也有体现。④

自美军援顾问团来台，美军在台行为约束的问题日益突出，而美国仍一再为美军争取特权。1951 年 1 月 30 日，美国供给台湾若干军事物资，附

---

① Memorandum From the Director of the Office of Chinese Affairs（McConaughty）to the Assistant Secretary of State for Far Eastern Affairs（Robertson），May 26，1957，United States Department of State，in *FRUS*，*1955 - 1957*，*China*，Vol. 3，p. 525.

② 董微发言，《第一届立法院第十九会期第二十八次会议速记录》（1957 年 6 月 18 日），《立法院公报》第十九会期第九期。

③ 《中央日报》1957 年 5 月 24 日。

④ 《蒋介石日记》，1957 年 5 月反省录。

带条款要求美在台执行援助人员构成美驻台"大使馆"之一部分，受美国驻台外交长官之指挥与管辖。几年后，驻台美军及其眷属不断增加，他们均比照外交人员，不受台湾当局法律约束。1955 年 8 月，美方提出美国部队人员"应享美国军援顾问团人员同样待遇，并应同样享受美国军援顾问团人员 1952 年 10 月 23 日及 11 月 1 日换文所享受之捐税及关税之免除"。享有治外法权及免除捐税、关税的"美国部队人员"范围甚为广泛。① 到刘自然案发生，谈判已进行 9 次。台湾当局对于美方所提要求虽有对案，却没有正式提出。当时，台湾当局在台美关系的格局中处境艰难。1955 年 3、4 月间，美国收回曾经做出的协防"外岛"承诺，将"外岛"定位为"前哨"而非"要塞"。美国朝野热议"两个中国"问题，美政府开始与新中国接近，谋求和谈。1957 年，英国放宽对中共的战略禁运，诺兰曾在国会发言抨击英国的决定，并未得到热烈呼应，相反，只有"少数零落温和的抗议"。② 美国决策层和政论家有更多的人公开主张"两个中国"。在此情况下，台湾当局唯有等待合适时机才能提出约束在台美军的对案。刘自然被杀案发生时似乎这样的时机即将到来。台湾当局高度关注美方审判进程，对媒体采取了一定的放任与默许，并力图利用《中央日报》等大报加以引导。以此来看，"五二四"事件的发生有一定的官方意图在内，这个意图就是要借机推动台美双方就在台美军法律管辖问题的交涉。而后来的某些群众行为有失控倾向。

在心理方面，当时台湾民众确有"反美"的心理基础，这种"反美"不是一般意义上的敌视，而更多是不平的怨气。以蒋介石为首的台湾当局对美国也有不满或愤慨之心，对在台美军也有一些看法。"五二四"事件发生前，台湾自上而下的情绪都有一定积累。时局艰难之中，这种积累的情绪尤需某种宣泄。

一些研究指出，普通民众反美心理的根源，在于在台美国人享有的优越生活与高傲的心理。美军援顾问团自 1951 年 5 月成立后，在台美军日益

---

① 栗国成：《1957 年台北"五二四事件"及 1965 年美军在华地位协议之签订》，《东吴政治学报》第 24 期，2006 年，第 32 页。

② 《中央社参考消息央秘参（46）第 0986 号》，"两个中国问题"，"外交部档案"，馆藏号 11 - 07 - 02 - 04 - 164。

增多，到 1957 年时，"大约 11000 美国人在台湾，他们中的大多数开着新车，享受着各种特权，生活水平也比台湾人高很多"。[1] 在台期间美军"自恃其对台湾协防有功"，处处表现出"美国人的优越"心态，与台湾官兵和民众的冲突不断发生。[2] 这使台湾人对美国人的看法是复杂的，不平与自卑的心理、带有怨气的情绪在暗中滋生。在事后的议论中，"立法委员"们也表达了不平之感，认为应与"平等待我之民族"共同"反共抗俄"，不然不如"自己做到底"；蓝钦应提供外交豁免权的名册，"不能说来一个算一个"。[3] 他们虽强调不反美，但言语间又透露出不平之愤。

在林桶法的文章中，蒋介石关于"五二四"事件的 24 条日记被逐一提到，林认为蒋积极介入，深怕美方误会，以致影响台美关系大局。[4] 这一点没有错。面对盟友的信任危机，蒋介石稍显慌忙的心态自然会流露于日记，但对于蒋氏真实态度的考察应不限于提到该事件的 24 条日记。1950 年美国将台湾海峡安危捆绑于第七舰队的舰艇之上，1954 年台美"共同防御条约"更为台澎安全加了一道条约保障，但台美之间的盟友关系并非毫无间隙。数年来，在是否防守沿海岛屿、能否攻击大陆军事基地等方面，蒋介石与美国政府之间始终无法很好地协调，蒋介石对美国的怨言也屡有表露。1954～1955 年，美国操纵的"划峡而治"的实践和讨论同样令蒋介石颇为不满。[5] 在冷战与台海对抗的局势下，蒋介石确实需要充分顾及美国意愿，但台湾军民的情绪对他来说也是至关重要的。国民党所属公务人员及大量军队来台后，台湾的困难、士气的低落是可想而知的。蒋介石希望以"反攻复国"愿景鼓舞人心，但在美国的压制下，"反攻时间表"不得不一再搁

---

① Telegram from the Ambassador in the Republic of China（Rankin）to the Department of State, May 26, 1957, United States Department of State, in *FRUS*, *1955 - 1957*, *China*, Vol. 3, p. 536.

② 林桶法：《从刘自然案论述一九五〇年代美军顾问团的问题》，载黄克武主编《同舟共济：蒋中正与一九五〇年代的台湾》，第 254 页。

③ 赵惠谟、谢仁钊发言，《第一届立法院第十九会期第二十八次会议速记录》（1957 年 6 月 18 日），《立法院公报》第十九会期第九期。

④ 林桶法：《从刘自然案论述 1950 年代美军顾问团的问题》，载黄克武主编《同舟共济：蒋中正与一九五〇年代的台湾》，第 229～232 页。

⑤ 参见冯琳《美国"两个中国"的实践与主张及台湾当局的抗争（1954～1955）》，《社会科学研究》2017 年第 3 期。

置。1955 年在中国人民解放军占领一江山岛后，美国做出令台湾军队主动放弃大陈岛的决定。此后，国际上对"两个中国"的讨论一度高涨，台湾托管说时有提出。在台湾面临困难、军民士气不振的情况下，美军给台湾带来希望的同时，也使台湾产生被压制被轻视的不满情绪。同时，美军援顾问团对台湾的影响也是体现在正反两个方面的，在帮助台湾进行军事整顿的同时，也干扰了蒋氏以自己的思路治理军队，为此蒋介石等人对于顾问团的怨言颇多。①

事件发生前，舆论的爆发是以台湾民众渴望释放的心理为基础的。蒋介石等台湾当局决策者面对舆论，至少没有采取管制压制的态度，而是默许了它的发展。事件发生时，美方人士观察到，台湾警察没有有效保护美国"驻台大使馆"建筑，而似乎更担心伤害美国人的人身。②或者可以推测，台湾当局自上而下没有在事件酝酿时及时采取有效措施，在行政低效与权责设置不明等问题之外，也有有意宣泄民众情绪的意味。无法保护自己的人民，这一点对于任何一个政府而言，都可能是失民心的致命伤。雷诺无罪释放并逃之夭夭，这样的消息不但对民众心理造成了伤害，对从政者也不例外。在某种意义上，"五二四"事件正是台美盟友关系之下隐藏着的诸多矛盾的一个总爆发，是台湾自上而下对美不满情绪的一次宣泄。

六 事件的化解及影响

1957 年 6 月初，蒋介石为"五二四"事件发表文告，指出这一不幸事件是中共的"心理战"，呼吁不能为某一法律事件"逞其一朝之愤"，强调

---

① 如在政工制度、使用日本教官、军队整编办法等方面，参见《蒋介石日记》，1952 年 7 月 12 日、26 日；《美国协防台湾（三）》，"蒋中正总统文物"，典藏号：002 - 080106 - 00050 - 010。

② Memorandum From the Director of the Office of Chinese Affairs（McConaughty）to the Assistant Secretary of State for Far Eastern Affairs（Robertson），May 26，1957，United States Department of State，in *FRUS*，*1955 - 1957*，*China*，Vol. 3，p. 534.

"与世界民主集团领导者的美国站在一条阵线"才是唯一选择。① 接着，在蒋氏父子继续对美进行私下解释澄清之外，蒋介石有意将事件引向"中共参与"的议题上，以此化解台美间隙，使美国为"反共阵营"的强大而不削弱盟友关系。同时，民众心理和舆论导向在事件的化解上起到了不可忽视的作用。

6月7日，台北暴动案交军法审判。在蒋介石的授意下，审判的重点之一是与中共的关系渊源，其中三人被确定为中共"潜伏分子"。但审阅口供后，蒋觉有多处不通，指示应加修正。因为缺乏有力证据，蒋只好模糊处理。10日，在与美国国务院派来调查该事件的卜雷德（Edwin A. Plitt）谈话时，蒋总结为：

> 甲、此案原因必须在中国共产有关之历史，及其卅年来宣传与行动所留之影响余毒。乙、行政人员向来惰性，与不求有功但求无过之恶习。丙、行政效率之迟钝脱（拖）延，怕负责任之弱点。丁、疏忽大意，期望无事，不愿报告上级。戊、自"九一八"以来对群众示威，打毁公署，殴打长官认为常事，不许警察开枪弹压。②

虽然第一条原因模糊、笼统，但在蒋的心目中它是首要的，应放在第一位来提醒美国不能改变对盟友态度而致自己力量受损。蒋介石的说法引起美国舆论的注意，《美国人报》《美日新闻》等以显著字体标明"心理作战""共党挑起"等字眼，一些报纸呼吁不能破坏"反共堡垒"的坚固。③避免"亲痛仇快"的想法对美政府在"五二四"事件的解决上采取克制与谅解态度起到一定作用。

台湾当局还有意运用了民众心理以期影响美政府。一方面是在台湾利用媒体的继续关注调动民众对当局的声援，一方面是力图争取美国舆论和世界各国的同情，给美国政府造成一定压力，使其不改变对台政策。

当时情形下，民众情绪激愤，有可疏不可堵之势。正如一位侨民所言：

---

① 《"五二四"不幸事件告全国同胞书》，载秦孝仪《先总统蒋公思想言论总集》卷33，书告，第179～183页。

② 《蒋介石日记》，1957年6月10日。

③ 《五二四事件中央社参考消息》，"外交部档案"，馆藏号：11-07-02-14-02-001。

"美国人对他一个在海外士兵尚且如此爱护左祖,我们……在自己的国土内竟不能庇护一个自己的公务员(人民)?"基于这样的认识,新闻报道有意调动国民士气,而不是压制消息、息事宁人。一位住在嘉义的15岁女青年看了《大华晚报》的报道后给叶公超写信,表达自己对审判不公、对台湾民众与青年被人看不起的气愤,希望台湾当局借此机会发挥出最大力量,改变世人对台湾的观感。该信充分流露出年轻人饱受压抑、渴望扬眉吐气的心情。有香港人也致函叶公超,表达看到新闻后愤愤不平的心情,希望向美国严重抗议,要求立即将杀人犯解回台湾,由台司法机关公开审判,同时立即取销美军的外交豁免权。台湾民众对美法庭判决之愤慨,"不但未平息,且有愈趋愈烈之势"。纽约华侨知识分子聚会讨论,建议台湾当局平抑民情,并将"司法部"观察报告译成英文公布。①

纽约华侨认为台湾当局没有同时采取行动以平人心,实际上当局并非没有意识到民愤激昂,之所以没有压制舆论,在难以压制的客观因素外,还有欲借助民意影响外交的用意。事实上,虽然美政府鉴于大局对外宣称对台政策和态度不会改变,但其实不利言论之多,使台美关系犹如埋了炸药一般。艾森豪威尔答记者问时,虽未言对台政策改变,但也认为"五二四"事件一方面出乎意料,一方面"亦有很多迹象显示其有某种组织"。美《新闻周刊》称国会议员们"互相痛心地提醒对方,勿忘记在暴民捣毁美国大使馆和美国新闻处时,蒋总统的警察和救火员袖手旁观的事实"。《生活杂志》刊载"五二四"事件的多幅照片,包括一幅两页宽的附有煽动性说明的美国旗被撕毁照片。蒋经国说"五二四"事件只是人民对雷诺被判无罪的"感情迸发"一语,被《记者杂志》加以讥笑。② 在此情形下,单凭蒋氏父子的解释工作恐怕难以化解美国方面的疑虑。台湾当局有意放开舆论,通过舆论调动民意。民情激荡之下,不少民情通过官方渠道送达"外交部"等部门,有的应民众之请送达"美国大使馆",更多的则是通过媒体产生发散效果,进而影响到美国政策。

台湾各地民众通过阅报,了解到台北所发生事件的原委,纷纷表达对

---

① 《五二四事件各方来函》,"外交部档案",馆藏号:11 - 07 - 02 - 14 - 02 - 003。
② 《五二四事件中央社参考消息》,"外交部档案",馆藏号:11 - 07 - 02 - 14 - 02 - 001。

雷诺案的不满和对当局的声援。应台南廖达夫等多位民众之请，他们的信件被"外交部"转送蓝钦。① 运达金门的各大报纸，被当地民众在街头争相阅读，人们议论纷纷，盼望台当局据理交涉。美国《前锋论坛报》有文指责美国让台湾民众关于"治外法权受人痛恨的记忆，重又复活"。美国一位援外专家发表演说指出"中国人是敏感的民族，由于数千名美国人坐着外貌极奢华的汽车，穿梭于拥挤的台北街头，并过着美国生活水准，因而摩擦的发生是无法避免的"。参议院外交委员会委员曼斯菲尔德则发表重要演说，呼吁美国平等对待亚非国家。几年前，英国因与新中国建交而被美国大肆非难。"五二四"事件发生后，英国各报以头条新闻刊出报道，认为美国援台并未收到好的结果，还有记者认为在台美军素质不良。日本等亚洲国家纷纷呼应，表达对台湾民众的同情。菲律宾的首都马尼拉出现几百把写着"我们要求完全的主权和重审雷诺"标语的扇子。韩国官方英文日报《韩国共和国报》② 评论说，美国必须对海外美军的司法管辖权"平等"对待。泰国曼谷侨报劝告美国政府"应平心静气想想为什么整个亚洲都弥漫反美情绪"；一家有警方背景的日报指责美军事法庭忽视台湾民众心理上的反应，促美反省以免失去台湾这个"亚洲堡垒"。③ 此种舆论声潮对美政府化解"五二四"事件的影响产生了促进作用。

因为涉及反共阵营的牢固，涉及亚洲其他国家以及英国等盟友的观感，涉及具有战略意义的台湾岛上的民众人心向背，况且美国政府的对台政策、在台美军的行为方式也有可被指摘之处，尽管包括艾森豪威尔、杜勒斯在内的美方高层心里或多或少存有狐疑，但在表面上美政府并未认同事件的"反美"性质，亦不承认会因此改变对台政策。杜勒斯答记者问时，指出美国政府未曾接获台湾当局参与鼓励骚动的证据，大量美军驻扎台湾似乎是骚动的基本原因，此次事件不会引起美国远东政策及对台政策的任何改变。④ 6 月 26 日，台北卫戍司令部军事法庭宣判，"五二四"事件被告 28

---

① 《五二四事件各方来函》，"外交部档案"，馆藏号：11 - 07 - 02 - 14 - 02 - 003。

② *The Korea Republic*，1953 年创办，1965 年改为《韩国先驱报》（*The Korea Herald*）。

③ 《五二四事件中央社参考消息》，"外交部档案"，馆藏号：11 - 07 - 02 - 14 - 02 - 001。

④ 《蒋中正总统档案》，"特交档案"，台北"国史馆"藏，档案号：08A - 01590，第 236 ~ 241 页。

人被判处徒刑：2 人被判有期徒刑一年；6 人被判有期徒刑六至十个月，不得易科罚金；20 人被判有期徒刑三至六个月，得易科罚金。① 据蒋介石所称，"台北暴动案审判罪犯从轻处治，如期发表，中外舆论翕服，皆无异词"。②

8 月 27 日，美国各情报单位共同提交了一份评估报告，认为"五二四"事件是对"刘自然案"判决不公的愤恨反应，不代表台湾现存有强烈的反美情绪。"由于根深蒂固的民族自豪感的受挫和受伤，这种反应更加激烈"，但对"大使馆"的攻击"可能不是有预谋的"。该报告强调任何预示着援助减少的美国政策的改变都将在很大程度上影响台湾的士气，台湾当局的长期存在取决于美国政策等因素。③ 9 月 12 日至 17 日，美国总统特别助理李查兹（James P. Richards）在台湾进行了一项特别调查，研究"五二四"事件并评估台湾一般状况。回美后，李查兹向总统表示，蒋经国及其青年救国团事先应该知道当日"大使馆"前的有组织抗议活动，但他们没有预料到"大使馆"会受到攻击。潜在的反美情绪在台湾是有的，但不致恶化。在 10 月 2 日美国第 338 次国家安全会议中，李查兹极力强调维持美国对台援助对美国国家利益的重要性。④ 基于台湾有赖于美国，而美国又需要台湾这一坚定反共的"东亚小伙伴"，"五二四"事件终究没有给台美关系带来逆转或使其明显倒退。

不过，也应看到，蒋介石所说的"皆无异词"只是相对的，美方对"五二四"事件的疑惑之心并未完全消除。不可否认，双方人员心里的阴影已经投下或者加深。正如 7 月 9 日《纽约时报》所言："虽然商人对美国人再以笑脸相迎，但是对雷诺案的不愉快仍隐藏在表面下。"尽管双方政府竭力补救情感，但关系"已远不如几个月前的情形"。合众社记者观察到台湾

---

① 《雷诺枪杀刘自然案美方审判不妥发生台北"五二四"不幸事件交理经过》，"行政院档案"，档案号：071/165-2，第 133 页。

② 《蒋介石日记》，1957 年 6 月 29 日上星期反省录。

③ The Prospects for the Government of the Republic of China, United States Department of State, in *FRUS, 1955-1957, China*, Vol. 3, pp. 591-592.

④ Memorandum of Discussion at the 338th Meeting of the National Security Council, Washington, October 2, 1957, United States Department of State, in *FRUS, 1955-1957, China*, Vol. 3, p. 612.

民众和在台美国人之间的关系是"紧张而不确定的"。① 美太平洋舰队总司令史普敦来访后，蒋介石认为："态度甚觉其不如从前之诚挚，可知此次台北暴动案对外威望损伤非浅。"②

另外，美国通过此事确实意识到某些问题，认为应该减少在台人员，并改善与台湾民众的关系。从这个意义上说，"五二四"事件也产生了某些积极影响。

5月29日，杜勒斯对记者表示，大量美军驻扎台湾似乎是"五二四"事件的主要原因，该事件"不致引起吾人在远东方面各项基本政策及对国民政府（国民党当局）各项政策之任何改变"，同时它"也许可能加速业在进行中之一种检讨，即如何减轻由于大量军队——尤其外国军队——驻扎在外国领土上所造成不可避免之紧张局面。此问题甚为微妙，且具有爆炸性。在过去一短（段）时期中，我们已就如何方能减少危险一端，从事研究。我认为在这一方面将有若干改变"。③

6月17日，蓝钦致总统特别顾问纳什，指出美国在台随员很多，所有在台人员享受着外交特权与豁免权。在大多数美国职员中帕金森定律（Parkinson's Law）④ 发挥着作用，超过半数的美国在台人员仅是忙于家务之类。建议美国马上采取一些措施，比如系统减少在台公务人员和军官，不重要的职位应尽可能用本地人。把他们视为朋友，而不是加以疏离，"才是坚定并成功对抗共产主义之道"。⑤

如前所述，关于美军在台地位问题，实际上台美之间已经在进行交涉。美国方面始终不肯在"法权"问题上妥协，而台湾当局因对美多有所求，态度也不能强硬。"五二四"事件后，蒋介石等人多次就治外法权一事表达民众的强烈情绪，且经媒体的充分讨论，美国政府了解到台湾民众意愿和

---

① 《五二四事件中央社参考消息》，"外交部档案"，馆藏号：11-07-02-14-02-001。
② 《蒋介石日记》，1957年6月28日。
③ 《张群呈蒋介石》（1957年5月30日），"对美国外交（十三）"，"蒋中正总统文物"，典藏号：002-080106-00035-008。
④ 亦称"官场病"或"组织麻痹病"。由英国史学家帕金森（Cyril Northcote Parkinson）提出，最早出现在1955年《经济学人》中，阐释了机构人员膨胀的原因及后果。
⑤ Letter From the Ambassador in the Republic of China（Rankin）to the President's Special Consultant（Nash），June 17, 1957, United States Department of State, in *FRUS*, *1955-1957*, *China*, Vol. 3, p. 544.

美国民众对此事的同情。1958 年 8 月，在台美第十次会谈时，台湾"外交部"正式提出台美双方共同执行法权的相关对案。经"五二四"事件发酵，台湾方面在探讨治外法权的改变问题上多了些底气，而美方多了些谅解，1965 年终于达成相关协定。1966 年 4 月，"美军在华地位协定"正式生效，台湾当局得以对在台犯罪之美军执行一定的司法管辖权。

第十五章　硝烟外的剑拔弩张：1958 年台海危机中的台美交涉

　　1955 年以后美国方面"划峡而治""两个中国"的论调引起中共中央的警惕。1957 年 12 月，因美方试图降低中美大使级会谈的级别而导致会谈中断，且经中国政府几度催促更换会谈代表恢复谈判无效，中美关系僵持。1958 年夏，"大跃进"运动在中国方兴未艾，国内革命干劲高涨，而中东局势出现紧张。[①] 在此背景下，毛泽东等中央领导人决定再次炮击金门。[②] 1958 年 8 月 23 日，福建前线 36 个地面炮兵营与 6 个海岸炮兵营向金门开炮，第二次台海危机爆发。[③]

---

① 1958 年 7 月中旬，伊拉克人民发动革命，美国宣布其远东地区陆海空军进入战备状态，并出兵入侵黎巴嫩。

② 关于中共中央 1958 年决定炮击金门的原因，分析者甚多，如有文章认为，炮击金门是对国民党对中共中央和平倡议缺乏兴趣的惩罚，是为刺探美国意图，"更为重要的是要在中国促进革命热情的大爆发"［Chen Jian，*Mao's China and the Cold War*（Chapel Hill：University of North Carolina Press，2001），pp. 172 – 175］。牛军认为，给"大跃进"鼓劲和支援中东阿拉伯人民的民族解放运动是炮击金门主要目的的观点虽然具有启发性，但如果了解了解放军的战略计划和 1955 年春季以后持续不断的军事准备，则其目的最有可能是，毛希望通过军事行动，推动统一台湾战略（牛军：《三次台湾海峡军事斗争决策研究》，《中国社会科学》2004 年第 5 期，第 47 页）。笔者倾向于后一观点，但认为中美会谈的僵局、革命热潮的推动亦是共同推动的因素，中东局势等亦为有利国际背景。

③ 有关研究有：林正义《1958 年台海危机期间美国对华政策》，台湾商务印书馆，1985；戴超武《敌对与危机的年代——1954 ~ 1958 的中美关系》；Shuguang Zhang，*Deterrence and Strategic Culture：Chinese-American Confrontations，1949 – 1958*，pp. 225 – 267；*The Dragon，the Lion and the Eagle：Chinese-British-American Relations，1949 – 1958*（Kent：The Kent State University Press，1994），pp. 178 – 207。代表性论文如：赵学功《第二次台湾海峡危机与美国核震慑的失败》，《历史研究》2014 年第 5 期；何迪《"台海危机"和美国对金门、马祖政策的形成》，《美国研究》1988 年第 3 期；等等。其中，黄文娟的《没有硝烟的"战争"——1958 年台海危机期间的台美关系》（《冷战国际史研究》2006 年第 1 期）与笔者旨趣较为接近，但该文没有将台美互动置于中美会谈等更广阔而需要被考虑的背景之中，亦未涉及两岸对美国制造"两个中国"倾向的反应。

一　美方最初反应

如同 1954 年 9 月发生第一次台海危机时那样，美国政府的第一反应是高度警惕，配合强硬声明以示震慑；严阵以待，并准备在紧要关头动用核武器。

1958 年 8 月 23 日，美国国务卿杜勒斯给众议院外委会主席摩根（Thomas E. Morgan）一封信，指出沿海岛屿和台湾岛的联系变得更加紧密，互相依靠的程度有所增加。中国共产党人试图用武力改变台海局面，并在目前有意进攻和征服这些岛屿，任何人要是认为这或许是有限的军事行动的话，那将十分危险。[①] 25 日，美国总统艾森豪威尔召集有关高层举行会议讨论台湾海峡局势问题。艾森豪威尔指出，美国实际上正一步步接近"台湾决议案"的核心问题。[②] 会后，参谋长联席会议致电太平洋军区司令费尔特（Harry Donald Felt），下达从太平洋辖区抽调部队加强美国对台防御力量、在沿海主要岛屿受到严重威胁时支援国民党军队等命令，并提醒要做好在战争发展到一定阶段时使用核武器的准备。[③]

杜勒斯给摩根的信并非以秘密形式发出，而是在当日就予以公布。26 日，《人民日报》刊出《斥杜勒斯的叫嚣》一文，指出大小金门、马祖各岛以及台湾等地是中华人民共和国的神圣领土，与我国其他领土才是真正的"紧密不可分割"的。阻挠中华人民共和国解放运动的美帝国主义者才"构成这个地区的和平的威胁"。[④] 28 日，针对北京电台转播的福建前线"对金门的登陆已经迫在眉睫"的表示，美国国务院发布声明，强调事实证明杜勒斯给摩根信件中的看法是正确的。[⑤]

---

① U. S. Department of State Historical Office Bureau of Public Affairs, in *American Foreign Policy : Current Document*, *1958* (New York：Arno Press, 1971), p. 1144.

② Memorandum of Meeting, Washington, Aug. 25, 1958, United States Department of State, in *FRUS*, *1958 - 1960*, *China*, Vol. 19, p. 75.

③ Telegram From the Joint Chiefs of Staff to the Commander in Chief, Pacific (Felt), Washington, Aug. 25, 1958, in *FRUS*, *1958 - 1960*, *China*, Vol. 19, p. 76.

④ 《斥杜勒斯的叫嚣》，《人民日报》1958 年 8 月 26 日。

⑤ 《美国国务院声明》，载陶文钊主编《美国对华政策文件集（1949～1972）》第 2 卷（下），第 592 页。

8 月 29 日，艾森豪威尔再次在白宫召集关于台湾海峡局势的会议。国防部副部长克沃尔斯（Donald Aubrey Quarles）首先指出，目前解放军对金门、马祖的炮击是第一阶段，是有限的军事行动，尚未有明确意图表示他们要占领金马。如果中共大规模进攻沿海岛屿，那就是第二阶段，就要考虑动用美国部队加以协防。如果共产党人将攻击区域扩展到海峡以外或直接进攻台澎，那就是第三阶段，总统应该就使用核武器问题做出新指示。[①]

此时也有不同于 1954 年之处。1954 年，美国主要关心的是台湾岛和澎湖列岛的安危，而 1958 年，美国政府却不得不关注更多的"外岛"。第一次台海危机中，美国为应对危机，策划并运作由新西兰向联合国安理会提出台湾海峡停火案，并在停火案遭遇困难后，又谋求与中华人民共和国谈判解决台湾问题，收回不久前关于协防金门、马祖的承诺。美国国内及国际舆论更是几度掀起讨论"两个中国"的热潮。蒋介石认识到自立自强的重要性，下定决心整顿内部、加强实力，"准备独力应战以求自立，则国际阴谋无所施其技"。[②] 自 1955 年起，台湾当局不顾美方反对，大力增强"外岛"的防御力量。台湾方面将防御重心之相当部分移至"外岛"的行动，使这些岛屿有了过去不曾有的重要性，成功牵制了美国的注意力。到第二次台海危机时，由于台湾当局将 1/3 的军事力量部署在了澎湖以西的沿海岛屿，杜勒斯、艾森豪威尔等人只得放弃 1955 年 4 月对于"外岛"应为"前哨"而非"要塞"的定位，[③] 均认为"外岛"已成为台湾民众谋求生存之地，它们与台澎的联系已较以前更为密切。[④]

在 1958 年 8 月 25 日的会议上，代理国务卿赫脱（Christian Archibald Herter）指出，会议应首先搞清楚哪些岛屿应被包括在内。他认为金门的两个主要岛屿及马祖地区大一些的岛屿，也就是那些台湾当局投入了很大防守

---

① Memorandum of Meeting, Washington, Aug. 29, 1958, in *FRUS*, *1958 – 1960*, *China*, Vol. 19, p. 96.

② 《蒋介石日记》，1955 年 6 月 12 日。

③ Memorandum of a Conversation Between the President and the Secretary of State, Washington, April 4, 1955, United States Department of State, in *FRUS*, *1955 – 1957*, *China*, Vol. 2, pp. 444 – 445.

④ The President's News Conference of Aug. 27, 1958, in *Public Papers of the President of the United States* (Washington: U. S. Government Printing Office, 1959), p. 641.

力量的岛屿，应被包含。这一意见获得众人赞同。同日，美国国务院在致台北"使馆"的第 138 号电报中通报了这一决定，但指示说不要和台湾当局讨论这一问题。9 月 2 日，在致台北的第 172 号电报中，这些岛屿被明确为：大金门、小金门和马祖地区的高登、北竿塘、马祖山、西犬、东犬诸岛。①

二 美国的犹疑与中美会谈

二战后，随着冷战拉开序幕，美国为拥有更多的战略点和势力范围，在许多地方都有干涉别国内政的表现。国民党集团退台后，美国在台湾海峡干涉中国统一的活动本不具有正当性，历来为国际舆论特别是中苏舆论所谴责。为减少国际上的反对之声，美国不得不在扩张霸权的同时尽可能保持低调，尽可能不触犯众怒，并尽可能地表现出克制与"正义"。另一方面，为保持与苏联抗衡的能力，美国也需要将盟国的意见放在相当重要的位置。力图避免明显的侵略姿态与兼顾盟友态度是美国在较长时间内在"外岛"问题上政策模糊、无法决断的重要原因。

在此情形下，核武器在为美国提供强大的后盾与保障的同时，也束缚着美国的行动。美国是最先成功研制并使用核武器的国家，也是 1950 年代世界上拥有核武器的三个国家②之一。核武器的强大威力虽使美国能够在危机一经发生时即向中国大陆发出核威慑，但也不得不再三考虑使用核武器的后果。若美国直接插手台海军事行动，战争势必扩大，核武器将会成为最终的手段。然而，大多数美国民众只是把沿海岛屿看作两个"遥不可及的小岛"，"根本不值得打一场核战争"。美国民众不愿意支持自己的政府在这一情况下采取任何有战争倾向的行为。③ 并且，如果使用核武，临近的国家和地区便会受到影响，日本、菲律宾及亚洲其他国家均会有所波及。虽然决策层中的部分人，如海军上将勃克（Admiral Burke），仍然坚持核武器

---

① Memorandum of Meeting, Washington, Aug. 25, 1958, in *FRUS*, *1958-1960*, *China*, Vol. 19, p. 73.

② 美国、苏联、英国。

③ Telegram From the Department of State to the Embassy in the Republic of China, Washington, Sept. 21, 1958, in *FRUS*, *1958-1960*, *China*, Vol. 19, p. 253.

是最后的不能一意回避的打击手段，否则一系列的连锁反应可能会使美国在十年内丧失整个"自由世界"（资本主义阵营），① 但核武器可能带来的严重后果也被反复强调着。负责政策计划的助理国务卿 H. A. 史密斯认为，如果使用核武器，美国的干涉行动可能迫使亚洲的日本、菲律宾等国进一步走向中立，并最终向北京妥协。② 杜勒斯则转达驻日大使道格拉斯·麦克阿瑟二世（Douglas MacArthur Ⅱ）的意见，指出若美国用核武器保卫"外岛"，日本政府或许会被迫要求美军撤出日本，最低限度也会要求美国停止从日本的基地获取任何形式的对沿海岛屿的补给。勃克上将亦认为，中断日本方面的补给将是个严重的问题。③ 艾森豪威尔的意见则在 8 月 29 日在白宫为台湾海峡局势而召开的会议上已有表示，他赞同克沃尔斯提出的在中共大规模进攻金马的情况下仍要避免使用核武器的看法，并指出，最好在紧急情况下也能不使用核武器。毕竟美国是冷战中的主要攻击目标，应避免给共产党以侵略口实，起码在目前阶段应由台湾方面发动攻击。④

同时，艾森豪威尔还在为作战可能面临的困境担忧。中国大陆幅员辽阔，军事基地分布广泛；而美军在台湾海峡的作战只有有限的基地可用。他的脑中盘旋着一个问题：如果中华人民共和国使用远离海岸的阵地对台湾进行夜间轰炸，美军的处境会很艰难。⑤

9 月初，根据国务院准备的备忘录，美国政府分析：如果中共相信美国会积极干预并可能使用核武器的话，他们或许不会试图用军事进攻的方法夺取金门，形势会像 1955 年那样平息下来；但如果中共认为美国只会在出现重大进攻的情况下干预，那么他们会用轰炸和封锁让进攻保持为一种逼近的危险，这种状态的持续，会使当地的防御力量因士气衰落和补给不足

---

① Memorandum of Conversation, Washington, Sept. 2, 1958, in *FRUS*, *1958 – 1960*, *China*, Vol. 19, p. 120.

② Memorandum From the Assistant Secretary of State for Policy Planning (Smith) to Secretary of State Dulles, Washington, Sept. 3, 1958, in *FRUS*, *1958 – 1960*, *China*, Vol. 19, p. 123.

③ Memorandum of Conversation, Washington, Sept. 2, 1958, in *FRUS*, *1958 – 1960*, *China*, Vol. 19, p. 120.

④ Memorandum of Meeting, Washington, Aug. 29, 1958, in *FRUS*, *1958 – 1960*, *China*, Vol. 19, pp. 96 – 99.

⑤ Memorandum of Conversation with President Eisenhower, Newport, Rhode Island, Sept. 4, 1958, in *FRUS*, *1958 – 1960*, *China*, Vol. 19, p. 130.

而崩溃。① 总之，参谋长联席会议已得出结论，这些岛屿不能防御，并且可能对防御台湾和澎湖列岛没有用处。艾森豪威尔也做好了放弃金门的心理准备，虽然他认为目前阶段还不能公开这么说。②

为遏制中国大陆的进攻，9 月 4 日杜勒斯在罗得岛新港发表了一份声明。这份声明原本准备由艾森豪威尔发表，并由总统本人修改和批准通过，但为谨慎起见，决定由杜勒斯发表。这样，艾森豪威尔可以观察其引起的各方反应，进行进一步说明和补充。声明表示，美国已意识到"确保金、马的安全越来越与保卫台湾紧密相关"。在提到国会曾授权总统根据保卫台湾及东太平洋地区利益需要而调遣美国军队时，声明指出，目前总统"尚未发现有必要或应该根据决议案规定调遣美国武装部队来保卫台湾"，但一旦总统认为有必要，他会毫不犹豫地行动起来。③

就在声明发表之前，中国政府发表关于领海宽度为十二海里的声明，并指出："这项规定适用于我国的一切领土，台湾和澎湖地区仍被美国武力侵占，这是侵犯我国领土完整和主权的非法行为。我国政府有权采取一切适当的方法，在适当的时候收复这些地区，这是我国的内政，不容外国干涉。"④ 杜勒斯等人认为，中共确定的地域范围不能接受，⑤ 但还是在随后的声明中表示出对于用和平方式解决台海争端的期望。在"有克制地"威慑之后，声明的结尾指出美方一直努力争取在台湾地区达成"除自卫以外双方互相放弃武力的宣言"，到目前为止仍有此希望，"除非中国共产党人的行动令我们别无选择"。⑥

新港声明的最后一段的出现是有历史背景的，那就是第一次台海危机

---

① Memorandum Prepared by Secretary of State Dulles, Newport, Rhode Island, Sept. 4, 1958, in *FRUS*, *1958 – 1960*, *China*, Vol. 19, p. 132.

② Memorandum of Conversation between President Eisenhower and Secretary of State Dulles, Washington, Sept. 11, 1958, in *FRUS*, *1958 – 1960*, *China*, Vol. 19, p. 162.

③ White House Press Release, Newport, Rhode Island, Sept. 4, 1958, in *FRUS*, *1958 – 1960*, *China*, Vol. 19, p. 135.

④ 《中华人民共和国政府关于领海的声明》，《人民日报》1958 年 9 月 5 日。

⑤ Memorandum of Conversation with President Eisenhower, Newport, Rhode Island, Sept. 4, 1958, in *FRUS*, *1958 – 1960*, *China*, Vol. 19, p. 131.

⑥ White House Press Release, Newport, Rhode Island, Sept. 4, 1958, in *FRUS*, *1958 – 1960*, *China*, Vol. 19, p. 136.

后不久开始的中美会谈。中美大使级会谈自 1955 年 8 月开始，中方代表是驻波兰大使王炳南（后由续任驻波兰大使王国权担任），美方代表是驻捷克斯洛伐克大使约翰逊。1957 年 12 月，美国以大使调任为由，指派不具大使身份的参赞马丁（Edwin W. Martin）为代表，企图降低会谈级别，致使 1955 年开始的中美会谈中断。中国方面在 1958 年 1 月 14 日和 3 月 26 日一再催促美国政府派遣适当级别代表，以恢复会谈，但遭到冷漠回应甚至是无回应。原因在于杜勒斯等人认为会谈对美国来说并无多大好处，因而约翰逊调职恰恰是不再谈判的好机会。① 1958 年的金门炮击再次将美国推至两难境地。核武器是美国的撒手锏，但这剂猛药将会带来巨大的副作用，不到危急关头美国不想轻易尝试，而台湾海峡的"外岛"并不能带给美国足够的危机感。同时，美国民意和舆论的主流也在反对为"外岛"而承担义务和风险。② 第一次台海危机时美国为摆脱两难选择曾精心策划新西兰停火案，但未能达到预期效果，最终只得不了了之。这一次，似乎只有重新回到谈判桌才是化解困局之道。于是在新港声明中美国向中共伸出了橄榄枝。尽管在声明的前面大部分内容中，美国有许多看似强硬的表态，但最终给人的感觉，与其说是示威，不如说是借示威之机释放善意。

9 月 6 日，中华人民共和国国务院总理周恩来发表《关于台湾海峡地区局势的声明》，表明"中国人民解放自己的领土台湾和澎湖列岛的决心是不可动摇的"的立场，并回应美国愿意恢复会谈的表示，声明"为了再一次进行维护和平的努力，中国政府准备恢复两国大使级会谈"。③

周恩来的声明立即引起美国高层的关注。艾森豪威尔立即召集国务卿、财政部部长、国防部部长等人开会。杜勒斯向与会者出示一份草拟的总统对上述声明的评价，请众人提出意见。艾森豪威尔特别提出，应加入具体而明确的接受周恩来谈判提议之语，从而使美国在此问题上处于主动地位。④ 8 日，

---

① 李春玲：《华沙会谈与中美对第二次台湾海峡危机的处理》，《史学月刊》2005 年第 7 期，第 98 页。

② 袁小红：《美国对台政策中的公众舆论因素分析：以 1958 年台海危机为例》，《湖南大学学报》2007 年第 4 期，第 115 页。

③ 《周总理关于台湾海峡地区局势的声明》，《人民日报》1958 年 9 月 7 日。

④ Memorandum of Conversation with President Eisenhower, Washington, Sept. 6, 1958, in *FRUS*, *1958－1960*, *China*, Vol. 19, p. 143.

国务卿召集各相关的助理国务卿和法律顾问探讨恢复中美会谈问题。杜勒斯提出，虽然中共不该运用武力夺取从未在他们治下的岛屿，但国民党也落下了把柄，确实利用这些岛屿封锁了厦门和福州港口并骚扰了大陆。如果美国重回谈判只是重提过去的主张，要求中共放弃武力，不会使世界舆论满意。他提议，让双方指出哪些行为在对方看来是挑衅，从而尽量避免，这样的做法或许有用。而这样的目的其实是为试探中方的真实意图，以便利用。①

11 日，艾森豪威尔发表长篇电视广播演说，向公众说明远东台湾海峡的局势和美国准备采取的行动方针。开篇即指出"我们绝不使用武力解决分歧，除非为抵抗侵略和保护我们的切身利益而被迫如此"。继而在阐述形势后，提出"外交手段能够且应该找到一个出路"，美国"迫切需要做出安排以实现停火，且为和平解决铺平道路"。② 15 日，中美大使级会谈在华沙复会。

三 台美矛盾的暗中发酵

第二次台海危机是在中东变乱情势下发生的。二战后，美国积极向伊拉克渗透，将其变为遏制苏联的基地。1958 年 7 月 14 日，伊拉克发生军事政变，伊共也参与了政变，反共亲美的费萨尔王朝被推翻。变局发生后，台湾当局趁乱反攻的想法萌动。蒋介石对媒体声称，苏共颠覆伊拉克成功，意味着美苏阵营在中东均势全破，"自由世界必须以间接报复与主动渗透"为对策。③ 8 月 3 日，中苏发表公报，认为美英帝国主义者还把侵略军驻扎在中东，加剧国际紧张局势，要求"制造战争的美英侵略军队立即从黎巴嫩、约旦滚出去"。④ 公报一经发表，蒋经国立即前往面见蒋介石，告其解

---

① Memorandum of Conversation, Washington, Sept. 8, 1958, in *FRUS*, *1958 – 1960*, *China*, Vol. 19, pp. 158 – 159.

② Radio and Television Report to the American People Regarding the Situation in the Formosa Straits, in *Public Papers of the President of the United States* (Washington: U. S. Government Printing Office, 1959), pp. 694, 699 – 700.

③ 吕芳上主编《蒋中正先生年谱长编》第 11 册，1958 年 8 月 2 日条，第 86 页。

④ 《对人民是巨大鼓舞对敌人是严重打击 全国各省市人民热烈欢呼和拥护中苏会谈公报》，《人民日报》1958 年 8 月 5 日。

放军攻台在即，"如能有效立策，则为我反攻复国唯一之良机亦即来临矣"。① 蒋氏父子有借机造势、趁乱反攻之意，但因美国有自己的分析和对策，未全信台湾方面的夸大陈词与宣传，故令台湾当局心愿未遂。

蒋介石有"反攻大陆"之心，希望拖美下水，这一点美国方面始终了解并小心提防着。第二次台海危机发生前夕和初期，当台湾方面向美国介绍台海情况时，美方的倾向是谨慎分析、强调克制。因感台海危机渐显，国际形势不利，蒋召开"行政院"谈话会，讨论如何应对中东变局，并要求为配合军事行动做政治上之准备。② 他指示"参谋总长"王叔铭，令三军进入战备状态，并向驻台美军协防司令窦亦乐（A. K. Doyle）③ 表示，台湾当局将与美方采取一致行动。同时，蒋令"外交部长"叶公超草拟对艾森豪威尔电文，以便引起美国对台湾局势的充分关注。④ 但美方认为国民党已经做出强烈反应，并"为自己的目的过分夸大局势发展"。⑤ 蒋介石给艾森豪威尔的信同样给人夸大其词的印象。蒋介石在信中建议：台美共同展示军事实力；美国授权台湾军队对大陆炮兵阵地和海空军基地实施报复性轰炸。但主管远东事务的助理国务卿帕森斯（James G. Parsons）告诉杜勒斯，看过信后的第一印象是蒋的夸张词汇，建议美国不应一冲动就答应蒋的建议，而该仔细审视摆在美国面前的各种可能性。⑥ 艾森豪威尔向杜勒斯明确指出，尽管这可能对台湾的士气很重要，但蒋介石想用金、马作为跳板返回大陆的想法是不现实的。⑦

第一次台海危机后，蒋介石不顾美方反对，向"外岛"增加兵力，加强防御力量，这使1958年金门被击后，美国不得不对沿海岛屿赋予更重的意义。虽然蒋介石的目的达到了，但这也使其在第二次台海危机发生时成为美国方面私下指责的对象。在讨论沿海岛屿对策时，美国高层认为沿海

① 吕芳上主编《蒋中正先生年谱长编》第11册，1958年8月3日条，第86页。
② 林秋敏等编辑校订《陈诚先生日记》（二），台北："国史馆"，2015，第910页。
③ 1958年7月底退休，由史慕德（Roland N. Smoot）继任。
④ 吕芳上主编《蒋中正先生年谱长编》第11册，1958年7月17日条，第78页。
⑤ Editorial Note, 1958, in *FRUS*, *1958－1960*, *China*, Vol. 19, pp. 42－43.
⑥ Memorandum for the Files, Washington, Aug. 27, 1958, in *FRUS*, *1958－1960*, *China*, Vol. 19, pp. 87－88.
⑦ Memorandum of Conversation between President Eisenhower and Secretary of State Dulles, Washington, Sept. 11, 1958, in *FRUS*, *1958－1960*, *China*, Vol. 19, p. 162.

岛屿今非昔比，重要性已经增大，而改变的原因却有"不慎入瓮"之感。他们认为蒋介石不听美国劝阻，在"外岛"布置重兵，是有意为之，有"请君入瓮"之意，此举是想以岛上士兵的安危牵制美国。艾森豪威尔的评价是，蒋介石实际上是把岛上的士兵变成了"人质"。① 为塑造一致对共的盟邦形象，美国政府对外自然没有公开的指责或是抱怨，但在内部讨论时，对蒋介石有意加重"外岛"布防是颇有怨言的。

因此，虽然在解放军对台湾海峡的封锁之下，美国向国民党军队提供了空中掩护与海上运输和补给，但美国始终不同意国民党军队对大陆进行报复性打击。解放军炮击金门次日，蒋介石接见美国驻台"大使"庄莱德，庄转陈 22 日美国务院会议讨论结果，表示美政府不否认台湾当局采取自卫行动之权利，但美之立场是：除非敌攻击规模或时机迫使台湾当局"不得不立刻对大陆采取自卫性报复行动外"，在采取是项行动前，尽可能与美协商。蒋介石指出此种理由无法向民众解释，若不断被炮击而不采取报复行动，民心士气会受到重大影响。目前至少希望美方发表对"外岛"协防之简短声明，以为吓阻。② 庄莱德不断提醒台湾当局：共产党想让美国采取过激行动，以便拥有指责美国侵略行为的更有利的理由；共产党也想以同样方式刺激台湾当局，若国民党在沿海岛屿有了挑衅行为，则更便于共产党进攻沿海岛屿。为避免侵略恶名，台湾方面和美国都要备加小心，以维持在舆论中的地位。作为回应，只需让中共了解到台美有守卫沿海岛屿的决心与实力，他们自会知难而退。而在实力就位之前，应保持耐心，"在任何情况下都不能进行报复"。③

蒋介石未能通过渲染台海危局而使美国采取直接的军事行动，等来的只是美国加强该地区基本军事力量的一些具体措施，他对此不禁感到失望。26 日，庄莱德与美军协防司令史慕德"只报告其美国防部对我军品补充之决议而不及其他"，蒋介石婉告"此为缓不济急之决议，不能解决当前金门

---

① Memorandum of Meeting, Washington, Aug. 29, 1958, in *FRUS*, *1958 – 1960*, *China*, Vol. 19, p. 98.

② 《蒋中正接见庄莱德谈话摘要》，"蒋中正总统文物"，典藏号：002 - 080200 - 00628 - 087。

③ Telegram From the Embassy in the Republic of China to the Department of State, Taipei, Sept. 1, 1958, in *FRUS*, *1958 – 1960*, *China*, Vol. 19, p. 110.

与海峡危机之实际问题"。① 此时，蒋最希望的是美国不再约束台湾军队军
事行动的表示，然而，他未能如愿。尽管台海危机已经发生，但美国不认
为解放军有攻取之意。既然没到生死存亡关头，就不能放任台湾报复，以
免冲突扩大而使美国被迫卷入。当日与会的"参谋总长"王叔铭同样对美
方不满，认为"协防金、马事一字未提，颇使我方失望"，若不协防金马，
则金马在不断炮击之下形成孤岛，"士气必日形低落，而后方补运亦将被迫
中断"。②

8 月 31 日，蒋介石接到美国防部复电，美方表示炮击不能攻占金马，
因而回避台湾方面要求单独行动、轰炸中共海空军基地与炮位的建议，仅
言中共空军进攻时国民党军可以追击至其基地予以打击。蒋闻之，"愤痛无
已"。③ 当日，史慕德在庄莱德的陪同下，根据参谋长联席会议的授权与蒋
面谈，通知其关于防卫沿海岛屿的附加措施，告知美国将于距岸约 5 公里的
公海上，给予船队掩护及护航，"其程度至协防司令认为军事上所需要者，
以及国军本身未能圆满达成者为止"。④ 会谈中，蒋对美国不对台湾方面对
中共报复性空中打击积极表态而表达了深深的失望与不满，认为美对岛上
士兵"不人道""不公正"，不是一个盟国该有的政策。并请转告美政府重
新考虑这一问题，威胁说，若三天内未获答复，他就不能维持军民士气了。
蒋的反应给庄莱德留下深刻印象，认为这是自己见到过的蒋介石在公开场
合表现最激烈的一次。⑤ 该日谈话情景在王叔铭日记中也有记载。蒋介石
"大表不满，且讲话失常，大发牢骚"，以致史慕德未参加午宴就匆匆回其
司令部，致电美国防部，表达蒋介石的意见，令王叔铭"深以为不忍"。⑥

次日，蒋介石又与美陆军部长布鲁克（Wilbur M. Brucker）进行了三次
谈话，除反驳美国参谋长联席会议有关"外岛不会因敌人炮击行动而陷落"
的观点外，蒋要表达的核心内容就是强调他对进攻沿海岛屿的解放军有实

---

① 《蒋介石日记》，1958 年 8 月 26 日。

② 《王叔铭日记》，1958 年 8 月 26 日，王叔铭档案，馆藏号：063 - 01 - 01 - 017。

③ 《蒋介石日记》，1958 年 8 月 31 日。

④ 《蒋中正接见庄莱德谈话摘要》，"蒋经国总统文物"，典藏号：005 - 010205 - 00074 - 008。

⑤ Telegram From the Embassy in the Republic of China to the Department of State，Taipei，Aug. 31，
1958，in FRUS，1958 - 1960，China，Vol. 19，p. 107.

⑥ 《王叔铭日记》，1958 年 8 月 31 日，王叔铭档案，馆藏号：063 - 01 - 01 - 017。

施报复性行动的权力。对大陆军事基地交通线的攻击是台湾军队"正当自卫"所需步骤，而台湾军队却无权自行决定，此点对民心士气影响极大，蒋介石希望布鲁克即日便将此点电告华盛顿，请其改变态度。[①] 因没有单独行动的自由而对金门被炮击无能为力，长此下去，他将如同傀儡一样，受到军队、民众、华侨和世界舆论的指责。蒋介石警告说，若真出现一种他无法控制的公众心理反应，对美国的负面影响不会亚于对自己和对台湾当局的影响。[②]

然而，不论蒋介石的激愤还是坦诚，都未能使美国转变态度。在美国有关人士看来，蒋介石还是"太过了"。局势并没有如同他说的那样，所谓严重后果的影响也并没有出现。旷日持久的封锁无疑会对民心士气造成打击，但这其中也有国民党军队的原因。美军协防台湾司令部与陆军部长布鲁克都在敦促蒋介石，要求台湾当局利用海军采取有力行动，打破共产党对金门的封锁。[③] 美军驻台协防司令史慕德也指出，在炮击发生后与台湾军队的合作中，最失望的是国民党的海军表现不积极。凡美方所做建议，他们总是有种种困难而无法办到。[④]

美国不断要求台湾当局克制的重要背景是华沙中美会谈的重启与进行。根据杜勒斯在会谈恢复之前定下的基调，恢复后的会谈不能只强调中共放弃武力，这样不会取得任何效果，也不会让国际舆论满意。由于解放军对台湾海峡的封锁，即使在美舰公海护航的情况下金门也无法得到充足的供应。若华沙会谈不能尽快取得停火协议，一个月的时间金门可能就会失守。在此情势下，美国急于向中共表态：美国停止被认为是挑衅性的行为，并要求台湾方面合作，以此换取解放军军事行动的停止。美国考虑做出的让步包括：取消一切护航行动；美国军舰和飞机不在中国沿海 20 海里内活动；试图说服台湾方面运送补给时不携带军事设备，只运载食品、医疗用品及其他必需品。倘若如此提议仍被拒绝，美国还可同台湾当局一道宣布，暂

---

① 《蒋中正接见布鲁克谈话摘要》，"蒋经国总统文物"，典藏号：005 - 010205 - 00084 - 017。
② Telegram From the Embassy in the Republic of China to the Department of State, Taipei, Sept. 1, 1958, in *FRUS, 1958 - 1960, China*, Vol. 19, pp. 109 - 110.
③ Telegram From the Embassy in the Republic of China to the Department of State, Taipei, Sept. 1, 1958, in *FRUS, 1958 - 1960, China*, Vol. 19, p. 109.
④ 《蒋中正与斯姆特谈话摘要》，"蒋经国总统文物"，典藏号：005 - 010205 - 00074 - 005。

停一切射击及其他军事行动，直到得到回应。若上述两种措施都不能阻止炮击，就应将此问题提交联合国大会，使其通过决议，要求立即停止冲突。① 同时，苏联的压力也是一个重要因素。9月7日，美国第一次与台湾当局合作向金门运送补给。次日，赫鲁晓夫照会美国称任何攻击中共的行动都等于攻击苏联，并要求美国撤出台湾。②

为配合华沙中美会谈，并避免刺激苏联，美国只有不断约束台湾军队将领在金马前线"不太克制"的表现，以免给美国带来麻烦。9月8日，美国务院致电庄莱德，指示他和史慕德向蒋强调"在一切行动之前继续密切的台美协调对我们坚定友好的同盟关系"的重要性。蒋介石已对美方不断要求其遵守条约、保持克制的态度不耐烦，通知庄莱德等人，自己将在乡村别墅思考局势问题，一两天内不会露面。在台海局势紧张之际，此前9年多担任"外交部长"的叶公超被委派为"驻美大使"，此时正准备赴美。行前叶告诉庄莱德，蒋介石感到自己的信誉受到怀疑，其声望正在下属与民众中降低，请美方在要求其克制的问题上小心对待。③

蒋介石的心理似乎到了一个临界点，为求得充分理解与完全的合作，美国不断向台湾方面强调自己不会在华沙"做出任何有损国民政府（国民党当局）权益"的立场。但承诺之后，仍然是请台湾当局理解美国所面对的艰难的公共关系问题，要求其配合美国行动，共同塑造一个"为和平委曲求全"的形象，以求得民众与舆论的同情。20日，美国助理国务卿饶伯森与叶公超谈话，貌似婉言相劝的话语中带着强势威压，称如果台湾当局失去美国的支持，"要保住自己的地位会难上十倍"。并明白相告，台北有些人认为台湾方面的强势有助于美国在华沙增强地位，这个想法是不对的。目前的关键是要让苏联和中共表现出好战，而台湾方面需要克制，绝不能有"轻率或幼稚"的行为，那样会失去舆论支持。④ 此种"抚慰"显然不

① Memorandum by the Regional Planning Adviser in the Bureau of Far Eastern Affairs（Green），Washington, Sept. 18, 1958, in *FRUS*, *1958–1960*, *China*, Vol. 19, p. 223.

② 《王叔铭日记》，1958年9月7日、8日，王叔铭档案，馆藏号：063–01–01–017。

③ Telegram From the Embassy in the Republic of China to the Department of State, Taipei, Sept. 10, 1958, in *FRUS*, *1958–1960*, *China*, Vol. 19, pp. 159–160.

④ Telegram From the Department of State to the Embassy in the Republic of China, Washington, Sept. 21, 1958, in *FRUS*, *1958–1960*, *China*, Vol. 19, pp. 253–254.

能有助于蒋介石控制情绪。随着金门战事发展，蒋以忍耐克制配合美国要求。美蒋矛盾公开化。

四　美蒋矛盾激化与杜勒斯访台

在美国压制台湾方面军事行动的同时，金门面临着越来越严重的危机。自 1958 年 8 月 23 日至 9 月 7 日，金门没有获得任何补给。此后到 18 日，在美国护航之下，有八艘船到达了金门。第一艘未受攻击，卸下 300 吨补给；第二、三艘未能卸下补给；后五艘每趟卸下 25～75 吨补给。而金门每日需要 700 吨的物资供应，9 月 18 日之前的 20 多天送到的补给，还不足它一天的消耗。金门炮战不到一个月，岛上储备已消耗掉 1.7 万吨储备物资，剩下的食品、弹药及其他必需品仅够维持不足一个月。①

9 月 11 日，往金门运送物资的三艘舰船抢滩不成，蒋介石焦虑不已，决定次日前往澎湖巡视前线。此时金门已被封锁三周，油料至 20 日即告用尽。蒋介石巡视前线后警告美国，如下周再不能打破封锁，台湾军队将采取固有之自卫权，以空军破坏大陆后方交通线，进行报复。②

金门与大担岛、二担岛的情形危急，美方态度消极，不支持台湾方面提出的对金门空投的建议，也不同意用美舰参加抢滩运补。史慕德及其下属强调大、二担情况严重、士气低落，令台湾方面高级将领感到美方似有压迫台湾撤守大、二担之意。③

蒋介石开始对媒体发声，公开发表自己与美国不同的见解，此举给美国造成了一定困境，也将台美之间的矛盾曝于公众面前。16 日，蒋介石接见美报记者阿索浦，称美国不能妨碍台湾当局行使自卫权，轰炸中共基地。④ 23 日，蒋两度接见太平洋区美军总司令费尔特，提出只有美立即参加空运任务才能挽救局势。费尔特表示要请示政府，而蒋认为其并无诚意。⑤

---

① Memorandum by the Regional Planning Adviser in the Bureau of Far Eastern Affairs（Green），Washington, Sept. 18, 1958, in *FRUS, 1958–1960, China*, Vol. 19, p. 221.
② 《蒋介石日记》，1958 年 9 月 12 日。
③ 《王叔铭日记》，1958 年 9 月 23 日、26 日，王叔铭档案，馆藏号：063 – 01 – 01 – 017。
④ 《蒋介石日记》，1958 年 9 月 15 日。
⑤ 《蒋介石日记》，1958 年 9 月 24 日。

29 日，蒋介石会见中外记者，到会记者 80 余人，这也是三年半以来他举办的第一次记者招待会。针对艾森豪威尔在 11 日关于台海局势广播中提出的"使这外围岛屿不会成为困扰和平的根据"① 一语，蒋介石提出"金、马诸岛并不构成所谓和平的障碍"，且反称扰乱台海和平的乃是大陆海岸及沿海岛屿上共产党的基地，"而不是我们的金、马"。关于金门岛，蒋介石宣称"对于当前国际政客们所谓'中立化'，以及减少或撤退其驻军的各种主张，决不理会"，"战至最后一个人，流至最后一滴血，亦决不放弃金门群岛的寸土尺地"。在蒋看来，自己已经为配合美国政府而进行了克制，当被提及"是否以金马诸岛为反攻大陆的基地"时，蒋以台湾方面"反攻大陆"共产党的基地"是全在大陆之上"作答。② 据蒋自记，自己"自动的不以金马为反攻之基地，免其为难，并暗示予其合作之意"。③ 不可否认，死守金马确实是蒋介石的肺腑之言，但在此关头对中外记者的宣誓显然有违美政府心意，陷美于被动之中。

30 日，杜勒斯会见各媒体记者。当被问到美国是否希望国民党当局回到大陆时，杜勒斯明言"这是一个假设成分很大的问题"，"完全取决于大陆上发生什么事情"，并进一步解释说，自己认为若非大陆发生某种动乱或叛乱，"只靠他们（国民党）自己的力量，他们是不会回到那里去的"。进而，杜勒斯强调美国没有保卫沿海岛屿的任何法律义务，如果台湾海峡有了"比较可靠"的停火，在沿海岛屿保持这批为数不少的军队就是"愚蠢的"。这种停火不一定要形成书面声明，事实上的停火也是可以的。若停火时不撤退而等到被攻击时退却，"不是一个明智的举措"。杜勒斯表示不想暗示台湾方面同意美国政府的意见，但已同他们进行了友好沟通。接下来就是实际执行的问题，美国会设法就撤出金、马大部分军队的问题与台湾当局达成协议，至少自己希望如此。④

与杜勒斯的新闻发布相隔不久，蒋介石正好与美联社记者有约。得知

---

① 吕芳上主编《蒋中正先生年谱长编》第 11 册，1958 年 9 月 13 日条，第 109 页。

② 《金门保卫战的胜利》，载秦孝仪主编《先总统蒋公思想言论总集》卷 39，第 125、129 页。

③ 《蒋介石日记》，1958 年 9 月反省录。

④ 《杜勒斯记者招待会谈话摘录》，载陶文钊主编《美国对华政策文件集（1949～1972）》第 2 卷（下），第 656～665 页。

此事后，当即表示批评之意，宣称反对削减国民党在沿海岛屿的武装部队或使沿海岛屿地位有任何改变。蒋介石认为，杜勒斯急图促成停火，认为如获可靠停火，则不宜再置重兵于"外岛"，此点令人难以置信。这与台湾方面的立场完全背道而驰，且与他本人早些时候的态度自相矛盾，听起来不像是他的话。并表示，假定杜勒斯说过那些话，那也只是单方面声明，台湾当局"没有任何义务来遵守它"。蒋介石力图将金门与美国自身利益联系起来，向记者强调国民党军队防守金门，也就是防守美国在东方的防线。[①]

对于台湾当局的不满情绪，杜勒斯致函庄莱德，表明对台湾海峡当前危机所持立场并无变更。[②] 对此，蒋介石很是警觉。他对"国防会议"秘书长张群表示："所谓对华政策不变者，乃指其最近金门减少军队与中立之政策而言乎？应加注意，仍应予以驳斥。"[③] 果如蒋介石所担心，没几日，杜勒斯提议要亲自赴台面商金马问题及应对之策。

在此之前，美国针对中国国防部长彭德怀于 10 月 6 日关于停止炮击 7 天的广播做出回应，令停止护航。饶伯森致电庄莱德，提出既然解放军停止袭击岛屿和阻止补给行动，其逻辑结果就是停止护航，因此无须向台湾方面解释。"不懂回报会使美国在本国和世界舆论面前处于极其不利的地位。"[④] 饶伯森的来电自然是有感而发。彭德怀停止炮击的命令发出后，蒋介石竭力劝说美国不要"上当"，不要被"离间"。他对美记者做如是表示，也对美军驻台协防司令史慕德如是说，[⑤] 并嘱美国海军不可退出护航。[⑥]

10 月 21 日至 23 日，杜勒斯访问台湾。访台前杜氏准备了与蒋谈话的文件，指出台湾当局不能再以"好战的""内战幸存者"的姿态出现，而应该尝试扮演新角色。为此，台湾当局需要做到五点：要表现出愿意实现停

① 《蒋介石对美联社记者的谈话》，载陶文钊主编《美国对华政策文件集（1949～1972）》第 2 卷（下），第 666 页；《中央日报》1958 年 10 月 2 日。

② 《中央日报》1958 年 10 月 4 日。

③ 《蒋介石日记》，1958 年 10 月 3 日。

④ Telegram From the Department of State to the Embassy in the Republic of China, Washington, Oct. 6, 1958, in *FRUS*, *1958–1960*, *China*, Vol. 19, p. 337.

⑤ 《蒋中正接见史慕德谈话摘要》，"蒋经国总统文物"，典藏号：005 - 010205 - 00084 - 023。

⑥ 《蒋介石日记》，1958 年 10 月 6 日。

战；要强调国民党当局"不会试图使用武力重返大陆，除非那里的中国人请他回去，而且这部分中国人有相当数量和可靠的质量"；会避免突袭轰炸、挑衅性举动和飞机飞越大陆上空；不准备利用沿海岛屿发动内战或将其作为返回大陆的跳板；在停火状态中尝试压缩军队规模而实现更高的机动性。①

在杜氏抵达之前，蒋介石也想好对策，准备：（1）重申台湾当局有"紧急自卫与报复权"，美国不应妨碍"主权之行使"；（2）重申金马为台澎及西太平洋屏障，美国须在必要时协防；（3）使美国认同长期防卫金马力量之充实；（4）力图克制中共长期炮击与打破对交通补给的阻绝；（5）调整金马兵力部署，增强其火力；（6）在不引起世界大战与不使美国卷入旋涡的情况下，予台湾更多活动空间和行动自由；（7）若中共不放弃使用武力，则台美应共同确保西太平洋安全。蒋介石认为杜勒斯的王牌有联合国席位和国际社会对美国变更对台政策的要求，而自己的王牌有：随时对大陆进行轰炸报复的威胁，及民众在中共宣传下产生的反美心理。对于预期中的杜氏来访的主要用意，蒋介石原本颇不情愿，但18日午夜醒后，忽觉金门驻军过多，如苏联使用原子弹可以刹那间将其全灭。为避免此种风险，决定对减少"外岛"部队之建议，做有条件之同意。②

至此，虽然二人各怀心事，但其实蒋已在关键的两点上准备做出让步：一是以不引起世界大战为限；二是可有条件接受裁减"外岛"驻军。此二点也是美国最为关注之点。美国方面在台湾当局借助"外岛"重返大陆等问题上的猜疑，令蒋介石感到美国对他存有误解，并缺乏信心。为获得美国更多的信任和支持，蒋不得不表态，说明自己不希望"出现一场为解放大陆的中国人而爆发的世界大战"。蒋介石说自己是个革命者，如果单凭武力，就是"侵略"，不是革命，所以在武力之外，还要赢得民众支持。为表明自己不会引起大战、让美国处于险境，蒋介石不得不接受美方对于不从

---

① Talking Paper Prepared by Secretary of State Dulles, Taipei, Oct. 21, 1958, in *FRUS*, *1958 – 1960*, *China*, Vol. 19, p. 416.

② 《蒋介石日记》，1958 年 10 月 18～21 日。

空中进攻大陆的要求，尽管这一原则对台湾当局十分不利。① 而减少"外岛"驻军一点，因担心驻军密度过大有风险，蒋也准备提出以原子弹或其他有效武器增防金马作为条件，适当做出妥协。②

即便在两大问题上准备做出让步，与杜勒斯的会谈还是给蒋介石带来颇大打击。在金马军事形势紧张、中美会谈重启而美方对其有猜疑的压力之下，蒋介石在与杜勒斯的会谈中尽力保持克制，如于台湾方面"无重大妨碍或损害，则不予为难"，尽可能"以和善意态不与争执为主之方针出之"。③ 第一日的会谈杜勒斯仅试探性询问是否发表一份联合声明，蒋介石表示不妥，认为会谈应是私下的。该日没有谈台湾当局为"改变形象"而需做到的五点具体要求，因而气氛还算平和。但 22 日杜勒斯带来预拟之说帖，内有上文提到的杜氏赴台前准备提出的几点具体事项，蒋介石闻之，认为其重点要"在无形中成为'两个中国'之张本，并要我主动声明颇为可靠停火之安排，无异求和投降也"，"心中痛愤，忍之又忍"。蒋克制未发，未当面斥责严拒，仅表保留态度。但杜退出后，蒋介石即令"外交部长"黄少谷拟答复大意，表示"宁舍国际与联合国之席次"，也不放弃重返大陆。④

23 日，台美"联合公报"发出。公报指出：

> ……在目前情况下，金门连同马祖的防务，是同台湾和澎湖的防务密切相关的。
>
> 两国政府重申，它们忠于《联合国宪章》的原则。它们忆及，它们据以采取行动的条约是防御性质的……（台湾当局）认为，恢复它在大陆人民的自由是它的神圣使命。
>
> 它认为，这个使命的基础就是中国人民的人心，而胜利地实现这个使命的主要手段是实行孙逸仙的三民主义（民族、民权、民生），而

---

① Memorandum of Conversation, Taipei, Oct. 21, 1958, in *FRUS, 1958 – 1960, China*, Vol. 19, pp. 418 – 419.
② 《蒋介石日记》，1958 年 10 月 18 日。
③ 《蒋介石日记》，1958 年 10 月反省录、10 月 21 日。
④ 《蒋介石日记》，1958 年 10 月 22 日。

非凭借武力。①

"联合公报"虽然强调台美在面对金门炮击时并未分裂，而是更加紧密团结，并声明台湾当局认为，"恢复它在大陆人民的自由是它的神圣使命"，但同时又声明"这个使命的基础就是中国人民的人心"。蒋介石公开表示将不依靠武力回到大陆，这是与此前主张截然不同的重大转变，这对蒋来说是极不容易做到的，是迫于形势的无奈变通。杜勒斯在会谈中强调，"自由世界"的公众舆论担心蒋介石在事实上采取的政策会引来冲突，可能会将美国卷入其中，最终引致世界大战。② 要想让台湾当局继续存在并"充当自由世界支持的中国的象征"，就必须摆出不会挑起世界大战的姿态，否则，迫在眉睫的形势是许多"自由世界的盟国"很快会放弃台湾当局而站到中华人民共和国一边。③ 当时，台湾当局并不具备以武力"反攻大陆"的能力，美国不但不支持其反攻，反而小心提防，蒋介石认为与其"拘束于'武力反攻'而无法实践之口号"，不如做更现实的选择，以此声明暂使美国安心，从而放宽援助，并使英国、加拿大、新西兰等美国盟友放松对台湾当局的紧张情绪。因此，蒋介石接受此点声明，以一时民众的失望换取对外阻力与美方疑忌的解除，并认为自己未来的行动不会受限于放弃武力的声明，将来仍会以事实加以挽救。"不凭借武力"一点在译为英文稿时，被叶公超译成"不使用武力"（not use of force），两词意义并不相同。蒋介石得知后，"甚表不怿"，但英文稿已经发出，来不及修改。蒋对自己未做最后面核的失误进行了反省，但又以为此一失误或许令美国更为安心，于台美情感更为有益，未始不可。④ 关于减少沿海岛屿驻军的问题，蒋介石同意在非战争状态下适当减少金门驻军，这一点获得了美方的谅解。⑤

①　Joint Communiqué, Taipei, Oct. 23, 1958, in *FRUS*, *1958–1960*, *China*, Vol. 19, pp. 442–444.

②　Memorandum by Secretary of State Dulles, Washington, Oct. 29, 1958, in *FRUS*, *1958–1960*, *China*, Vol. 19, p. 468.

③　Memorandum of Conversation, Taipei, Oct. 22, 1958, in *FRUS*, *1958–1960*, *China*, Vol. 19, p. 423.

④　《蒋介石日记》，1958 年 10 月反省录。

⑤　Telegram From Secretary of State Dulles to the Department of State, Taipei, Oct. 23, 1958, in *FRUS*, *1958–1960*, *China*, Vol. 19, p. 444.

"联合公报"的发表，对蒋来说，最大的益处有两点：一是使美国安心，以便争取更多实际的援助；二是使公报明确指出，双方认识到，在目前情况下，金马防务"是同台湾和澎湖防务密切相关的"。① 美方原稿并无只字提及金马"外岛"问题，蒋介石抱定"外岛"地位不能让步的决心，终使美方同意在公报中加以体现。两次台海危机以来，金马时显命悬一线之态，台湾军民士气低落，这一体现无疑产生了一定的鼓舞振奋之效。对于台湾当局的五点具体约束和放弃使用武力的声明自然是其最大的不利，但蒋其实并不想在未来严守这些约束。他在日记中写道："五项"消极之建议说帖的经验，"无论任何国家对我外交均无道德与信义可言，只有自立自主，如有力量准备完成，则任何公报亦难约束我所应有之主权与革命矣"。②

五　危机落幕与美国"两个中国"设想的落空

9 月 15 日，中美大使级会谈在华沙复会后，第一次会谈中，中美双方即过早露出底牌：美国知道中华人民共和国不会将战事扩大到台湾；共产党知道美国不愿卷入金马战争。由此毛泽东原先争取主动并使美国陷入被动的设想无法实施，因而改变策略，将大使级会谈作为揭露美国"反动"和"侵略"政策的讲坛，放弃以会谈结束台湾危机的可能性。通过在会谈中的观察，中共中央判断台海局势及台美关系已有变化。美国想趁机制造"两个中国"，要求中华人民共和国不以武力解放台湾，并可能要求台湾当局放弃所谓的"反攻计划"，从金马撤退，以金马换台澎。10 月 3 日至 4 日的中共中央政治局常委会上，毛泽东等人提出让金马作为"绞索"留在蒋介石手中，通过它们与国民党保持接触，对付美国。③ 随后，毛泽东令中国人民解放军暂停炮击两日。中央军委做出"打而不登，封而不死"的新决策。10 月 6 日，毛泽东起草《告台湾同胞书》，以国防部长彭德怀的名义发表，将暂停炮击的时间延长为 7 天。13 日，国防部再次宣布对金门的炮击

① Joint Communiqué, Taipei, Oct. 23, 1958, in *FRUS*, *1958 – 1960*, *China*, Vol. 19, pp. 442 – 443.

② 《蒋介石日记》，1958 年 10 月反省录。

③ 李春玲：《华沙会谈与中美对第二次台湾海峡危机的处理》，《史学月刊》2005 年第 7 期。

暂停两周。20 日，因杜勒斯访台，为增加蒋介石与美国讨价还价的筹码，打消美国冻结台湾局势的企图，解放军对金门恢复炮击。

台美"联合公报"发表后，美国政府迫不及待地在国际上争取对"两个中国"的共识，制造"两个中国"的印象，希望通过国际社会对新中国造成停战压力，使其接受"两个中国"的安排。25 日，美国务院致苏联及同一阵营的塞尔维亚、波兰、匈牙利、罗马尼亚和捷克外交使团电，促使各国使团团长利用合适机会与各驻在国领导人讨论杜、蒋会谈之事。通电中，美国务院特别解读了台湾当局不靠武力而靠"三民主义"回到大陆之公开声明，指出它标志着台湾当局思维模式的重大转变，即"从指望以武力早日返回大陆"转为等待共产党政权"垮台"后再回到大陆的"长远路线"，并歪曲台湾当局的想法，指出他们采取的姿态与韩国、南越及德国的阿登纳类似。美国政府指出，如果中国共产党人也能采取类似政策，就会在台湾地区出现"和其他被分裂国家一样的事实上稳定的局面"，要求各国政府向北京施加"一切可能的压力"来阻止其军事活动。①

杜勒斯希望通过蒋介石公开表态造成事实上"两个中国"的意图，在会谈之后就在世界各大报上有所披露。23 日，法新社消息指出，台北"非常可靠的美国人士"在杜、蒋会谈结束时透露，美国打算让台湾当局打出"放弃使用武力"招牌后，成为"同朝鲜、越南及德国等分裂的国家"类似的情况。②《人民日报》等媒体对美国"两个中国"的阴谋进行了密集而公开的批判。25 日，中华人民共和国国防部长彭德怀发表《再告台湾同胞书》，指出"蒋杜会谈文告不过是个公报，没有法律效力，要摆脱是容易的，就看你们有无决心。世界上只有一个中国，没有两个中国。这一点我们是一致的。美国人强迫制造两个中国的伎俩，全中国人民，包括你们和海外侨胞在内，是绝对不容许其实现的"。③ 面对国际上关于美国制造"两个中国"意图的评价和指责，杜勒斯辩解，让台湾当局自我克制的决定是

---

① Circular Telegram From the Department of State to all Diplomatic Missions, Washington, Oct. 25, 1958, in *FRUS*, *1958 - 1960*, *China*, Vol. 19, pp. 451 - 452.

② 《利用杜蒋会谈散布"自制"烟幕美国制造"两个中国"阴谋欲盖弥彰》，《人民日报》1958 年 10 月 25 日。

③ 《国防部彭德怀部长再告台湾同胞》，《人民日报》1958 年 10 月 26 日。

根据其他有类似情况的几个国家的经验做出的，既然它们不叫"两个朝鲜""两个越南"政策，这个也不叫"两个中国"政策。美国与"自由世界"大多数国家只承认"自由政府"（非共产党建立的政府）为唯一合法政府，只在有限的事实基础上与共产党的政权打交道。① 杜勒斯的说法显为狡辩，掩盖不了美国干涉他国内政的霸权主义和侵略政策，也掩盖不了它试图在事实上隔离两岸、使台澎长期成为其东方防务链条中的一环的阴谋与野心。

与此同时，为避免沿海岛屿因驻军过多而使美国陷入被动的情形再次发生，美国压迫台湾减少"外岛"兵力。11 月中旬，美国军方与台湾方面进行会谈，以增加沿海岛屿火力为条件，要求台湾当局减少在这些岛屿的驻军，并于 17 日达成一份协议。台湾方面"参谋总长"王叔铭在协议上签字后，美方援助的重型装备始由比利时起运。②

面对此种形势，中共中央做出新的战略决策，使解放台湾的战略转入一个新的复杂阶段。25 日，国防部命令福建前线逢双日不打金门的飞机场、料罗湾的码头、海滩和船只，使大金门、小金门、大担、二担岛上的军民同胞得到充分供应。逢单日则可能会有炮击。以打打停停、半打半停的间歇性炮击方式维持两岸的联系，证明中国的内战状态没有结束，从而抵制美国制造"两个中国"的企图。不打飞机场、码头、海滩、船只，仍以不触发美国人护航为条件，若有护航，则不受此限。③ 此后，大规模密集炮击不再发生，仅在单日有小规模射击，1958 年台海危机落下帷幕。此后，两岸在一个中国的共识上达成某种默契，关系进入相对平和稳定的时期。1960年代，蒋介石想趁大陆"大跃进"运动失败之机进行反攻，但因美国反对，仅以几次小的冲突告终。

小　结

1958 年炮击金门是有意义的。首先，它促使美国重新回到谈判桌，并

---

①　Memorandum by Secretary of State Dulles, Washington, Oct. 29, 1958, in *FRUS, 1958 – 1960, China*, Vol. 19, p. 469.

②　《王叔铭日记》，1958 年 11 月 13 日、17 日，王叔铭档案，馆藏号：063 – 01 – 01 – 017。

③　《国防部彭德怀部长再告台湾同胞》，《人民日报》1958 年 10 月 26 日。

留在谈判桌，使台海问题保持为中国内政而非国际问题。其次，它使台美矛盾以公开的形式激化，使蒋介石更清楚地意识到与美国的分歧，促使两岸在抵制"两个中国"问题上达成共识和默契，使美国分裂中国的企图被迫搁浅。两次台海危机相隔不久，且在许多问题上具有连带性和关联性，在一些方面共同达成了上述效果。

让我们回顾一下中美接触并走向会谈的历史。1954 年 12 月，在第一次台海危机带来的军事紧张情势下，借美谍问题，美国以联合国秘书长哈马舍尔德为中间人与北京进行了首次接触。1955 年复因借助联合国干预台海局势的停火案难以推动，美国与中华人民共和国尝试接触，并走向大使级会谈。1957 年因美方欲降低代表级别而致会谈中断后，中方两度敦促美国重派代表而均未收到积极回应。6 月 30 日，中国外交部发表声明，要求美方自该日起十五天内派出大使级代表，否则，即表明美方决心使会谈破裂。① 即便如此，美国仍又拖延了近一个月。7 月中下旬，因伊拉克政变局势恶化，美国有应接不暇之感，遂通知中方会谈代表王炳南，表示愿恢复中美会谈。并于 7 月 28 日，指派驻波兰大使比姆（Jacob D. Beam）为美方代表。1958 年 8 月下旬解放军炮击金门，继 1954 年之后再次将美国推入两难境地。在迅速审视形势后，美政府又一次得出若中共有心取得，则美国不同大陆直接对抗就无法使台湾当局保住沿海岛屿的结论。9 月初，美国国务院情报与政策研究室第 7794 号文件强调，"如果沿海岛屿地位的改变是由于敌人取得军事胜利，而不是谈判的结果的话，亚洲的反应会更糟"。② 9 月 15 日，中美大使级会谈在华沙复会。

因中共中央审时度势改变解放台湾的策略，第二次台海危机落幕，但中美会谈仍在断断续续地进行。中共中央认为华沙谈判仍有继续之必要，"与其为美国所出卖不如直接谈判"。③ 通过维持大使级会谈，借以阻止联合国对台海局势的其他考虑，并且将美国留在谈判桌，也有利于使台湾当局

---

① 《我国政府认为中美会谈不应该继续中断下去》，《人民日报》1958 年 7 月 1 日。

② Memorandum by the Regional Planning Adviser in the Bureau of Far Eastern Affairs（Green），Washington, Sept. 18, 1958, in *FRUS, 1958–1960, China*, Vol. 19, p. 222.

③ 《美国对台湾海峡危机发展判断第二号》，载张世瑛、萧李居编《台海危机》（二），台北："国史馆"，2014，第 454 页。

对美保持一份警觉与清醒。而美国政府因为台湾问题和沿海岛屿问题受到国内外舆论和政治势力指责，需要通过中美谈判释放和缓解此种压力。因此，尽管中美双方谈判的出发点存在巨大差异和冲突，无法使会谈取得实质性成果，这一接触方式还是被维持到 1970 年 2 月 20 日。

此次台海危机中的台美矛盾较 1954 年第一次台海危机中的台美分歧更甚。一个原因就是中共中央将苏联引入冲突之中。先是在炮击之前，将赫鲁晓夫请至北京并发表联合公报；继而在台海局势越来越紧张的状态下，苏联不得不出面为中国提供核保护。[①] 苏联的公开露面让美国感到核战争似乎更为靠近。以核武器保卫沿海岛屿对美国来说困难重重，美国政府的结论是尽力避免将自己引入不得不使用核武器的境地。因而更为谨慎地不让华沙会谈破裂，也更为急切地想表明自己以及台湾当局并没有挑衅之意。因只能被动应付，即便在美国护航情况下，也无法为金门提供必要的补给。这样的困境使台湾军民陷入巨大的消沉与苦闷之中。美国已有舆论将蒋介石描述为傀儡，蒋自己也感到在下属与民众中的威望与信任正在丧失，因而难遏激愤之情。然而，美国有自己的考虑，蒋介石不得不痛苦地接受。屡次表示不满甚至愤怒而无效之后，蒋又被迫同杜勒斯共同声明，"恢复大陆人民的自由"不能"凭借武力"。蒋之痛苦足证作为大国附庸之害，而这样的经历更加深其对台美矛盾的清楚认识和深切体会。

1955 年，蒋介石顽固拒绝削减沿海岛屿军队，此后三年，美国认为没有理由指望蒋介石改变主意，只能默然同意其做法。但到第二次台海危机时，美国尝到苦头。为避免在被攻击情势下被动撤退，美国千方百计稳定局势，压制台湾当局采取任何报复性行动，阻止其攻击大陆军事基地，将与中共谋求停火作为第一要务。而在此过程中，美政府与国会及与盟友的关系都承受了相当的压力。[②] 因此，美国很努力地与中国共产党人谋求停火谅解，在台湾当局的强烈反对下暂停了护航，随即着力使台湾当局接受削减"外岛"兵力的建议。蒋介石虽然迫于形势并考虑到核武器威胁下小岛驻军越多则风险越大，原则上同意削减沿海岛屿驻军，但丝毫没有要降低

---

① 参见沈志华《炮击金门：苏联的应对与中苏分歧》，《历史教学问题》2010 年第 1 期，第 4 页。

② Record of Meeting, Washington, Oct. 8, 1958, in *FRUS, 1958 – 1960, China*, Vol. 19, p. 351.

"外岛" 地位的想法。在与杜勒斯会谈时，蒋介石表示，削减沿海岛屿驻军首先应是在停火状态之下。同时，蒋介石提出一系列加强沿海岛屿防务的建议和要求，包括要求从速运来 240 毫米榴弹炮与 203 毫米加农炮以加强金门炮火战力等，并指示 "参谋总长" 王叔铭，金门减员最多以一个步兵师为限，且须在金门其他步兵部队战力充实之后，方能实施，在此之前应保持机密。① 蒋在发表公报时即立意曲意迎合，无心真正实施，其想法暗合了彭德怀之《再告台湾同胞书》中 "要摆脱是容易的" 的提法。其后，蒋介石确实没有真正放弃反攻，不断地在此问题上与美国较劲；在联合国代表权之事上亦秉承 "不两立" 立场。两岸在一个中国问题上的一致与默契，使美国事实上或法理上 "两个中国" 的想法始终无法实施。

① 《蒋介石致王叔铭函电》（1958 年 10 月 28 日），"蒋中正总统文物"，典藏号：002 - 010400 -
00030 - 003。

结　语

一　特写下的台美关系

1949 年国民党败退台湾后，对美多有所求。在台湾当局看来，美国对自己似乎"恩惠"甚多，而实际上，因两岸分离、美国干预，中华民族利益多有损失。美国对台海事务的决断始终以自身利益为原则：若台湾方面的立场不妨碍自身利益，则可被适当兼顾；否则美国会以无形压力迫使台湾接受其主张，而不会过多考虑台湾方面的感受。正因为如此，蒋介石才会多次在日记中以自力更生自勉。以蒋为首的台湾当局在他们看重的一些问题上也曾顽强地与美抗争，但因事实上并不具备独立自主的地位，在诸多方面对美有所依赖，抗争取得效果有限。大体而言，台美较量的结局有以下几种情况：一种是美国在台人员虽对具体事务多有干涉或指责，但美政府并无明确态度和固定认识，仅是心存疑虑，如政工问题和"五二四"事件。这种情况下，台湾方面通过低调谨慎、解释说明，尚可应付过关。一种是美国有自己的全盘规划，如对日和约和停火案问题。此种情况下，台湾方面的申诉不能起到什么作用。对日和约问题上，台湾当局只得将自己的要求降至最低，只要在多边和约生效之前签订"日台和约"即可。为在配合美国的同时达成自己的最低目标，唯有牺牲自身利益。停火案问题上，尽管台湾当局一而再再而三地向美表示反对，局势需要时，美国仍然会联络有关方面向安理会提出，不会因蒋介石的态度而迟疑。一种是蒋介石所认为"挟外自重，而且密告内部之事"的代表：毛邦初、吴国桢、孙立人。因鞭长莫及，蒋消耗了大量人力财力，而未能成功将毛邦初"引渡"回台或是在美胜诉。但在处理吴、孙两人的问题上，蒋耗费心力小心应对，终能成为赢家。一种是关于台湾的处置问题，美国要避免台湾落入中共之手，因而考虑托管。国民党退台后，美国看重台湾岛和澎湖列岛，将二者纳入太平洋防御链条之中，但对沿海岛屿并不看重。美先是建议放弃大陈，又考虑以金马换取中共对使用武力的放弃，实现"划峡而治"或"两个中国"。美国不但付诸行动迫使台湾从大陈岛撤退，还曾明确提议或暗示台湾当局放弃马祖，大、二担等沿海岛屿。① 台湾当局始终就此问题与美抗争，反对有"两个中国"寓意的称谓或行动，拒绝撤出沿海小岛。当然，台湾当局的力量远不足以对抗大陆，倘若美国坚决要求撤离，台湾方面也无可奈何，撤守大陈即为一证。1958 年，中共中央审时度势，调整对台战略，让金马留在蒋介石手中，以此杜绝美国分裂中国的阴谋。

本书所论 1949～1958 年，正是国共对峙状态表现得强硬激烈之时。若看当时两岸的宣传品很容易感受到其中的水火不容之态。然而，事情并非全如表面所看到的那样。在与美国携手对抗中共的过程中，台湾与美国之间发生过许多次的意见不一，常有为一个分歧点多次交涉、相持不下的状态。这些分歧的背后通常有一个核心的分歧，就是一个中国还是"两个中国"的问题。1950 年 6 月，美国提出"台湾地位未定"论，遭到两岸的共同声讨。台湾当局虽迫于形势原则上接受美国舰队巡游台湾海峡并停止向大陆发动海空军事进攻的建议，但强调"台湾属于中国领土之一部分……美国政府之建议不改变《开罗宣言》中预期的台湾地位，亦不应在任何方面影响中国对台湾拥有之权力"。② 1955 年初，美国策划由第三方向安理会提出台海停火，中华人民共和国与台湾当局均表示不能接受"两个中国"的安排。中美大使级会谈过程中，中共代表在谈判桌上谴责美方干涉中国内政行径，台湾方面代表在会场之外就若干有碍一个中国的问题同美交涉、力争。在每一次西方试图炮制"两个中国"事实的节点，中国共产党与中国国民党无一例外地纷纷发声，表达坚定立场，反对西方阴谋。第二次台海危机中关于"外岛"防守问题台美冲突公开化，蒋介石对媒体表达誓死不撤决心。经过对两次台海危机中美国表现以及谈判桌上美国意图的观察，经过两岸共同反对"两个中国"阴谋的经验，中共中央调整对美对台策略，

① 《金门马祖外岛防御问题》，"外交部档案"，馆藏号：11-10-08-01-016；《王叔铭日记》，1958 年 9 月 26 日，王叔铭档案，馆藏号：063-01-01-017。
② 《顾维钧回忆录》第 8 分册，第 10～11 页。

使解放台湾的任务进入一个新的复杂阶段，两岸以共同反对"两个中国"的默契保持半打半歇的内战状态。

国民党退台后，经过改造与重组，蒋介石个人威权得到强化，个人意志在很大程度上等同或近似于台湾当局的意志，特别是在大政外交方面。台湾与美国的分歧，在较大程度上也是蒋介石与美国看法的分歧。1949 年美国国务院曾以对华"白皮书"向世人宣告准备"弃蒋"的态度。1950 年驻美官员曾有密函提到美国对蒋的舆论情况，指出："历年左派恶意宣传，印象甚深，其荒谬之程度，不可思议。"① 然而在台湾对美国颇为倚赖的年代里，蒋介石竟担任台湾最高领导人直到去世。这是个耐人寻味的问题。相当程度上，蒋得益于东亚冷战态势的发展。1950 年是个关键的年份，在此之前，美国的全球战略只是以在欧洲遏制苏联为主。1950 年中苏缔约结为同盟，而美国国家安全委员会于 1 月 31 日提出报告，认为苏联有研制裂变炸弹和热核武器之可能，应重新审查美国战略计划和目标。随后至 4 月第 NSC68 号文件开始被讨论，到朝鲜战争爆发后以"全面遏制"为原则的第 NSC68 号文件最后定型，美国将在欧洲的对苏遏制扩大到欧亚大陆，远东态势的剧变使中国不再是美苏冷战的中间地带。在此局势下，原本属于中国内政的国共斗争在外力介入下变成了两大阵营对抗的一部分。在二战后某一时期内，国民党当局试图以"美苏桥梁为己任"，而此时，他们旗帜鲜明地站到美国阵营，推行"反共抗俄"。② 作为该政策的民族主义领袖，蒋介石被美国接受成为合作者。

尽管朝鲜战争的发生并不是触发东亚局势剧变的唯一因素，尽管 1950 年美国对台政策的大调整是多个纵向及横向历史事件交互影响、连锁反应的结果，并且这个调整从 1950 年 1 月即已酝酿，4 月即已趋向明朗，但朝鲜战争仍可被视为一个转折点。这个转折点的意义更多是从台湾当局对朝鲜战争的应对及其为台美关系带来的影响而言。坦白地说，蒋介石对朝鲜战争后美国政策趋势的判断并不准确，其应对措施亦有不少失误之处，并

---

① 《毛邦初、俞国华等致周宏涛转蒋介石函》（1950 年 6 月 30 日），"国防情报及宣传（四）"，"蒋中正总统文物"，典藏号：002 - 080106 - 00011 - 008。

② 《当前国是意见与国际情势》（1950 年 8 月），"对美国外交（九）"，"蒋中正总统文物"，典藏号：002 - 080106 - 00031 - 004。

不十分契合美国心意，如对于苏联挑起朝鲜半岛战火的公开指控，既要讨好美国，又将许多条件附加于派兵提议之上等。虽然在出兵援韩之事上台湾当局似是吃了闭门羹，美国未能领情，但换个角度看，蒋介石也有收获。在紧张时局中，蒋介石反苏反共态度的鲜明表达以及对美国政策大面上的配合，使美国决策层中相当一部分人认可了他对台湾当局的领导，并且认为能够高举反共反苏旗帜、配合美国政策的台湾领导人唯有蒋。台湾固然有种种困难，需要美国耗费军力财力予以防守和援助，然而，台湾自有其重要价值，其在太平洋上战略位置重要，大陆上还留有游击队可资利用。朝鲜战争期间，驻美官员汇报美国舆情，认为"美既在远东与共党正面斗争，钧长（蒋介石）实为最自然的领袖"。[①] 当时对共和党颇有影响力的参议员领袖之一塔夫脱亦颇为认同蒋对台湾当局的领导力。[②] 因此，可以看到，朝鲜战争后，蒋介石之所为使美国更多人默认了他的合作伙伴角色。国民党在大陆失败前后美国部分人准备"弃蒋"或为台湾谋求新的领导人的议论渐趋平静。

朝鲜战争前台湾当局面临着异常困难的境地，美援对于保有台湾乃至未来的一切都是至关重要的。长期负责对美交涉的顾维钧认为，在这种特殊的情况下，应该把"声誉和自豪的问题放在一边，谋求建立一种坚定、实际和可靠的"合作基础，这是第一要务。[③] 此话较能反映退台后国民党决策集团相当一部分人包括蒋介石的认识。为求维持较为良好的台美关系，台湾当局将"声誉和自豪的问题放在一边"的表现不胜枚举。从"台湾地位未定"论的提出到对日媾和过程中对中国利益的损害，从奄美群岛行政权予日到美国策划由第三国提出停火案……在"谋求建立一种坚定、实际和可靠"关系的思想基础之下，台湾当局往往在重大利益面前无法尽全力抗争，最后只好屈就或默许。尽管台湾当局一直拒绝承认任何有关台湾地位"未定"或"两个中国"的说法，尽管他们一直在做各种声明和表态，

① 《毛邦初、俞国华等致周宏涛转蒋介石函》（1950 年 6 月 30 日），"国防情报及宣传（四）"，"蒋中正总统文物"，典藏号：002 - 080106 - 00011 - 008。

② 《俞国华等致周宏涛转蒋介石函》（1950 年 7 月 28 日发），"对美关系（六）"，"蒋中正总统文物"，典藏号：002 - 090103 - 00007 - 036。

③ 《顾维钧回忆录》第 8 分册，第 85 页。

强调台湾属于中国领土，强调台湾方面拥有"反攻"的权力，然而，其在若干问题上不敢以台美关系的破裂为代价进行抗争，致使抗争缺乏足够力度，从而造成中华民族利益事实上的损害。

事实上，在美国构筑远东防线围堵苏联阵营的情况下，台湾对美国而言绝非只是一个需要巨额援助的负担。台湾对美国是有意义的，相当多的美国人认为"不友好的力量统治台湾，对美国来说将是一场大灾难"。[①] 正如台湾不希望失去美国一样，美国亦不愿失去台湾。正因如此，在若干问题上，美国也给予台湾当局足够的容忍与理解。撤换吴国桢、软禁孙立人，"五二四"事件轻描淡写的解决方式，均证明了此点。在认为至关重要、不能让步的事情上，蒋介石往往能以某种方式转移视线、瞒天过海、化解危机。军中政治工作的进行，尽管遭到美国反对，但蒋氏父子耐心解释，并尽量秘密、低调进行，从而得以继续下去；经美国多次劝说不必力保，甚至明言放弃，蒋氏仍秘密增强"外岛"防御力量，并得以在 1958 年"联合公报"中获得美国对"外岛"与台澎连带关系的认可；经三番五次地虚与委蛇、搪塞推托，李弥率领的游击队在缅甸滞留数年……能够在这些事件上"坚持"，出发点是台湾当局认为它们对增强自身力量有利。至于未能"坚持"者，亦多出于实在利益的考虑。反对朝鲜战争后美国对台湾地位的解释，但如此解释有利于美国在台海的军事介入，有利于防守台湾；对日媾和中的让步一方面固然由于美国施压，一方面与蒋介石希望获得日本支持的私心不无关系；奄美群岛行政权予日，台湾当局未采取足够有力的抗议，亦与蒋不愿开罪美、日过甚的心态有关；美国策动新西兰在安理会提出台海停火案一事，台湾当局虽始终反对，却又趁机提出早日缔约要求，使反对力度大减……两岸分裂对峙之下，为得外力支持以壮大自身，若干利害取舍及其贻害令人唏嘘。

国民党退台后，美援对其站稳脚跟并再谋发展，作用至巨，此点已在以往研究中有充分论述。在有足够资料证明美援对台湾有关事业发展助益之外，1949～1958 年美援特别是军援对国民党当局的生存至关重要，这种

---

① The Acting Political Adviser in Japan（Sebald）to the Secretary of State, June 22, 1950, United States Department of State, in *FRUS*, *1950*, *East Asia and the Pacific*, Vol. 6, p. 366.

重要性有相当一部分来自心理层面。士气低迷、人心惶惶的岁月里，美援在振奋精神、稳定民心方面有着无可替代的作用。这种作用在普通民众身上有体现，在蒋介石等当政者身上同样有体现。然而，美援对台湾并非有利无害。美援的负面影响一般体现在美国对台各项事务的干涉，此点无疑是其弊端的具体表现。在更广泛的意义上而言，美援是美国对台外交的一个制胜法宝，一个可以施以无形巨大压力的筹码。台湾当局常常为得美援而被迫让步妥协，美援案受阻产生的威压足以令台当局涉险犯难。毛邦初事件背后藏着若干国民党军政重大腐败的秘密，这一点国民党当局不是不知道。然而，在军援案搁浅的压力下，蒋介石不得不将事件付诸法律程序。美方介入调查，家丑外扬，国民党空军声誉扫地，蒋介石威信受损。本书举出毛邦初案一例，不是说仅在该事中鉴于美援压力台湾当局做出牺牲，恰恰相反，在各个台湾当局以牺牲自身利益来换取美方同情与支持的事件中，都离不开背后无形的美援因素的影响。

就外力而言，1950年代美国政策受英国影响较大，在许多问题上会与盟友商谈对策。虽然在重大问题和原则上最后的抉择仍取决于自身利益，但与以英国为首的盟友会商是少不了的。若不能让步，至少需要尝试影响和改变对方决策。蒋介石本人在美英政策趋同一事上常常有愤慨之词。原因是英国已经承认中华人民共和国，因而在立场上常要骑墙，这使蒋介石颇有不满。但台湾"外交部门"在美英接近问题上是持理解并支持的态度的。"外交部门"认为，美英协力对付苏联，以增强反苏阵营实力，这是首要的，因此应尽量避免"类似离间英美之活动"。① 基于此点考虑，台湾当局对美外交过程中很少看到对美英关系的分化。当然，英国虽然在中华人民共和国入会的问题上时有支持主张，虽然会不介意"外岛"归中共，却也不能认为在这些方面英国政策是对中国完全有利的。在"托管台湾""两个中国"等问题的议论中，英国时常走在美国前面。而在这些问题上，国民党与共产党的态度却是一致反对的。从这个意义上讲，英国是加重台美若干分歧的因素。

———————

① 《当前国是意见与国际情势》（1950年8月），"对美国外交（九）"，"蒋中正总统文物"，典藏号：002-080106-00031-004。

二　长镜头下的观察与思考

本书的写作是基于大量原始资料对 1949～1958 年的台美间若干主要问题进行考察，以特写的方式对各问题下台湾当局与美国政府的交涉进行细致的爬梳。在特写方式之下，问题容易放大，或许会导致一叶障目，忽略了大局。为避免此种倾向，笔者拟将镜头推出，在长镜头下对台美关系加以观察。

（一）几个问题的提出

强调"中美友谊"是否有用？在台美交涉过程中，常常看到台湾方面强调"中美友谊"。不可否认，近代以来特别是共同对日作战的几年，中美友谊确实存在。太平洋战争后，中国大国地位的确立离不开美国的支持。然而，我们要问的是，1949 年以后的台湾当局在美国人心目中是否就等同于"中国"？在一段时间内，美国确实在联合国支持台湾当局代表作为中国席位的唯一代表，但在美国决策层制定政策时，他们很清楚此一时彼一时，并不会把此时的台湾当局等同于往日的"中国"来看待。抗战时期的中国可以以广阔的土地、充足的人力将日本军队牢牢缠住，使其深陷其中，而此时的台湾只是逃到海岛上去的国民党集团努力维持的一块反共基地。不可否认的是，在新问题解决之前，旧问题并未因痛定思痛的改造而得以克服，[①] 逃往台湾的国民党军政人员仍然不同程度地带着昔日的病灶。相当多的美国人基于对情势转变后的新认识，基于对国民党腐败低效的旧印象，对台湾当局难以避免地怀有怀疑与轻视的心理。这种心理不会在每一次的言谈中都以具体的方式体现，却会在每一次的决策过程中作为一个因素被考虑进去。当然，这种怀疑与轻视的心理背景也是相对的，国民党毕竟还有几十万军队，这是美国在远东重要的资源，不可完全无视。因此，美国的决策过程往往有争论，若干问题的讨论往往不能很快得出结论。争论的出发点是美国利益，不是"中美传统友谊"。为尽可能减轻美国的负担，同

———————

① 参见冯琳《中国国民党在台改造研究（1950～1952）》。

时最大限度发挥太平洋链条之一环的作用，美国认为应维持台湾政治、经济、军事力量的稳步增长。① 在不致使美国卷入战争的限度内鼓励台湾当局维持现有地盘、政治上的稳定和以蒋介石为中心的凝聚力。因此美国在一定限度内对台湾当局采取了包容与让步态度，蒋介石及其"外交人员"在美方人员面前还是有一些发言权的。有时"外交人员"的据理力争可以收到成效，美国会施以某些妥协和谅解。这主要是由美国远东政策决定，并非基于历史上的"中美友谊"。

若不是国民党执政，台湾当局就不会被动吗？本书所描写的时期正是国民党执政时期。历史具有延续性，存在于历史中的个人及群体的状态亦具有延续性，国民党在大陆执政时期，其军事、政治、经济各部门确实存在腐败现象。国民党丢失大陆败退台湾，辗转经历不但关涉自身，还牵涉亲眷，个中滋味每一个体都有亲身感受，全党上下确有一股反思与改造的决心。然而，风气的养成不是一日之事。况且，若干腐败案件尚在发生，其牵连者却为过去大量的陈年旧案。在一些关联事件的表述中，笔者或以"国民党当局"相称，整篇书稿呈现若干处"国民党当局"与"台湾当局"的杂糅。在这里，我们要问的是，国民党执政下的台湾当局与后来若干年份中非国民党执政下的台湾当局是否有本质区别？民进党执政是否会使台湾当局在美国政府面前地位上升？答案自然是否定的。美国部分人士固然在一段时间内纠结于对国民党的不良印象，然而，决定政策的根本因素不在于这些主观的印象，而在于客观的条件。深挖细节，我们看到在1949年到1958年间，美国无视台湾请求、反对或呼吁的种种，这并不是由国民党执政造成的，而是因台湾当局实力不济、对美国多有所求。这种无视不能只看美国人士与台湾方面言谈神态与话语，在外交场合或私人场合言谈举止表现出的有时是假象，更重要的是要看具体做了什么。台湾某高官曾感叹："美国我行我素，不按规定，不理抗议，此乃弱国无外交之足证，正义何在？理又安存？思之感焉恨焉！"② 这种无视在1958年以后不会消失，在

---

① Draft Statement of Policy, Prepared by the NSC Planning Board, November 19, 1954, United States Department of State, in *FRUS*, *1952 – 1954*, *China and Japan*（in two parts）, Vol. 14, Part 1, p. 912.

② 《王叔铭日记》，1953年12月5日，王叔铭档案，馆藏号：063 – 01 – 01 – 010。

民进党执政时期也不会减少。毋庸讳言，台湾当局实力不济、对美国多有所求的一个重要原因正是中国的分裂。因为两岸分裂对峙而导致实力减弱，因为两岸分裂对峙而离不开美国的协防和军援，因为中国分裂而使美国有借口将台湾地位问题化，有借口炮制出没有中国代表参与的所谓对日和约。从某个角度讲，国民党当局面对美国还是表现出了一定的气节。1950 年代国民党面临着各种困难，有人口大量涌入之后经济上的困难、中国人民解放军统一中国的军事压力等，很多困难是经济有了相当发展之后和平时期执政的民进党所没有的。在对美国的依赖程度相当高的情况之下，国民党当局对美国的外交并未表现出摇尾乞怜或是言听计从。有时甚至会为体现平等原则而向美国大胆质疑，提出看似不可思议的要求。1954 年台美订约时，顾维钧向美方提出"为了建立真正的互惠，双方应有共同义务就在整个条约界定的地区使用部队进行协商"，因此，原则上冲绳美军的行动台湾亦有理由关注，就像美国可以关注台湾当局军事行动一样。[①] 顾维钧、叶公超等职业外交家往往锲而不舍地与美方周旋，有时会唇枪舌剑，有时会针锋相对。蒋介石本人亦是经常以自强自勉，在自己坚持的问题上拒不退让，在一个中国等原则性问题上表现出"宁为玉碎"的骨气。从这个方面看，国民党当局亦有令人尊敬之处，这些地方或许是让民进党当局所汗颜的。

美国对台政策是否因共和党人或民主党人执政的不同而有明显分期？一般而言，确有部分美国民主党人对退台后的国民党当局不表积极援助之意，且对美国因台湾而卷入战争的可能性更为忧虑与谨慎。但若全以美国政党轮替作为判断台美关系的关键性指标，则过于武断和草率。在台湾问题上，1950 年代两党的分歧并不像以往观点所认为的那样大，有时甚至可以说"无甚分歧"。南方一部分民主党参议员除数个特殊问题外，基本与共和党采取一致态度。[②] 在 1952 年 7 月民主党所制定的该党外交政策纲领中，明确肯定台湾对美国全球战略的重要性及对台援助的必要，称美国对台湾

---

① Memorandum of Conversation, by the Director of the Office of Chinese Affairs (McConaughy), November 12, 1954, United States Department of State, in *FRUS*, *1952–1954*, *China and Japan* (*in two parts*), Vol. 14, Part 1, p. 888.

② 《叶公超电沈昌焕转呈蒋介石俞鸿钧》（1954 年 11 月 24 日发），顾维钧档案，档案号：Koo_0152_B21-2b_0118。

之军事经济援助已加强，"此有关自由世界生命线之岗位并将继续予以援助"。① 以往研究常常在美国对台政策上给出明显的分期，譬如认为共和党上台，台美关系进入"蜜月期"。事实上，美国外交政策是有连续性的，两党无论谁执政都不会完全抛弃前面的政策。大体上来说，民主党与共和党对待台湾的态度会有各自倾向，共和党更倾向于反共，从而对援助台湾显得更为积极，此点固然是事实，但制定政策更多根据的是彼时情势，核心目标是美国利益最大化。两党候选人或许在竞选时会提出某些较为激进的观点，此类主张多带有拉票宣传之意，不足为信，当选后的执政者多会采取更为谨慎的态度，选择折中路线。艾森豪威尔当政后，对内政策多采中庸之道，为共和党左派与民主党右派所共同赞成，故内政上"并无显然之党界鸿沟"。② 杜勒斯任国务卿数年，遇事多先与国会领袖磋商，最终采行双方都能接受的方案。从诸多历史事实看，对台政策是否友好与何党执政并无必然关系。在国民党丢失大陆前夕，民主党确实想要与"沉船"拉开距离，但很快又在根据时局调整着这个政策，后来第七舰队开进台湾海峡也是在民主党执政时期。在朝鲜半岛战火不断的情况下，为防止事态扩大，第七舰队在协防台湾的同时也在控制台湾，使其不得妄动。1951 年初，国家安全会议就已在讨论取消对台湾军队行动的限制，并为这些部队提供后勤支援；向台湾派遣军事训练团，用于台湾的"主要防御采办计划"（Major Defense Acquisition Program）。会议要求参谋长联席会议详细研究中国国民党在台湾对中国大陆可能采取的军事行动，包括考虑对台湾防御的影响，要求国务院研究中国和其他亚洲国家对美国继续支持蒋介石的影响。③ 1951 年 12 月，美国中情局局长应对时局提出"在军事、经济、政治和心理上加强台湾作为反共基地"的政策建议。④ 这一建议在 1952 年 3 月得到参谋长

---

① 《顾维钧电叶公超》（1952 年 7 月 24 日发），顾维钧档案，档案号：Koo_0162_I1_0110。

② 《顾维钧函蒋介石》（1955 年 3 月 29 日发），顾维钧档案，档案号：Koo_0167_L8-2_0004。

③ Memorandum by the Executive Secretary of the National Security Council（Lay）to theNational Security Council, January 15, 1951, United States Department of State, in *FRUS*, *1951*, *Korea and China*（*in two parts*）, Vol. 7, Part 1, pp. 81 – 82.

④ Letter From Director of Central Intelligence Smith to Secretary of Defense Lovett, December 11, 1951, in *FRUS*, *1950 – 1955*, *The Intelligence Community*, *1950 – 1955*, pp. 230 – 232. 参见 https：//history. state. gov/historicaldocuments/frus1950 – 55Intel/d98。该文件并未在已出版的 *FRUS* 中收录。

联席会议的认可和肯定。同时，参谋长联席会议还认为，美国应该承诺改善国民党当局在台湾的声望，美国应派出官员推动国民党当局进行军事和行政的改革，但他们的行动应该是尽可能加强而不是削弱国民党当局的声望和领导。[①] 1953 年 1 月共和党上台执政，执行的政策仍是此前的延续。共和党采取的所谓"解除台湾中立化""放蒋出笼"，"放出来"的只是游击队的突击与情报侦察，并未放松对大规模军事行动的控制，不是真正意义上的"解除"限制。无论哪个党执政，经过调和各方意见拿出的政策大多体现的是温和路线，并非该党派激进者的思想。事实上，共和党执政后对蒋介石执行的第一项重要政策，就是压迫蒋撤回留缅部队。李弥部队是蒋介石在西南边境布置的一支孤军，虽人数不多，却将当地的散兵游勇都组织了起来，并与地方叛军结盟，在当地生根。蒋介石对其寄予期望，强烈反对将其撤回，在美国新政府的工作下，蒋不得不让步。这也是蒋很快就从对共和党竞选成功表示欢欣变为失望、不满的一个原因。因此，研究台美分歧，并没有明显的所谓"蜜月期"与"非蜜月期"的分别。美国与台湾之间的利益冲突、认同差异不但在民主党执政时期有，在共和党执政时期同样有，并且在程度上往往还会有与基于所谓"共和党反共亲台"这一认识所做判断截然相反的表现。

（二）并不牢靠的同盟

近几十年来台美之间是同盟的关系，这个同盟的称谓与国际政治学所讨论的"同盟"不同。西方国际政治学的主流理论都只是在"国家"（State）之间界定"同盟"的含义与类型。而台湾当局是特殊的，不但中华人民共和国始终不承认它是个国家，而且近几十年的一个趋势是：越来越多的国家不承认它是一个国家。然而，似乎也没有更合适的词来形容美国与台湾之间的关系。本书仍然采用"同盟"一词，但须郑重强调的是，这个同盟是个特殊类型的同盟，它是一个国家与一个并不具有国际法中国家地位的地区之间的联合。西方政治学理论没有提出这种特殊情况的同盟关

---

① Memorandum by the Joint Chiefs of Staff to the Secretary of Defense（Lovett），March 4，1952，United States Department of State，in *FRUS*，*1952 - 1954*，*East Asia and the Pacific*（*in two parts*），Vol. 12，Part 2，pp. 15 - 18.

系，不能不说是个缺憾，同时证明史学研究不能完全套用西方理论。

有文章曾讨论冷战时期的美韩同盟，认为比照"同盟困境"理论，[1] 可以发现美韩两国并没有像斯奈德设想的那样在"被抛弃"和"受牵连"间权衡，二者的担忧基本上是单向的。美国总是担心受到韩国鲁莽行为或有意挑衅的"牵连"而卷入一场与自身利益关系不大甚至完全相悖的战争，但美国很少担心被韩国"抛弃"。相反，韩国常常因美国的表现而产生"被抛弃"的忧虑，但几乎从不害怕受到美国不当行动的"牵连"。[2] 这种情况与冷战时期台美关系是相似的。而文章所指出的西方国际政治学理论不能解释美韩关系的"困境"，在反观同一时期台美同盟关系时也有类似的借鉴意义。此点同样证明西方理论并不能指导所有史学研究。历史是多样的，我们通常所讲的历史的借鉴意义是大方向上的，历史不论横向还是纵向都无法复制，不能为理论之履而削史学之足。

从大的视角来看，台美同盟的建立不应以 1954 年台美"共同防御条约"的签订为起点。以 1950 年第七舰队开进台湾海峡为起点似亦不准确。1949 年国民党败退台湾，在这个过程中始终在尽力争取美国好感，始终在通过官方和私人关系努力地争取美援。美国虽然经历了几个月的犹豫期，但在这个犹豫期中"亲台派"也在表达着对台湾和国民党的声援和同情。所谓的犹豫期只是说这些声援和同情的声音一时未能在国务院等决策机构中占到上风。美国没有选择承认新中国政权，没有在联合国中放弃对台湾当局的支持，从这个意义上，从国民党当局败退台湾之日起，台美同盟就已经在形成之中。这个形成过程的完成在仪式上以台美"共同防御条约"的签订作为终点。从实在的意义上讲，这个过程的完成应在 1958 年台美发表"联合公报"之后。自国民党退台，在大变动的局势中，台美关系的许多问题并不能在较短时间内找到定位。到 1958 年，台美同盟关系的主要内容被充分讨论而得到较为清晰的答案。后来，美国转为支持中华人民共和国在联合国获得席位、台湾当局退出联合国，台美同盟转而以一种更为特

---

[1] 1984 年，美国新现实主义同盟理论家格伦·斯奈德（Glenn H. Snyder）在《世界政治》发表《同盟政治中的安全困境》一文，提出"同盟困境"理论。Glenn H. Snyder, "The Security Dilemma in Alliance Politics," *World Politics*, Vol. 34, No. 3, 1984, pp. 461–495.

[2] 梁志：《"同盟困境"理论的"困境"》，《中国社会科学报》2012 年 8 月 5 日。

殊的形式存在。时至今日，美国并未放弃对台湾的"保护"和对中国统一的阻碍。

纵观大半个世纪以来的台美关系，1949～1958年可被视为这个同盟关系的奠基期。这个阶段的划分不仅以台美同盟的确立作为标准，台美关系的实质在一定意义上是美国与中国大陆、台湾地区的关系，也是三方在互动之下形成的一种互为影响、相互牵制的状态。1949～1958年，美国从观望到积极介入台海事务，逐渐明确对"外岛""反攻"等若干问题的态度；中国大陆与台湾地区虽互相对峙，却一次次在"一个中国"问题上产生共识、形成默契。三方经过两次台海危机的试探，找到自身对策和定位，台美关系及陆台美三方关系进入一个较为稳定和明朗的阶段。

在这个台美关系的奠基期，台美之间建立起的同盟并不牢靠。美国以维护自己所需要的秩序为出发点，忽略台湾自身利益和中华民族的利益。

战后，美国为适应冷战需要在远东建立防御链条，与菲律宾、韩国、日本、台湾当局都建立了"条约关系"。这些共同防御条约或是安保协定，名义上是共同防御，实则是不对等的。对这些远东国家和地区而言，好处是获得美国的庇护，坏处是受控于美国。美国要对抗苏联阵营，但并不想以直接的大规模战争甚至核战争的形式来实现。美国会迎合苏联释放的和平意愿，自身也会采取一些措施在若干局部冲突方面谋求政治性解决；美国也会寻找苏联阵营的裂缝，将其扩大或是为己所用。美国与台湾当局签订"共同防御条约"，防止中华人民共和国解放台湾，也防止台湾当局"反攻大陆"。"反攻大陆"、回到家乡在很长一段时间内，对相当多背井离乡的国民党人来说，是个支撑自己的信念。在美国的压制下，这个信念日益消散，转为消沉，继而麻木。在美国主导之下，诸多原本属于中国内政的问题变成"国际问题"，诸多涉及中国的国际事务在中国代表缺席的情况下得到不公正的解决。在台湾自上而下不满情绪的积累之下，1957年终于爆发了反美的"五二四"事件。碍于大局，这一事件得以轻描淡写地解决，但给台美关系留下了创伤。

台湾对美国而言，是有意义的，它满足了美国在太平洋链条的战略需要。可是，美国为此也付出了代价，这个代价不仅仅是可以以数字表示的美援。美国一份内部报告曾指出："它（台湾当局）坚决反共，却是非共产主义世界重要分歧的来源。"① 长期以来，为与台湾相关的若干问题，美国不得不花费大量力气在盟友间反复讨论，谋求共识。然而这个共识常常难以谋得，最终美国只能放弃某些提议或者做出让步。1951 年前后，因对"托管"台湾的后果和效用有疑虑，且难以在盟友间取得最大一致，美国放弃在联合国"托管"台湾的实际操作。1955 年 2 月，杜勒斯本欲策动英国、新西兰再提台湾海峡停火案，但因英国拒绝继续讨论而陷入僵局，美国只得将其束之高阁，被迫调整对金、马等岛屿的定位。美国要维持全球霸权，无法离开盟友支持，而台湾问题是加大美国同盟友分歧的一个症结。起初美国还能尝试说服盟友支持自己，并也成功地实现过自己的想法，如策划美、英、新三国的"神喻行动"。随着中国大陆实力的强大和国际地位的提高，美国在弥合盟友分歧的问题上所能发挥的余地越来越小，所需要做出的让步越来越大。1950 年代初，美国还想说服英国放弃对中华人民共和国的承认，但后来非但未能让英国放弃，自己也不得不顺应国际局势，承认中华人民共和国。在台湾问题的意见方面，美国越来越受制于盟友，这也是台美同盟并不牢靠的一个体现，此种体现始于台美关系的奠基期。

1954 年，美国形成一份情报评估分析台湾当局的现状和未来。正如评估所称，在许多方面，台湾当局的存在"是一个反常现象。它继续存在只是因为有美国的支持"。评估指出，即便美援计划的范围和性质保持不变，台湾当局面临的不利趋势也不会逆转，它的国际地位会继续下降和恶化，经济的弱点可能更加严重。特别是从长期来看，台湾当局不会摆脱这个不利趋势。② 这份评估报告的主要出发点是政治、军事和外交，对经济的评估侧重于现存的局限，特别是指出了台湾经济基础的薄弱。1960 年代后，台湾推行出口导向型经济战略，开展劳动密集型加工工业，实现了经济的腾飞。这个腾飞是 1950 年代中期美国对台湾的综合评估所未预测到的。然而，美国所预测到的台湾面临的不利趋势仍然存在。1970 年代后，台湾在国际上更加孤立，其最大的盟友美国也转而承认中国大陆，与中华人民共和国

① National Intelligence Estimate, September 14, 1954, United States Department of State, in *FRUS, 1952 – 1954, China and Japan（in two parts）*, Vol. 14, Part 1, p. 630.

② National Intelligence Estimate, September 14, 1954, United States Department of State, in *FRUS, 1952 – 1954, China and Japan（in two parts）*, Vol. 14, Part 1, pp. 628 – 630, 645.

建交。此后仅以"与台湾关系法"作为对台关系的依据，以美国在台协会同台湾维持着非常态的同盟关系。台湾面临的不利趋势包括经济方面，台湾经济经历了短暂的繁荣后便陷入低迷。在民主化的进程中，台湾内部的问题也日益凸显。台湾当局在这个不利的趋势当中"反常"地存在了大半个世纪，成为美国全球战略的牺牲品。并且，随着这个不利趋势的加强，台湾当局在台美同盟关系当中越来越失去发言权，越来越没有抗争的余地。

　　1949～1958年台美之间的分歧不止本书所议种种，未来还有讨论余地。1958年之后，台美之间的矛盾仍在继续发展，并在新的局势下产生新的特征和面相。笔者意在抛砖引玉，期待继本书之后有更多的佳作出现。

参考文献

档案及数据库

CIA Electronic Freedom of Information Act（FOIA）Reading Room, Records obtained by the Freedom of Information Act request.

CIA Research Reports：*China, 1946 – 1976*, Frederick, MD：University Publications of America, 1982, microfilm.

Confidential U. S, State Department Central Files：*Formosa, Republic of China, 1950 – 1954*, Frederick, MD：University Publications of America Inc. , 1986, microfilm.

Declassified Documents Reference System（DDRS）.

Department of State Bulletin.

FarmingtonHills, M：Gale, 2011 – .

Foreign Office：Political Departments：General Correspondence from 1906 – 1966（FO371）.

National Archives and Records Administration, College Park, Maryland, USA（NARA, 美国国家档案馆相关档案）.

Public Papers of the President of the United States, U. S. Government Printing Office, 1949 – 1958.

RG59, Records of the Department of State, Decimal Files.

United States Department of State, Foreign relations of the United States（FRUS）, 1949 – 1958.

"顾维钧档案"，美国哥伦比亚大学珍本与手稿图书馆藏。

"国民政府档案"，台北"国史馆"藏。

"蒋经国总统文物"，台北"国史馆"藏。

"蒋中正总统文物"，台北"国史馆"藏。

"特交档案"，台北"国史馆"藏。

"外交部档案"，台北"国史馆"藏、台北中研院近史所档案馆藏。

"王升档案"，美国斯坦福大学胡佛档案馆藏。

"王叔铭档案"，台北中研院近史所档案馆藏。

"行政院档案"，台北"国史馆"藏。

"严家淦档案"，中国社会科学院近代史所档案馆藏。

《蒋介石日记》手稿本，美国斯坦福大学胡佛档案馆藏。

Zhong Guo Guo Ming Dang，美国斯坦福大学胡佛档案馆藏。

抗日战争与近代中日关系文献数据平台等数据库。

报刊

《立法院公报》。

《中央日报》。

《人民日报》。

新华社参考消息组编印《内部参考》。

已刊史料

《艾森豪威尔回忆录》，樊迪、静海等译，东方出版社，2007。

《陈诚回忆录——建设台湾》，东方出版社，2011。

《陈诚先生日记》，台北"国史馆"，2015。

陈存恭访问，万丽鹃等纪录《孙立人案相关人物访问纪录》，中研院近代史所，2007。

国务院台湾事务办公室研究局编《台湾问题文献资料选编》，人民出版社，1994。

何智霖编《陈诚先生书信集——与蒋中正先生往来函电》，台北"国史馆"，2007。

蒋经国：《风雨中的宁静》，黎明文化，1974。

赖名汤口述，赖暋访录《赖名汤先生访谈录》，台北"国史馆"，2011。

《罗家伦先生文存》，国民党党史委员会，1988。

《罗斯福选集》，商务印书馆，1982。

吕芳上主编《蒋中正先生年谱长编》，台北"国史馆"、中正纪念堂、中正文教基金会，2015。

梅孜主编《美台关系重要资料选编（1948.11～1996.4）》，时事出版社，1996。

裴斐、韦慕庭访问整理《从上海市长到"台湾省主席"（1946～1953年）——吴国桢口述回忆》，吴修垣译，上海人民出版社，1999。

彭大年编《尘封的作战计划：国光计划——口述历史》，台北"国防部"史政编译室，2005。

秦孝仪主编，张瑞成编辑《光复台湾之筹划与受降接收》，中国国民党中央委员会党史委员会，1990。

秦孝仪主编《先总统蒋公思想言论总集》，中国国民党中央委员会党史委员会，1984。

秦孝仪主编《中华民国重要史料初编——对日抗战时期》第三编"作战经过"、第四编"战后中国"，"中华民国重要史料初编编辑委员会"，1981。

秦孝仪总编纂《总统蒋公大事长编初稿》，中正文教基金会，2002。

邵毓麟：《使韩回忆录》，传记文学出版社，1980。

世界知识出版社编《国际条约集（1934～1944年）》，编者印行，1961。

世界知识出版社编《国际条约集（1950～1952年）》，编者印行，1959。

世界知识社编辑《反法西斯战争文献》，编者印行，1955。

《唐纵失落在大陆的日记》，传记文学出版社，1998。

陶文钊主编《美国对华政策文件集（1949～1972）》，世界知识出版社，2003～2005。

田桓主编《战后中日关系文献集（1945～1970）》，中国社会科学出版社，1996。

《王世杰日记》，中研院近代史所，1990。

王铁崖、田如萱、夏德富编《联合国基本文件集》，中国政法大学出版社，1991。

吴景平、郭岱君主编《宋子文驻美时期电报选（1940～1943）》，复旦大学出版社，2008。

《萧劲光回忆录》，当代中国出版社，2013。

许雪姬编《二二八事件六十周年纪念论文集》，台北市文化局等，2008。

薛衔天编《中苏国家关系史资料汇编》，社会科学文献出版社，1996。

杨奎松编《美国对华情报解密档案（1948～1976）》，海峡学术出版社，2014。

中共中央文献研究室、中国人民解放军军事科学院编《建国以来毛泽东军事文稿》，中央文献出版社，2010。

中共中央文献研究室编《建国以来周恩来文稿》第1～3册，中央文献出版社，2008～2018。

中共中央文献研究室编《毛泽东年谱（1949～1976）》，中央文献出版社，2013。

中共中央文献研究室编《周恩来年谱（1949～1976）》，中央文献出版社，1997。

中共中央文献研究室编《周恩来年谱》，中央文献出版社，1998。

中国第二历史档案馆编《中华民国档案资料汇编》第五辑第三编“外交”，凤凰出版社，2010。

中国国民党中央委员会党史委员会编《中国国民党党务发展史料——非常委员会及总裁办公室资料汇编》，近代中国，1999。

中国社会科学院近代史研究所译《顾维钧回忆录》第9、11、12分册，中华书局，1898～1993。

《中华民国政府迁台初期重要史料汇编·蒋经国手札（1950年～1963年）》，台北“国史馆”，2014。

《中华民国政府迁台初期重要史料汇编·台海危机》，台北“国史馆”，2014。

《中华民国政府迁台初期重要史料汇编·中美协防》，台北“国史馆”，2013，

“中华民国驻日代表团”编印《在日办理赔偿归还工作综述》，文海出

版社，1980。

《中苏友好文献》，人民出版社，1952

中研院近代史研究所编《国民政府与韩国独立运动史料》，编者印行，1988。

周宏涛口述，汪士淳撰写《蒋公与我：见证中华民国关键变局》，天下远见出版股份有限公司，2003。

外務省（編纂）『日本外交文書：サンフランシスコ平和条約準備対策』外務省、2006、95～96頁。

外務省（編纂）『日本外交文書：サンフランシスコ平和条約対米交渉』外務省、2007、75頁。

著作

“国防部军事情报局”编《本局历史精神》，台北“军情局”，2009。

陈红民等：《蒋介石后半生》，浙江大学出版社，2010。

陈鸿瑜：《中华民国与东南亚各国外交关系史（1912～2000）》，鼎文书局，2004。

戴超武：《敌对与危机的年代——1954～1958年的中美关系》，社会科学文献出版社，2003。

胡春惠：《韩国独立运动在中国》，“中华民国史料研究中心”，1976。

金健人主编《韩国独立运动研究》，学苑出版社，1999。

李云汉主编《中国国民党一百周年大事年表》，国民党党史会，1994。

李祖基：《台湾历史研究》，台海出版社，2006。

林孝庭：《困守与反攻：冷战中的台湾选择》，九州出版社，2017。

林孝庭：《台海·冷战·蒋介石：解密档案中消失的台湾史1948～1988》，联经出版事业股份有限公司，2015。

林孝庭：《意外的国度：蒋介石、美国、与近代台湾的形塑》，黄中宪译，远足文化，2017。

刘海藩主编《中华人民共和国国史全鉴（外交卷）》，中央文献出版社，2005。

刘学铫：《外蒙古问题》，南天书局，2001。

若林正丈：《台湾——分裂国家与民主化》，洪金珠、许佩贤译，月旦出版社，1994，

山田辰雄、松重充浩编《蒋介石研究》，东方书店，2013。

沈志华、唐启华主编《金门：内战与冷战——美、苏、中档案解密与研究》，九州出版社，2010。

沈志华：《处在十字路口的选择：1956～1957年的中国》，广东人民出版社，2013。

沈志华：《毛泽东、斯大林与朝鲜战争》，广东人民出版社，2003。

沈志华：《中苏同盟与朝鲜战争研究》，广西师范大学出版社，1999。

沈志华等：《冷战时期美国重大外交政策案例研究》，经济科学出版社，2014。

石源华：《韩国独立运动与中国关系论集》，民族出版社，2009。

石源华主编《韩国独立运动研究新探——纪念大韩民国临时政府创建90周年》，社会科学文献出版社，2010。

覃怡辉：《金三角国军血泪史（1950～1981）》，中研院、联经出版社，2009。

汪泗淇、戴健、钱铭：《孙立人传》，安徽人民出版社，1998。

王蕾：《旧金山媾和与中国》，世界知识出版社，2009。

王晓波编《台湾命运机密档案》，海峡学术出版社，2014。

翁台生：《CIA在台活动秘辛》，联经出版社，1991。

徐焰：《金门之战：1949～1959》，辽宁人民出版社，2011。

杨碧川：《白团物语——蒋介石的影子兵团》，前卫出版社，2000。

杨瑞春：《国特风云——中国国民党大陆工作秘档（1950～1990）》，稻田出版社，2010。

杨天石：《找寻真实的蒋介石——蒋介石日记解读（二）》，华文出版社，2010。

杨天石：《找寻真实的蒋介石——蒋介石日记解读（三）》，三联书店，2014。

杨天石《近代中国史事钩沉——海外访史录》，社会科学文献出版社，1998。

张海鹏主编《台湾历史研究》第一辑，社会科学文献出版社，2013。

张海鹏主编《台湾历史研究》第二辑，社会科学文献出版社，2014。

张海鹏主编《台湾历史研究》第三辑，社会科学文献出版社，2016。

张海鹏、李细珠主编《台湾历史研究》第四辑，社会科学文献出版社，2016。

张启雄：《外蒙古主权归属交涉（1911～1916）》，中研院近代史所，1995。

张淑雅：《韩战救台湾？解读美国对台政策》，卫城出版，2011。

Acheson, Dean. Present at the Creation: My Years in the State Department. New York: WW. Norton Company, 1987.

Anna Kasten Nelson, ed. The State Department Policy Planning Staff Papers, 1947 –1949. Vol. II.

Chang, Gordon. Friends and Enemies: The United States, China, and the Soviet Union, 1948 –1972. Stanford: Stanford University Press, 1990.

Chen Jian. Mao's China and the Cold War. Chapel Hill: The University of North Carolina Press, 2001.

Dallek, Robert. An Unfinished Life: John F. Kennedy, 1917 – 1963. New York: Little, Brown and Company, 2003.

Garver, John W. The Sino-American Alliance: Nationalist China and American Cold War Strategy in Asia. New York: M. E. Sharpe, 1997.

Heiferman, Ronald Ian. The Cairo Conference of 1943: Roosevel Churchill, Chiang Kai – shek and Madame Chiang. Jefferson, NC: McFarland, 2011.

Iccinelli, Robert. Crisis and Commitment, United States Policy toward Taiwan, 1950 – 1955. Chapel Hill: The University of North Carolina Press, 1996.

Kaufman, Burton I. The Korean Conflict. Westport, CT: Greenwood Press, 1999.

Kissinger, Henry. Diplomacy. New York: Simon and Schuster, 1994.

Kusnitz, Leonard A. Public Opinion and Foreign Policy: America's China Policy, 1949 –1979. Westport, CT: Greenwood Press, 1984.

Schoenbaum. Thomas J. Waging Peace and War: Dean Rusk in the Truman,

Kennedy, and Johnson Years. New York: Simon and Schuster, 1988

Stopler, Thomas E. *China, Taiwan, and the Offshore Islands: Together with an Implication for Outer Mongolia and Sino-Soviet Relations.* New York: M. E. Sharpe, 1985.

Szonyi, Michael. *Cold War Island: Quemoy on the Front Line.* Cambridge: Cambridge University Press, 2008.

Tsang, Steve. *The Cold War's Odd Couple: The Unintended Partnership between the Republic of China and the UK, 1950 – 1958.* London: I. B. Tauris, 2006.

Tucker, Nancy B. *Taiwan, Hong Kong, and the United States, 1945 – 1992.* New York: Twayne Publishers, 1994.

Tucker, Nancy B. *The China Threat: Memories, Myths, and Realities in the 1950s.* New York: Columbia University Press, 2012.

Tucker, Nancy B. , ed. *China Confidential: American Diplomats and Sino – American Relations, 1945 – 1996.* New York: Columbia University Press, 2001.

Zhai, Qiang. *The Dragon, the Lion, and the Eagle: Chinese – British – American Relations, 1945 – 1958.* Kent, OH: The Kent State University Press, 1994.

附录　将蒋介石日记作为史料利用的体会

2005年，蒋介石日记首度在美国斯坦福大学胡佛档案馆以分段逐步开放的方式公开。到2008年，1950年代日记始得开放给研究者使用。研究1950年代的台美关系，蒋介石日记是不可或缺的关键性史料。笔者在2013~2014年访问胡佛研究所，以一年的时间，认真翻阅、抄录了蒋日记。在一定程度上，近年来笔者关于台美分歧的研究得益于蒋日记。在研读利用过程中，笔者产生了一些对日记的看法，及如何运用蒋日记进行研究的心得，在此作为本书附录奉上。这些心得体会或许有助于加深对1950年代蒋日记的认识，或许有助于帮助初学者掌握运用史料，或许有助于避免利用蒋日记解读历史的某些误区。

第一，蒋日记的真实性与可信度还是相当高的。如1953年蒋介石面对吴国桢在美国的舆论攻势，决心反击，一面令"保密局"调查吴国桢抛售黄金弊案，一面令"立法院"从民间搜集吴国桢贪污渎职的证据。虽然最终并没有搜集到有力证据，但蒋介石日记记录了这一过程，包括有人愿意做伪证的事。任显群曾为吴国桢任内的"财政厅厅长"。1953年吴国桢赴美后，任显群也卸下公职。但因吴国桢事件牵连，遭情报单位跟监。"保密局局长"毛人凤与任显群谈话，任表示愿"制造"（日记所用之词）吴国桢贪污案，将功赎罪。[①] 又如对于领土问题，当政者应该寸土必争，这一点通常来说是没有问题的。如果有意写日记以示人，塑造自己的高大形象，那对于任何领土纷争都应该是绝不让步的，但蒋介石日记里并没有这样。奄美群岛原为琉球王国的一部分，1953年被美国当作圣诞礼物送给日本，蒋介

---

① 《蒋介石日记》，1954年3月11日。

石曾在日记中明确表示"对奄美交日不加反对"。① 历史上琉球王国虽然仅是中国藩属国，并非属地，但既然在历史上、地理上与中国关系密切，中国自然有权发声阻止将其"交还"日本。应该说，台湾"外交部"未就奄美群岛"归还"日本一事与美进行顽强抗争，与蒋介石态度有关。

第二，蒋介石日记为许多问题提供了线索。如1955年大陈撤退，这对蒋介石而言是个十分重大的决定，是很不容易的。不惜成本地保留远离台湾岛的大陆附近的"外岛"，蒋介石的意图是明显的，就是要进而为其"反攻大陆"计划做准备，退而为台澎的安全保留一道屏障，并有证明"法统传承"、安抚人心之意。"在以'反共复国'为基本政策的蒋介石当局的军事政治棋局中，'外岛'的地位和价值远远高于美国政府对它的认识和估量。"② 在所有这些国民党占据的岛屿中，大陈的地位是相当重要的。从蒋介石在这些沿海岛屿的军队和游击队部署来看，大陈的重要性仅次于金门。③ 既然如此重要，1955年蒋介石为何接受美国建议，主动从大陈撤军？翻阅蒋日记，我们可以得到许多线索。1月19日，蒋介石记道："美又提出台湾海峡停火问题之试探，是否会牵涉中美互助条约而加以搁置，只要能通过此一条约，则不必反对其提议乎。""爱克完全陷于和平共处之妥协政策，雷德福且主张我放弃大陈，其怯懦与幼稚愚拙极矣。但我行我事，死守大陈，力求自力更生也。"20日晚，大陈附近的一江山岛被解放军完全占领。21日，蒋记道，接电得知："美愿以协防金门换取大陈之撤退建议，此乃合于情理者，不能不加以考虑。最后决以有条件，即中美互助协定生效之后，乃允其开始撤退，方能稍挽军民绝望之心情也。"此时，台美"共同防御条约"、台湾海峡停火案与大陈撤退是交织在一起的三个问题。由新西兰向联合国提出台湾海峡停火案，是美国解决第一次台海危机的主要策略，想通过由第三方向安理会提出停火提案，达到干涉目的，从而解决自己对"外岛"防卫管还是不管的难题。对于停火案，蒋介石是反对的，但这时

---

① 《蒋介石日记》，1953年11月25日。

② 余子道：《第一次台海危机与台美关系中的"外岛"问题》，《军事历史研究》2006年第3期，第68页。

③ Special National Intelligence Estimate, Sept. 4, 1954, United States Department of State, in *FRUS*, *1952 - 1954*, *China and Japan* (*in two parts*), Vol. 14, Part 1, p. 564.

的重中之重是要订立台美"共同防御条约"，因此若能通过条约，则可不反对停火提案。美国策划停火案时并没有想过把"外岛""让出"，而是希望仍留在台湾手中，相对于大陈撤退一事还算比较容易接受。19日，雷德福等人甚至艾森豪威尔也倾向于放弃大陈，蒋仍主张死守。美国为说服台湾放弃大陈，承诺协防金门，在军事危机情形之下蒋介石认为可以考虑。但仍欲以"台美条约"的生效为条件，进行撤退。22日的上星期反省录中，蒋又记道："爱克建议我撤防大陈而彼愿以海空军掩护且允协防金门、马祖，此事在军事上甚合情理，惟其后果与事实不胜痛苦，乃只可允其善意建议。否则中美协定其国会将搁置不理矣，故决定接受其意见。"① 可知，鉴于国会有可能不批准"台美条约"，蒋介石最后答应放弃大陈。作为安慰与补偿，艾森豪威尔口头应允协防金马。当然，这一口头承诺并不算数，美国很快就自食其言了。几日日记、寥寥数语，揭示了撤退大陈背后的重大背景，并可使我们感知同一时间几件大事在蒋心目中的分量排序。

第三，蒋日记的利用仍需配合其他史料。一方面，日记中经常会有比较极端的情绪和强烈的字眼，因此需要配合史料分析佐证。蒋介石看人经常偏激，日记中骂过许多人，譬如说陈诚"器狭量小，更无见益""无能无术""偏狭短浅"② 等，但实际上正如大家所了解的，陈诚始终被蒋介石委以重任，直到1963年陈诚自己辞职。另一方面，日记经常只提简要内容，且以心理感受和看法为主，需要借助其他史料了解细节和全貌。如1954年10月13日，美国助理国务卿饶伯森突然访台，与蒋进行三次谈话。蒋介石在日记中只简要提到此事，并说若为台美互助协定计，可寻出相当办法协商。从这样简单的描述中虽可了解大貌，却无法了解细节。查找档案则可读到还有这样的细节，就是蒋为压迫美方立即开始双边条约谈判，也放出了狠话，说"如余之忠告，不为人所重视，美国不给吾人一条出路，必要强迫我选最后道路之时，余必将选择其正义公理之一路"。饶伯森追问："是否纽案提出以后而双边条约不签，则中国将自行其是？易言之，阁下所

---

① 《蒋介石日记》，1955年1月19日、21日、22日上星期反省录。
② 《蒋介石日记》，1952年9月9日、1953年4月24日、1954年2月15日。

谓给一条路走，是否即指双边条约而言？"蒋答："自亦为可作如此看。"①
可见美国为运作停火案，欲使台湾当局对议案暂取保留态度，在对台交涉
中曾运用"台美条约"加以利诱。而台湾当局为尽快达成双边条约，则对
美方筹码进行了反利用。这使1954年12月2日，台美"共同防御条约"终
获签订。再如，刚才提到为使国会批准"台美条约"，蒋介石最后答应放弃
大陈，并欲以"台美条约"的生效为条件，进行撤退。而艾森豪威尔口头
应允协防金马。实际上是否如愿呢？仅从蒋日记就无法了解详情。为撤军
之举不造成恐慌，台湾当局起草了一份声明，表明要重新部署驻扎于大陈
等地的军队，弃守大陈。但为尽可能减少对台湾民众和官兵的心理影响，
并挽回一些面子，台湾方面有意公布台美即将结成军事同盟之事，并欲透
露美方对金马的协防之意。当然，对此事的公布应征求美方同意。1月27
日，叶公超、顾维钧将台湾当局关于重行部署大陈驻军之声明大意面告饶
伯森。28日叶、顾面见杜勒斯，杜勒斯提出：（1）台美"共同防御条约"
尚未通过，声明中提及该约之处不宜予人以该约业已成为事实之印象；
（2）"提及为保卫台澎所必守之外岛时不宜指出金门、马祖等具体名称"。②
美国不主张为大陈牵动太多的力量或是为其承担风险，也不赞成台湾方面
提前透露台美"共同防御条约"即将成功签订，即便这一消息会大大减轻
台湾军民面对大陈撤退时产生的惶恐不安。而关于协防金马之事，美国仅
以秘密谈话形式出之，并非用备忘录或"照会"，并强调是片面自主行动，
不受双方约束。最终，虽然美国国会批准了"台美条约"，但如前所讲，它
的代价也是很高昂的。

　　第四，应注意全面了解背景，避免就事论事。政治、外交研究要全面
了解事件发生的大环境，这个大环境的勾勒要从日记中找线索，这是比较
低的要求；比较高的要求就是要多读档案史料，多方位构筑背景认识。例
如，蒋介石在处理孙立人案时，几度有"惟有在我"的类似表述，考虑

①　《蒋介石与饶伯森谈话纪录》（1954年10月13日），"外交——蒋中正接见美方代表谈话纪
　　录（十）"，"蒋经国总统文物"，典藏号：005-010205-00072-004。
②　《叶公超等电蒋介石》（1955年1月28日），"对美关系（七）"，"蒋中正总统文物"，典藏
　　号：002-090103-00008-016。

"如何转移国人无外援不能反攻之心理"。① 当时，美国放弃此前对"外岛"的模糊态度，确定"外岛"不是必争之"要塞"，只是"前哨"，同时，舆论界形成议论"划峡而治""两个中国"可能性的热潮。美国政府准备与中共谋求和平谈判。因此，1955 年 6 月，蒋分析国际局势，认为在苏共和平攻势之下，美英必欲使蒋放弃金门，以达彼等"苟安求和之期望"。"惟有在我者，才是可靠。"② 这种心理的形成由当时一连串事件综合导致，它作为蒋介石处理孙立人案时的一个心理因素，需要对这个背景有所了解。再如 1957 年因枪杀台籍人士的美军被判无罪而引发的"五二四"事件。蒋有24 条日记是关于这个事件的，其中写道："此事（雷诺被判无罪）本可为我国交涉处于优势地位，不幸翌日无端发生……暴动，以致国家反受重大损害与耻辱……"并认为撕毁美国国旗、捣毁"大使馆"等行为是"损毁国际公理者，乃是国家最不荣誉之野蛮行动"。③ 可知蒋介石并不想借助这样的暴力事件进行"反美"。但学界及当时媒体又都说它是"反美"事件。在美国国家安全会议上，杜勒斯也指出，很可能是台湾当局有意让示威开始，以向美国施加少许压力。后来局面才失控。④ 关于事件的发生应如何理解呢？台湾当局到底有没有反美意图在内？这就要借助其他史料，全面了解背景。自美军援顾问团来台，美军在台行为约束的问题日益突出，而美国却仍一再为美军争取特权。1951 年 1 月 30 日，美国供给台湾若干军事物资，附带条款要求美在台执行援助人员构成美驻台"大使馆"之一部分，受美国"驻台外交长官"之管辖。几年后，驻台美军及眷属不断增加，他们均比照外交人员，不受台湾当局法律约束。1955 年 8 月，美方提出美国部队人员享有治外法权及免除捐税、关税权，且这部分人范围甚广。⑤ 到刘自然案发生，谈判已进行 9 次。台湾当局对于美方所提要求虽有对案，却没

① 《蒋介石日记》，1955 年 9 月 8 日、11 日，1953 年 4 月 18 日上星期反省录。

② 《蒋介石日记》，1955 年 6 月 12 日。

③ 《蒋介石日记》，1957 年 5 月反省录、6 月 5 日上星期反省录。

④ Memorandum of Discussion at the 325th Meeting of the National Security Council, Washington, May 27, 1957, United States Department of State, in *FRUS*, *1955 - 1957*, *China*, Vol. 3, p. 541.

⑤ 栗明成：《1957 年台北"五二四事件"及 1965 年美军在华地位协议之签订》，《东吴政治学报》第 24 期，2006 年，第 32 页。

有正式提出。当时，台湾当局在台美关系的格局中处境艰难，唯有等待合适时机才能提出约束在台美军的对案。刘自然被杀案发生时似乎这样的时机即将到来。台湾当局高度关注美方审判进程，对媒体采取了一定的放任与默许，并力图利用《中央日报》等大报加以引导。以此来看，"五二四"事件的发生有一定的官方意图在内，这个意图就是要借机推动台美双方就在台美军法律管辖问题进行交涉。而后来的某些群众行为有失控倾向。

　　第五，避免单纯从字面上得到结论或单以某日、某几日日记为据得到结论。例如在 1957 年"五二四"事件后，蒋介石日记多处记载，蒋对美方的解释是：必与共党有关。不能仅根据这个就断定，此事与中共有关。这一事件发生后，蒋介石最为紧张的就是美方认为它是"反美"事件。6 月初，蒋介石为"五二四"事件发表文告，指出这一不幸事件是中共的"心理战"，强调"与世界民主集团领导者的美国站在一条阵线"才是唯一选择。① 接着，在蒋氏父子继续对美进行私下解释澄清工作之外，蒋介石有意将事件引向"中共参与"的议题上，以此化解台美嫌隙，使美国为"反共阵营"的强大而继续强化盟友关系。在蒋介石的授意下，审判的重点之一是与中共的关系渊源，其中三人被确定为中共"潜伏分子"。但审阅口供后，蒋觉有多处不通，指示应加修正。因为缺乏有力证据，蒋只好模糊处理，说必与中共有关，并将其放在第一条因素来提醒美国不能改变对盟友态度而致自己力量受损。又如 1954~1955 年，蒋介石对于停火案的态度。1954 年 10 月 16 日，提到嘱咐顾维钧、叶公超"对纽案严加拒绝与正式反对"；1955 年 1 月 21 日，蒋写道"反对其停火案及说明其后果不堪设想，加以严重警告"。如果仅从这两日日记看，可能会得出蒋介石反对停火案的简单结论。实际上这种反对只是有限的、可退让的反对。尽管退让的条件并没有在所有的地方都有所体现。美国欲求阻力最小，想使停火案简单化，不涉及任何政治问题，不界定冲突的性质，不判定谁为正义谁为非正义，将提案限定于停止"危害国际和平的冲突"这一目的。台湾当局担心停火案只简单要求停火，会给士气民心带来致命伤害。蒋介石认为"如联合国

---

① 《"五二四"不幸事件告全国同胞书》，载秦孝仪主编《先总统蒋公思想言论总集》卷 33，书告，第 179~183 页。

一经讨论停火问题，则我士气民心认为外岛与台湾皆已等于失去一般，则外岛即使能保存一时，究有何益？"① 同时蒋认为若停火案文字以双方并称，"将成为两个中国邪说之根据"。② 因此，在饶伯森专程赴台游说蒋介石接受停火案时，蒋介石一再表达反对之意。这个反对的意思虽然在日记中以颇为强烈的方式出现。但，其实台湾的反对与拒绝是缺乏力度的，因蒋往往在反对的表示后，附加以条件，这个条件就是"台美条约"。丢失大陆后，鉴于现实情况，蒋介石急求美国庇护，而美国对台政策常不能使其得到安全感。蒋时常抱怨美国对台"无政策"，"随时可变"。③ 因而，在1953～1954年，促成台美缔约可谓台湾当局最重要的外交目标之一。1953年3月，顾维钧向杜勒斯正式提出关于缔结一项军事安全条约的建议。④ 因美国担心被拖入战争，签约谈判迟迟得不到推动。1954年5月以后，解放军再次对沿海岛屿频频采取行动，占领了大陈20公里以内的一些岛屿。6月下旬，蒋介石主动做出让步，承诺在任何重大军事行动之前均征求美国同意。⑤ 即便这样，也并未能立即开启"台美条约"的谈判。10月中旬，美国开始为新西兰停火案之事与台交涉，其间，"台美条约"成为美国手中的筹码。而台湾方面则"将计就计"，为开始条约谈判事向美施压。有关停火案的交涉往往与"台美条约"之事交织，台湾当局常有反对停火案，但若台美订约还可接受之意。12月，台美"共同防御条约"终获签订，等待国会通过。此后月余，联合国秘书长哈马舍尔德为美国事访问北京，美国决定劝说台湾放弃大陈，这两件事特别是撤退大陈事令蒋介石颇为不快，他对停火案的反对变得更为强烈，并仍然在强调：如果停火建议列入讨论在国会批准"台美条约"之前，其影响会更糟。⑥ 1950年代，由于同盟关系并不对等，

---

① 《外交——蒋中正接见美方代表谈话纪录（十）》，"蒋经国总统文物"，典藏号：005－010205－00072－004。

② 《蒋介石日记》，1954年10月16日。

③ 《蒋介石日记》，1950年9月11日、1953年11月5日、1953年总反省录；《外交——蒋中正接见美方代表谈话纪录（十）》，"蒋经国总统文物"，典藏号：005－010205－00072－002。

④ 《顾维钧回忆录》第11分册，第181页。

⑤ United States Department of State, in *FRUS*, *1952－1954*, *China and Japan*（*in two parts*），Vol. 14, Part 1, p. 660.

⑥ United States Department of State, in *FRUS*, *1955－1957*, *China*, Vol. 2, p. 112.

美国对台湾当局的感受并不会十分看重。美政府只会在考虑自身利益和通盘态势的同时对台湾加以笼络与安抚。若台湾当局利益与美国利益发生冲突，最终委曲求全的往往是台湾方面。何况在停火案一事上，台湾当局每每将其与"台美条约"挂钩，这样的态度更不会成为美政府的阻力。1 月下旬，美国认为情势已足够严峻，迅速与英国、新西兰重启关于该案的讨论，并在 28 日由新西兰向安理会提出此案。1950 年代，蒋介石日记的一个主要关注点就是台美交涉、冷战局势，而这部分内容往往牵涉因素繁多而错综复杂。仅以单日甚至数日日记，无法反映出蒋介石对某一问题的真实想法或某一事件的真实面相。因此，对于蒋日记的利用，并没有许多人预想的那么容易，需要参考其他档案史料综合考察。

　　上述几点是笔者近几年在研究中利用蒋日记的一些心得体会，有些是发现了问题但还不能完全身体力行、付诸实践的地方，借此机会提出，以期共勉。

人名索引

后　记

　　2010 年《中国国民党在台改造（1950～1952）》定稿之后，我就在思考下一步要研究什么。通过一些史料，我发现即便在台美关系最为密切的年代，两者的分歧与矛盾还是存在的。在找到了兴趣点之后，我选择美国斯坦福大学胡佛研究所作为访学之地。胡佛研究所档案馆藏有大量东亚近代史资料，特别是开放不久的蒋介石日记。我想日记里一定有大量对美国不满的内容，那将是我开启新研究的一把钥匙。2013 年 3 月到 2014 年 3 月，在国家留学基金的资助下，我在胡佛研究所待了一年。果然，蒋日记为我提供了许多线索。且看且思索，尚未回国，我就在东亚图书馆开始了关于吴国桢案与孙立人案前后蒋介石心路历程的写作。后来，该文发表在《近代史研究》上。

　　在陆续进行了几个重大事件的初步研究后，我的思路日益开阔，兴趣也越来越浓。2017 年，我试着以"关键期台美分歧研究（1949～1958）"这一题目申请国家社科基金项目。没想到结果竟出乎意料的好，我的申请被升级为重点。这样的结果证明自己前期的积累是有益的，证明国家对台湾史研究是重视的，我自将更加努力。

　　当然，写作的过程是艰辛的。虽然有关台美关系的论述并不少见，但要将研究在前人基础上有所推进，自不能依赖现有研究。况且台湾史是特殊的领域，目前许多重要的研究来自台湾地区或海外，而那些论述往往有一定政治倾向，甚至充斥着错误的解读和导向。依靠浩如烟海的资料来搞清楚每件事的原委，着实不易。何况，我们更大的责任不仅仅是要还原细节，更在于去伪存真、驳斥荒谬。为达此目的，思考、思辨的过程更是个苦差。每一章节的写作都在考验着大脑。回头来看，本书可以说是一部泣血之作。

为尽可能做到以较为超然的立场评述历史人物和事件，笔者尽量不戴有色眼镜去看待前人前事。但在一个中国问题上，笔者是立场分明的，对于美国分裂中国的一些史实给予揭露和鞭挞。当前中美关系仍然存在很多变数，台湾问题仍然是中美关系的一个症结，作为渴望祖国统一与世界和平的普通人，我期待中美建立更和谐的关系。

台湾史是复杂难辨的，台美关系牵涉的问题更是千头万绪，笔者深知，要想写出一部厚重的作品不但需要大量史料，还需要深厚的背景知识和足够的思维高度。笔者才能有限，虽对自己有种种要求，却不一定都能做到。若有不尽如人意之处，还望谅解、指正。

在此，我也想倡议，在史学研究转向更加多元化领域的过程中，政治、外交史研究仍不应被忽略或放弃。20世纪四五十年代台美关系的研究其实还有相当大的空间。本书尽管列了十几个专题，但并未囊括所有，将来若有可能，期望再进行增订。本书对所列问题的探讨，亦只是侧重于某些方面，并未求面面俱到。故，让我们将此书视为通向更广阔空间的引玉之砖，呼唤更多人加入研究的队伍！

本书的成形要感谢张海鹏、李细珠、陈红民、王奇生、金以林等老师的无私帮助，感谢社科院近代史所提供的良好的学术环境，感谢学界友人提出中肯意见，感谢多次为我办理入台手续的"中央大学"和社科院近代史所科研处。当然，我还要感谢我的家人。没有家人在背后默默支持和付出，要完成这样一部著作是不可能的。谨以此书献给帮助与支持我的你们！

2021 年 2 月 18 日

图书在版编目（CIP）数据

台美分歧研究 . 1949—1958 / 冯琳著 . -- 北京：
社会科学文献出版社，2021.7
ISBN 978 - 7 - 5201 - 8581 - 3

Ⅰ . ①台… Ⅱ . ①冯… Ⅲ . ①台湾问题 - 研究②中美
关系 - 研究 Ⅳ . ①D618②D822. 371. 2

中国版本图书馆 CIP 数据核字（2021）第 125750 号

台美分歧研究（1949~1958）

著　者 / 冯　琳

出　版　人 / 王利民
责任编辑 / 邵璐璐　陈肖寒

出　　版 / 社会科学文献出版社 · 历史学分社（010）59367256
　　　　　　地址：北京市北三环中路甲 29 号院华龙大厦　邮编：100029
　　　　　　网址：www. ssap. com. cn
发　　行 / 市场营销中心（010）59367081　59367083
印　　装 / 三河市龙林印务有限公司

规　　格 / 开　本：787mm × 1092mm　1/16
　　　　　　印　张：26.5　字　数：419 千字
版　　次 / 2021 年 7 月第 1 版　2021 年 7 月第 1 次印刷
书　　号 / ISBN 978 - 7 - 5201 - 8581 - 3
定　　价 / 128.00 元